纪念萧萐父先生诞辰百周年

## 内容简介

《吹沙集》（三卷本），是诗化哲学家、武汉大学著名哲学教授萧萐父先生的个人论文集，亦有少量师友评说文字。三卷文字主要体现萧先生吹沙觅金、寻求真知以启后人的哲学情怀。《吹沙集》（第一卷）收入的主要是作者20世纪80年代的文字，以关注中国“内生现代性”和传统与现代的历史“接合点”问题为中心；《吹沙集》（第二卷）收入的主要是作者90年代的文字，以世界多极化发展、东西文化学术交流融合为主题；《吹沙集》（第三卷）收入的则主要是作者21世纪以来的文字，以阐发文化的多元发生、多极并立、多维互动特质为基调。《吹沙集》三卷虽各有重点，然精神一贯，均鲜明地体现了作者“思诗结合”的思维方式、古今中外贯通的宏阔哲学视野，以及关照现实、重视完美人格追求的哲学理想。

## 作者简介

萧萐父（1924—2008），著名哲学史家和具有诗性气质的哲学家，生于四川成都。1947年毕业于武汉大学哲学系，1956年受邀回武汉大学重建哲学系，是现今武汉大学中国哲学学科的奠基人，开创了“德业双修，学思并重，史论结合，中西对比，古今贯通”的独树一帜的珞珈中国哲学学派。著有《船山哲学引论》、《中国哲学史史料源流举要》、《哲学史家文库：明清启蒙学术流变》（合著）、《王夫之评传》（合著）、《吹沙集》（三卷本）、《大乘起信论·释译》等；编有《中国哲学史》（上下卷）、《哲学史方法论研究》、《中国辩证法史稿》（第一卷）、《王夫之辩证法思想引论》、《玄圃论学集》、《众妙之门》、《传统价值：鲲化鹏飞》等。

# 吹沙集

第二卷

萧萐父 著

中国出版集团 東方出版中心

# 自序

PREFACE

这本《吹沙二集》，是十年前巴蜀书社惠予出版的拙著《吹沙集》的续编，主要辑存了个人近几年所写学术论文、序、评、韵语等，也选录了《吹沙集》未收的几篇佚稿。其中包括两篇五十年前的少年习作和一些在域外被译布的文字。前者，如《康德之道德形上学》(1947 年大学毕业论文)，《原美》(1948 年发表于《西方日报·稷下副刊》)，原样保留，童心稚态，可以让现代青年读者，略窥当年在茫茫学海边的拾贝者所留下的浅深足迹，或可促动他们早下决心，超迈前人，泅入深海去探取骊珠；至于后者，选留几篇被译布海外的文稿，虽仅零篇，亦可折射出 20 世纪 80 年代以来中外学术交流的开放格局。

这本集子，仍以“吹沙”题名，沿用原《吹沙集》的封面设计，因为，我深感人的一生，学术思想的特定走势或历史形成的某些情结，往往具有绵延性，即使行迹屡迁，初终相背，而其中必有承启衍生之迹可寻。掘井及泉，琢玉成器，乃是长期积靡使然。所以，刘禹锡的“千淘万漉虽辛苦，吹尽狂沙始到金”这两句诗，对于我的学术耕耘，始终起着鞭策作用。既已决心吹沙觅金，就只能一而再、再而三，永无休止地继续下去。“驽马十驾，功在不舍”，荀卿所谓“真积力久，则入”，当是不刊之论。

这本集子，不依文体而依内容括为九个部分。第一、二部分，大都属于改革开放大潮中关于文化问题的议论和对于传统哲学的反刍。大体表达了我对文化的古今关系问题，特别是传统与现代化的历史接合点问题的多层面探索，也表达了我对中国传统哲学的宏观透视以及对某些专人、专书、专题的管窥所见。其中,关于儒门《易》《庸》之学和易学所蕴人文思想较多肯定,关于柳宗元“生人之意”的历史观,陆九渊“发明本心”的主体论,康有为的揄扬,坦然自陈,无所隐讳。

1993 年 8 月赴北京大学参加纪念汤用彤先生诞辰百周年学术座谈会,缅怀汤先生的德业光辉,曾私吟颂诗一首,中有句云:“漫汗通观儒、释、道,从容涵化印、中、西。”试图这样来括举汤先生的学思成就和恢宏气象,以示拳拳景慕之忱,我也常以汤先生这样的德养典范和博通学风来诱导学生和鞭策自己。“高山仰止,景行行止,虽不能至,而心向往之!”本集第三、四、五部分,记录了我在汪洋学海中的漫汗游踪,对于朗朗道风、渊渊佛慧勉力学习的点滴体会,至于西方哲学思潮及哲学史方法论问题的探索,从 20 世纪 40 年代以来,断断续续,时有挹注,虽偶有所见,管窥蠡测而已。

为学之道,首在能入能出。荀子曰:“学莫便乎近其人。”神交古人,同情了解,应当是学而能入的首要条件。本集第六、七部分,大体是我对前辈学者与同行师友的学术成果研读后所吸取的一些智慧营养。或闻风相悦,心知其意;或涵泳其中,哀乐与共;或有所较评,也力求“异以贞同”。有心的读者,从这些“学思积靡”“序评余沛”中,可以看出,作者对船山崇高人格美的礼赞,对李达以身殉道精神的敬仰,对冯契“化理论为德性”的“平民化自由人格”的赞扬,对刘鉴泉、蒙文通、熊十力、李达、梁漱溟、冯友兰、唐君毅、徐复观等的学思成就从不同层面有所称美和认同,貌似杂越,情乃一贯,其中隐然自有作者一以贯之的价值取向和不能自解的历史情结。一些序、评,无论对象是海外硕学的名篇翻译或学林新秀的起步之作,皆乐观其成,如实平章;或有所申论,卮言曼衍,则不免抒发一些个人的感慨和议论。嘤鸣所求,旦暮遇之。

本集有个特点,是第八部分“域外零篇”,选录了几篇译传海外的英译文稿。第一、二篇是《中国社会科学》(外文版)编辑部代为英译的。(第一篇译者为 Margaret Soens 先生,第二篇译者为 Tao Busi 先生,谨此致谢!)这两篇的中文原作,已载入《吹沙集》,可资对照。第三篇 *A Historical Recollection of Reform*,是美国 *Chinese Studies in Philosophy, A Journal of Translations* 编者主动从《武汉大学学报》上所载我的一篇讲演稿全文英译的，载于该刊 Fall 1986，既未通知作者，也未注明译者，译文偶有错讹，由我稍加订正。中文稿也选入本集，可供参阅。至于第4篇 *The Enlightenment of Anti-Neo-Confucian Thought During the Ming-Qing Dynasties*，是我的一篇未刊稿，先由金发燊先生初校，再由美国天普大学傅伟勋教授贤伉俪惠予精心的订正，使其能在美国夏威夷 *The Journal of Chinese Philosophy*, Vol.16, No.2, June 1989 首次发表。现纳入本文集，适足以引起我对亡友傅伟勋教授的深切怀念和对他的夫人华珊嘉教授（Sandra A. Wawrytko）的感激之情。

《吹沙二集》的第九部分，沿袭旧例，仍辑存了我新旧诗作一百余首。其中《峨眉纪游诗》十四首更附录了原华西协和大学外文系 Dryden Linsley Phelps 与 Mary Katharine Willmott 教授的精心英译。此中一段文字奇缘，已写入该诗《后记》。诗文并存，情理兼融，在形象思维与逻辑思维的互斥中求互补，是中华哲人思想升华的优秀传统。对此，我在《吹沙集》自序中已有说明，在本集选存的《序方任安〈诗评中国著名哲学家〉》一文中又有所申论。联语，乃传统文艺形式之一，谨存数则，主要表达对师友的悼念、思慕之情。

《吹沙二集》中的一些文字，多少反映了我所触及的20世纪90年代的文化思潮的脉搏。经过80年代议论热潮，文化问题探讨的大体走势，是由回顾过去、反省历史教训，转向展望未来、探索发展前景。人们似乎有此共识，百年来中国社会转型中的文化变迁，并非单向西化输入或被动回应西学挑战，西方学者所谓“冲击——反应”模式，实属浮明误断。事实是，近代中国文化思想的发展，既表现为中西的冲突与融合，又表现为古今的变革与贯通，可以说是处在中西、古今矛盾复杂汇合和新旧文化急剧代谢过程之中。正因为如此，就不免出现各种思想误区，使人们陷入各种迷途。西化狂潮，复古逆流，相反而相因，出此而入彼，迷途未远，今是昨非，历史洄流，一再反复。到90年代，人们似乎觉悟到这一点，不再去复述“五四”以来旧观念、旧范式、旧争论，而把目光转向世界多极化发展的新形势，东西、南北关系的新格局，以和平和发展为主流的国际新秩序，有人惊叹“西方之没落”，有人欢呼“东方的觉醒”，有人郑重宣布“全球化时代已经来临”,西方一再掀起的“东方文化热”,使“西方中心论”势已难乎为继。于是,东西方都有学者乐观地预言,21世纪将是中国文化、东方价值大发扬的世纪。“三十年河西,三十年河东”,人类面临的是超越“西化”的“东化”选择。另有学者慎重估计:“今天我们正处于一个东西文化互相影响、趋于合流的时代。”这就需要对东西方的文化和哲学作全面、系统、深入的研究,以求融会贯通,这又必然会见仁见智,产生不同的学说或学派,所以我们面临着的将是“世界性的百家争鸣”。20世纪90年代以来,许多事实表明,东西文化学术的正常交流,国际范围的学术争鸣,已经逐步开始。如美国著名学者亨廷顿关于未来世界的东西方“文明冲突”不可调和的观点,发表以来即招致一系列的驳议和争鸣;又如英国科学史家李约瑟所提“难题”——即“近代科学何以不崛起于中国而崛起于西方”,在东西方学林也各有不同的答案,广泛涉及中西文化深层的异同对比。诸如此类,在各种国际学术会中爆发的激烈争论也习以为常。但这一切,应当承认,仅是“作始也简”的开端,真正的国际范围的百家争鸣的展开,中西文化的兼容、互补、合流,还有待各方面思想理论准备等条件的成熟。但人们已经提出并勇于探索这样的问题:“东西慧梦几时圆?”在本集中,也有一些文字宛似“泠风则小和”,也在附和关于“文化包容意识”“多元开放心态”等的呼唤,并希望同时实现“中国传统文化的现代化和西方先进文化的中国化”。认定这“两化”交涵互动,不可偏废。通过“两化”,实现传统文化的解构重构,推陈出新,作出新的综合创造,从而有充分准备去参与“世界性的百家争鸣”,与世界各国的学术前沿多方面接轨,多渠道对话,从而对人类文化的新整合、新发展,作出应有的新贡献。

春兰秋菊,企予望之!

1998年7月序于汉皋

# 目录
CONTENTS

## 文化卮言



## 传统反刍

## 道风遗韵



## 佛慧浅绎

## 哲海探珠



## 学思积靡

## 序评余瀋



## 域外零篇



## 滴水吟稿

# 文化卮言

# 中国传统文化的“分”“合”“一”“多”与文化包容意识

**提要** 综观中华传统文化的历史发展，可以发现，合分与分合，是互涵递进的。合中有分，分久必合，这乃是中华文化持续发展的内在机制与客观法则。如果从中国文化逐步走向世界这个广阔的视角看，“文化中国”的范围可以概括为五个层面。“文化中国”这一范畴既涵摄世界华人文化这一综合性概念在内，又包容了世界各国学者、作家和友好人士对中华文化的研究成果。就其对中华文化的保存、弘扬和认同而言，是一脉相通的，具有统一性；而就其各自对中华文化的取舍、丰富、发展而言，则又各有成就，各具特色，展现为杂多性。由一趋多，多中显一，同归殊途，一致百虑。在中国文化走向21世纪之际，我们应该以一种多元开放的文化心态和文化包容意识来回顾过去，疏观现在，展望未来，以实现中华文化的自我振兴和中西文化的交融互补，为人类文化的新发展作出贡献。

## 中华传统文化在历史发展中的“合”与“分”

“文化中国”这一概念的提出，在海内外引起了强烈反响。

1987年春，美国天普大学傅伟勋教授来信，热情洋溢地谈到他在海外、大陆和台湾宣扬“文化中国”观念曾得到广泛共鸣，我在回应他时，曾有小诗一首纪怀：

文化中华不可分，
血浓于水古今情。
百年风雨嗟回首，
同赋《无衣》盼好春。

因触感于伟勋教授的热情来信，我的小诗虽从文化说起，而更多地牵情于政局，想到了鸦片战争以来，我们民族经受的苦难和风雨，想到了《诗经·秦风·无衣》的深情呼唤，“岂曰无衣，与子同袍”，“修尔戈矛，与子同仇”！更想到今天海峡两岸的中华儿女对祖国统一和中华腾飞的共同向往。诗可以情绪化地表达“不可分”的愿望，而从客观史实和理论分析的角度，则只能说中华文化曾经“有分有合”“合中有分”“分久必合”。由此，促使我一再思索中华学术文化历史发展中的“分”“合”问题。

田野考古的丰富成果证明：我古先民在亚洲东部广阔平原上创建自己的文化，从来就是多源发生、多元并存、多维发展的。旧石器时代的文化遗址已发现1 000余个，遍布黄河、长江南北以及云贵高原；新石器文化遗址已发现7 000多个，更是布满全国。经过长期交流、融合，很早就形成海岱、河洛、江汉等史前文化区；又经过夏、殷、周三代的统合、发展，形成了华夏文化共同体，更辐射为燕齐、邹鲁、三晋、秦陇、荆楚、巴蜀、吴越以及辽沈、西域等地区性文化；晚周政局分裂，却蔚为学术上的诸子蜂起、学派林立的奇观。在百家争鸣中，显学崛起而又不断分化，儒分为八(还有子夏在西河、曾子在武城，各树一帜)，墨离为三(还有苦获、已齿等南方之墨者，相谓“别墨”)，相反相因，盛极一时。汉、唐、宋、明相对统一，似乎政局统一，也必然学术一统，韩非、董仲舒均有“贵一贱二”之说，“罢黜百家”之议。而事实上，经分今古，义旨歧出，理趣学风，南北迥异。佛学东渐，与儒、道鼎立而三，长期对立；迨融为宋明道学，虽有胡广之流编所谓“大全”(《五经大全》《四书大全》《性理大全》)，企求“合众途于一轨，会万理于一原”，实际上，北宋新儒学一产生，就有范仲淹等凸显“易庸之学”，王安石父子又独创“荆州新学”，周敦颐创“濂学”，张载创“关学”，司马光创“朔学”，二程创“洛学”，三苏创

“蜀学”，他们之间的各种观点，复杂对立；到南宋，既有朱熹、陆九渊、吕祖谦之间的激烈论争，又有陈亮、叶适别倡经世事功之学；郑樵、马端临更首辟文化史研究新风，一反“欺天欺人”的心性空谈，而独步当时。明代王阳明以对朱、陆的双向扬弃而另立宗旨，王学又以良知说的内在矛盾而导致王门各派的多向展开；通过泰州学派的分化而由何心隐、李贽引向“异端”，而通过东林师友的“冷风热血，洗涤乾坤”的实践功夫，而由刘宗周、黄宗羲完成对王学的自我否定，终于在明清之际的新思潮中，孕育出新的整合。

曾经有一种违反客观史实的流行偏见，夸张政治风云，忽视文化生命，以为政治第一，决定一切，文化只能隶属于政治；又总以为“合”比“分”好，贵一而贱多，党同而伐异。如果深观文化生命和民族智慧的动态发展，就会发现，合分—分合，是互涵递进的。真正的新的整合，必以分殊为前提，苟无分殊，何来整合？合分—分合，合中有分，分久必合，乃是中华文化慧命持续发展的内在生机和客观法则。

分则为殊、为异、为多，合则可统、可同、可一。就“文化中国”所摄地区、层面之广，则必须进而思考“文化中国”内涵的“一”“多”问题。

## “文化中国”的范围及其内涵的“一”与“多”

20世纪80年代初，中国哲学史学会首次国际性的宋明理学讨论会于杭州举行。冯友兰先生在会上特讲到哲学与文化的民族性问题。认为中国哲学与文化的包容性最具有民族的凝聚力。陈荣捷先生在会上概述了在美国开拓中国学的研究、译介中国哲学文献的甘苦，并深情地谈到数十年来漂泊异邦，仍与祖国人民忧乐同怀。会后陈荣捷先生寄来诗笺，其一云：“廿载孤鸣沙漠中，谁知理学忽然红。义国恩荣固可重，故乡苦乐恨难同。”眷怀乡国之情，溢于言表。景仰高风，步韵敬和：

盈盈春气遍寰中，

梅萼天心几处红。
莫道海山多阻隔,
炎黄遗裔此心同。

诗中所说“炎黄遗裔此心同”,乃指民族传统形成的文化心理素质的某些共性。这种共性,可以超越一定时期内政治、经济格局所造成的民族的分离、隔阂和差距。“文化中国”这一概念的提出,最初正在于以中华文化精神的共性,来唤起认同感,促进统一的进程。但如果着眼于世界华人文化这一视角,则不能仅局限于中国本土文化学术的“分—合”运动,仅局限于文化认同的政治功能意义,而应当从更广阔的视角,来观察世界华人文化这一历史现象的形成,观察世界华人文化的若干类别及其共殊关系,观察中国哲学文化走向世界的契机和历程。即是说,作为“炎黄遗裔”的华人,且不说箕子入朝鲜、徐福客日本、慧深远赴美洲、李白生于碎叶等,单就17世纪以来,大批华人移民海外,散居各国,已达5 000多万人。他们作为移民群体,大都成为所侨居国的一个民族单位,保持着中华民族的血统和中华文化的传统。由于所侨居国的文化背景和生活条件不同,他们所能保持和发扬的中华文化的内涵必然发生各种变异,这就使“文化中国”这一概念的范围大为扩展,而其内涵也变得极为繁富。

仅就世界华人文化的地区性的分化发展而言,当今已形成的格局,似有若干层次可以分疏:

(1) 大陆母体的中华文化,源远而流长。虽屡经沧桑,如在公元1至10世纪曾有中印文化交流的激荡,近四百年更有中西文化汇合、欧风美雨冲击的影响,古老的中国已日易故常,变革多有;但在大陆母体,历史的积淀毕竟最沉厚,考古文物与传世文献毕竟最丰富,在人们思想和生活各个侧面所体现的传统精神也最强固、最活跃,因而自然成为“文化中国”的主干和本根。但正因为中华文化自本自根,自有其涵化外来文化的自主性与自足性,因而也容易成为文化保守主义的温床。

(2) 台、港地区的中华文化。近数十年政治经济格局所造成的隔离,台、港地区中华文化在某种独特条件下自己发展，其特点是既特别尊重民族性的传统，又比较注意吸纳西方现代化的成果，数十年来，不断更新，多维互补，时有创获，成为中华传统文化向现代化转化的一种模型。

(3) 东南亚以及东北亚各国华人聚居地区的中华文化。17 世纪以来，长期持续的移民开发，使东南亚各国聚居的华人群体，已成为各国的民族构成的重要部分，既对各国社会经济发展作出了突出的贡献，又使华人移民群体始终保持着中华民族的优秀文化传统，并善于不断地吸收、消化各国各地的先进文化，从而使中华文化不断地吐故纳新而具有新的特色。

(4) 散居世界各国的华人所拥有的中华文化。一般说，散居欧洲、美洲、大洋洲各地的华人及华人群，侨居异乡，入境随俗，对所侨居国的文化耳濡目染，涵泳其中，往往有较深切的理解；同时对远离的祖国及本土文化怀有更深沉的依恋和文化认同感。他们在融通中西，即把中国文化的优秀传统与所在国的先进文化相融会贯通而别有创新方面，往往作出了突出贡献。

(5) 外国朋友的汉学研究中所弘扬的中华文化。自从汉唐以来，中华文化向东亚各国的辐射、移植，早引起东亚各国学者的研究兴趣，形成环太平洋的“儒家文化圈”或“汉字文化圈”。而经过耶稣会士的译介，中学西传以来，在欧美各国传播、研究中国学的学者也日益增多，特别是西欧的德、法、英、荷等国的学界，有着深厚的汉学研究传统。他们以自己的历史文化背景和比较的视角，从不同侧面探讨中华文化，并以独特方式加以弘扬，往往取得别开生面的成就。

以上五个地区化的分疏，跨越人文地理以及社会、政治、经济等的距离，也超出了民族、语言、学派等的歧异。就其对中华文化的保存、弘扬和认同感而言，是一脉相通的，具有统一性；而就其各自对中华文化的挹注、取舍、丰富、发展而言，又各有成就，各具特色，展现为杂多性。由一趋多，多中显一；同归殊途，一致百虑。“文化中国”这一范畴，既涵摄世界华人文化这一综合性概念在内，又包容了世界各国学者、作者和友好人士对中华文化日益扩大和深化的多种研究成果，这就使其内涵广阔而生动，富有而日新。

# “文化中国”的未来与文化包容意识

“文化中国”的地区范围涵盖如此之广，其思想内容自然杂而多端。在价值取向、观察角度、重心选择乃至文义诠释上，都会表现出许多歧异。这就需要以一种多元开放的文化心态和文化包容意识来回顾过去，疏观现状和展望未来。同是中华儿女，虽曾海山阻隔，仍然心同理同。但这个“同”是以“异”为基础的“同”。如王船山所云“杂统于纯”，“异以贞同”。“理惟其一，道之所以统于同；分惟其殊，人之所以必珍其独”。正因在分殊中能“珍其独”，才有可能在总体上“统于同”。“文化中国”在过去经历了一段必要的分殊发展，在未来必将进入一个兼综并育的融合期。

“文化中国”的分殊发展，在于不同地区的华人，散居地球村，生活在不同国家的异质文化的氛围中，而近世以来又长期处于政治上、经济上和文化上的劣势。虽然今天时移势异，某些敏感的观察家已在纷纷评论 21 世纪将是“华人的世纪”。华人“正作为一个遍布世界各国的各地区以及各城市的民族，一个全球部落而崛起”。“由于彼此大规模的投资使他们凝聚在一个‘经济联邦’之中，并由于久远的家族、文化和语言的关系，使他们的关系得到加强。”这是着眼于经济前景的乐观估计。而从文化的角度看，世界华人过去和现在始终面临着东西(东方文化和西方文化)、古今(传统观念与现代意识)之间文化思潮的矛盾冲突，面临着如何正确解决传统文化与现代化的历史接合的难题和中国文化与西方文化的互补交融的难题。正是这样共同的时代课题，吸引着世界华人有可能同心协力促进中华文化的自我振兴及其各个部分的互相整合，也激励着东西方中华文化的珍爱者和研究者，奋起探讨中西文化精华可能交融互补的前景。可以相信，中华文化的自我振兴和中西文化的互补交融，两者将互为条件，同步进行。经过这番历史的熔铸，“文化中国”将闪耀出新的光华，必将对人类文化的新发展作出应有的贡献。

前年访德，因有感于德国汉学研究的丰美成果，为数不少的德国青年对中华

文化的衷心向往,我曾浮想联翩,在纪行杂诗中表达了对莱布尼茨等文化先驱的怀念和对未来的企望:

雄鸡唱晓破霾天,
史路崎岖三百年。
唤起莱翁共商酌,
东西慧梦几时圆?

这首小诗所寄托的历史感情,把象征法国革命启蒙的高卢雄鸡看作欧洲近代文明的开端,而从中西文化交流史的角度看,历史道路却在坎坷曲折中蹒跚了三百多年。17 世纪时莱布尼茨因为白晋介绍《周易》等而首次论到中国哲学,当时中西文化的平等交流,曾促使莱布尼茨满怀希望,梦想到中国来协助康熙以法兰西科学院为模式设计和建立起中国的皇家科学院。历史的曲折,使这一美好的愿望全盘落了空。今天,人们比康熙、白晋、莱布尼茨更有条件作广阔的思考和幻想。历史似乎又开始孕育着中西文化汇合交融的新的希望。

希望,总给人类的历史实践及文化创造注入生生不已的活力。

(1992 年 8 月)

# 关于改革的历史反思*

## 一

马克思主义的历史科学要求我们：观察现实，应当有历史感；研究历史，应当有现实感。为了理解现实，必要追溯它的历史；而我们清理过去，又总是为了开拓未来。对于当前的改革，也应作如是观。

当前，当你站在珞珈山上，抬头四望，你所看到的再不是"烟雨莽苍苍"的景色，而是神州大地一派生机，全中国热气腾腾。席卷全国的改革浪潮，正冲击着每一个村庄、每一个工厂、每一个课堂、每一个人的灵魂。这次改革浪潮，是从农村掀起的，人们不确切地比作"第二次农村包围城市"，其实不如说这股冲击波是从我们民族最深厚、最广阔的底层迸发出的。王兆军的报告文学叫《原野在呼唤》，蒋子龙的小说叫《燕赵悲歌》，命题都很有深意。短短几年来，农村的巨大变化，出现了许多奇迹。农村生产责任制的普遍巩固，农产品商品率的大幅度提高，农村剩余劳动力的多极扩张，促使商品生产冲破各种束缚而迅猛发展。中央1984年一号文件及时地肯定"由自给半自给经济向较大规模的商品生产转化，是发展我国社会主义经济不可逾越的必然过程"。这句话可说是字字千钧。在党的引导下，八亿农民起来改变经营方式，改革经济体制，卓有成效地探索着、创

---

* 此文根据1984年10月19日在武汉大学学生会组织的报告会上的讲话记录稿整理。

造着中国社会主义现代化农业发展的特殊道路。这是中国历史上一次空前伟大的创举。这一改革浪潮来自我们民族最深广的底层,因而是不可抗拒的,并具有不可估量的意义。

另一方面,从国外也袭来一股冲击波,即20世纪80年代以来在世界范围已经兴起的以新技术革命为先导的新产业革命的巨大浪潮。这已反映在许多西方学者的论著中,诸如托夫勒的《未来的震荡》《第三次浪潮》,奈斯比特的《大趋势》,联邦德国的弗里德里希斯和波兰的沙夫合写的《微电子学与社会》,等等。这些论著对这次产业革命的性质、内容和特点都各有分析和说明,大体上都肯定了微电子技术和航天工程、海洋工程、遗传工程等组成的新技术群的蓬勃兴起,将会引起一次新的产业革命,这又势必对人类社会的未来产生巨大影响。这正是马克思主义者所极端重视的科学技术的大发展,社会生产力水平的质变和飞跃。马克思在1856年就曾欢呼过:“蒸汽、电力和自动纺机甚至是比巴尔贝斯、拉斯拜尔和布朗基诸位公民更危险万分的革命家。”当前的新技术革命,给我们提供了机会,也提出了严重挑战。党中央及时传播了这个信息,大大促进了城市大型工业企业的改革要求。在国民经济中举足轻重的城市大型工业企业的改革,既与整个国家经济体制、管理体制的改革紧密相关,又与世界新技术革命浪潮联系在一起,因而将是更为强大的冲击波。毫无疑问,城市工业改革的全面展开,农村经济改革的继续深入,两者互相配合促进,必将使我国社会主义建设,从物质技术基础到生产关系的诸方面,再到上层建筑的诸领域,都发生重大的变化。通过这样的改革,大幅度地提高社会生产力,加速实现四个现代化,将使我们这个民族真正振兴起来,对人类的进步作出新的贡献。

当前的改革,我体会带有全局性的指导方针有两个大的方面,一个是对内搞活,另一个是对外开放。这两者是互相促进的,实质都是要从根本上改变我们国家的经济面貌,从根本上改变我国几千年来形成的自然经济基础。两者比较之下,对内搞活比较容易接受,因为直接经济效果较显著。当然在怎样搞活这方面还大有文章,而从根本上说,就是要遵循客观经济规律,时时不忘生产关系、管理体制、规章制度等是否先进的唯一检验标准,就是看它能不能解放生产力,能不能真正促进广大群众的社会主义积极性。在这方面还有大量工作要做,但较容易接受。对外开放,我理解不仅是个经济政策,应包括很多方面,特别是就指导思想来说,必须从长期形成的封闭型思维方式跃进到新的开放型思维方式,这是根本性的转折,不是很容易的,而且还会产生一些盲目的担心。这里有各种历史因素形成的心理及一些传统观念在起作用,思想障碍不是很小的,何况在对外开放过程中,不一定能马上看得见效果,而且有些直接效果还明显地具有二重性,既有好的一面,同时也有一些消极现象。由一种狭隘的历史经验所产生的闭关自守思想,加上小农经济必然分泌的那种落后的、近视的、愚昧的观念,两者搅在一起,就会更加感到不容易真正从心坎里接受中央这个决策。什么是真正的民族自尊心,什么是真正的爱国主义,有时我们脑子里并不怎么清楚。当前整个改革与对外开放密切联系在一起。为了加深对中央这一重大决策的理解,为了真正了解我们民族当前所面临的历史任务,我感到需要站在一个新的思想高度来进行一番严肃的历史反思。

## 二

古老的民族,悠久的历史,光辉灿烂的文化创造,从未中断的独立发展,使我们经常引以为自豪,是我们民族自尊心和民族自信心的深厚源泉。但是,**独立发展绝不等于孤立发展**。恰好相反,我们这个民族之所以能在地球上独立发展这么多年,恰好是因为我们乐于接受外来文化,并且通过学习消化,勇于创新。回顾民族的历史,每当我们打开大门,欢迎外来文化,乐于引进,善于消化,又勇于创新的时候,也正是我们民族生命力蓬勃向上的时候。而每当我们民族由于各种原因搞闭关自守,故步自封,中断了中外文化交流的时候,也就是我们民族和民族文化处于衰败时期。回顾一下,非常明显。

我们的祖先在亚洲东部这块平原上进行文化创造活动,说起来是一百多万年的事情了。远古时期,我们民族文化的发展是多元化的、多根系的。解放后的考古新发现,旧石器时代的遗址遍布 24 个省市;新石器时代的遗址七千多个,遍布全国。经过长期的斗争、融合，形成了“海岱”“河洛”“江汉”三个历史文化区，最后凝结成统一的华夏文化。华夏文化形成后，经历了尧、舜、禹时代，完成了治理洪水和南征“三苗”两大任务，终于由分散的奴隶制部落王国而形成了统一的奴隶制大帝国——夏、殷、周三代。周代末叶，由于生产力的发展，从奴隶制向封建制过渡。在这个过程中，在统一的华夏文化指导下，又发展了地区性文化，诸如邹鲁文化、三晋文化、燕齐文化、荆楚文化、巴蜀文化、吴越文化、关陇文化。当时因关中的秦国封建化改革较彻底，后来居上，统一了全国，形成秦汉统一的封建大帝国，统一了全国的驰道、文字、度量衡等。这个统一是了不起的，使我们这个民族凝聚起来，成为一个文化共同体。这样，我国就以统一大帝国的形式形成了发达的封建制度和高度发展的封建文化，对人类文化曾经作出了应有的贡献。

纵观历史，我国文化独立发展的过程中，曾经接受外来文化，比较大规模地引进、消化外来文化有两次。

第一次是公元 1 至 8 世纪，正当我国封建社会的上升时期，即汉唐盛世，我国迎来和消化了印度文化。以佛教为中心的印度文化系统，经过引进、翻译、学习、消化，一共花了七八百年时间，终于使其融入我们民族精神生活的很多方面，经过消化后进一步再创造，反过来又丰富了人类文化。

我们民族在 1 至 8 世纪干了这么一件大事，其中有许多精彩场面，举一两个为例吧！公元 401 年鸠摩罗什被抢到中国。鸠摩罗什是印度人，跟其母流落到中亚一带。他从小就学习佛法，学得很好，读了很多书，在西域成了一位知名学者。当时我国北方正当所谓“五胡十六国”时期，氐族首领苻坚建立了前秦政权，他曾派三十万大军进攻西域，重要目的之一是把鸠摩罗什抢到中国来——这样“聘请专家”。他派去的大将军到西域后闹独立，抢到鸠摩罗什却没有送回内地。后来羌族建立了后秦政权，它的领袖姚兴又派大军去西域抢鸠摩罗什，这一次达到目的。公元 401 年鸠摩罗什被送到长安，拜为国师。鸠摩罗什在长安郊区大开译场，门下聚集了三千人，其中培养出优秀学者僧肇、竺道生等。在他领导下短短十二年间，他主持译出 98 部 400 多卷佛学著作，高质量、高速度，出成果、出人才。精确地把印度大乘佛学中最精华的部分翻译过来，特别是传入了龙树、提婆之学,是非常了不起的!

到了唐代,我国更强盛,派了好多留学生去印度,其中成绩最大者是玄奘。他留学十六年,精通印度各派学术,满载国际声誉回到长安,唐太宗让全朝文武到郊外迎接他。玄奘带回大批印度书籍器物,除佛经外还有药物、乐器,等等。他在长安办了大型展览会,参观的人排了几里长,这说明当时我国对外来文化是敞开大门表示欢迎的。玄奘回来后,唐太宗接见了他,劝他还俗当官,玄奘拒绝了,立即着手翻译佛经,共译出了 1 300 多卷。应该看到,当时传入的印度文化不仅是佛教。佛教是一种特殊形态的思辨哲学,它的系统传入对中国整个哲学界起了巨大的启迪作用。我国封建时代哲学在全世界达到了很高水平,与佛教传入有关。此外,印度的逻辑学、文法学、声韵学、医药学、天文学、数学、历法学以及音乐、舞蹈、绘画、雕塑等都带进来了。同志们看刘禹锡诗集,刘禹锡患了白内障到处求医无效,后来请了个印度僧人用特殊方法才治好。"反弹琵琶"等舞蹈、喇叭裤等装束,都是从印度传进来的,你到敦煌去看看壁画就知道了。8 至 10 世纪后,印度佛教开始式微,13 世纪伊斯兰教广泛传播时,印度佛教文化就几乎被消灭了。但我国恰好在 7 至 8 世纪佛教得到了大发展,创立了许多中国式的佛教宗派。智颛创立了"天台宗",法藏创立了"华严宗",玄奘回国后创立了中国式的"唯识宗",善导创立了"净土宗",弘忍及其弟子神秀、慧能创立了"禅宗"。"禅宗"纯粹是中国化了的佛教哲学,在思想界影响尤其深广。举两个数字,唐代末年在民间流传的佛教经论达 8 440 余卷,超过了儒家经传许多倍。1921 年即日本大正十年,日本开始出版《大正大藏》,把中外所有的佛教著作搜集起来,编成一部大书,共有 23 900 多卷,其中大部分是中国学者的译著和专著,也有少量是日本、朝鲜学者的译著。这些著作表明中国学者经过译介、消化和再创造,反过来又输出到东北亚、东南亚,现已普及到全世界,使佛教成为世界三大宗教之一,而且被称为具有很高思辨水平的特殊形态的宗教哲学。这说明佛教曾被我们消化以后,反过来又充实了世界文化。这方面受我们影响最大的是日本。日本现有佛教大学十余所,佛教学会五十多个,专门佛教刊物二十几种。日本学者编写了许多研究中国佛教的著作。再说德国,德国有位学者叫科本,是马、恩一生的好友，激进民主主义者，他写了部书叫《佛陀及其宗教》，成为西方研究佛教的早期重要著作之一。在马克思的博士论文中提到过科本，马、恩通信中也经常提到他。马克思曾在信中对恩格斯说，我现在读了一部非常重要的著作，就是科本的著作，把它介绍给恩格斯。《自然辩证法》有段话说："辩证思维只有在高级发展的人类才有可能。"在"高级发展的人类"后有个括号注明"例如佛教徒和希腊人"。表明恩格斯肯定佛教徒有较高级的理论思维。恩格斯根据什么作出这个判断呢？据一位印度学者考证，恩格斯正是从科本的著作中了解到佛教哲学的思辨水平。再说苏联，有位沙俄时代的院士谢尔巴茨基，十月革命后继续聘请他当科学院院士，他是世界有名的佛教学者，同欧洲的一些佛教学者合编一部大型的《佛教丛刊》，已刊出二十多卷，全世界都很尊重他；谢尔巴茨基写过不少著作，能够用一些近代方法分析佛教哲学问题，写得很好。至于美国，对东方的研究本来是落后的，但第二次世界大战以后，有一个大发展。佛教，中国化了的佛教受到广泛重视。日本学者铃木大拙到美国去宣扬中国的"禅宗"，使"禅宗"在美国风行一时，据说美国现有"禅宗"研究中心好几十个，关于中国"禅宗"的专著有好几十种，他们把"禅宗"与存在主义相结合。印度本来是佛教的发源地，可现在搞反翻译，即把中国过去译的梵文佛经而梵本早已亡佚的，现再从中文倒译为梵文。至于《丝路花雨》的演出轰动了意大利，不过是我们过去消化了印度文化后再创造留在敦煌壁画上，现在摹了下来，搞成一幕歌舞剧，就丰富了世界的歌舞文化。

以上是说，我们民族在历史上曾经成功地完成了第一次消化外来文化的任务，并经过咀嚼和再创造，反过来又丰富了人类文化。这基本是10世纪以前的事，现已过去一千年了，给我们留下的是保存在《大藏经》中的一份丰富的学术遗产，和保留在各地的石窟、名山古刹中的文化遗迹。赵朴初同志在外事活动中常即席赋诗，回顾和歌颂古代中印、中日、中朝之间学术文化交流的盛况。

我们民族第二次接受外来文化，从17世纪开始，直到现在还远未完成。17世纪起我们开始接受西方文化，中西文化在我国开始汇合，三百多年来的历史走过一条坎坷曲折的道路。直到"五四"时期，通过十月革命的炮声，我们还接受了作为西方文化最高成就的马列主义。三百多年来,我国先进人物一直在吸收、消化、咀嚼西方文化及其包括马列主义在内的最高成就,至今还在继续进行,还要付出巨大的努力才能完成我们民族历史地承担着的这一时代任务。

关于中西交通,很早就有历史记载。例如三国时,有一个罗马帝国的商人叫秦伦,漂洋过海到了中国,当时孙权在武昌接待了他,跟他进行了友好的谈话。孙权问他,你的国家在哪里,有什么物产,他一一作了介绍。孙权很高兴,把他留在中国住了八个月,然后礼送他回国。这是3世纪的事情。到了13世纪,元代形成了地跨欧亚的大帝国,东西交通往来更频繁,突出的有意大利人马可·波罗通过“丝绸之路”来到中国,忽必烈友好地接见了他,请他在朝廷供职,经常奉命巡视各省,还任过三年扬州总督。马可·波罗在中国做了十七年官才回国,后写了《马可·波罗游记》盛赞中国的文明。在元代,还有位蒙古族学者曾把欧几里得几何学原本翻译成蒙文,可惜没有流传下来。一般说,尽管有这些来往,由于中国封建经济、文化水平高于西方,没有引进西方文化的需要,因而还说不上中西文化交流。直到17世纪情况变化了,西方经历了文艺复兴,我国元明时期商品经济的发展也促成了明中叶以后社会经济的变动,开始出现一个新局面。我国漫长的封建社会走向末期。封建社会的母体内已经孕育着资本主义的萌芽。据《明神宗实录》记载:万历年间,大批破产农民涌入城市,成为“浮食奇民”,在苏州的桥头上,这样的人什百成群,延颈待雇,他们“得业则生,失业则死”。这样的人万历年间在苏州等地数以万计,长江三角洲一带资本主义生产关系的萌芽开始出现。古书上记载,所谓“机户出资,机工出力,相依为命”,正典型地反映了早期资本主义生产关系。这在“三言”“二拍”等小说中都有反映。类似这种现象,在两广的铁厂、云南的矿山、北京门头沟的炭窑,都同时出现了。伴随资本主义萌芽出现,早期市民运动兴起。1600年,武昌市民暴动,把皇帝派来的税使陈奉捆起来丢进了长江。1610年,苏州爆发了织工大暴动,为首的叫葛贤,明朝政府派兵镇压,葛贤挺身而出,英勇牺牲。1606年,云南发生上万人的矿工大暴动。但这些早期市民斗争都失败了,后来这些人都汇集到李自成、张献忠的农民起义队伍里去了。所以明末农民义军的组织性、觉悟性都比以往的农民起义高得多。伴随资本主义萌芽还兴起了自然科学的研究热潮，被称为自然科学巨著、自然科学的巨人都出在 16 至 17 世纪。湖北的李时珍，他的《本草纲目》是世界上第一部系统的药典，早有多种外文译本。徐宏祖写《霞客游记》，第一个研究了地貌学，勘测了黄河的源头。徐光启是中国科学史上重要人物，被竺可桢称为"中国的培根"，他主编《崇祯历书》一百卷，可说是当时一部世界性的天文历法百科全书。另外还出了一批兼有哲学修养和科学头脑的思想家，诸如宋应星、方以智、梅文鼎、王锡阐等人，都是同一时期涌现的。郑和等下西洋开始开辟了外贸市场。万历到崇祯七十年间，外国银元输入达一亿元；清初资本主义萌芽又复苏，商品生产发展起来，又占有了国际市场，从康熙到乾隆一百年间，外国银元的输入达三亿五千万元。外贸水平在当时的条件下是不低的。正如毛主席所说的，假如没有外国资本主义的干扰，我国的资本主义萌芽也会发展为资本主义社会。这里只是从分析文化背景的角度来说的，中国当时有了接受西方文化的可能和需要，而这时，首批西方学者也就合乎历史规律地来了。

第一个到中国来的是利玛窦，1582 年到中国，先到澳门，后到南京。1601 年进入北京，结交了当时上层学术界。前年是他来华的四百周年纪念，有关单位出版了利玛窦写的《中国札记》。1602 年，随利玛窦之后，汤若望、傅汎际等带着七千卷书来华，有宗教书，也有西方的科学书，如欧几里得的几何学等。他们来后与中国当时的知名学者，如李贽、徐光启、李之藻、王澂、方以智等交朋友，并译介了不少西方学术著作，如《几何原本》《西学凡》《名理探》等，从此开始了"西学东渐"的历史。

当时我国学者热情欢迎西方文化的传入，抱着平等交流、互相学习的态度。徐光启有句名言："欲求超胜，必先会通；会通之前，必须翻译。"因此，徐光启亲自翻译了《几何原本》，并领导汤若望等编著了《崇祯历书》，吸取了西方天文历法的重要成果。徐光启非常敏锐，西方的望远镜出现不久，他就想办法把它引进来了。利玛窦等传教士把一些科技知识作为宣传天主教的敲门砖，而我们的学者却把它们当作人类文化创造的成果来看待。有些学者如梅文鼎，他是 17 世纪中国的大数学家，即说过应当"深入西学之堂奥，而规其缺漏"，他的一部数学名著就叫《中西算学通》。又如方以智也是当时著名学者,曾明确指出,“泰西质测颇精,通几未举”,这是说西方的科学技术相当精致,而哲学世界观则说不上。这都表明我国当时的学者不仅思想敏锐而且有很大气魄。方以智设想能够召集全国专家编一部百科全书,这部书要包括各门学术,“编其要而详其事,百卷可举”,即可达一百卷。由于明清之际的变局,方以智当了和尚,清政府逮捕了他,他自杀了。但这一历史要求在清代初年以另一形式实现了,乾隆时编出了当时世界最大的一部百科全书《古今图书集成》一万卷。以上是学者的态度。

至于政府的态度,明朝末年政治相当糟糕,但对于外国传教士到中国来却放任不管。利玛窦把汤若望介绍给徐光启,汤被任命为钦天监的官员。到清初,以康熙为代表的革新势力相当开明。康熙这个人有些方面确实需要重新评价。我举几个例子。康熙曾经与莱布尼茨有过通信。莱布尼茨是德国的大哲学家,二进位制的发明者。莱布尼茨给康熙写过一封信,表示他愿意到中国来,帮助中国建立科学院。关于这封信我国有记载。据说康熙回了一封信,但德国却未查到。在德国的传说是莱布尼茨送过康熙一台计算机,到故宫查,结果清出十部计算机,当然不是现在的微型电子计算机,而是手摇计算机,但不知哪一台是莱布尼茨送的。康熙对国外的科技成就非常重视。1693 年,康熙果然在畅春园中的蒙养斋里建立了一个算学馆。这个皇家科学院聘请了法国传教士白晋、张诚等每天去讲学。这个白晋回国后给路易十四写了个报告,介绍康熙,建议路易十四向康熙学习。白晋回国后与莱布尼茨通信,使莱布尼茨注意到中国的《易经》。这说明 17 世纪中国对外文化交流是较正常的。再举一个例子。康熙南巡的时候,通过李光地读到梅文鼎的《历学疑问》一书,亲自加批注,给予很高评价;以后在南巡的舟中会见了梅文鼎,写了“绩学参微”四个大字相赠。康熙曾把他主编的《律吕正义》派人送给梅文鼎,请其指正书中“错处”。梅文鼎的孙子梅瑴成后到康熙的蒙养斋肄业,康熙亲自教他代数学。因而梅瑴成在数学、物理学方面都有很大成就,曾主持了 32 种物质比重的测量,并参加编写《历象考成》《数理精蕴》等书,把当时传入的西方自然科学知识条理化。还有一个有名的蒙古族青年叫明安图,他在代数、解析几何方面都达到很高的成就,也是在康熙的算学馆中培养出来的。康熙个人写了近九十篇自然科学方面的论文,还学了几种文字,这在中国皇帝中恐怕是绝无仅有的。这些例子说明,17 世纪中国连封建皇帝也不以主观意志为转移地反映了他所处的时代的经济发展的客观要求。

这样在明清之际特殊的历史条件下,形成了一代新思潮、新学风。从南到北涌现了一大批具有启蒙思想的哲学家、文学家、科学家,群星灿烂。诸如顾炎武、傅山、黄宗羲、王夫之、方以智等完全够得上恩格斯所说的文艺复兴时期的“思想巨人”。在文艺领域更加敏感,诸如“公安三袁”“扬州八怪”“三言”“二拍”“临川四梦”等,都反映了当时启蒙思潮中人文主义的觉醒。这就是 17 世纪的中国,开始接触西方文化,开始自己的民族觉醒和哲学启蒙,可以说有一个好的开端。

可是,历史车轮转到 18 世纪,即雍正时期,人为地中断了中西文化交流,由于宫廷里争权夺利而有外国传教士卷入,雍正为了防止政敌,一刀切地把外国传教士全部赶走,从此闭关自守。这一转折看起来是由于偶然的原因,其实有深厚的历史根源。按侯外庐同志的概括,雍正时期对外关闭封锁,对内钦定封锁,两相配合,促成了所谓乾嘉时代的学术潮流,实际是大兴文字狱,强化封建文化专制,恢复宋明理学的权威,不允许民间有任何自由思想。所谓的“乾嘉盛世”,实际是个自我封闭的木乃伊,如果一开放,就会立即朽化。17 世纪启蒙思想的火花,到这时候几乎都熄灭了。中国历史经历了一次大的旋涡、洄流。整个 18 世纪就是这个状态,几乎停滞了一百年。而恰好在这个时候,是西方近代飞速发展的一百年,17 世纪的资产阶级革命,由英国转移到法国,法国大革命前后的近代启蒙运动,从思想准备、理论准备、科学准备到实际政治斗争,蓬蓬勃勃地展开。就是在这一百年间,我们在闭关自守中垮了下来,迅速落后于世界形势,一落千丈。历史的教训是极其惨痛、深刻的。我们是不是没有人才呢?不是!就在当时“避席畏闻文字狱”的封建文化专制的残酷统治下,18 世纪也曾有不少的科学家、思想家,例如戴震敢于抨击理学是“以理杀人”,痛斥封建纲常伦理是用软刀子杀人。戴震还是一位科学家,提出重视“分理”的近代科学方法,在他的影响下,焦循、汪莱、李锐等数学家都卓有成就。直到 19 世纪初叶,有个戴煦(锷士),曾写过一篇《求表捷术》关于球面几何的论文,传到英国,“彼邦之士,叹为绝业”,

把它发表在英国皇家学会的数学杂志上，这或许是中国人在外国科学杂志上发表的第一篇论文。又如1820年一位广东的女科学家叫黄履，自造了千里镜、寒暑表、照相机。1830年一位医生叫王清任，亲自跑到刑场，偷偷地解剖了四十二具死尸，重新绘制了腑脏图，明确指出脑髓是思维器官，写成了《医林改错》一书。1835年一位物理学家郑浣香还写成了一部光学专著《镜镜詅痴》。但这些事情都被历史洄流所淹没。清王朝对内镇压，对外封锁的政策，造成了极其可悲的后果。1760年（乾隆二十五年）法国传教士蒋友仁来华写出《地图新说》一书，正式介绍哥白尼的日心说和开普勒的行星运动三规律，却被中国官员们斥为“异端邪说”。

1840年鸦片战争前后，西方资本主义列强破关入侵，打断了中国历史发展的进程，我们民族堕入了殖民地、半殖民地的悲惨境地。从鸦片战争起，我国以深重的民族苦难而转入近代，可说是血泪斑斑。但是，从思想文化史的角度看，先进的中国人这时开始认真地学习西方。如果说17世纪是别人送上门来，平等交流，18世纪是我们关起门来，故步自封，那么19世纪中叶以后，则是别人破关入侵，我们被动接受所谓“欧风美雨”，以救亡图存的紧迫感，急忙派人出国去向西方学习，开始了千辛万苦，前赴后继，摸索救国救民的真理这样一个历程。这时，是个什么心理状态呢？从魏源、郑观应、王韬、严复、康有为、谭嗣同的著作中，我们可以感受到他们的思想脉搏，似乎猛然从睡梦中醒来，看到西方资本主义已经高度发展起来，而自己一下子落后这么多年，怎么办呢？只能为救亡图存而急起直追。从鸦片战争到“五四”运动，在短短八十年间，我们想跑过别人三四百年的历史。旧民主主义革命的八十年历史，一方面我们民族灾难深重，许多觉醒、奋起的先进人物，前赴后继，奋斗牺牲，可歌可泣。另一方面，他们在向西方学习的过程中，饥不择食，食而不化，芜杂肤浅。日本明治维新成功了，而同时我国戊戌变法却失败了。这里面当然有经济、政治的原因，也反映了戊戌变法运动的指导者康有为、谭嗣同等人学习西方，食而不化，自己缺乏必要的思想理论武器就匆匆上阵，结果无力战胜封建主义及其与帝国主义的文化同盟。中国的近代及其哲学启蒙长期处在难产之中。“难产”，成了我国近代史的一个突出现象。

所谓“难产”，就是指社会运动和思想运动的新旧交替中出现的新旧纠缠，新的在突破旧的，而死的又拖住活的这种矛盾状态。旧民主主义革命是不是新的在突破旧的呢？当然是，但革命一再失败，几起几落，表明死的又拖住了活的。整个社会生活、文化生活都是新旧杂陈，矛盾交错，方生未死。比俄国的启蒙运动所走的历史道路更加艰难曲折。1905年列宁回顾俄国近代革命经历了三代，而我们可说是经历了五代。从万历到“五四”，三百多年的坎坷道路。在这个过程中间，中国资产阶级晚生、软弱，而又早熟。早熟就是尚未成熟而过早地登上了政治舞台，变法维新，救亡图存，直到辛亥革命，中国资产阶级在思想准备、理论准备、政治准备都不够的情况下匆匆忙忙地上台了。这样中国反封建的社会革命和哲学革命应该由资产阶级完成的任务却没有能够完成。这给无产阶级留下了难题。怎么办呢？只有双肩挑，一头把资产阶级没有完成的民主革命任务由我们来完成。另一头还要完成社会主义革命和建设的任务。正当中国近代历史处在难产之中，十月革命的炮声送来了马列主义。首先从文化思想上开始了真正的革命，开始消化西方文化的最高成就马列主义，终于指导我们取得了民主革命的胜利。

新中国成立以来的35年，经过社会主义改造，我国社会不断向前发展。由于我们在特殊的国际环境中进行建设，先是美国的经济封锁，然后是苏联的毁约、逼债，我们不能不关门建设，也取得了辉煌的成就，但在对外开放、对内搞活方面曾有不少失误和教训。至于思想文化战线的改革和建设的指导思想方面，也出现了不少偏差。如何正视历史形成的国情，勇于摆脱传统的束缚？如何放眼世界，面向未来，密切注视现代社会生活和科学技术的新发展？如何在新条件下坚持和发展马克思主义？所有这些方面都有不少具体的思想教训值得总结。

## 三

经过以上的历史反思，可以得到一些什么启示呢？我想至少有这么三点：

**第一，关于摆脱历史惰力的问题。**历史的惰力曾像梦魇一样纠缠着人们的头脑。我国近代史上不少立志改革的先进人物曾经演出过不少思想悲剧，这个历史教训应当认真吸取。由于17世纪以来我国的哲学启蒙道路坎坷,近代意义的哲学革命长期难产,所以沉重的历史包袱、强大的历史惰力,使得一些改革思想家曾经勇敢地奋起冲决封建网罗,而最后又怯懦地自陷于网罗,在历史上演出了一幕幕思想悲剧。龚自珍、魏源是我国第一代放开眼界看世界的人,魏源写了《海国图志》,现在读起来也是生气勃勃的。龚自珍是唤起一代风雷的人物,毛主席曾经引用过他的诗:"九州生气恃风雷,万马齐喑究可哀。我劝天公重抖擞,不拘一格降人才。"但龚自珍、魏源的晚年都转而相信佛教。"忽然搁笔无言说,重礼天台七卷经。"从呼唤风雷到重礼佛经,这不是一幕思想悲剧吗?他们代表了一代人。谭嗣同慷慨激昂地走上了变法的最前列:"今日中国未闻有因变法而流血者,此国之所以不昌也。有之,请自嗣同始!"他果然悲壮地牺牲了,最后临终绝笔:"有心杀贼,无力回天。死得其所,快哉快哉!""有心杀贼",他有心要冲决封建网罗,但是没有办法,只好自己牺牲算了。康有为曾是叱咤风云的人物,维新运动的领袖,风云一时,可是几年之间,一变而为保皇派,再变而为帝制复辟派。章太炎是辛亥革命的思想旗帜,笔锋所向无敌,但是,到后来"粹然成为儒宗"。这样的悲剧在"五四"新文化运动中也有人重演过,曾经是激进的革命派、改革派,而不久就偃旗息鼓,落荒而逃了。这是"五四"以前的情况。"五四"以后,真正革命者经得起各种考验,千辛万苦,百折不回。但确实也有人以各种形式由趋新向复旧转化。在当前改革浪潮的冲击和考验下,恐怕也会有这种情况。这里充满着令人深思的历史教训。关于这个问题,鲁迅眼光敏锐,观察很深,他看到我们民族有多么沉重的因袭负担,有多么可怕的祖传老病,他提出改造国民性的问题。所谓国民性的问题,就是长期的封建社会及其自然经济基础所形成的愚昧、保守、近视的落后意识,要改造起来相当困难。这个问题的马列主义分析,不能仅从民族心理、性格、品德等方面去找原因,而首先要剖视它得以产生的深刻的经济基础,应该说那就是自给半自给的小农经济。它必然分泌狭隘、保守观念,必然使封建传统意识得以寄生、蔓延,所以中央一号文件深刻指出要把自给半自给的自然经济转化为社会主义现代化经济,商品生产的大发展乃是"不可逾越的必经过程"。因此,大力发展社会主义商品生产,从根本上摧毁自然经济基础，从而扫荡依存于其上的一切封建残余阴影和小生产意识，这是当前的迫切任务。

**第二，关于树立正确的主体思想问题。**通过历史反思，应该提高这一种历史自觉，认识到当前的改革是我们三十几年来革命和建设发展的必然结果。改革所包含的内容是我们的民族几百年来所走过的曲折道路的历史总结。特别是对外开放，既要摆脱“中体西用”的老框框，又要反对失去主体的自卑思想，敢于引进国外的一切先进科学文化成果，善于消化，又敢于创新，这是我们民族发展到今天所应当承担的历史任务。反思历史，预测未来，应该提高这方面的自觉性。17 世纪开始，我们接触、消化西方文化，经过三四百年来的坎坷历程，到现在我们完全有条件树立正确的主体思想，完全有条件实现对外开放。

纵观当今世界，只有我们这个民族，既有自己源远流长的文化传统，又在历史上曾经成功地消化了印度文化。现在我们继续着 17 世纪以来的历史行程，正在吸取、消化西方文化。如果我们能够把它们融会贯通，让整个人类创造的文化信息在中国“聚宝”，然后反馈出去，那一定会对人类文化的新发展作出贡献。在现代世界史上用吸取外来文化的“聚宝”的方法来振兴自己民族的，还有美国和日本。他们的经验和长处，毫无疑问，应当学习。但我们更应当意识到历史赋予我们民族的特定责任，需要我们一代代付出艰苦努力。应当有这样的历史自觉，应当从这个高度来理解当前对外开放的决策，理解这个决策所具有的极其深远的意义。

**第三，有了这样的历史责任感，就需要清醒地意识到自己的弱点。**由于中国哲学启蒙道路坎坷，近代资产阶级哲学革命难产，这一文化发展的历史特点给现实的投影是双重的。一方面，资产阶级文化上落后，哲学世界观的匆促形成和急剧衰落，为马克思主义在中国迅速胜利提供了有利条件。但另一方面，由于中国资产阶级的理论建树少，远未完成其批判封建传统意识、译介西方近代文化成果等方面的历史任务，这又为马克思主义在中国的发展带来了思想土壤不够丰厚的困难和局限。许多事实表明，我们正面临着许多历史遗留下来的“补课”任务。十月革命后，列宁曾经向苏联广大青年和学术界提出过文化思想上的“补课”任务,他强调:“只有确切地了解人类全部发展过程中所创造的文化,只有对这种文化加以改造,方能建设无产阶级文化。”他号召大规模地翻译和广泛宣传18世纪法国唯物论的战斗无神论文献,建议系统地研究黑格尔辩证法并成立黑格尔哲学的唯物主义之友协会。因为根据人类认识史的逻辑,马克思主义只有在一定思想土壤中才能得到健康的发育成长。

近代各个民族的文化发展各有自己的历史特点和历史留下的“补课”任务。中央一号文件和一系列关于改革的重大决策,实际上提出了有计划的商品生产的大发展和价值规律作用的扩大,必然引起文化思想上层建筑的相应变化。当前我们一定要响应中央的号召,迎头赶上世界新技术革命的浪潮,要奋力吸收、消化西方科学文化的先进成果,向愚昧作斗争。

总起来说,通过历史的反思,应当提高历史的自觉。一方面自觉地清除封建阴影,摆脱传统束缚,打破小生产意识,抵制西方资本主义腐朽思想的侵蚀;另一方面,要坚持开放型的指导思想,敢于吸收世界各国的先进文化成果,大大提高我们的科学文化和理论思维水平,勇攀现代唯物主义和现代科学技术的高峰,努力培育更丰厚的思想文化土壤,使马克思主义这一发展着的真理体系在我国扎下更深的根,开放更鲜的花,结出更新的果!

我想这应是我们共同的历史责任。

(1984年10月)

# 认同·立异·会通

近代中国的历史大幕，是在西方列强炮舰的敲击下拉开的。延续了三千年之久的中华文明，如何对待西方文明，始终是中国走向近代的文化历程中困扰着中国知识分子的严峻课题。对于这个过程，目前有许多种说法。例如，毛泽东的“斗争、失败，再斗争、再失败，再斗争，直至胜利”说，费正清的“冲击，反应，再冲击，再反应，直到把帝国主义赶出中国”说，李泽厚的“启蒙与救亡双重变奏”说，等等。还有人说，中国近代知识分子的灵魂是分裂的。他们理智上是向前的，感情上是向后的；政治上趋新，而文化上恋旧。我认为，中国人对于中西方文化的认识，有一个由肤浅的认同到笼统的立异，然后察异观同、求其会通的过程。

中国文化走向近代，自中国人接触西学始，早在17世纪，帷幕就拉开了。但是，那时并没有民族危机和社会危机的逼迫，拉拉停停，到清王朝入主中原，又关闭了。百年闭关，造成了列强破关入侵，大清帝国迅速衰落，举国上下，不得不仓皇奋起。于是，知识分子在对待西方文化的态度上经历了第一阶段。他们或是从天朝上国的心态出发，或是为了满足与西学认同的需要，发明了“西学中源论”。有人从《易经》《墨子》《淮南》《素问》找到了声、光、电、化的中源，有人在《周礼》《洪范》乃至孟子的微言大义中考出西方政教体制、民约思想。这些附会的类比虽然透露出在西方文化冲击下人们意识中的某种畸形的民族情感，但也隐示着异质的西方近代文化一传入就产生了如何使之与中国传统文化相接合的历史课题。

第二阶段是五四时期。戊戌变法和辛亥革命连遭失败的痛苦,使人们省悟到把西方表层物质技术、中层政法体制与传统文化深层意识结构的嫁接,只能“淮橘为枳”。于是分化出主张中国文化自有其主体精神和发展走向的“国粹派”和认为“百事不如人”的“全盘西化派”。对立双方,无不认为中西文化是根本不能结合的两种异质文化。

第三阶段是五四运动以后至抗战后期。人们进而发现中西文化除了民族性的差别还有时代性的差别。经过民族民主革命的伟大历史实践,在对东西方文化察异观同、求其会通的基础上,同时产生了一批以“新”字为特点的、能反映时代要求的、有代表性的理论体系。如金岳霖先生的新玄学体系、冯友兰先生的新理学体系、贺麟先生的新心学体系、熊十力先生的新佛学体系、朱谦之先生的新文化哲学体系、朱光潜先生的新美学体系、以顾颉刚等一批史学家著作为代表的新史学体系,以及把西方的马克思主义学说与中国革命相结合产生的毛泽东的“新民主主义”理论体系。

为什么近代中国的志士仁人要如此艰难地探“中源”,寻“中体”?无非是想找到一个可以在中国古老的树蔸上长出现代化的根芽,找到现代化的历史内在根据。

(1987 年 8 月)

# 中国文化的优良传统与启蒙思潮

## ——答《中国社会科学·未定稿》记者问

近几年来，在我国文、史、哲三界，出现了一个重视研究中国传统文化的思潮。随着研究的日益深入，学者们的目光逐渐集中到几个根本性的问题上，诸如：中国文化的核心内容和主体精神是什么？怎样认识传统文化在近代以来的作用？等等。最近，就此类问题与《未定稿》记者有如下的对话。

问：萧老师，自"文化热"兴起以来，关于什么是中国文化的核心内容和主体精神，学者们提出了种种不同的看法，有人认为是"人文主义精神"，有人认为是"人本主义"，有人认为是"礼"或"礼治"，有人认为是"实用理性"。此外，还有"伦理本位主义""求统合的思维方式""天人合一"等许多不同说法。请谈谈您自己对这个问题的认识。

答：究竟中国文化有没有一个统一的、持续的、一贯的主体精神？我认为很难说。因此，我同意周谷老和谭其骧先生的看法，即中国传统文化有着时代的、地区的、学派的种种差异，而并不存在一个贯穿始终的、一成不变的传统文化主体精神。所以，我不同意用"主体精神""基本特质"一类的提法，不如用"文化传统"来归纳，倒更为确切一些。而说到文化传统，正像人们说的那样：有两种文化，甚至有多种文化。

就中国文化的优良传统而言，用人文主义、人本主义、民本主义、伦理本位等诸种说法来概括，我感觉都不够恰当。原因有两个：

第一,与西方比较而言,很难说西方没有这些“主义”。实际上,从古希腊时候起就有大量类似的著作。但西方的历史学家经过了很认真地筛选,形成了独立的政治思想史、美学思想史、伦理思想史,等等,而不像我们的传统文化这样包罗万象,浑然一体。所以,不能把讲求人际关系仅仅归结为东方文化的传统。只是由于西方早已把这些思想分门别类地筛选出去、使之成了独立的学科,而近代的西方哲学家又有一种实证主义的倾向和方法,把哲学、文化等问题归结为认识论的问题,这就给我们造成一种印象,似乎西方只注重研究人对自然的关系,其实这是一种误会。实际上,西方探讨人际关系的著作多得很,只是由于经过了一个学术分化的历史前提,把这些成分从哲学中排除出去了。

第二,人与自然的对立,开始了人类文明史(野蛮人是与自然混为一体的)。以后,由于种种原因(如地理、气候、向文明社会过渡的特殊途径等),造成了几大文明发展的差异。但这几大文明都在处理人和自然的关系,只不过有些具体区别。如印度文明,有人屈从于自然的倾向,由此而形成因果报应等佛教思想。西方希腊罗马文明的基础是商业发达,因而在处理人与自然的关系中,人征服自然的倾向较强,这是与航海经商的冒险精神所形成的技术拜物教思想分不开的。我们中国,从好的传统方面来说,也是注重处理人与自然的关系,而并非像有的学者所讲的那样只注重人际关系。不过中国文化中人与自然的关系,是一种既对立又结合的关系,而结合的主要依据则是认为人可以“参天地之化育”,即人可以适应和改造自然,调节与自然的关系。

关于天人关系,中国人从很早起就有了丰富的认识。最早的认识是天与人等于自然与人,然后发展为认识自然与社会的关系,再进而发展到认识人的自然性与社会性。“食色性也”,这是人的自然性;而道德规范则表现了人的社会性。再往后到明清时代,有些学者看到不但有自然人,有社会人,还有历史人,即从历史文化中成长起来的人。因此,中国古代很早就探讨“天命”和“人力”的关系,以后又探讨“天道”与“人道”、“天理”和“人欲”。这一系列的认识不断深化,形成了一个比较优良的传统。孔子说“人能弘道”,而不是道能弘人。《易传》和《中庸》都体现了这种“官天府地,裁成万物”的优良传统。荀子提出“天人相分”,即将自然与社会、人的自然性与社会性区别开来。强调“不与天争职”，又强调“天道”可知，“天命”可制。在人的自然性和社会性问题上，提倡“化性起伪”，即将人的自然性提高到社会性上来。这一好传统发展下来，就形成了中国化的佛教。吕澂说过，印度佛教归结为涅槃，即超脱、寂灭。而中国佛教归结为菩提，即智慧，强调个人努力可以成佛。发展到刘禹锡，说天与人是“交相胜，还相用”，即人与自然交互取胜。他说：“人之所以能胜天，法也。”即社会法治搞好了，人就可以战胜自然。又发展到王夫之，提出“依人建极”“即民见天”“以人造天”等思想，即根据人道来把握客观世界的规律，从人理来看天心，主张以人可以率天道。强调“竭天成能”，即人的主观努力可以补天之所无，超越天的限制。并说“天理寓于人欲之中”，实现了人欲，也就符合了天理。这就是在处理人与自然的关系时，既看到对立的一面，又看到统一的一面。这种思想，可以说是中国文化的优良传统。凡是游离或背离了这种思想的，就是中国文化传统中的支流和糟粕，在有的时代则成为文化发展的逆流。这种糟粕在儒、释、道各家的思想中都有，而不是为哪一家所专有。

文化思想是客观的存在，而对待这种客观存在的态度，即学术史观也有两种。好的一面是“兼容并包”的传统，也就是《易经》所说的“道并行而不相悖”“殊途而同归”。表现在《庄子·天下篇》里，指出各家各派的优劣得失，乃至包括自己。往后发展，唐朝有个叫宗密的僧人，写《原人论》，把儒、道，以及佛教各派一一评论，认为只有他所主张的华严宗才是最高的真理。但最后又加上一章，叫《会通本末》，却提出其他各家均有长处，均有真理。稍后的柳宗元，谈到了“诸子合观”问题，说包括先秦各家乃至后来的佛教在内，都可以合观，都各有真理的成分。后来发展到黄宗羲，写《明儒学案》，提出自己的书要遵循尊重“相反之论，一偏之见”的原则，因为这些相反之论、一偏之见都可以促进真理的发展。认为“以水济水，岂是学问”！这些都是学术传统中兼容并包的好传统。与此相反的，则是独尊一家的文化专制。从“独尊儒术”直到宋明理学讲“道统”，这是消极的一面，糟粕的一面。

问：近年来，历史比较学逐渐受到重视，有的学者专门撰文比较了东西方古典文化在近代社会发展中的不同作用。提出：中国传统文化同西方古典文化不但形态不一样，具体历史命运也不相同。以儒家为主体的传统文化，是一个封闭性的自足系统。正如中国封建社会商品经济无论怎么发展，也摆脱不了自然经济的脐带而步入资本主义一样，传统文化也不可能靠自我批判来达到自我更新。因为对中国传统文化的"复兴"，只能作为封建社会内部调整社会关系、进行思想批判的武器，而不可能成为人们求得从中世纪解放出来的途径。请您就这种观点，谈谈对中国传统文化在明清以来的作用的看法。

答：研究历史要有现实感，研究现实要有历史感。事实是，在民族的文化和心理中，既有传统文化的好的积淀，也有坏的积淀。从这一点来说，你提到的那种看法，可以说是对现实社会中封建主义阴影的沉重感受而发的。但我认为，要解决这个问题，一方面要从西方文化中吸取营养，另一方面也要从自己民族的文化中找到根芽。杜维明有一句话：要在自己的民族文化中找到源头活水。我同意他这句话，当然实际的理解有所不同。我认为，我们国家从 17 世纪起已经出现了想要冲破封建文化牢笼的启蒙思潮。第一，何谓启蒙？我认为它应该是既区别于中世纪的异端，又区别于资产阶级革命时期的理论。因为中世纪异端并未提出超越封建樊篱的思想，而明清之际的启蒙运动则出现了。例如：中世纪异端可以骂昏君，但不能骂"世之为君者"。而唐甄则说"古今凡为帝王者，皆贼也"。一个"凡"字，就与中世纪异端完全不同了。另一方面，它又还远没有达到资产阶级革命时期对封建主义批判的水平。严格意义上说，这种启蒙运动仅仅是特定条件下封建主义的自我批判，仅仅与资本主义萌芽经济相适应，只是表现旧思想要崩溃的征兆，新思想快出现之前的先声。

第二，我认为人类文化的发展有共同规律，但实现的途径则是千差万别，这就是共性与个性的统一。人类总要走出封建社会，但走出的途径各不相同。如果对比西方，我国与意大利、法国、英国、荷兰等国走出中世纪的办法迥然不同，却近似于德意志和俄国。中、德、俄三国的情况至少有三点相似之处：① 封建制度都比较强固，资本主义的发展都是缓慢而不充分。② 都爆发过大规模的农民战争。农民战争有巨大的反封建威力，但却不能推翻封建制度。③ 三国的资产阶级，都是晚生而早熟的。早熟，即尚未真正成熟就过早地被推上了政治舞台，因此都不能完成自己的革命任务。这里德国的情况比较复杂，我不能贸然多说，但俄中两国都是如此。

当恩格斯回顾德国的发展史时，他从闵采尔的起义说起，回顾了三百年。当列宁回顾俄国的发展历史时，他从 18 世纪中叶十二月革命党人的启蒙思潮回顾起。如果这样来回顾的话，我们就应该从 17 世纪回顾起。这是中国资本主义从萌芽到挫折到复苏到发展到没落的过程，其间的文化运动和思想解放运动，就是启蒙思潮的全过程。具体说，就是从万历到"五四"，经过了一个马鞍形发展的曲折道路。我认为我们的启蒙运动是遭到了挫折的，其原因主要是强固的农业自然经济基础的阻碍作用，其次，再加上清入关以后本身的封建化，又延缓了这一进程。而在 19 世纪之后的短短八十年时间里，我们就走过了西方三四百年的历史。这期间大量吸收西方的资本主义文化，结果是"饥不择食，食而不化"，使资产阶级哲学革命处于难产之中。在这样一个特定的条件下，传来了马克思主义，从而使"五四"以后的新文化运动有了一个二重性的投影。即：① 由于中国资产阶级缺乏自己成熟的思想体系，因此为马克思主义的传播和速胜创造了条件。② 由于资产阶级没有完成它的清算古代、译介西学的任务，所以又为马克思主义在中国的进一步发展造成了土壤稀薄的困难，因此，历史给我们留下了补课的任务。如果我们这样来回顾和总结历史，就可以更清醒地看到：马克思主义在中国传播、胜利和发展的土壤，以往历史所作的准备是不够的，因此我们应当自觉地培育这种土壤。同时，我们也应该自觉地避免一些历史的洄流，如人为的闭关自守，等等。

（1986 年 1 月）

# 中国传统文化的现代化
# 与西方先进文化的中国化

——1995 年 12 月答广东《学术研究》编辑问

问：萧先生，你今春南来广州，有些什么新的文化感受？近些年，你思考过哪些新的文化问题？如蒙赐教，我们将以“学者专访”形式公诸同好。

萧：最近学术界有一种新气象，就是高品位的民办学术刊物比较活跃。像北京刘梦溪主编的《中国文化》，出版了好几年，全靠自己向社会募捐。四川的《中国文化论坛》，也是企业界支持。你们广东有个《现代与传统》，听说是由霍英东基金会资助的。北京还办了《学人》《原学》《原道》，诸如此类。学术这个事情，我个人感觉，采取简单的一元化的方式处理，恐怕是一个教训。1956 年毛主席针对苏联的教训提出“百花齐放，百家争鸣”，虽然后来由于各种原因没有很好执行，但他这个思想是很了不起的。这是我们社会主义文化向开放、多元化发展的根本指导思想。近几年我常想这个问题，所谓“君子和而不同”，学术探讨最好不要“以水济水”，正如黄宗羲讲的：“圣贤之血路，散殊于百家。”真理的发展是多元的，本来辩证法就讲到这个问题，就不承认真理与错误的对立是绝对的，我们把它形而上学地对立起来，是一种偏见。其实真理的发展过程是多元的、多维的、多根系的，是在对立中互相渗透、互相融合而发展的。我们中国的文化、哲学也是这样发展起来的，我称之为多维两分或多维互动的发展格局。有不同时代的两分，有不同学派的两分，也有哲学基本问题上唯物唯心的两分，可以说其中有正确和错误的两分。但更多还不是这样，例如齐、鲁两派的学风，道家与儒家的学问，不能说哪个错，都有正确的一面。又如庙堂文化和山林文化，古典文化和民间文化，这样的两分往往是互补的，互相转化的。我们历代的诗人，都是从民间文化中吸取养料，转化为古典的东西。从这里就可以看到文化多元化的好处。我们过去的教训是搞简单的一元化，从苏联学来的，苏联科学院曾经靠通过决议来把多种学派取消掉，日丹诺夫主持苏共中央的意识形态工作，什么出来就批什么，系统论出来批系统论，共振论出来批共振论，爱因斯坦的相对论出来又批相对论，闹了不少笑话，这是糟蹋马克思主义。因为马克思主义本身是在人类文明大道上吞吐百家而发展起来的，对人类文明最没有宗派性，最没有封闭性，是最开放的体系。毛泽东说过，马克思主义并没有结束真理，而是不断地开辟认识真理的道路而已。前一段时间在成都开了一个道家和道教的会议，在会上我有个发言，说这几年有一种流行的偏见，就是把中国传统文化单一化、凝固化、儒家化，乃至于按少数儒家所讲的样子道统化。我支持对新儒家要作研究，但不应强调中国文化传统只是儒家，不管你赞成还是反对，应该承认还有其他几家学说。我近年写了几篇道家的文章，似有提倡道家的味道，我欣赏道家的风骨、道家的人格，它坚持道法自然的观点，反抗人性的异化，用我的说法即"伦理的异化"。黑格尔、费尔巴哈、马克思讲宗教异化、政治异化、劳动异化，我提出还有与宗教异化相类似的伦理异化，在中国传统研究中应注意这个问题。伦理异化，在后期儒家那里是加以辩护的，而道家是反抗的。在这点上，我赞成道家。道家还注重生命哲学，注重人和自然的协调关系，有现代意义。我在会上还讲了一个问题，中国知识分子有两个优秀传统，一个是学而优则仕的传统，另一个是学而优却不仕的传统。不少人真正学而优则仕，为国家政治经济文化的发展作出过贡献，当然其中有的脱离了人民，走到官僚的道路上去了。也有不少人发扬了学而优却不仕的传统，退隐山林，和政治权力保持一定的距离，好像在冷眼旁观，其实是采取另一种形式，承担着民族忧患意识、社会批判意识，用来进行学术批判和创新开拓。他们往往少一些传统教条，思想比较解放，这一部分人中道家占大多数。当然山林、民间文化与庙堂文化，彼此互相渗透，互相转化，不是截然分割的。陶渊明不为五斗米折腰，他从官场退下来，诗风就为之一变。柳宗元、刘禹锡，乃至韩愈、苏东坡、杨慎，被贬后，在民间文化的陶冶下，思想、创作等各方面都有新的开拓。在海南有个五公祠，五公其实是唐朝以来被流放到那里的五个“罪犯”。苏东坡也是一个“罪犯”，他流放到海南后，提倡教育，把海南的整个文化变了个样。在学而优却不仕这个传统上，中国知识分子有的是自觉的，有的是被迫的，但有一点是共同的，就是跟政治权力疏远之后，反而在文化上、学术上有所创造，有所贡献。历代比较开明的统治者对这一部分人采取比较宽容、敬重的态度，或者是朝廷旌表，或者派使臣用安车蒲轮去招请礼聘，乃至皇帝亲自出马拜见、访问。从《后汉书》开始立“隐逸传”，专门记述这一部分人的言行，对于这部分人的历史作用是值得研究的。我讲的另一个意思是，道家比儒家不同的，就是文化心态比较开放。从老子起，就提倡“知常、容，容、乃公，……公、乃大”，懂得宽容，出以公心，局面就大。宋钘、尹文、庄子都主张去掉偏见，强调要用和解、宽容的态度对待百家争鸣。对这一点，孔孟却表现狭隘，他们认为“处士横议”是世衰道微的表现。韩非更厉害，要“禁杂反之学”，甚至主张烧书、杀人，比较独断专横。庄子不同，例如在《秋水篇》里描写一个人不断地自我超越，不断开拓广阔的视野。从井蛙到河伯到海若，从井底到大江再到大海，一望无涯，不断扩大境界。庄子所谓“和之以是非而休乎天钧，是之谓两行”。“两行”这个说法，是庄子最先提出来的，以后儒家的《中庸》里说“万物并育而不相害，道并行而不相悖，小德川流，大德敦化，此天地之所以为大也”。这其实是庄子的思想在《中庸》里体现出来。我对这方面比较强调，像《易传》所讲的“殊途而同归，一致而百虑”，要讲“殊途百虑”之学，不要专横独断之学。道家就有这个好传统。孔子在《论语》里讲过：“朝闻道，夕死可矣。”他的道是静止的。庄子不同，他说：“送君者皆自崖而返，君自此远矣。”把学生送到海边，你自己去发展吧，我就到此为止了。气象境界都不相同。“生也有涯而知也无涯。”“指穷于为薪，火传也，不知其尽。”认识到真理是个过程，是个无限的发展，是变动不居的。这是道家的精神。

问：对于文化来说，哲学问题带有根本性。先生从传统文化出发对儒、道两家所作的剖判，可谓振聋发聩！20 世纪 90 年代以来，哲学界对于中国哲学的发展方向出现了一些新提法，概括地说，是认为中国哲学应该以传统为本位，或者说回到传统的本位。主张以“天人”“心性”“形神”等中国哲学的传统命题作为基本命题，批判吸收一切外来哲学思想，去加以发展，乃是今后中国哲学的路向。先生想必也注意到了这一动向，可否谈谈你的看法？

萧：你们提的是个很尖端的问题。对中国哲学今后怎么发展，学术界有争论，似乎是从所谓“国学热”引起的。据闻张岱年先生等在北大作过报告，主张研究国学，颇受学生欢迎。《中国青年报》报道说“有一股国学热悄悄兴起”。针对此，有不同看法，有人写文章，提得很尖锐。据我所知张岱年先生一贯主张在马克思主义指导下对中国文化进行综合创造。这里有一个文化创造的主体问题：能否以中国传统哲学为主体？洋为中用，是否以“中”为主体？我觉得讨论这个问题是非常好的事情。以中国哲学为主体，那么马克思主义又怎样摆法呢？照我看，马克思主义自19世纪末传入中国，已经有一百多年。在这个意义上说，传统文化已经包括了百年来马克思主义在中国的发展。当然，其中有不少经验教训还有待清理。毛主席本人对中国传统文化的修养很高，也正因此，他才能够把马克思主义成功地运用到中国革命的实践中，有那样伟大的创造，形成了中国化了的马克思主义——毛泽东思想。这样看，中国文化主体本身就早已渗进了马克思主义精神。如果就这个问题上进行心平气和的讨论，是改革开放的一个很好的现象，不像过去一讨论，帽子、棍子都来了。对这个问题本身，百年来，我们实际上面对着“两化”的任务，即中国传统文化的现代化和西方先进文化的中国化，其中包括马克思主义的中国化。这“两化”是互相交错的，不留心，也不易兼顾，但是，如果调节得好，这“两化”都实现得好，可能在我们这一代或下一代，对我国的文化，甚至对世界的文化发展，都会有贡献。我认为这“两化”首先是互相联系着的双重过程，要使中国传统文化现代化，必须吸收西方的先进文化，其中包括西方文化发展的重大成果马克思主义在内。另一方面，我们必须认真研究中国传统文化。不认真研究中国文化，如何使之现代化？那样，西方文化的传统，乃至马克思主义，也就都缺乏在中国本土生根的地方，使它中国化也不能完成。外来文化，再好的东西，如果不和我们民族的特点相结合，不经过民族文化的涵化,都是不能起作用的。只有充分重视中国民族文化,才能实现西方文化的中国化。总之,这“两化”的任务是交缠在一起的,怎样做得更好,是我们面临的工作。

问:“中国传统文化的现代化与西方先进文化的中国化”这个提法很好,把中国文化在当代的转型问题作了高度概括。自从近代西风东渐以后,中国学界就有所谓“体用”之辩。当然,“体”和“用”的具体内容,百余年来与时俱变,不应拘守。但是,“体用”作为一个形上的命题,至今并未失去它的意义,尤其对于中国新文化建设而言。上面其实已对此有所涉及,请先生就此再发挥一下如何?

萧:对于“中体西用”这个问题是要重新考虑。已有同志提出“西体中用”,也有提出“中西互为体用”,等等,过去的人例如张之洞对这问题有片面性的理解,同样我们也有很多片面性的理解。我认为对新民主主义文化运动,过去理解得比较肤浅。如当时提出的“民族的、科学的、大众的”这三个概念,过去理解“民族的”是形式,“科学的”是内容,“大众的”是方向。这不知是谁做的注解,这就有很大问题。“民族”是指形式,属于外部的东西,这就不对。所以当时,1947 年的时候冯契同志写了一篇短文,说“民族”不仅是形式,而应该有它的内容,但没有受重视。所以,就是“民族的、科学的、大众的”这几个概念,都应该重新理解,后来毛主席所讲的“古为今用”“洋为中用”,我认为“洋为中用”这里面也包括了马克思主义在内,假如承认也包括马克思主义,那么“洋为中用”就有它的深刻内在含义。对于发展着的西方各派马克思主义,也有一个洋为中用的问题。我常向研究生们强调,要读马克思主义的书,要像马克思那样博学,要像马克思那样深思,我举了很多例子,20 世纪能在文化史上、思想史上站得起来的人,没有一个不认真研究过马克思主义,他们都把马克思主义看作 19 世纪中叶所出现的人类非常重要的思潮,非常宝贵的思潮,比如萨特、海德格尔、荣格、施特劳斯等都认真研究过马克思主义,有的还自称是马克思主义者,当然他们在思想上、理论上都各有自己的发挥。还有个法兰克福学派,西方马克思主义,对于马克思的研究也是有贡献的,不可忽视,更不应给以简单否定。我前年春天在德国的特里尔大学讲学,他们来邀请时对我讲特里尔是马克思的故乡,设有马克思的故居,我去参观了。它的旁边就是马克思研究中心,故居里展出的东西很有意思,是按照西方社会民主党的观点搞出来的。对他们的观点,过去我们都是作为修正主义来批,批得很厉害,实际上有些方面也要重新考虑,究竟伯恩斯坦、考茨基、卢森堡、李卜克内西等人在历史上作过什么贡献,要实事求是予以评价。我认为他们有他们的缺陷,但他们的缺陷比斯大林要少。特里尔故居改成展览馆,第一层是关于马克思和燕妮两个家族的情况,第二层摆放马克思和恩格斯两人的活动情况、著作情况,第三层是摆马克思主义的分化和发展情况。我特别注意第三层,主要是把考茨基、伯恩斯坦的大的相片、小传和著作摆起来,在马克思主义的分化和发展这一栏里,也有列宁的相片,比伯恩斯坦的小一些,列宁像旁边是托洛茨基的像,他的旁边还有一大串,都是西方社会民主党的领袖。他们对马克思也很尊重。我认为,包括马克思主义这个旗帜下各家各派在内,都应该认真研究,要消化别人,吸收别人,过去我们学斯大林,就把人家全骂成是修正主义分子,那么反过来人家也会骂我们是修正主义。恐怕未来的世纪是一个阻挡不了的多元开放的时代,这里面能不能出现真正的思想家、真正的理论家,能够总结过去的经验教训,重新开拓,起到一个承先启后、继往开来的作用?能否出现这样的人,谁也难讲,也有可能出现在中国,也有可能出现在俄罗斯,甚至也可能出现在欧洲。

问:在西方传入中国的各种学说之中,结果是马克思主义成为“显学”,绝非偶然。这与马克思学说在一些根本问题的取向上和中国传统思想比较一致有关,例如辩证的思维方法和注重实践的思想,还有历史主义(唯物史观),等等,这些特色颇能产生“同声相应,同气相求”的效果。与那些非历史主义的、过于逻辑化的或者宗教化的学说大不一样。当然20世纪的世界性的革命背景也起了巨大作用,但不能忽略文化这个更深的根子。另外,“经世致用”的传统,似乎更是个联结革命与文化两大背景的因素,而且这也是与马克思的实践观相通的。

萧:对经世致用这个传统,我们过去一贯都是肯定的。特别是宋明以后,讲性理之学,空谈心性,对国计民生都不太过问,这一点我们是批评的,更早的有陈亮已经在纠正朱熹的偏向。我指导一个研究生写论文,把明清两代的经世致用思潮分成三个阶段。我就意识到,有一种简单的经世致用,容易被一定时期的政治所左右。我们搞“为政治服务”就是这一传统,学说就没有什么独立性了,那就随波逐流了。因为有这个局限性,在最近一个时期以来,有的学者强调,学术绝不能过于功利化、过于实用性,而应保持学术的独立性。这个也不无道理。但是我发现了一个问题,在当前两个方面都不能偏。现在有些青年人认为,“以天下为己任”、“天下兴亡,匹夫有责”、“为政治服务”,全搞糟了,现在要跳出来,学术就是学术,没有任何实用的目的,不去考虑社会效益。他们给了一个新名词,叫“知识分子边缘化”,即不要以为自己可以演个什么角色,百无一用是书生啊!这个我也不同意。我想经世致用恐怕要有层次之分。低层次的,为当前社会政治需要服务,也有点意义;有些感性的启蒙运动,就是针对当时的情况,呼口号,上街游行,这从“五四”以来我们搞过很多,当然对唤起人民群众有一定的作用。但深层次的启蒙,应该是理性的。我们民族要真正觉醒和腾飞,更需要的是深层次的理性启蒙。

问:的确应该站在这种“理性启蒙”的高度上,以宽广的视界、远大的抱负来对待中国新文化的建设。只有这样,我们才有希望脚踏实地,开创未来。

萧:关于中国消化佛学的问题,从引进、翻译、注释、理解,通过格义阶段,比附老庄,真正理解,到自己再创造一个新的、中国的佛学,花了足足八个世纪,这八百年值得研究。印度佛教传来以后,如何消化,拿过来与传统互相结合,层层结合,有本体论的结合,如僧肇,有心性论的结合,形成《大乘起信论》;以后更进一步和中国的日常生活实践、生活智慧相结合,产生后来的禅宗。我认为《肇论》《大乘起信论》《坛经》三本书,是佛学中国化的三个里程碑。这是我们民族第一次引进和消化外来文化,不仅佛学,当时还有印度的建筑、音乐、美术、医药、历法,还有舞蹈、妇女的装束,都从西域引进来了。那一次经历了很长的时间,我们算是胜利完成了。现在我们又面临第二次外来文化的引进,从 17 世纪,从利玛窦到中国,1601 年他进北京,到现在也就是三百多年时间,到现在还没有完成这次引进、消化西方文化的任务。如果这第二次引进完成了,那么我们中华民族确实很了不起!我们既能消化印度文化,又能消化西方文化(包括希腊和希伯来两个传统)。在我们这个国度里加以文化聚宝,加以重新熔铸,我们也许对全人类会有新的贡献。我想,我们为什么能够有比较宽容的态度对待各种文化?世界各种宗教都来到中国,都不被歧视,都受欢迎,这样一种精神状态,可以叫作"文化包容意识"。首先是包容,"道并行而不相悖,物并育而不相害","殊途同归,一致百虑"。本来三教之间也争得很厉害。但后来三教同归,唐以后全都讲三教合一。我们就好一些,我们应该有文化包容意识。孔夫子有两句话:"君子和而不同,小人同而不和。"在这里,"和"跟"同"成了一对范畴,这是中国古代一对非常重要的范畴。"和"是对立统一,"同"是简单同一。最近亨廷顿发表文章,认为文化冲突、文明冲突不可调和。用我们这个观点来看,恐怕是刚好反过来:正因为有冲突,才可能进行调和。"一阴一阳之谓道",正是在矛盾中观其会通,从杂多中求其统一。王夫之讲得好:"异以贞同。"五音不同,恰好可以构成一篇美妙的乐章;五味不同,恰好可以组成一席丰盛的筵席。把杂多看成是统一的前提,这跟西方的思路不太一样。我们认为,正是矛盾、杂多的统一,才是"和"。"乾道变化,各正性命,保合太和,乃利贞",才是最高的价值理想。

（1995 年 12 月）

# 世纪桥头的一些浮想

20世纪行将落幕。当我们伫立在跨世纪的桥头，回首近百年来中国所经历的风雨征程，中国文化所走过的曲折道路，总会浮想联翩，难以平静。

遵四时以叹逝，瞻万物而思纷；
悲落叶于劲秋，喜柔条于芳春；
谢朝花于已披，启夕秀于未振；
观古今于须臾，抚四海于一瞬。

陆机《文赋》中的这些名句，颇能反映出人们在特定历史转折关头顾后瞻前、悲喜交集的文化心态。

## 一

为了迎接未来，势必回顾过去；而认真反思历史，也正是为了开创明天。

历史虽是“全牛”，人们却可以从不同角度就不同层面去进行剖视，且会得出不同的评判。历史中的现象是极复杂的，社会和文化结构中的诸层面的发展，也是极不平衡的。因此，回顾历史，应当允许见仁见智、方式多元。

例如，从科技生产发展史的角度看，百年来中国有了很大的进步。原来的

“一穷二白”的基础已经发生了翻天覆地的变化。在半殖民地旧中国,连日常生活用品都不能制造,洋布、洋伞、洋蜡、洋油、洋碱等洋货充斥市场;而今,我们有了大体完备的工业生产体系。尽管在某些时期由于各种因素的干扰,限制了生产和科技的大发展,但是,自改革开放以来,科学技术获得飞速的进步。我国的一些高新科技产品,逐步涌向国际市场。当我们中华儿女在欧美商场看到不少“Made in China”的畅销电子产品时,总不免感到一种特殊的慰藉。

如果换一个视角,考察一下中国的社会发展史,则百年来整个中国社会似乎一直处在风雷激荡的大变革中。政局大动荡,使社会性质似乎也经历着急剧的变化。百年历史,大致可分为两段。前一段是半殖民地半封建社会,经历着一再兴起又一再失败的民主革命,突出地表现为一系列的政治冲突所引起的战争。后一段就社会性质而言属新民主主义和社会主义初级阶段,经历了一系列席卷全国的政治运动。尤其这一阶段的前 30 年,以阶级斗争为纲所掀起的政治风暴,严重地阻滞了社会经济和文化的发展。如果着眼于社会的基本结构,则有如某些研究中国乡镇企业的外国社会学家所言,百年来中国政治上风云变幻,革命频繁,而社会基本结构特别是农村社会结构可以说没有什么变动;直至近十多年,市场经济所促动的各地乡镇企业的蓬勃发展,中国社会的基本结构才开始发生质的变化。

如果就文学艺术史而言,百年来的民族苦难、社会危机和时代悲剧,哺育出许多作家、诗人和艺术家,产生了不少优秀作品。所谓“国家不幸诗人幸,话到沧桑句更工”。且不说“五四”以来新文艺的辉煌成就,单就“文革”十年而言,空前的浩劫,却空前地孕育出了一大批写伤痕、说真话、张个性、立人极的优秀文艺作品。仅就不受重视的旧体诗词创作而言,就一时出了《中华诗词》《岷峨诗稿》等数十种诗词专刊,涌现出了《片石集》《纸壁斋诗》《天问楼诗》《六步廊韵语》《钵水斋诗词》《龙胆紫集》《银翘集》《散宜生诗》等等,构成了中国诗歌史上闪光的一页。

如果把视角转到哲学思想史或整个人文、社会科学史,则可说是别具一番景象。从 19 世纪中叶开始,西方各种思潮纷至沓来,中西古今汇合激荡,蔚为奇观。1949年以前,虽然各种学术思想的派别分疏、发展轨迹,历来各有说法,殊难统一,但大致可以说学派林立,各领风骚。马克思主义也在中国胜利传播,并在与各思潮学派论争、与优秀传统涵融中逐步脱颖而出,成为中国新思潮的主流。同时,晚清以来,在中国果能生根的学术思想的发展,几乎都与明末清初早期启蒙学术传统血脉相连。从鸦片战争到"五四"新文化运动,无论是洋务派、维新派、革命派还是"五四"学者,都从不同的层面对明清早期启蒙学术表示过文化认同,或直接将早期启蒙学者视为自己的思想先驱。宋元以来,相继衰落的中国佛教各宗,也在中西文化汇合激荡中得以复兴,并以新的理论形态和研究成果参与了近代中国的思想解放运动。道教文化传统也在近代化的学术潮流中得到新的研究和评价,刘鉴泉、蒙文通、陈国符、王明、陈垣、陈寅恪等从道教文化的不同层面都有所开发和弘扬。陈寅恪盛赞中国道教的发展,善于吸收外来思想而又不忘其民族本位,并由此申论:"窃疑中国自今日以后,……真能于思想上自成系统,有所创获者,必须一方面吸收输入外来之学说,一方面不忘本民族之地位。此两种相反而适相成之态度,乃道教之真精神,新儒家之旧途径,而二千年吾民族与他民族思想接触史之所昭示者也。"①这一切,都表明近代中国的学术文化并非单向地输入西方思潮,也不是被动地回应西学的挑战。西方某些学者曾把中国近代文化史仅看作是中西文化的冲突史,认为中国的现代化进步只能是西方文化冲击之下的反应,即中国只能被欧风美雨所同化。这种"冲击—反应"模式,显然是一种简单化的肤浅论断。

事实上,人类文化从来就是多元发生,多维进化,而又在一定条件下普遍趋同的,不可能有单一的进化模式。特别是各民族各地区文化间的相互传播、交流和涵化,也必然会出现多样化的发展道路。19世纪中叶以来的中国社会与思想文化,不仅表现为中西的冲突与融合,也表现为古今的矛盾与贯通。近百年中国社会的转型与文化的变迁,从总体上说,正是处于中西古今错综的矛盾汇合之中,处于新旧文化复杂的推陈出新的代谢过程之中,而并非只是中国文化被西方

① 陈寅恪:《陈寅恪史学论文选集》,上海古籍出版社,1992年,第312页。

化的单向过程。所谓中西文化的冲突，只不过是中西古今文化矛盾汇合、新陈代谢中的一个中介环节而已。

## 二

如果深一步考察近百年中国文化发展的历程，似乎从总体上可以看到中国主流文化在中西文化的矛盾汇合中往往经历了“认同”—“辨异”—“求其会通”这样三段式的曲折道路和认识循环。

“唤起吾国四千年之大梦，实自甲午一役始。”[①]甲午战败所导致的上一个世纪之交一代知识分子的历史觉醒和学风转变，可以看作是近百年中国学术文化变迁史的真正开端。

20世纪的几代中国知识分子的灵魂深处，都激荡着甲午战后的民族忧患情结。“收拾琴书辞旧岁，安排险阻著孤身”，“西风一掬哀时泪，流向秋江作怒涛”，这些悲愤的诗句，无法挽救戊戌变法、辛亥革命的失败；“愿将热血浇黄土，化作啼鹃唤国魂”，“半壁河山沉血海，几多知友化沙虫”，无数的烈士血所铸成的民族危机感，又成为一系列狂飙式救亡革命运动的历史驱动力。

晚清时期，在西方列强破关入侵和清王朝摇摇欲坠的形势下，为了救亡图存，许多先进分子自觉向西方学习新政、新艺和新学。但是，他们与那些不同程度地抵制西学的守旧派都一致地从“西学中源”的认知模式出发，去“援外以入中”，肤浅地认同西学。一些博雅之士还进行了大量的考证，不仅“考证”出了声、光、电、化等西洋格致诸学，在《周易》《墨子》《淮南子》《素问》和《考工记》等古书中全有其“中源”，而且，在《周礼》《洪范》《礼运大同》以及孔孟的微言大义之中也“发现”了许多与西方近代相一致的政教体制和民约思想。这种附会和类比，对于当时不了解西方文化、把西方文化当作异物的人们来说，无疑是有所启迪；同时它也透露出在西方文化冲击下人们意识中的某种民族情感与时代理性的奇特

---

① 梁启超：《戊戌政变记》，中华书局，1954年，第133页。

矛盾,隐示着异质的西方近代文化一传入就产生了如何使之与中国传统互相融合的历史课题。

“五四”时期,中国近代文化发展进入到第二个重要阶段。如果说“戊戌—辛亥”中国知识分子的觉醒尚局限于政制的改革,那么,随着民初帝制复辟的一幕幕历史丑剧的展现,人们逐渐在辛亥革命失败的迷惘和痛苦中重新觉醒,发现自由、民主、科学等西方近代文化精神与中国传统的基本观念存在着巨大的差异,于是掀起了触及思想、价值等文化深层结构的中西文化的比较和论争。在论争中,并产生了西化派和国粹派这样各执一端的两极分化。陈独秀曾明确指出:“欧洲输入之文化,与吾华固有之文化,其根本性质极端相反。数百年来,吾国扰攘不安之象,其由此两种文化相触接相冲突者,盖十居八九。”①因此,他强调“东西民族根本思想之差异”,李大钊亦继之阐发《东西文明根本之异点》。

与此相对照,梁启超此时一改以前的中西文化观,但他也不同意陈独秀等人的西方思想,在他看来,第一次世界大战,宣布了西方近代物质文明的破产,而这正需要中华精神文明去补救。梁漱溟等人更明确地主张以儒家伦理为核心的中国文化优越于西方近代的物质文化,认为现实的需要就是努力发扬儒家文化传统。不难看出,西化派和国粹派双方意见对立,但有一共同点,即都以中西文化的笼统的辨异为前提。中西文化问题上这一两极分化,就问题研讨的逐次深化而言,是一次有意义的思想裂变和认识跃进。

20 世纪的三四十年代,也就是所谓的“后五四时期”。人们对中西学术文化的研究水平大有提高,普遍倾向于察异观同、求其会通。这一时期,思想文化领域呈现出分殊发展的大好形势。各种思潮大量引进,各派学术分道扬镳,成就辉煌。人们都不同程度地力求会通中西,产生了各种以“新”为特点而多少能反映时代精神的理论体系,如金岳霖的“新道论”体系、冯友兰的“新理学”体系、贺麟的“新心学”体系、熊十力的“新唯识论”体系、朱光潜的新美学体系,以及顾颉刚、陈寅恪、何炳松、郭沫若等各自建立的新史学体系。特别是以毛泽东为代表的中

① 陈独秀:《陈独秀著作选》,上海人民出版社,1993 年,第 175 页。

国共产党人以其对中西古今文化论争的批判总结而创立了新民主主义的理论体系及其哲学基础。这些体系，各抒己见，互相争鸣。中国的马克思主义——新民主主义理论，以其政治上理论上的明显优势，在平等竞争中独领风骚，既吸纳了广阔的精神资源，更赢得了广泛的社会支持。对于这一历史状况，我曾用四句话来形容："风雨鸡鸣，破壁腾飞，吞吐百家，迎来解放。"

应该说，20 世纪的前 50 年，中国社会虽然风雷激荡，历尽坎坷，但最终迎来了民族的独立解放。与此相适应，50 年来的中国文化，也经历了曲折的探索，逐步贴近时代的脉搏，不断地更新历史的观念，初步实现了明末以来多少仁人志士所努力追求的扬榷古今、会通中西而别启新途的伟大理想。

## 三

新中国成立以后至今，近半个世纪的文化发展，总的特点是由分殊趋向统合。马克思主义确立了它在中国思想文化中的主导地位。

为此，在"文革"以前，虽已相继开展了全国范围的批判胡适、胡风、俞平伯、马寅初等人的思想运动，但是，在毛泽东新民主主义文化战略和"百花齐放、百家争鸣"方针的影响下，这一时期在某些学术文化领域仍取得了不少的成绩。如陈垣、陈寅恪、熊十力、马一浮、蒙文通等一批学术大师尚能继续其未竟之业，在晚年仍取得了丰硕成果。在史学、哲学、美学、经济学、文艺学等许多领域，都相继开展了各种形式的学术讨论和争鸣，在正常的争论中许多学术问题的研究都得到了进一步的展开和深化。在文学艺术领域和科学技术领域，也都取得了一些重要成绩，反映出新中国成立之初的思想解放和学术繁荣的时代特征。

即使在"文革"十年中，由于某些特殊的机缘，极少数学术领域的研究工作，仍在极艰难的条件下取得了一些重要成绩。如郭沫若主持编纂了《甲骨文合集》，谭其骧主持绘制了《中国历史地图集》，唐长孺主持整理了《吐鲁番文书》，顾颉刚主持校点了"二十四史"……科学技术领域也成功地研制了氢弹和人造地球卫星，成功地人工合成了牛胰岛素，成功地完成了第一次远洋科学考察……但是,这十年中,广大学术文化领域却是万家墨面、万马齐喑、万花纷谢。

改革开放以来是新中国成立之后学术文化发展的第三个阶段。真理标准问题的讨论在全国范围的蓬勃展开,结束了哲学贫困的局面,人们逐渐从十年浩劫的“噩梦”中醒过来,砸碎枷锁,打破禁区,开辟草莱;从科学技术到人文、社会科学研究和文艺创作,都出现了建国以来前所未有的新局面。

20 世纪 80 年代以来,继“文化热”之后,学术界出现的一些新气象,令人瞩目。例如,各种高品位的学术书刊的大量涌现,许多中青年作者的好学深思,许多重大学术问题的提出、探讨和争论,都给人以耳目一新之感;商潮冲击之下,人文并不淡泊,学苑并不荒凉。相反,深造有得、卓立不苟的严肃学风正在形成一个新的学术繁荣局面。这是令人欣喜的。

又如,近十年来,对“五四”以来各派学术的重新评价,摆脱了简单化的两军对战的评价模式。对科学与玄学的论战,问题与主义的论战、东西文化问题的论战以及对近代史上激进与保守两种思潮的评判等,正作出更全面的清理和更深入的论析。有人提出“重估学衡”,出版了《杜亚泉文集》,认为不能抹杀《国粹学报》《学衡》及《东方杂志》等的特定文化贡献。另外,学术界对多年来所产生的一些人为的冤假错案,也开始进行了认真的清理和深入的平反。如对辜鸿铭、梁启超、杨度、近代佛学运动以及吴宓、陈寅恪、邓拓、胡风、胡适等的平反和公正评价。特别是《顾准文集》的出版,振聋发聩,促使思想文化领域中的一些复杂的深层次的理论是非问题得以进一步思考;使许多因素形成的历史偏见和长期误断,得以拨乱反正。

又如,80 年代兴起的“文化热”论争,到近年北京等地出现的“国学热”论争,实质上涉及传统文化与现代化的关系问题,涉及马克思主义的文化观以及新文化建设的战略问题。争论各方果能以理为据、以理服人、心平气和地正常争论下去,对于传统文化与现代化的关系问题诸层面的研讨定会逐步引向深入。这一切,既标志着改革开放以来新的学术繁荣局面正在形成,又预示着未来世纪中国学术文化的基本走势。

## 四

为了展望21世纪中国学术文化的发展，我们既要充分地估计20世纪中国学术文化的巨大成就，也要清醒地总结和反思百年来尤其是1949年新中国成立以来的历史教训，只有牢记历史的教训，才能避免重蹈覆辙，更好地走向未来、走向世界。

1949年前，影响学术文化发展的主要因素，是半封建半殖民地的社会结构和封建腐朽势力的强权统治。西方列强的入侵、战乱频繁和南北军阀的割据，内忧外患，广大知识分子颠沛流离。晚清、北洋和蒋介石政府的文化专制主义，使新思潮、新文化常常受到遏制，大批知识分子的聪明才智得不到发挥。

新中国成立以后，结束了半封建半殖民地的历史。人民获得了新生，广大知识分子终于迎来了民族独立自强和文化复兴的新前景。许多人历尽险阻，纷纷从国外回来，为的就是发挥自己的聪明才智，实现中华民族的文化繁荣与经济腾飞。

新中国成立以后，马克思主义确立了它在思想文化中的主导地位，实现了新的文化整合，曾有利于学术文化的发展，在一些研究领域确有某些新的进展和开拓。但是，由于指导思想日趋僵化，一系列破字当头的学术批判，往往学术与政治的界线混淆不清，导致了不少学术冤案。尽管毛泽东曾针对斯大林—日丹诺夫文化模式的教训，提出了"双百"方针，可是由于种种原因，没有得到贯彻落实。对此，1957年赵朴初曾有诗感叹："方欣甘雨润，剧痛百花残。"1956年大力提倡"百花齐放、百家争鸣"，"提倡在文学艺术工作和科学研究工作中有独立思考的自由，有辩论的自由，有创作和批评的自由，有发展自己的意见、坚持自己的意见和保留自己的意见的自由"。时隔仅一年，反击"右派"的风暴便席卷神州大地。新中国成立后初步繁荣的学术文化竟遭受如此沉重的打击。

此后，政治运动不断。特别是1959年庐山会议以后，清算封资修、打倒名洋古的文化批判运动一浪高过一浪。正如周恩来1961年曾经指出的："几年来有一种做法：别人的话说出来，就给套框子、抓辫子、挖根子、戴帽子、打棍子。”“有了一个主观的框子，就据以去抓辫子，一切从他的主观主义、片面性、形而上学出发，也不经过调查，他主观上以为‘右倾’，就断定是‘右倾’。”但无法遏止所谓“狠抓意识形态领域的阶级斗争”的极左思潮的发展，从《早春二月》《林家铺子》到《李慧娘》《刘志丹》《怒潮》《红日》等优秀文艺作品通通被定为“毒草”，遭致批判。1964 年在所谓“反对修正主义”的名义下，把这种批判迅速扩大到哲学、经济学、历史学、教育学等各个学术领域，直到“文化大革命”的“横扫一切”……

1986 年纪念“双百”方针提出 30 周年时，我曾有小诗一首志感：“北国冰封诩一家，堂堂‘二百’出中华。可堪卅载风兼雨，忙煞园丁扫落花。”这些虽然已成为过去，但是，要开拓未来，就必须牢记历史的教训。

回顾建国 30 余年学术文化所走过的坎坷历程，留给我们的最主要的教训就是把学术文化简单地、直接地、草率地政治化，用政治标准代替其他一切标准，抹杀学术文化的固有特点和功能，因而，往往用一元化的简单方法来处理学术文化领域的所有问题。现在看来，这主要还是照搬苏联斯大林—日丹诺夫文化模式后长期形成的根深蒂固的影响。当年日丹诺夫任苏共中央书记处书记，主持意识形态工作，以坚持马克思主义的党性和批判性为名，对国内外的各种科学理论与文化思潮，都进行了独断的批判。系统论出来了批系统论，共振论出来了批共振论，爱因斯坦相对论出来了批相对论。苏联科学院曾经用通过决议的办法来把一些学说、学派取消掉，闹了不少笑话。针对苏联的教训，毛泽东提出了“双百”方针。这是非常了不起的思想，是社会主义学术文化向开放、多元化发展的根本指导思想。可惜的是由于种种干扰，并没能真正贯彻执行。

不过，我们还应当看到，把学术文化简单地政治化，在中国历史上有传统，可谓源远流长。儒家道统认为“诵诗”就是为了“从政”，为了“事父事君”。汉代董仲舒的“天人三策”，就是提倡独尊儒术，以维护政治统一。儒家的这种“经世致用”思想，确曾起过历史的进步作用。然而，到现代，因苏联文化模式而被强化到极端，必然造成许多难以估量的严重后果。各种人文科学和社会科学全都服务于和服从于政治而变成政治的工具、政治的附庸和政治的奴婢，用政治意识形态来排斥、取消了其他意识形态(多门学术文化)各自固有的价值与功能。这样的学术文化研究,往往为了迁就、迎合某种政治需要,而不顾事实、违反规范,歪曲历史。

那种不顾事实而迁就迎合政治需要的学术文化研究,是从根本上违反马克思主义的认识原则和意识形态理论的。用政治决定一切来代替诸意识形态的相互作用,用真理的单向运动代替真理的螺旋发展,显然都是违反马克思主义的。学术真理的发展,从来就是多元、多维、多根系、多向度的。在差异、矛盾、对立和竞争中互动互补,互相采摘吸纳、渗透融合,这是真理发展的必由之路。古今中外莫不如此。这种情形可称为学术文化发展的多维、两分格局。有各式各样的矛盾两分。如不同时代的两分,不同学派的两分,哲学基本问题上唯理论与经验论的两分、唯物论与唯心论的两分,等等。尽管其中有正确与错误的两分,但大多数并非截然对立。即使是有是非之分,用马克思主义辩证法观点看,也不能把它们形而上学地绝对对立起来。例如,齐鲁两派的学风,道家与儒家的学说,不能说哪个错、哪个对,应该说都有其正确的与不足的方面。又如庙堂文化与山林文化,高雅文化与民间文化,这样的两分,往往是互补的,互相转化的。从这里可以看到文化多元的优越,而把学术文化单一政治化,则只能产生相反的负面效果。

面向未来,中国学术文化的进一步发展任重而道远。只要我们充分汲取历史的教训,未来是充满希望的。

一方面,消极地说,中国学术文化必然从根本上走出单一政治化的旧格局,而更好地恢复和实现其固有的价值和功能;同时,又必然由统合走向分殊,摆脱过去"统比分好""贵一贱多"的偏见,而走向多元化的发展方向。殊途百虑,并行不悖。美国学者亨廷顿所谓的未来世纪"文明冲突论"是极为肤浅的。我们说:"君子和而不同,小人同而不和。""和实生物,同则不继,以他平他之谓和,故能丰长而物归之。若以同裨同,尽乃弃矣。"因为有冲突,才可能进行调和。所谓"一阴一阳谓之道",正是在矛盾中观其会通,从杂多中求其统一。王夫之以"杂以成纯""异以贞同"来表达矛盾两分的会通,主张"乐观其杂","乐观其反","善其交而不畏其争”。须知五音不同,恰好构成美妙的乐章;五味不同,正好组成丰盛的宴席。因此,我们把矛盾、杂多看作是统一、和谐的前提,这样一种文化包容意识更符合人类“和平与发展”的大势。

另一方面,积极地说,中国学术文化的未来发展应当更好地实现“两化”,即中国传统文化的现代化和西方先进文化的中国化。“两化”是一个互相区别而又互相联系着的同一文化过程,具体处理时不能顾此失彼,即使有时可能有所偏重,但必须善于兼顾。要使中国传统文化现代化,必须吸收西方的先进文化,其中当然包括西方文化发展的重大成果马克思主义在内。这里所谓的西方先进文化,也不会限于欧美地区,实际上包括所有外国优秀文明成果。但是,再好的外来文化,如果不与我们的民族特点和现实需要相结合,不经过民族文化的涵化与现时代的选择,都不可能真正发生作用。只有充分重视中华民族传统文化,才能实现外来文化的中国化。因此,我们要把“全球意识”与“寻根意识”结合起来,通过“两化”,实现中国文化的新陈代谢、解构重构,作出新的综合和理论创造,从而有充分准备地去参与世界性的“百家争鸣”,也才有资格去与世界学术文化多方面接轨、多渠道对话,从而对人类文化的新发展作出应有的贡献。

(1996 年 8 月)

# 传统反刍

# 人文易与民族魂

20世纪80年代中国出现的《周易》研究热潮中，象数易的复苏、科学易的崛起、考古易的开拓，均取得了引人注目的新进展和新成果；同时，作为周易热的一股支流，反映社会机遇心理的滋长，占卜易也一度流行。相形之下，人文易的研究反而显得薄弱了。而人文易，凝结在易学传统中的人文意识和价值理想，似乎应当成为易学和易学史研究的主干和灵魂。

## 一、《易》之为书与易学分派

《易》，既被儒门列为“六经之首”，又被道家尊为“三玄之一”，以其历史形成的理论优势和特殊地位，被赞为“大道之源”、“圣人之蕴”，成为我们民族传统文化精神和哲学智慧的主要的“活水源头”。

关于《易》之为书，从《易传》作者起，历代相沿，已有各种说法。如《易传》中确有一种说法：“圣人设卦观象，系辞焉而明吉凶，刚柔相推而生变化。……是故君子居则观其象而玩其辞，动则观其变而玩其占。”又说：“探赜索隐，钩深致远，以定天下之吉凶，成天下之亹亹者，莫大乎蓍龟。是故天生神物，圣人则之，……”（《易传·系辞上》）这些话，可以被理解为《易》乃巫觋所用的占卜之书，不过是古代宗教巫术文化的残留；作为占卜用的“蓍龟”，是“天生神物”，比圣人还具有更大的权威。

但《易传》中更别有其他富于理性的说法,如认为:"《易》与天地准,故能弥纶天下之道('天下'今本作'天地',据陆德明《经典释文》与李鼎祚《周易集解》校改)。仰以观于天文,俯以察于地理,是故知幽明之故;原始反终,故知死生之说。"(《易传·系辞上》)"《易》之为书也,广大悉备,有天道焉,有人道焉,有地道焉。"(《易传·系辞下》)"昔者圣人之作《易》也,将以顺性命之理,是以立天之道曰阴与阳,立地之道曰柔与刚,立人之道曰仁与义。"(《易传·说卦》)还说:"《易》之为书也不可远,为道也屡迁,变动不居,周流六虚,上下无常,刚柔相易,不可为典要,唯变所适。"(《易传·系辞下》)这是说,《易》是圣人仰观俯察的结果,其所反映的是天地人三才之道,即自然运行和人类活动的普遍法则,而这些法则,作为阴阳(刚柔、仁义)的交错变化,并非死板固定的而是"变动不居"的。这里的"幽明之故""死生之说""性命之理"等,并无神秘意味,不过是对客观事物矛盾运动的朴素的概括和说明。一方面,强调了这些天地人物的矛盾运动法则是客观的、普遍的,"范围天地之化而不过,曲成万物而不遗"(《易传·系辞上》),乃至具有不可违抗的神圣性;另一方面,更强调了《易》所揭示的"圣人之道",乃是对这些天地人物矛盾运动法则的模拟、掌握和运用,是一种"极深研几"的哲学智慧。所以说"夫《易》,圣人所以极深而研几也。唯深也,故能通天下之志;唯几也,故能成天下之务","化而裁之存乎变,推而行之存乎通,神而明之,存乎其人"(《易传·系辞上》),"苟非其人,道不虚行"(《易传·系辞下》),"观乎人文,以化成天下。"(《贲卦·彖辞》)这就充分肯定了人道的意义,肯定了人的自觉能动作用。人文化成天下的思想,成为"易道"的中心与归宿。《易传》作者如此诠释"易道",实际上是对《易》的原始象数系统以及流为占卜书之后的卦象、筮数等,进行了哲学理性的加工,对"天地自然之易"(朱熹语)贯注以人文价值理想。遂使由《经》到《传》的"易学",固有地就兼涵了"明于天之道"的科学理性,"察于民之故"的价值理想,"是兴神物以前民用"的占卜信仰这三方面的内容,在不同的条件下发挥着"以通天下之志""以定天下之业""以断天下之疑"的社会作用(《易传·系辞上》)。因此,合《经》《传》为一体的"易学",摆脱了原始巫术形态,容纳和体现了古先民的科学智慧、人文理想与神道意识,三者既相区别,又相联系,且互为消长，在不同历史时期与不同学术思潮相激荡而发挥其不同的文化功能。《四库总目提要》所说：“易道广大，无所不包，旁及天文、地理、乐律、兵法、韵学、算术，以逮方外之炉火，皆可援易以为说，而好异者又援之以入易，故易说至繁。”实指历史上“易学”与各门学术的双向交流和互相渗透，使“易学”容纳了各种学术成果，有着繁杂的内容。所以，对于《易》之为书，殊难一语中的，所谓“以言者尚其辞，以动者尚其变，以制器者尚其象，以卜筮者尚其占”（《易传·系辞上》），允许见仁见智，各引一端。一部易学史，正是在今、古、汉、宋各家各派的聚讼纷纭的多维格局中得到发展的。

关于易学分派，初无定说，各自立论大都有其历史依据。先秦的“三易”“九筮”之说已不传。从西汉起，有传《易》的专门之学，初诸家皆祖田何；其后，施雠、孟喜、梁丘贺及京房诸家今文易，得立学官，孟喜、京房吸取当时天文、历法等科学成果所阐发的“卦气”说，影响深远。民间还有费直传古文易，专以《易传》解经，既长筮占，又颇重义理。同时，司马谈、《淮南子》作者、严君平、扬雄等，又多援道家言以解《易》，尤重义理；而扬雄撰《太玄》，又颇受孟、京一派易学的影响。到东汉，谶纬思潮中神学与科学并存，促使郑玄、荀爽、虞翻、魏伯阳等均重视并发挥了《易》象数学的成果；唯有王肃解《易》，又独重义理，排斥象数，成为王弼易学的先驱。足见，汉代易学，并非全主象数；且《易》象数学中，也派别各异，精糟可分。如京房易学中有些内容，以其与当时天文、历候等科学成果相联系而形成的象数思维模式，有其合理成分，对当时和以后的哲学和科学思想的发展都产生过积极影响。故将历史上的易学流派，粗分为象数与义理两大派，自无不可，但尚需进一步规定。李鼎祚在《周易集解·序》中曾认为：“自卜商入室，亲授微言，传注百家，绵历千古，虽竞有穿凿，犹未测渊深。”他举出郑玄、王弼为代表，指斥“唯王、郑相沿，颇行于代，郑则多参天象，王乃全释人事，且《易》之为道，岂偏滞于天、人者哉”？李鼎祚似乎把唐以前的易学又区分为“天象易”与“人事易”，虽不准，亦有据，且试图超越两派的“偏滞”。

宋代易学有新发展，范仲淹、胡瑗、程颐、张载等吞吐佛老，回归《易》《庸》，使之哲理化，把天道与人事统一起来，推进了《易》义理学的发展。而陈抟、刘牧等则提倡《河图》《洛书》之学，提出“先天易”与“后天易”的划分；周敦颐、邵雍进而发挥传统的《易》象数学中的哲理与数理；朱熹、蔡元定等继之对陈抟的先天易图认真研究，并溯源于《周易参同契》，使《易》象数学中的一些智慧成果得以流传下来并得到一定的理性疏解。这样历史地形成一个条件，易学中象数学和义理学有可能达到一种新的综合，在此基础上孕育着新的易学分派。如王夫之在17世纪中国的特定历史条件下，总结、继承了宋代易学的诸方面成就，既深刻批判了传统的《易》象数学中某些神秘主义和形式主义，又同时重视《易图》的研究，强调象数学与义理学在新易学体系中的统一，在“易为君子谋”的前提下不废占易，认为“学易”与“占易”可以并存①。王夫之在“学易”方面的重大贡献，在于全面而系统地发挥了《易》义理学中的“人文化成”思想，利用传统易学的范畴和理论框架，展开了他的具有早期启蒙性质的人文哲学体系。王夫之的“尊生”“主动”“贞生死以尽人道”的易学思想，可说是走出中世纪的近代“人文易”的雏形。与之同时代的方以智父子，从“质测即藏通几”的观点出发，把律历、象数、医药、占候等都看作是“圣人通神明，类万物，藏之于《易》”的“物理”“数理”②；其“核物究理”“深求其故”的易学思想，也可说是走出中世纪的近代“科学易”的先声。

## 二、“科学易”与“人文易”

“科学易”与“人文易”，可说是相对而形成的名称；用“科学易”与“人文易”来划分易学流派，似乎有其现实的客观依据。“科学易”与“人文易”，虽也有其历史渊源，但就其思想内容和研究方法的特征而言，都属于近现代的易学流派，对于传统的易学诸流派都有所扬弃和超越。

“科学易”，被有的同志界说为“现代易的别名”或“现代易学新流派”，但也可以更具体地表述为对于《易》象、数、图中的数理、物理等给以现代科学的透视和诠释，从而使一些曾被神秘化了的图式、数列及原理，得到一定的科学化的说明；

① 王夫之：《周易内传发例》。
② 方以智：《通雅·自序》。

这样被现代科学眼光照亮和说明了的易学中的象数模式和推理方法，还可以反过来应用于现代科学研究的某些领域，并得到一定的验证。在中国，古老的易学及其象数思维模式与西方传入的新兴质测之学相结合，在17世纪就开始了。当时涌现的具有典型意义的桐城方氏易学学派，可以说是“科学易”的早期形态。方以智自觉地意识到，他以易学为根基的自然哲学体系的建立，是“因邵、蔡为嚆矢，征《河》《洛》之通符”，“借泰西为剡子，申禹、周之矩积”①，即是说，一方面继承邵雍、蔡元定等所提倡的象数图书之学的易学原理，另一方面引进西方新兴质测之学，并借以发扬祖国科学思想的优秀传统。这正是“科学易”的基本思想特征。18世纪，戴震、焦循等沿着这一思路，继续推进“科学易”的发展。此后，中国文化的近代化的正常历程被打断，我们民族在深重的苦难中步入近代，人们迫于救亡图存的政治形势，忙于日新月异的西学引进，来不及去清理易学遗产，“科学易”的研究濒于中断；而在西方，从莱布尼茨到爱因斯坦、玻尔、李约瑟等，把中国易学中某些象数结构纳入现代科学的语境和视野，对“科学易”不断地有所探测。20世纪中西文化的汇聚、交融中，一些学有专精的自然科学家，转向传统易学与科学思想遗产的研究而时有新的创获：80年代伴随改革开放而兴起的文化研究热潮中，由于《易》象、数、图中数理、物理、生理及哲理的被重视，由于多学科交叉研究方法的被应用，由于东西方学术思想某些层面的重新被整合，“科学易”的研究得到长足的进展，并有方兴未艾之势，成为当代易学的一项特殊成就。

当然，“科学易”的研究有一个理论和方法的导向问题。首先，在理论原则上，应当承认《易》之为书的原始形态，虽是人类智慧创造的一株奇葩，但毕竟是古老中华文化发轫时期的产物。它本身必然是在科学思维的萌芽中充斥着宗教巫术的迷信，即使经过晚周时期《易传》作者们的哲学加工，改变着其中科学思维、人文意识与神物迷信的比重成分，但仍然是原始科学与神物迷信的某种结合。因此，“科学易”作为现代形态的知识体系，必须将这种固有的科学与迷信的

---

① 方以智：《物理小识·编录缘起》。

结合加以剥离,必须将传统易学中某些固有的神秘性(各种拜物教意识、神物迷信等等)加以扬弃。这是十分繁难的任务。因为,历史地把握科学与迷信两者的区别和联系,了解两者既互相对立、排斥,又互相寄生、转化的机制,以及两者能够共生或实现转化的思想文化条件和社会经济根源,并非易事,且在实证科学所凭依的工具理性范围内得不到解决。其次,在文化心态上,应当看到鸦片战争以来的民族苦难和中西古今文化的激烈冲突,在人们思想上曾造成各种困惑和畸变心理。诸如,面对西方科技新成就,希望"古已有之"的"西学中源"说,幻想"移花接木"的"中体西用"说,都是曾经流行过的思想范式,并在中国文化走向近代化的历程中一再把人们引向歧途。显然,"科学易"的研究,应当避免再陷入这样的思想范式及其种种变形,应当跳出中西文化观中的"西方中心"或"华夏优越"或"肤浅认同"或"笼统立异"或"拉杂比附"等误区,而在传统易学与现代科学之间发现真正的历史接合点,从中国"科学易"三百年来具体的历史发展中去总结经验教训,提炼研究方法,开拓未来的前景。

这一未来前景的一个重要方面,就是"科学易"与"人文易"必须相辅而行,成为易学研究中互补的两个主流学派。

与"科学易"相并列的"人文易",也属现代易学的新流派,而又有其深远的历史渊源。《易传》作者以其对易道的深刻理解,明确意识到"天道"与"人道"、"天文"与"人文"的联系和区别,而强调"人道""人文"的意义。《贲卦·彖辞》指出:"〔刚柔交错〕(据孔颖达《正义》补四字),天文也;文明以止,人文也。观乎天文,以察时变;观乎人文,以化成天下。""刚柔交错"所展示的"天文",是人们的工具理性所掌握的自然知识,属"科学易"所探究的内容;而人按一定的社会需要和价值理想去"观天文以察时变",这一实践活动的意义已属于"人文易"的研究范围;至于作为人类文明的标志,"观乎人文,以化成天下",更是"易道"的主旨而构成"人文易"的主要内容。足见"人文易"在易学体系中固有其优越的地位。"人文易"所注视的是《易》象、数、图和义理中内蕴的人文精神。它研究的不是蓍数而是"蓍之德",不是卦象而是"卦之德",不是爻变而是"爻之义",是"圣人以此洗心,退藏于密,吉凶与民同患"(《易传·系辞上》)的价值理想。所以,"人文易"并非对传统的晋易、宋易中义理内容的简单继续，而是对传统易学中"象数"和"义理"的双向扬弃和新的整合。"人文易"的新整合，并非一蹴而就，而是一个历史过程，反映着永恒跳动的时代脉搏。作为走出中世纪的人文意识觉醒的反映，中国"人文易"的发展，也已有三百多年的历史。王夫之以他的易学体系，"其明有、尊生、主动等大义，是为近代思想开一路向"[①]，为近代"人文易"奠定了理论根基。此后，许多论者，继续开拓。或以"体用不二""翕辟成变"、生生不已、自强不息、"不为物化"的"人道之尊"等，来阐扬"大易"的"义蕴"。或据《乾》《坤》两卦的"象辞"："天行健，君子以自强不息"，"地势坤，君子以厚德载物"，来论证中华传统文化中源于"易道"的民族精神。这些先行者的研究与发掘，推进了"人文易"的发展，也启迪着后继者的继续开拓。

## 三、"人文易"内蕴之民族魂

"人文易"的内容极为丰富，可以从不同的视角去加以考察。如果就"人文易"中的价值理想内蕴于民族文化深层中、长期塑造而成的精神因素而言，可称作民族文化之魂，至少有以下几个层面，昭然可述：

### （一）时代忧患意识

忧患意识，是中华传统文化中一个特有的道德价值概念，标志着一种根源于高度历史自觉的社会责任感和敢于承担人间忧患的悲悯情怀。这样一种人文价值理想或精神境界，最早、最鲜明也最集中地体现在《周易》之中。《易传》作者对于《易》的产生并未作神秘的夸张，相反地，把"《易》之兴也"平实地归结为在特定的艰危处境中人的忧患意识的产物，"《易》之兴也其于中古乎？作《易》者其有忧患乎？"进一步再具体化，作《易》的时代环境，乃是殷、周之际的政治变革，"《易》之兴也，其当殷之末世、周之盛德邪？当文王与纣之事邪"？（《易传·系辞下》）作《易》者（周初统治集团、文王、周公等）的忧患，就在于"小邦周"要战胜、取代

---

① 熊十力：《谈经示要》。

“大国殷”所面对的重重困难和艰危处境。文王因之而曾被囚于羑里,周公等更面临各种矛盾而怀着无穷忧虑,谦慎自持,始得以转危为安。《易传》作者在肯定了作《易》者的忧患之后,又从总体上论断《周易》一书:“是故其辞危,危者使平,易者使倾,其道甚大,百物不废,惧以终始,其要无咎,此之谓《易》之道也。”(《易传·系辞下》)整个“易道”所凸显的,正是“朝乾夕惕”“居安思危”“外内使惧”“困穷而通”的忧患意识;并强调地指出:天道自然“鼓万物而不与圣人同忧”;而圣人则必须“吉凶与民同患”,并“明于忧患与故”(《易传·系辞下》)。

“吉凶与民同患”,“明于忧患与故”,是《易传》阐发“忧患意识”所提出的极为光辉的命题。所谓时代忧患,远非个人祸福,而是一种洞察时艰、深体民瘼的群体意识,不仅要求“与民同患”,而且要求深知忧患的本质及其根源,旨在为消除群体忧患而“鞠躬尽瘁,死而后已”。不同的时代有不同的群体忧患。“人文易”中这一深蕴的“吉凶与民同患”的忧患意识,在传统文化中产生了巨大的影响。历代献身正义事业的志士仁人,先进思潮的号角和旗手,往往也是时代忧患意识的承担者。他们“先天下之忧而忧”,“忧道”“忧时”“忧国”“忧民”,总是怀着“殷忧启圣,多难兴邦”“生于忧患,死于安乐”的信念,不顾艰难困苦,奋斗不息。

这种忧患意识,具有深沉的历史感,又具有强烈的现实感,它区别于印度佛教的悲愿思想,也不同于西方美学的悲剧意识,而是中华传统文化所特有的人文精神,是我们民族经受各种苦难而仍然得以发展的内在动力,是“人文易”中跳动着的最值得珍视的民族魂。

**(二)社会改革意识**

客观的自然和社会的变革,不可违阻;而反映为主观上的改革意识特别是社会改革意识,却需要自觉树立。《周易》本是讲“变易”的书;六十四卦的卦序序列,即含有不断改革、永无止境的意蕴;而其中,专立一个《革》卦,更是集中地自觉地树立一种社会改革意识。“天地革而四时成,汤武革命,顺乎天而应乎人。革之时义大矣哉!”(《革卦·彖辞》)《易传》作者把社会变革——“革去故,鼎取新”(《易传·说卦》)、“穷则变,变则通”(《易传·系辞下》),视为客观必然规律;

但适应客观规律，怎样实行变革或改革，则必须创造条件，注意过程，掌握时机，做到措施适当，“应乎天而顺乎人”，而关键在于取得民众的信任。

整个《革》卦的卦爻辞，经过《易传》作者的理论加工，展示为一种从汤、武革命等社会改革实践中总结出的严肃而慎重的社会改革思想，富有深意。首先，认定某项社会改革，必经一个过程，取得民众对改革的信任（“已日乃孚，革而信之”），才能顺利成功（“文明以说，大亨以正”）。其次，强调改革过程的开始，切忌妄动，“不可以有为”。经过一段时间，可以开始发动；但也需要“革言三就”，反复宣传；直到取得民众信任，“有孚，改命吉”。再次，指出到了改革时机成熟，“大人虎变，其文炳也”；再到改革初成，正当“君子豹变，小人革面”之时，又不宜妄动，“征凶，居贞吉”，力求稳定一段以巩固改革的成果。《革》卦内蕴的社会改革意识，既强调“革之时义大矣哉”，“革而当，其悔乃亡”，又充分注意到在改革过程中“有孚”“乃孚”，即取得民众对改革的信任的极端重要性。如果郑重总结历史上某些改革失败的教训，《革》卦所展示的改革理想模式不是值得再咀嚼吗？

**（三）德、业日新意识**

《易传·乾坤文言》及《系辞上下传》关于人文化成思想的大量论述中，把“德”和“业”作为对举的范畴，认定“易道”所追求的人文价值的最高理想，就是“盛德”和“大业”。“盛德、大业，至矣哉！富有之谓大业，日新之谓盛德，生生之谓《易》。”又说：“《易》，其至矣夫！夫《易》，圣人所以崇德而广业也。”（《易传·系辞上》）《易》的伟大社会作用就在于“崇德而广业”。《易》的思想特点，首先是德、业并举，正如整个六十四卦体系是“乾坤并建”一样，《系辞上传》开宗明义即由“乾以易知，坤以简能”推衍开，“易则易知，简则易从，易知则有亲，易从则有功，有亲则可久，有功则可大，可久则贤人之德，可大则贤人之业”（《易传·系辞上》）。“德”和“业”，成为人类“可久”“可大”的追求目标，“德”是内在的道德修养，“业”是外在的功业创建，前属内圣，后属外王，两者不可偏废，必须互相结合。而《易传》的人文思想，更偏重于以德创业，以德守业；由六十四卦卦象引出的《大象辞》，强调的是“君子以果行育德”，“以振民育德”，“以反身修德”，“多识前言往行以畜其德”[①],表现了这一倾向。

其次,《易传》从“天地之大德曰生”“生生之谓易”的大原则出发,提出了德业日新思想,“富有之谓大业,日新之谓盛德”(《易传·系辞上》)。“富有”也有赖于“日新”。不断地开拓创新,不断地推陈出新,是最高的品德。无论事业的创建,还是人格的修养,皆是如此。尊生、主动、尚变、日新,是“人文易”的哲学核心。张载、王夫之、谭嗣同、熊十力,对此均有慧命相续的深刻阐明。

**(四)文化包容意识**

“《易》之为书,广大悉备”,就在兼三才之道,把“天道”与“人道”、“天文”与“人文”贯通起来考察,依据“天道”来阐述“人道”,参照“天文”来观察“人文”,因而形成“人文易”中的文化包容意识。其主要思想特征是:尚杂、兼两和主和。

首先,《易》把人类文明、文化的原生形态和基本构成,规定为“物相杂,故曰文”(《易传·系辞下》),“龙战于野,其血玄黄”所构成的“天地之杂”(《坤卦·文言》),正是“文”的发端。尚杂,是人类文化创造的根本特征。

其次,“兼三才而两之”(《易传·说卦》),“一阴一阳之谓道”(《易传·系辞上》),是“易道”的思维模式。借以考察人文现象,也就承认各种矛盾和对立。“一阖一辟之谓变”。“参伍以变,错综其数,通其变遂成天下之文”(《易传·系辞上》)。兼两,是考察文化现象变动的致思途径。

再次,“易道”用以考察人文化成的基本文化心态,是主和。“乾道变化,各正性命,保合太和,乃利贞!首出庶物,万国咸宁。”(《易卦·彖辞》)这个“和”范畴,经过史伯、晏婴、孔子等的琢磨,旨在反对专同,而是能够容纳杂多和对立的更高层次的范畴,成为文化包容意识的理论支柱。

以尚杂、兼两、主和的文化观及文化史观,明确认定“天下同归而殊途,一致而百虑”(《易传·系辞下》)是人文发展的客观自然进程,只能“学以聚之,问以辨之,宽以居之,仁以行之”(《乾卦·文言》),才有可能察异观同,求其会通。这是

---

① 《蒙卦》、《蛊卦》、《蹇卦》、《大畜卦》:《大象》。

人文化成的必由之路。司马谈衡论六家要旨(《史记·太史公自序》),黄宗羲提倡“殊途百虑之学”[①],王夫之作出“杂以成纯”“异以贞同”的哲学概括[②],都是“人文易”中文化包容意识的继承和发挥,“含弘光大”,至今具有生命力。

以上仅从“时代忧患意识”“社会改革意识”“德业日新意识”“文化包容意识”四个侧面揭示了“人文易”的内蕴,蠡酌管窥,聊举一隅,亦足以证明“人文易”确有丰富内容,值得认真发掘。

(1991 年 5 月)

---

① 黄宗羲:《明儒学案·序》。
② 王夫之:《周易外传》,《杂卦传》,《未济传》。

# 中国传统哲学概观

## 一、文化与哲学

何谓“文化”？定义繁多，可以约化为两字，即“人化”。

《易·贲卦·彖辞》，“观乎天文，以察时变；观乎人文，以化成天下”，均指“自然的人化”。

文化有广狭义，广义文化可分三层次：表层的器物文化，中层的制度文化，深层的精神文化。文化的狭义，专指人类实践中的精神创造活动长期积淀而成的社会心理、价值体系、思维方式、人伦观念、审美情趣等。

人类的精神文化创造经过系统化而形成社会意识的诸形态，如政治、法律、伦理、民俗、文艺、科学、宗教、哲学等；哲学是诸意识形态的理论结晶，对文化各层次都起着世界观、方法论的主导作用。

文化是哲学赖以生存和发展的土壤，哲学一旦形成就成为文化的活的灵魂。

文化作为一个系统，表层日变，中层易改，深层则具有一定的惰性。一个文化系统中的哲学灵魂及其传统，在文化代谢发展中，既有其历史稳固性，往往起着重大的制约作用。因而，面对中国文化的现代化转换和建设任务，有必要认真清理中国传统哲学及其发展的轨迹和趋势。

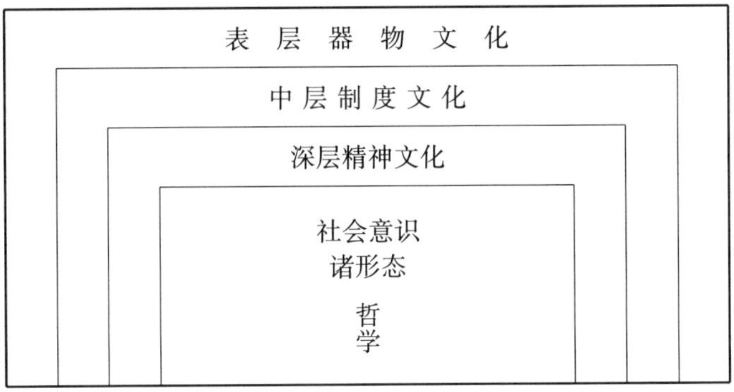


## 二、中国传统哲学概观

### (一) 文明途径的特殊性,制约着哲学运动的取向

“早熟的儿童”(以及“正常的儿童”“粗野的儿童”,系马克思用以区分人类童年文明不同类型的用语),可用以指明中国的古代,区别于希腊、罗马和日耳曼,在铁器未发明、商业未发展、血缘氏族关系未瓦解的条件下,由父权家长制蜕化为宗族奴隶制而进入文明时代,相沿发展为长期的宗法封建制。由此,形成哲学智慧的特点:

1. 宗法沉淀与“究天人之际”:天,作为人的外部压迫力量的象征,无论是指神秘主宰、义理原则或自然规律,都是哲学加工的重要对象。“天神”—“天命”—“天志”—“天道”—“天行”—“天理”等,成为发展着的中心范畴;天人关系问题,成为历代哲学论争的重点。在先秦,荀况总其成;在汉唐,刘禹锡总其成;在宋明,王夫之总其成。天人关系问题,成为中国传统哲学的一条主线。

2. 维新道路与“通古今之变”:“人惟求旧,器非求旧维新。”氏族内部分化,公仆变为主人,保存公社外壳而演化为国家机器。维新道路使社会矛盾复杂化;历史转型过渡,长期处于新旧杂陈、方生未死之中。迫使思想家重视社会矛盾运动,着力研究“否泰”“剥复”“因革”“变化”“和同”“一两”等范畴,形成历史辩证法的优秀传统。

3. 伦理至上与“穷性命之原”：宗法制下的家庭本位，普遍重视血亲意识和人伦关系，而人伦关系的复杂(既有互尽义务的关系，又有单向隶属的关系，隶属关系又有不同的名分、等差……)，要求每个人尽其在己，把伦理规范的实践内化为道德自觉。在哲学上，展开了人性善恶、道德标准、“心性”关系、“性命”关系、“性情”关系、“理欲”关系以及人格理想、人生境界等的认真讨论，涉及人的本质、人性的异化等问题。儒、道、佛各家，都在探讨“性命之原”。

以上主要特点，使中国传统哲学在总体上趋于人本化、伦理化、政治化，轻自然、重人伦。既富于人生哲学的智慧，也富于政治权谋的机智；既是传统优势，也具严重局限。

**(二) 传统哲学的绵延性及其发展的四个螺旋**

包容性与绵延性。反对把传统哲学单一化、凝固化。就其多维发展、富有日新、从未中断而言，举世无双：

1. 从远古到秦统一——奠基时期

古史祛疑，文物可征。五行、阴阳、八卦探源。周秦之际的社会变革，促使文化大发展，思想大解放，诸子蜂起，百家争鸣，孕育着后世各种哲学的胚芽。

从宗教、科学、哲学的混合产生与逐步分化，经过春秋时期，“天人”、“常变”、“和同”、“一两”等范畴的初步展开，《老子》一书作了小结。孔、墨、老各派分立，再经过战国百家争鸣，哲学认识在矛盾中反复加深。稷下道家提出精气论、静因说，孟、庄分别继承而又扬弃之，惠施“合同异”，公孙龙“离坚白”，庄周“齐是非”，后期墨家“辨知行”，《易传》“兼天人”，荀况以对诸家“解蔽”，从理论上作了总结，成为先秦哲学螺旋发展的逻辑终点。

2. 从秦汉到唐宋——拓展时期

两汉经学、魏晋玄学中的哲学矛盾，围绕“天人”“体用”“常变”“言意”之辨深入展开；而大规模引进佛教哲学，大大加深和拓展了中国哲学思想的深、广度。

汉唐儒、道由互黜而互补，新来佛法，三家鼎立，在冲突中趋向融合。旨在论证“三纲可求于天”，“名教本之自然”，“富贵贫贱取决于神秘因果”，为伦理政治异化及神权与特权的结合辩护。与之相对峙，则有王充、杨泉、鲍敬言、范缜等对神权及特权的批判，直至柳宗元、刘禹锡总其成，达到汉唐哲学螺旋发展的逻辑终点。

3. 从宋至明清之际——成熟时期

宋初儒学复兴，融摄佛、道，归本《易》《庸》，由周敦颐启其端，形成新哲学形态（道学），分化发展为“气本论”（张载、王廷相等）、“理本论”（程颐、朱熹等）、“心本论”（陆九渊、王守仁等），各有建树，又互相抵牾。同时王安石创新学，三苏创蜀学，陈亮、叶适别倡经世之学，郑樵、马端临独辟文化史研究新风，又都有批评道学的倾向。

宋明哲学，通过“理气”“心物”“性命”“理欲”“知行”“动静”“一两”……诸范畴展开不同学派间的分合与论争、其逻辑进程大体是由论“气”而论“理”，由论“理”而论“心”，又由心学的分化而进到自我否定，终在明清之际的启蒙思潮中，由王夫之的总结性批判，扬弃程、朱、陆、王，复归张载，而达到宋明哲学螺旋发展的逻辑终点。

4. 晚清至今——转变时期

中国的近代及其哲学革命是畸形的。近代中国的哲学矛盾运动，是在中西、古今、新旧文化冲突和论争中展开的，始终面对着继承中国古代哲学遗产并使之现代化和引进西方哲学精华并使之中国化这样互相交错的双重繁难任务，至今远未完成。仅就中西哲学异同之辨而言，似已经历了晚清时期的浮浅认同，到五四时期的笼统辨异，再到抗日战争时期的察异观同，求其会通，而形成一系列体系化的理论成果，标志着中国近代哲学诸形态的初步成型。而《新民主主义论》的文化战略思想，对晚清以来的长期文化论争从方法论上作了历史性的总结，从而为树立古为今用、洋为中用的文化主体思想，吞吐百家、综合创造，开辟了光辉的前景。

## 三、中国传统哲学的现代化转换
## ——历史接合点问题的思考

中国的现代化,特别是文化深层的人的精神(价值取向、思维方式、行为方式等)的现代化,绝非西方文化的“冲击反应”(即“被西化”),而必有其根本的内在的历史根芽或活水源头。只有树立起“以我为主”的文化主体意识,才能善于吸纳西方先进思想及其最新成果,并使之中国化,从而促成中国传统哲学的现代化。故必须探讨传统与现代化的历史接合点问题。

科学的思维务必排除两极的干扰。

应当肯定,17世纪以来中国社会已准备了走出中世纪、迈向近代化的历史根据,涌现出的中国式的启蒙思潮,在政治、科技、文艺以及哲学各领域都有了典型代表。这一启蒙思潮虽经18世纪的历史洄流,仍以掩埋不了的光芒在19世纪末到20世纪初的变法维新、反清革命、思想启蒙运动中显示了它的活力,事实上成为中国现代化的内在的文化基因和历史动力。但由万历到“五四”,中国启蒙运动的坎坷,中国近代哲学的难产,人们迫于救亡图存的政治形势,忙于日新月异的西学引进,未能自觉地去清理、总结自己的民族哲学遗产,也未能独立地去探索中国思想启蒙的特殊道路;长期陷入中西分途、古今对立、体用割裂的思维模式之中,未能注意发掘传统哲学中真能滋生现代化意识的活水源头,未能认真把握传统与现代化的历史接合。这是历史留下的文化心理失衡的教训。

反思历史,提高自觉。资源丰厚,传统多元,应当通观平议,尤应重视作为近代化基因的启蒙思想。至于传统哲学的现代化转换,首先应着力于价值取向,为把传统哲学中伦理价值至上的取向,改造为人的全面发展,使人的主体性和人生价值在科学认知、艺术审美、宗教实践,以及经济活动、行政管理与现代各种职业等各个方面都得以平等实现。其次重视思维方式和行为方式的改造,把传统哲学中偏重整体综合、直觉体悟的思维方式,改造为以实证分析为基础,善于把感性的具体、知性的分析与理性的综合三者统一起来;把传统哲学中公私、群己、义利观中的贡献和局限慎加分疏，注意发掘其中的现代性和有助于救治西方现代社会中人性异化、价值迷失的诸因素。经过跨世纪一代人的集体严肃思考，我们一定能够把融合中西古今以实现传统文化及其哲学灵魂的现代化的事业推向前进。

漫汗通观儒释道，从容涵化印中西。
神州慧命应无尽，世纪桥头有所思。

（1994 年 7 月）

# 儒门《易》《庸》之学片论

儒门有《易》《庸》之学，乃战国末至秦汉之际的儒生们，在被坑、被黜的逆境中仍然自强不息，“戒慎乎其所不睹，恐惧乎其所不闻”（《中庸》第一章），认真吸取道家、阴阳家思想而努力营建的儒家的形上学（Metaphysic）。其要旨体现在《易传》《中庸》之中。

## 一

《易传》《中庸》，是儒学发展的衍生阶段初期，与战国诸子并行而互相采获时所迸发出的智慧之光。作者气度恢宏，目光远大，“溥博如天，渊泉如渊”（《中庸》第三十一章），面对着“今天下车同轨，书同文，行同伦”（《中庸》第二十八章）的历史大趋势，预期有大人物出来顺天应人，革故鼎新，“天地革而四时成，圣人革人心而天下和平”，“革之时大矣哉”（《易传·革卦彖辞》），“云从龙，风从虎，圣人作而万物睹！”（《易传·乾文言》）乃至“声名洋溢乎中国，施及蛮貊，舟车所至，人力所通，天之所覆，地之所载，日月所照，霜露所坠，凡有血气者莫不尊亲”（《中庸》第三十一章），对于历史的未来充满乐观的信心。

秦汉之际儒学发展的衍生阶段，儒门各派分别形成了许多富有新意的学说，诸如：子游之徒摄取墨家“尚同”精义而创发的“《礼运》大同”之学，孟轲之徒摄取稷下道家的“气论”思想而发展的“尽性知天”之学，汉初辕固生所传齐诗说的

“革命改制”之学，申培公所传鲁诗说的“明堂议政”之学，韩婴所传韩诗说的“人性可革”理论等等，皆属儒学传统中的精华；而子弓、子思善于摄取道家及阴阳家的慧解而分别涵化为《易》《庸》统贯天人的博通思想，尤为可贵。至于汉初公孙弘、董仲舒之流曲学阿世而独得尊宠的“公羊春秋大一统”之学，主要因袭法家，隆君权，严等级，酷政虐民而文饰以儒术，乃儒门之糟粕耳。

汉代儒林博士大都沉溺于章句，醉心于利禄，不辨精糟。如顾炎武所讥：“汉自孝武表章六经之后，师儒虽盛，而大义未明。”（《日知录》卷十三）不仅《易》《庸》之学为拘于家法、锢于章句的博士们难于觉识，而且其他儒学精华，也几乎全被漠视。馯臂子弓所传之《易》，流行民间，反被道家所容，成为“三玄”之一；严君平、扬雄等皆《易》《老》并重，王弼、韩康伯、孔颖达等皆以《老》注《易》，时有灼见。而《中庸》被纳入《小戴记》，湮没无闻，反为佛徒所重视，梁武帝萧衍注之于前，尔后佛徒注之者颇多。经过这一番玄、佛思辨的浸润陶冶，唐、宋间儒者乃觉识到《易传》《中庸》的理论价值。陆贽、柳宗元皆以儒融佛而盛倡“中道”或“大中之道”，又以是否合乎《易》理来评判诸子之学。至宋初，范仲淹主持庆历新政，开创一代学风，本人博通经史，尤精《易》《庸》，适应宋初佛、道被儒化的理论需要，自觉提倡《易》《庸》之学，张载等均直接受其影响。张载受学于范仲淹而研读《中庸》，后再出入佛老，又精研《易》理，终于自为经纬，成一家言。《宋史·张载传》称“其学尊礼贵德，乐天安命，以《易》为宗，以《中庸》为体……”言之凿凿。儒门早有《易》《庸》之学，到范仲淹、张载才逐步意识到其重要意义。但他们仍局限于自我虚构的道统，不承认《易》《庸》之学的理论内容多采自《老》《庄》，其义解诠释更融入了佛理；而他们所重视的也是按他们自己的诠释所择取的部分观点。至于《易》《庸》之学中有关人文化成思想、多元文化史观等，则长期被漠视了。

## 二

《易传》与《中庸》，义理互通。《易传》强调道兼三才，由“弥纶天地之道”推及于人事之“崇德广业”；《中庸》则强调“道不远人”，由“庸德庸言”之具体实践出发

而上达于“无声无臭”的天道。两者致思的侧重点稍异。而两者一些立论的基本点采自道家的形而上学意蕴,则洽然自相会通。诸如:

基于《老子》提出的“道常无名、朴”,“朴散、则为器”(《老子》第三十二章、第二十八章),“道、器”作为对峙的范畴,分别以“常、无名、朴”和“朴散、(变、有名)”加以规定。《易传》因之,也“道、器”对举,凝成了“形而上之谓之道,形而下之谓之器”,“见乃谓之象,形乃谓之器”(《易传·系辞上》)等重要命题;《中庸》则切合人事,引而伸之,“道也者,不可须臾离也,可离非道也”。“君子之道费而隐”“莫见乎隐,莫显乎微”(《中庸》第一章、第十二章)。按形而上与形而下所区分的“道器”“常变”“费隐”“显微”及其所推衍出的“体用”“本末”等,成为儒家构建形上学的基本范畴。

《老子》提出的宇宙生成论,“天地万物生于有,有生于无”,“道生一,一生二,二生三,三生万物,万物负阴而抱阳,冲气以为和”(《老子》第四十章、第四十二章)。《易传》摄取这些思想而有所涵化,故称“易有太极,是生两仪……”。“太极”一词出于《庄子·大宗师》,《庄子》把“道”规定为“在太极之先”;而《易传》则把“太极”看作是阴阳浑合未分之始,道寓其中,“太极”的展开就是道,“一阴一阳之谓道”“刚柔相推而生变化”“天地感而万物化生”(《易传·系辞上》《咸卦·彖辞》)。《中庸》以同样思路,衍为:“君子之道,造端乎夫妇,及其至也,察乎天地。”(《中庸》第十二章)

《老》《庄》都主张人效法天地,如《老子》云“人法地,地法天,天法道,道法自然”(《老子》第二十五章),但更强调道“生天生地”,长养万物,“长之育之,亭之毒之,养之覆之”(《老子》第五十一章),“夫道,覆载万物者也,洋洋乎大哉”(《庄子·天道》)。《易传》也承认,道“范围天地而不过,曲成万物而不遗”,但更注意人的作用,“神而明之,存乎其人”(《易传·系辞上》),所谓“天行健,君子以自强不息”“地势坤,君子以厚德载物”①,乃指君子效法天地所起的作用。《中庸》也以“至诚无息”“博厚所以载物也,高明所以覆物也,悠久所以成物也。博厚配地,

① 《易传》:《乾》《坤》象辞。

高明配天，悠久无疆”等，来赞扬“文王之德之纯”（《中庸》第二十六章）。

此外，有关“精、气、形、神”之别，“知能”“言意”之辨，“物极则反”之理，“中和”“时中”之义等以及一些用语、范畴，不仅《易》《庸》互通，且明显地有所承袭于道家思想。这方面，前人已多有论述。冯友兰在其《新原道》中特立《易、庸》一章，后撰《中国哲学简史》又改题此章为“儒家的形上学”，其立论颇符合史实。

## 三

《易》《庸》之学作为儒家的形上学，其主要的理论贡献是：善于有选择地吸取了道家思想，新建构了儒家的天道观和人道观。

首先，为了新建儒家的天道观而突出了普遍的“道”范畴，摆脱传统的“天神”“天命”等宗教意识观念，超越原始儒家仅赋予“道”以主体行为价值的含义，而对于“道”范畴给以新的哲学规定，诸如“形而上之谓之道”，“易与天地准，故能弥纶天地之道”（《易传・系辞上》），“天地之道，可一言而尽也，其为物不贰，则其生物不测”，“大哉圣人之道，洋洋乎！发育万物，峻极于天”（《中庸》第二十六章、二十七章）等，使“道”具有了本体、本原或本根的含义。由此，展开其由“太极”—“阴阳”—“四象”—“八卦”……而“万物化生”的宇宙生成论，概括出“一阴一阳之谓道”“刚柔相推而生变化”“天地之大德日生”“生生之谓易”（《易传・系辞上》）以及“天道好还”“无往不复”等命题，大体形成了儒家天道观的基本构架。

其次，由天道观转入人道观而突出了“诚”范畴，把“诚”看作是人的认知活动和道德实践的基础和终极目标，认为“自诚明，谓之性；自明诚，谓之教”（《中庸》第二十一章），由诚而明，是人性的实现，而由明到诚，乃是教化的功能；进而，以“道不远人”的人本论原则，强调了“至诚无息”的“天地之道”，就存在于“居易以俟命”“素其位而行”的社会伦理实践之中；“峻极于天”的“圣人之道”，就存在于“庸德之行，庸言之谨”之中；“至道”，就凝于“至德”之中。（《中庸》第十三章、第十四章、第二十七章）所谓“至德”，并非“索隐行怪”，而只是要求在日常的社会伦理实践中坚持“中和”“中庸”的原则，无过不及，从容中道；这样，在实践中，“成己”“成人”,“尽人之性”“尽物之性”,就可以达到“赞天地之化育”的最高境界。(《中庸》第十一章、二十五章、二十二章)重主体,尊德行,合内外,儒家的人道观体系也大体形成。

再次,儒家人道观中具有丰富涵蕴的“中和”“中庸”“时中”等思想原则,并非仅用于规范个体的道德行为,且作为一种普遍的价值尺度,用以观察一切人文现象和文化创造活动。“观乎天文,以察时变,观乎人文,以化成天下”(《易传·贲卦彖辞》),把“天道”与“人道”、“天文”与“人文”相提并论,贯通起来考察,是《易》《庸》之学的一个重要思路,依据“天道”来阐述“人道”,参照“天文”来观察“人文”,因而有“龙血玄黄”、“天地之杂”、“物相杂,故曰文”、“通其变遂成天下之文”之说。[①] 既云“观乎人文,以化成天下”,则必有其人文发展观以及基于这种发展观所形成的文化心态。如《易传》所云:“乾道变化,各正性命,保合太和,乃利贞!首出庶物,万国咸宁。”(《乾卦·彖辞》)《中庸》也称:“中也者,天下之大本也;和也者,天下之达道也。致中和,天地位焉,万物育焉。”(《中庸》第一章)此中,实涵有儒家形上学原本固有的多元文化史观,精义时出,但被长期湮没,未得彰显。盖儒学被独尊以后,一般儒者的思想日趋褊狭和专断,好同恶异,“愚而好自用”,尸居正宗,虐杀异端,自己抛弃了原有的开放文化心态和多元学术史观。

## 四

《易》《庸》之学所涵有的文化学术史观,以“中和”原理为其理论基石。就人性而言,“喜怒哀乐之未发谓之中,发而皆中节谓之和”;推而广之,无所偏倚的“中”,是“天下之大本”,是根本的价值标准,且兼有“时中”“用中”等义;发而中节的“和”,是“天下之达道”(《中庸》第一章、第二章、第六章)。这一经过琢磨的“和”范畴,乃继承史伯、晏婴、孔子所讲“和实生物,同则不继”,“和与同异”,“以它平它之谓和”,“君子和而不同”而来,也有取于《老》《庄》“知常、容,容、乃公”,

① 《易传》:《坤卦文言》、《系辞》上、下。

“和之以是非而休乎天钧，是之谓两行”之旨，故强调“和而不流，中立而不倚”，“宽裕温柔，足以有容”，“溥博如天，渊泉如渊”(《中庸》第十章、第三十一章)，具有无比深广的包容性；有此宽容广博的胸怀，才能“含弘光大”，“富有”而“日新”[①]，具有不息的生命力。

这种基于“中和”之理的发展观，《易传》《中庸》的作者们认为是仰观俯察，“上律天时，下袭水土”所得的结论。从客观方面说，“辟〔譬〕如天地之无不持载，无不覆帱，辟〔譬〕如四时之错行，如日月之代明。万物并育而不相害，道并行而不相悖，小德川流，大德敦化，此天地之所以为大也。”(《中庸》第三十章)这是说，客观自然界是一个和谐的整体，而其中正充满着杂多、差异和矛盾；但从总体发展来看，“万物并育”而并不相害，多层面的“道”可以并行不悖；既有“小德川流”的各行其是，又有“大德敦化”的总体整合。天文、人文，皆是如此。这是多元文化学术史观的客观依据。再从主观方面说，觉识到上述客观真理，就应当克服“憧憧往来，朋从尔思”的小圈子狭隘眼界(《易传·系辞下》)，抛弃“愚而好自用，贱而好自专”的主观自大的愚妄心理(《中庸》第二十八章)，通过“极深而研几”，“以通天下之志”(《易传·系辞上》)，承认“天下同归而殊途，一致而百虑”(《易传·系辞下》)是人文发展的客观自然进程，只能“学以聚之，问以辨之，宽以居之”(《易传·乾卦文言》)。客观上文化学术思潮的多元并存，多维发展，要求主观上必须克服偏私、狭隘和愚昧，只有“博学之，审问之，慎思之，明辨之”(《中庸》第二十章)，真正懂得“同归而殊途，一致而百虑”的思想运动的历史辩证法，而又能够“宽以居之”，容纳众流，察异观同，吞吐百家，才有可能从杂多中求得统一，从矛盾中观其会通。“化而裁之存乎变，推而行之存乎通”，“通其变遂成天下之文”，“惟深也，故能通天下之志”(《易传·系辞上》)，这是“观乎人文以化成天下”的必由之路。

---

① 《易传》：《坤卦彖辞》《系辞上》。

## 五

《易》《庸》之学所涵的上述多元开放的文化学术史观，是周秦之际诸子蜂起、百家争鸣的文化局面的理论升华。其所表现的如此开朗的文化心态，其所揭示的多维并行的文化发展规律，无疑在我国文化史观中是极为珍贵的思想遗产。这一珍贵的思想遗产，虽被儒法合流以来力主“罢黜百家”的儒门正宗所背弃，但为历代被斥为“异端”的先进学者所认同。司马谈是汉初最渊博的学者，其所撰《论六家要旨》是我国最优秀的学术史论之一，开宗明义就引证《易传》“一致百虑，同归殊途”之旨，并据以衡论六家思想的短长，而特别赞扬道家博采诸家、应物变化的良好学风。王充直斥儒术独尊以后的儒林博士们“守信一学，不好广观，无温故知新之明，而有守愚不览之闇”，因而倡“通明”“博见”、吞吐“百家之言”的“通人之学”。

在唐代，经过南北朝时期佛、道两教的蓬勃兴起，儒学也有新的发展。唐王朝基本实行文化开放政策，儒、佛、道三教并用，三教平衡，曾组织多次三教代表公开辩论，使各派学术都得到发展，且通过斗争、融合，“初若矛盾相向，后类江海同归”，终于汇合成宋明时期新兴的各派学术思潮。其间，远继《易》《庸》之学的文化史观，又能反映当时的时代精神的先进学者，如柳宗元以儒融佛，而有“诸子合观”之论；圭峰宗密出入孔老，又倡“会通本末”之说。他们这种开放的文化心态和博通思想，与同辈学者如韩愈辟佛卫道的褊心浮气一比较，就显然可以看出其间的高下之别。

直至17世纪，在时代风涛里涌现出一批敢于冲决“囚缚”、吞吐百家的思想家。其中，观点最鲜明、成绩最卓著者如黄宗羲，他明确论定：“盖道，非一家之私，圣贤之血路，散殊于百家。”(《南雷文定·清溪钱先生墓志铭》)认为学术思想史的研究，应当深刻体会“一本万殊”之理，尊重“一偏之见”，承认“相反之论”，坚决反对“必欲出于一途，剿其成说以衡量古今”的专断和狭隘，自觉提倡“殊途百虑之学”(《明儒学案·自序》《明儒学案·发凡》)。王夫之更从哲学方法论上作出了“杂以成纯”“异以贞同”的概括，肯定“杂因纯起，即杂以成纯，则相反而固会通”(《周易外传·杂卦》)，“同者所以统异，异者所以贞同，是以君善其交而不畏其争”(《周易外传·未济》)。因此，强调对待各种矛盾，包括“道因时而万殊”的学术思想矛盾，不应当“惊于相反”，而应当“乐观其反”，“听道之运行不滞者以各极其致，而不忧其终相背而不相通”(《周易外传·杂卦》)。这是《易》《庸》之学的多元文化史观的优秀传统，在明清之际所引发的学术思想变化中的新的整合；也可以说是明清之际的早期启蒙者冲破了儒家道统一尊的囚缚，在学术文化史观上向《易》《庸》之学的复归。

(1990年1月)

# 易学研究的现代意义

## ——1990年8月庐山“《周易》与中国文化”学术讨论会开幕词

这次会由江西省社会科学院、中国《周易》研究会、武汉荆楚书院、九江市社联、桂林市道家文化研究会、庐山白鹿洞书院等单位联合发起，经过近半年的筹备，现在顺利开幕了。

关于这次会议的宗旨，我们在会议的“预约通知”中曾指明：“《周易》这部古代的珍贵文献，是中华民族智慧的结晶。几千年来，它对我国哲学、史学、文学、民俗、宗教以及天文、历法、数学、乐律、医学、气功等自然科学的发展都产生过重大影响。近年来，随着当代自然科学的发展，国际上出现了东方文化热。《周易》的义理及其象数思维模式，成为引人注目的议题。为了弘扬传统文化，批判民族虚无主义，振奋民族精神，我们决定今年8月在江西庐山举办‘《周易》与中国文化’学术讨论会……”许多同志是看到这个预约通知“闻风坐相悦”而来与会的。我们约请的十几位专家、学者，为了研讨易理，也不避跋涉之劳，前来讲学。我谨代表筹办单位向与会的同志们，向应邀来讲学的老师们，表示衷心的感谢和热烈的欢迎！

不言而喻，这次庐山论易之会与1984年5月东湖论易之会、1987年12月济南论易之会，有着某种学脉继承关系；又是中国《周易》研究会去年正式成立以来组织的首次学术活动。

"开物成务",有必要"彰往察来"。回顾一下过去,正是为了把握现在这个转换的中介,便于迎接未来。

20 世纪 80 年代的中国,随着改革开放的春风吹遍神州大地,易学研究的热潮也在全国兴起。不期而然,但绝非偶合。其缘由枢机,可作多层次的分析和不同角度的理解。或以《易》本为占卜之书或占卜书之源,而当前社会流行的占卜热等乃反映了商品经济所激起的贪求和机遇心理的滋长;这种看法似有所据,而失之狭浅。或以为人们对《易》学及整个辩证法思想传统的研究热忱,乃是为了反思十年浩劫中形而上学猖獗、斗争哲学横行的思维教训;这种看法,表达了不少同志确有的直接感受。或以人们对《易》象数学的重新评价和刮目相看,乃是在改革开放新形势下对西方传来的"东方文化热"的一种回应,表现了一种民族自豪感的激情。还有一种看法,认为《周易》既是中国传统文化的活水源头之一,80 年代中国传统文化热和《周易》热,乃表现了一种既具有民族性,又具有时代性的深层人文意识的觉醒,也就是《易》文化所内蕴的在忧患中自强不息,在改革中通变腾飞的民族意识的觉醒。促成这番《周易》热的因缘客观上是多方面的,可以仁者见仁,智者见智。但我愿意倾向于后一种看法。

几年来易学研究的新进展,不仅表现在形式上。学术交流,十分活跃:1984 年东湖之会以后,连年举行的大型和中型、通论和专题的学术讨论会达十余次之多,其中 1987 年在济南举行的"国际《周易》学术讨论会",展示了丰富的研究成果,起到了海内外交流重要作用;而许多专题性的学术讨论会,如以"医易会通"为题的会就举行过四次,把研究引向具体和深入。研究队伍,不断扩大,研究机构,纷纷成立:除全国性的"中国《周易》研究会"于去年正式成立外,省、市级的研究机构已成立十余个。其中,1985 年在四川成都市成立的"《周易》地质学方面应用的研究组"、1987 年在山东淄博市成立的"华夏易学工程研究会"等,尤具特色;山东大学"周易研究中心"更于 1988 年开始出版《周易研究》专门刊物,已出版五期,流誉海内外,至于全国各地(包括台湾、香港)近几年出版的易学古籍和新撰专著,各报刊发表论文,数量之多,质量之高,可说是"五四"以来前所未有。

从上述大量研究成果的趋向看，更表现出学术上某些值得注意的新动向、新特点。

首先，一个引人注目的新动向是《易》象数学(包括河、洛之学)得以复苏。长期被冷落、被荒芜，乃至斥为糟粕的《易》象、数、图学，重新得到广泛重视。不仅对汉易诸家象数，而且对魏伯阳、陈抟、邵雍、朱震、蔡元定等所传的先天图书之学，以至方以智父子、戴震、焦循的数理哲学，都引起研究者的浓厚兴趣，分别给予了文献学的考订和科学史的梳理；而且，由于现代科学视野和方法的引进，使整个《易》象数学似已获得再生的活力。尚秉和先生的专著《周易尚氏学》经名家推荐，在“文革”前已排版付型，仍未得出书；而到1980年应运而出，宛如一阳来复，数点梅花，接着一大批关于《易》象数图的论著，便联翩问世。特别是一些学有专精的自然科学专家，转而研讨《易》学，对《易》象数图中蕴含的数理、物理、哲理或给以科学史的论证，或给以现代科学理论的诠释，澄清了不少问题。对于《易》象数学的历史还原及其中合理成分的科学解释，作出了重要的贡献。

其次，与《易》象数学的复苏相联系，80年代中国易学研究的新动向，突出地表现为“科学易”的兴起。对《易》象、数、图中的数理、物理、哲理的研究，有的同志将其纳入现代科学的语境和视野，引进现代科学的理论和方法，给以现代科学的透视和诠释。从而使一些曾被神秘化了的数理或原理，矩阵或图式，得到一定的科学化的说明，古老文献焕发出青春的光辉；这样被现代科学眼光照亮和说明了的《易》象数模式和推理方法，还可以反过来应用于现代科学研究的某些领域，并使之得到一定的证验和丰富化。这样生长出易学研究中一个新的学派——“科学易”，可说是当代易学发展中的一项特殊成就。

“科学易”一词取自潘雨廷、赵定理两同志分别两篇论文的同一标题。他们的论文都各有严肃的论证，论证“科学易”是时代的产物，是超越传统象数派和义理派的现代易学新流派。从西方莱布尼茨到爱因斯坦、玻尔、李约瑟等曾有所探测；从40、50年代刘子华、蔡福裔等更有所实证；而80年代，《易》象数图的被珍视，多学科研究交叉方法的被应用，吸引了更多作者(如赵庄愚、邹学熹等)以自己的研究成果来扩充了“科学易”的阵营；而近年来，我们更读到王赣、牛力达、刘兆玖三同志合著的《古易新编》上下卷和江国梁新出版的《周易原理与古代科技》等专著。刘惠荪教授在江书卷前所题《贺新郎》词后半阕云：

> 图南自启先天窍。
> 探魔方，左三右七，洛书义窅。
> 西哲东贤无二理，谁果先窥秘要？
> 说到头，无非符号。
> 数、理、化、生、文、史、哲，满园春，到处花枝俏。
> 阐绝学，看今朝。

颇能反映当前"科学易"蓬勃兴起的盛况。

再次，"考古易"的研究，是70年代以来地下考古新发现提出的新课题。1984年马王堆汉墓出土的《帛书周易》的公布和于豪亮、张政烺先生专论的发表，周原甲骨上数字卦的发现和徐锡台等先生的初步研究，可说是对易学考古新发现的研究的开端。这些年，研究成果大为增加，主要是研究质量有所提高。例如，有的研究者从《帛书周易》的排列及卦名的特点发现其与《归藏》有关，而卦序更与《先天六十四位卦方位图》暗合；又从阜阳西汉汝阴侯墓出土的《太乙九宫占盘》上小圆盘的刻画，发现其与朱熹《周易本义》所载《洛书》完全相符，仅此两证，似已足以核定《河图》《洛书》及《先天图》等在汉初乃至更早实已有之(见《大易探微》刘大钧序)。"考古易"的成果，如此巧妙地了结了易学史上一大公案。

最后，近几年易学研究的新进展，也表现在与"科学易"相对应的"人文易"，通过易学哲学史的研究而受到重视，并自觉到"人文易"并非晋易、宋易中义理内容的重复，而应是对义理派、象数派的双向超越。"人文易"也是时代的产物，是现代人文意识对易理的渗透和诠释。"人文易"的研究，旨在古今贯通地展示易学中构成传统文化心理、深层的人文意识、价值理想、精神追求等。近些年，传统文化的讨论中，不少作者涉及易学中的人文意识。苏渊雷先生重版的《易通》，提出"生、感、变、反、成、时、中、通、进、忧患"等十个范畴作为论纲，对"人文易"的探究,有开拓之功。张岱年先生一再强调“天行健,君子以自强不息”,“地势坤,君子以厚德载物”,是渗透在中华传统文化中的基本精神,是我们民族经受各种苦难而得以发展的伟大的内在动力。

“人文易”在表述形式上还出现了“诗化易”的创作。近几年除易学会议中常有不少唱和的诗词外,还出现了以大型组诗表述易理的专门诗卷,如金文杰的《大易探微》与杨炼《自在者说》,一老一青、一古一新,堪称典型。

以上概述,极不全面,仅系例举。

回顾为了展望,展望这次会议主题和今后研究的趋势。这次会预定的主题——“《周易》与中国文化”,据我的理解,侧重点并非历史的探索,而是现实的审度,重在探讨易学的现代意义,易学(无论是科学易、人文易或占卜易)对现代中国的文化建设、文化更新、文化重构的正面、反面的意义,题目大,可以多向交流,自由驰骋。但看来,“科学易”作为新事物,可能是引人注目的议题。

首先,“科学易”一词能否成立?如何界说?值得慎重思考和深入讨论。其次,如果能够成立,能够界定,又如何使其得到正常、健康地发展,而不致陷入迷途和歧途。

《周易》是我们民族智慧的结晶,但毕竟是我们民族文明发蒙时期的产物。按人类认识史的逻辑进程,按文化人类学的实证分析,它本身不能不是原始科学与神物迷信(宗教巫术)的结合(即使是“奇妙的结合”)。列宁曾依黑格尔对毕达哥拉斯哲学的论析指出:科学思维的萌芽同宗教、神话之类的幻想是联系、结合在一起的,今天同样还有那种联系,只不过科学和神话之间的比例不同罢了。[①] 如果有“科学易”,它作为现代形态的知识体系,其建立和发展只可能是尽可能将《周易》中固有的科学与迷信的结合加以剥离。所谓剥离,并非外在地剖分为二,而是将其内在神秘性(各种拜物教、神物迷信、神秘幻想等)加以扬弃。这是一个复杂的艰巨的过程。丹皮尔在其《科学史》中曾论道:“科学并不是在一片有益于健康的草原——愚昧的草原——上发芽生长的,而是在一片有害的丛

① 《列宁全集》第38卷,人民出版社,1959年,第275页。

林——巫术和迷信的丛林——中发芽成长的，这片丛林一再地对知识幼芽加以摧残，不让它成长。”[①]问题的复杂性在于历史上科学和巫术是孪生的，不仅互相摧残，而且互相寄生，一同成长，俱分进化，科学与迷信作为对立物，在一定条件下又互相渗透，互相转化。科学说过了头会变成迷信，迷信被解释了又会变成科学，真理多跨出半步也会变成谬论。因而“科学易”所必须进行的剥离、扬弃工作，又必须十分严肃和慎重。科学和迷信两者的区别和联系，两者转化的机制、条件以及两者转化的思想根源和社会根源等，这不仅难于准确掌握，并且在工具理性范围内无从解决，而只能诉诸人文意识和价值理性。

就易学研究领域而言，似乎探讨“科学易”之余更应着力于探讨“人文易”。我们提出“人文易”问题，并强调“人文易”是易学和易学史研究的主干和灵魂。

《易传》作者以其对《易经》的深刻理解，明确意识到“天文”与“人文”的联系和区别，而强调“人文”的意义。《贲》彖云：“〔刚柔交错〕，天文也，文明以止，人文也。观乎天文，以察时变；观乎人文，以化成天下。”前者为工具理性所掌握的自然知识，后者为价值理性所追求的人文理想。《易》象数、义理中都有其内蕴的人文理想。而“人文易”并非对传统的“义理易”的简单继续。而是对“象数易”和“义理易”的双重超越。与“科学易”相并列的“人文易”，理应成为我们研究、发掘的一个重点。

同志们，我们这次会有幸在庐山召开，庐山是人文荟萃之地。庐山论易，不能不想起易学史中开拓性人物周敦颐。这位濂溪先生，一生只做过州县小吏，基本上是民间学者。而他之所以被人们怀念和敬仰，乃在于他1061年做虔州通判时道出江州，即在庐山脚下筑“濂溪书堂”，讲《易》其中。1063年在书堂写了千古名文《爱莲说》，因改名“爱莲书堂”。缅怀先贤，确有可资继承和发扬的人文理想。

首先是濂溪先生做人的人风——人的精神风貌，当时学者赞扬他“胸中洒

---

① 丹皮尔：《科学史》，商务印书馆，1975年，第29页。

落,如光风霁月”。一篇《爱莲说》,仅 120 字,“出淤泥而不染,濯清涟而不妖,中通外直,不蔓不枝。香远益清,亭亭净植……”其所反映的不慕荣利、洁身自好的人格美,流芳千古。

其次是濂溪治学的学风,堂庑甚广而融炼甚精,所著《太极图说》250 字,《易通》2 601 字以及《姤说》《同人说》等全阐易理,而其学风特点:敢于吞吐道、佛各家而归宗于《易》《庸》,其“无极”“太极”等范畴,来自《老》《庄》《肇论》《华严法界观》等。“太极图”则来自陈抟,自认不讳:“始观丹诀售希夷,盖得阴阳造化机。”从而,以极精炼的论著,开辟了笼罩六百年的一代新学风,更琢磨出一整套哲学范畴,把我们民族的理论思维水平和人文价值理想,提高到一个新的水平。

这样的人风和学风,可说是易学传统中的精髓。发扬这样的人风和学风,我们这次庐山论易之会,一定会开得“明通公博”,生动活泼,取得“富有日新”的学术成果,一定能够把马克思主义指导下的《周易》研究往前推进一步。

(1990 年 6 月)

# 易蕴管窥

《周易》，堪称一部奇书。它作为东方文化最古老的一本元典，却广泛激起现代人的研究兴趣；它基于奇偶错综形成的简单符号系统，却可容纳巨量的文化信息；它原是一本占卜书，一经理论加工，竟被儒门列为“五经之首”，道家尊为“三玄之一”，成为儒道两家独一无二的共同经典，成为中华民族文化传统及哲学智慧的主要的活水源头。

《周易》，合经传于一体，内容繁富，涉面甚广，而又浑沦不分。不仅如《易传》所云：“《易》之为书也，广大悉备，有天道焉，有人道焉，有地道焉。”《易》兼三才之道，而人道居中。天地自然之道，成为人道的依据，又是人仰观俯察、极深研几的对象化的认识成果。而且，从另一视角，易道又似可三分：既有“明于天之道”，“观乎天文，以察时变”的工具理性所掌握的科学知识，更有“察于民之故”，“观乎人文，以化成天下”的价值理性所追求的人文理想，还有“神以知来”“是兴神物以前民用”的非理性、超经验的神道意识。易道乃是科学智慧、人文价值理想与神物崇拜意识三者的奇妙结合，三者既相区别，又相联系，且互为消长，在不同历史时期，与不同社会思潮相涵互动，发生着不同的文化社会功能。所谓“易道广大，无所不包”（《四库全书总目提要》），所谓“易如一个镜相似，看甚么物来都能照得”（朱熹语），实指易道的包容性，被多种理解和诠释的可能性，并表明历史上易学实与各门学术进行着双向交流与相互采获，使发展着的易学，得以涵容各种学术成果。易之为书的庞杂内容和立论宗旨，又可以任人择取，“仁者见之谓之仁，智者见之谓之智”,允许见仁见智,各引一端,甚至“百姓日用而不知”的许多潜存的义理,也可以因人而异,不断地被发掘和阐释出来。

一部易学史,今、古、汉、宋、象数、义理,各家各派,聚讼纷纭。通过历史的考察,可以发现古代易学的多维发展的格局,更可以看出17世纪以来近代易学的分化发展的大趋势,即“科学易”与“人文易”这两大趋势。

关于“科学易”与“人文易”的划分,可以说,既有深远的历史渊源,又有现实的客观依据,还有近现代人类哲学思潮的分化大势(即分为科学主义与人文主义两大趋势)作为参照系,因而是可行的。至于“神道易”(含“占卜易”),曾在易学中占了不小的分量。经过汉、晋、南北朝,易学中象数与义理的科学内容与哲学思辨均有大的发展,而邵雍、朱熹仍特别重视占易,王夫之在坚持“易为君子谋”的前提下也主张不废占易,但作为筮龟拜物教的占卜迷信,到近现代文化代谢中毕竟逐步衰落,往往只能依附于“科学易”或假科学之名才得以流行一时。而超越占卜迷信之外的神道意识,对宇宙人生终极意义的追求,“阴阳不测之谓神”“神无方而易无体”“穷理尽性”“原始反终”,圣人以此“斋戒”“洗心”“退藏于密”的精神家园,在易学中是固有的,就其深度说,在古文献中也是仅有的,往往涵蕴于“人文易”的深层义理之中,诸如宇宙既济而未济,大化生生而不息,“乾道变化,各正性命”……,莫不言简意深,值得珍视。

“科学易”作为近现代易学流派,乃是近代科学思潮冲荡的产物。在中国,17世纪崛起的桐城方氏易学学派,可说是“科学易”的雏形。方孔炤、方以智、方中通等,三代相承,精研易理,著述很多,自成体系,其根本趋向在于将传统易学的象数思维模式与西方传入的新兴质测之学相结合。如方以智所明确主张的:“因邵、蔡为嚆矢,征河、洛之通符”,“借远西为郯子,申禹、周之矩积”。即是说,把邵雍、蔡元定等的“象数易”视为前驱,会通“河图、洛书”之学的原理,引进西方新兴质测之学,用以论证和发挥中华科学思想的优秀传统。这正是近代“科学易”的致思趋向。戴震、焦循等继续沿着这一思路,推进着“科学易”的发展。由于三百年来历史道路的曲折坎坷,中国文化的近代化历程的畸形和中断,“科学易”的研究曾被冷落,直到20世纪中西文化的汇聚、交融中,一些学有专精的自然科学家，转向“科学易”的研究而时有创获；近些年兴起的文化研究热潮中，由于易学中某些象数结构被中外学者纳入现代科学的语境与视野而给以新的诠释，由于东西方学术思想的某些层面的重新被整合，“科学易”的研究取得很大的进展，成为当代易学最富有成果、也最引人注目的一个学术分支。

1990年庐山论易之会中，我提出“人文易”的概念，用以突出与“科学易”相对应、相并列的易学研究中另一学术分支，即发展着的易学中所固有的人文价值理想。人所面对的理世界，既有理性（工具理性）所认知的实然之理，也有心灵（价值意识）所感悟的应然之理。两者互相区别，又互相联系，但却永远不能互相代替。《易传》作者似乎意识到这种区分，《贲卦·彖辞》指出：“〔刚柔相错〕（今本夺此四字，依孔颖达《正义》补），天文也；文明以止，人文也。观乎天文，以察时变；观乎人文，以化成天下。”这里的“人文”一词，与今语含义近似。“刚柔相错”所展示的“天文”，属于工具理性所认知的客观物象及自然知识的实然之理，但人总是按一定的社会需要和价值理想去“观天文、察时变”，其目的和意义便离不开人文意识中应然之理的指向；而作为人类文明的根本标志，“观乎人文，以化成天下”，更是易道的主旨和理论重心，构成“人文易”的丰富内涵。

《周易》中的人文价值理想的积淀，可以推源到远古。而作为近代易学流派的“人文易”，则反映了近代人文意识的觉醒，其发展也已有三百多年的历史。王夫之全面发挥了易学中的“人文化成”思想，充分利用了传统易学的范畴和理论框架，展开了他的人文哲学体系。王夫之的哲学，立足于“乾坤并建”“细缊化生”“日新富有”的天道自然观；通过“继善成性”“理欲同行”的人性分析，“明有、尊生、主动”“贞生死以尽人道”而确立“人道之尊”；最后落实到发扬张载以气本论诠释易学主旨的人文化成思想。这一系统，正是走出中世纪的近代“人文易”的模型。此后，许多论者继续拓展，使易学中深深蕴涵着的人文意识和价值理想得到不断发掘和阐扬。

我由近及远地思考易学传统，总感到“人文易”的研究应当受到更多的重视。因为，内蕴于民族文化深层中的价值取向与精神动力，是民族传统中最有活力的文化基因，可以长期影响乃至支配一个民族的普遍心理素质和文化走向。因而，

“人文易”,内蕴于易学传统中的人文意识和价值理想,应当成为易学和易学史研究的主线和灵魂。

在“人文易”价值概念系统中,忧患,成为一个特殊的范畴。以后形成“忧患意识”这一中华民族文化传统中特有的道德价值概念,影响极为深远。“文王拘而演《周易》”,“作《易》者其有忧患乎”,《易传》把“易之兴也”平实地归结为周初文王、周公等在特定艰危处境中忧患意识的产物,并因而从总体上论定《周易》一书:“是故其辞危,危者使平,易者使倾,其道甚大,百物不废,惧以终始,其要无咎,此之谓《易》之道也。”整个易道所凸显的,乃是“朝乾夕惕”“居安思危”“外内使惧”“困穷而通”的忧患意识,并强调指出:天道虽“鼓万物而不与圣人同忧”,而圣人必须“吉凶与民同患”,这正是“圣人以此洗心,退藏于密”的安心立命之所在。“人文易”中这一特具深意的“吉凶与民同患”的忧患意识,在传统文化中产生了巨大的影响。时代忧患意识与社会批判意识往往结合在一起,“先天下之忧而忧”、“位卑未敢忘忧国”、“身无半文、心忧天下”。历代献身正义事业的志士仁人,先进思潮的号角和旗手,无不是时代忧患意识的承担者。这种既具有深沉历史感,又具有强烈现实感的时代忧患意识,区别于印度佛教的悲愿情怀,也不同于西方美学的悲剧意识,而是中华传统文化深层所特有的人文精神,是“人文易”中跳动着的最值得珍视的民族魂。当我们立在跨世纪的桥头上作展望未来的哲学思考时,“人文易”中这一深蕴的灵魂是值得召唤的。曾为《羑里易学》创刊题过四句,略表此意:

忧患从来启圣知,当年羑里衍危辞。
神州慧命应无尽,世纪桥头有所思。

(1992 年 2 月)

# 柳宗元的《封建论》及其历史观

柳宗元，是我国中唐时期革新派的文学家、思想家和政治活动家。他所写的《封建论》，是一篇厚今薄古的好文章。在这篇文章中，柳宗元敢于打破传统，通过对周、秦、汉、唐四代政治制度的历史分析，论证了中央集权“郡县制”的优越性，系统驳斥了历代鼓吹“封建制”的各种复古谬论，坚持了政治上的革新路线，表现了一个进步思想家在当时历史条件下的反潮流精神。

## 《封建论》产生的历史条件

关于“封建制”（即奴隶社会遗留下的“封国土、建诸侯”的贵族世袭分封制）和“郡县制”（即秦统一后全面实行的由封建国家统一政令、直接任免地方官吏的中央集权制）的优劣问题，从秦以来，有过多次争论，一直是封建统治阶级中要求革新的进步势力和主张倒退的保守势力进行政治论战的一个焦点。柳宗元的《封建论》，正是他所参加的革新派反对保守、反动势力的一场激烈政治斗争的产物，也是他对前期封建社会中关于“分封制”和“郡县制”的多次争论的一个理论总结。

秦始皇统一中国，完成了变奴隶社会为封建社会的历史大飞跃。但在前期封建社会中，由于奴隶主贵族复辟势力的长期存在，秦汉之际六国旧贵族的残留势力，汉代盘踞各地的“强宗豪右”，发展到魏晋以来的门阀豪族大地主，就是复辟势力的社会基础。他们的政治代表和思想代表，总是宣扬向后看的历史观，美化“三代”，攻击秦政，竭力鼓吹世袭分封制。他们一再挑起关于分封制和郡县制的争论，制造什么“夏、商、周、汉封建而延，秦郡县而促”之类的舆论。在这种政治鼓动下，汉初利用分封制而享有世袭特权的诸王侯，一再叛乱，这种叛乱，实质上是奴隶主的复辟活动。而班固之流也竭力鼓吹只有实行分封制，才能“枝叶相扶”。魏晋以来的门阀豪族大农奴主们，大搞裂土分封，实行封建割据；或是凭仗身份特权，兼并土地，荫庇人口，扩展坞堡田园，役使大量奴婢，成为称霸一方、鱼肉人民的大土豪，成为阻碍社会前进的严重阻力。而充当他们代言人的曹冏之流，大肆叫嚷必须实行分封制，否则就是“私天下”，并恶毒攻击“秦王独制其民，故倾危而莫救”①。到唐代，唐太宗在萧瑀、颜师古等的鼓动下，也曾想复辟分封制，经魏徵、李百药等劝阻未搞成。中唐以后，藩镇军阀势力日益扩张，实际形成分裂割据的世袭小王国，鼓吹分封制的复辟声浪，又甚嚣尘上。

柳宗元生活在封建社会由前期向后期转变的中唐时期，面对着门阀豪族的特权统治和藩镇军阀的分裂混战所造成的严重社会危机，他出于庶族地主阶层革新派的政治要求，对现实社会危机和反动复古思潮的根源，进行了一番认真的历史清算，从而写出了《封建论》这一著作。

柳宗元写《封建论》，既有他从事政治革新运动的实践基础，又有他从事哲学批判活动的理论基础。

公元 805 年，以王叔文、王伾为首的一批庶族地主阶层的代表，争得唐顺宗的任用，发动了一次政治改革运动。柳宗元及其好友刘禹锡等积极投身这次改革运动并成为核心人物，时称“二王、刘、柳”。这标志着初唐以来日益抬头的庶族地主势力，已开始形成自己的政治集团，并开始向门阀豪族集团展开夺权斗争。在他们初步掌权的短短六个月中，他们生气勃勃地实行了一系列具有进步意义的改革措施。他们想通过这些改革，打击门阀豪族集团及其所支持的宦官、藩镇等腐朽势力，而形成一个中央集权的新的政治局面。他们的改革，遭到宦

① 曹冏：《六代论》。

官、权贵和藩镇等反动势力的联合反扑，宣告失败。王叔文、王伾被处死，柳宗元、刘禹锡等八个革新派被一贬再贬为远州司马，受到残酷的政治迫害。这就是中国史上有名的“八司马之狱”。

柳宗元在后半生长期贬谪生活中，有机会接触下层人民，了解社会实际，使他在政治上更加坚定了革新派的立场，在思想上更加明确地走上“异端”思想家的道路，对封建正宗思想采取了怀疑、批判的态度。作为政治斗争的继续，柳宗元这时除写了不少揭露社会黑暗的文艺作品外，还写了《天说》《天对》《非国语》《贞符》等无神论的哲学论著，主要针对从孟子到韩愈的儒学正宗，进行了猛烈的批判。他直接批判了孟子用神秘的“天爵”来论证贵贱等级的“人爵”的谬论(《天爵论》)，揭露《左传》《国语》等儒家典籍，“其说多诬淫”(《非国语》)。并总结性地批判了董仲舒以来一大批正统派儒生所宣扬的帝王“受命之符”的神学史观，指出“其言类淫巫瞽史，诳乱后代”(《贞符》)。柳宗元对依附当朝权贵的韩愈的神学挑战，更给予了毫不留情的还击，指斥韩愈鼓吹儒家“道统”，宣扬“天命”“鬼神”，是“大惑”“大谬”(《天说》《与韩愈论史官书》)！

通过这样“踔厉风发”的批判，同时又吸取了当时自然科学的新成就，柳宗元捍卫和发展了从荀子到王充的唯物主义路线，创立了自己“元气自动、自斗”的朴素唯物论的宇宙观。他力图把唯物主义无神论思想运用于考察社会历史，对历代反动势力为了复辟分封制而鼓吹的倒退复古的历史观，进行了系统的清算。以无神论历史观为基础的《封建论》，由评史而论政，把历史批判与现实批判紧密结合起来，在思想史上作出了具有独创性的理论贡献。

## 《封建论》的主要理论贡献

《封建论》首先提出“‘封建’，非圣人意也，势也”的基本观点，论证人类文明史的发展取决于客观的“势”；认为分封制的起源及其被“郡县制”所代替，都是历史的必然。

从孔孟到韩愈的儒家传统,一贯宣扬人类文明史是由古代几个“圣人”秉承“天命”创造的。韩愈公然宣称:全靠古代出了“圣人”,发明了一套“相生相养”的道理,创立了一套“礼乐刑政”的制度,人类才活了下来,“如古之无圣人,人之类灭久矣!”(《原道》)柳宗元针锋相对地驳斥了这种“圣人”创造历史的谬论。他在《封建论》《贞符》等论著中,继承和发展了荀子的思想,认为原始人类“与万物皆(偕)生”,在当时草木茂长、野兽往来的环境中,人本身的生理条件不能“自奉自卫”,必须进行集体活动(“近者聚而为群”),改造和利用自然以获取生活资料(“必将假物以为用”)。在群体中,不免争夺。“争而不已”,自然会找“能断曲直”的人来处理纷争,于是在原始人群中就出现了最早的部落首领,“强有力者出而治”,“而君臣什伍之法立”(《贞符》),这就会产生“君长刑政”等最初的社会立法和制度。群与群之间还会产生争执,又会出现“有兵有德”的“众群之长”来“安其属”。随着人群争斗的扩大,联合也不断扩大,就自下而上地相继产生了诸侯、方伯、连帅、天子。“其德在人”而享有威信的诸侯、天子,人们就会“求其嗣而奉之”。柳宗元认为,这就是世袭分封制的最初起源。

柳宗元把人类文明社会的发生发展史,看作是自然史的继续,认为这个过程,有其客观必须性(“势”)。人类社会和政治制度的出现,既没有什么“天命”“神意”在起作用,也不是任何个别“圣人”的主观意志所能支配,而是原始人类生存竞争的必然结果。所谓君权,是由人民自下而上选择“智而明”的首领所逐步形成。这对于儒家正统宣扬的“君权神授”的神学史观,是有力的批判。

柳宗元提出与“圣人之意”相对立的历史之“势”,用以解释世袭分封制的起源,目的在于论证这种分封制只是一定历史条件下的产物;随着时代的发展,这种过时的分封制被新兴的郡县制所代替,也是历史之“势”所决定。

所谓历史之“势”的内容是什么?他的回答是:人类社会的产生、发展和政治制度的建立、改革,决定的力量,不是“天”,而是民;不是“圣人之意”,而是“生人(民)之意”。他认为殷、周时代推行世袭分封制,是由于殷灭夏时有三千诸侯支持,周灭殷时有八百诸侯会盟。殷、周统治者,迫于形势,“不得而易”。而秦汉以来,废除分封制,符合历史之“势”;谁要再想恢复世袭的分封制,就与历史之

"势"背道而驰，也就从根本上违反了"生人之意"。唐王朝之所以能建立，就在于结束了魏晋以来因恢复分封制而造成的长期分裂混乱局面，实行了郡县制，符合了"生人之意"①。从历史发展的趋势看，总是这样，由分封制到郡县制，由分裂到统一，不断进化。符合"生人之意"的历史进步，就是民心所向，大势所趋，任何统治者也改变不了这一历史发展的客观进程。

当然，柳宗元用生存竞争来解释社会国家的起源，不是科学的说明。正如恩格斯指出的："想把历史的发展及其错综性之全部多种多样的内容都总括在贫乏而片面的公式'生存斗争'中，这是十足的幼稚。"②柳宗元不能避免这种"幼稚"。柳宗元在中世纪的条件下，力图清除神学史观，断然否定了帝王"受命于天"和"圣人"创制立法的权威；并从历史事变中，看到了历史发展趋势的某些侧面，用以论证郡县制取代分封制的客观必然性。应该说，这在当时是一种难能可贵的创见。

《封建论》对比分析不同制度的周、秦两代，作出了"公天下之端自秦始"的重要论断，充分肯定了秦始皇改分封制为"郡县制"这一制度变革的重大历史意义，严正驳斥了美化"三代"，攻击秦政的各种复古谬论。

自从孔、孟提出"吾从周""法先王"的口号以后，历代儒家正统都把它奉为纲领，大肆制造对"三代"古史的迷信，把西周分封制吹捧为"万世不易之法"。特别是孔孟宣扬"亲亲为仁"的思想，把以血缘关系为纽带的宗法分封制说成是美妙和谐的"王道""仁政"，给野蛮残酷的奴隶制蒙上一层"亲亲相维"的面纱。柳宗元摆出大量史实，撕破这一袭面纱，揭露周代实行宗法分封制的结果，并不是什么长治久安，而是"乱国多，理国寡"，封君们骄横跋扈，贪得无厌，互相攻杀，造成"天下乖戾""末大不掉"的局面，早已伏下了"败端"；到了东周以后，群雄割据，周王朝早已丧权，成了一个空架子，"徒建空名于公侯之上"。这就如实地揭穿了所

① 《贞符》："唐家正德，受命于生人之意。"
② 《自然辩证法》：《札记和片断·生物学》。

谓周代“封建而延”的谎言。

针对所谓“秦私天下，故传代促”等具有蛊惑性的谬论，柳宗元作了深入批判。他热烈赞扬秦始皇“裂会都而为之郡邑，废侯卫而为之守宰”这一制度变革的巨大历史功绩。认为夏、殷、周搞宗法世袭的分封制，实际上都是从一姓之私出发，而秦改分封为郡县，废除了宗法世袭分封制，坚决实行中央集权制，符合了“天下会于一”的历史总趋势，“其为制，公之大者也”。所以秦能够“据天下之雄图，都六合之上游，摄制四海，运于掌握之内，此其所以为得也”！秦始皇变革了旧制度，统一了全中国，“公天下之端自秦始”，这是历史的跃进。汉继秦制，证明了“秦制之得”。此后，百代都行秦政制。“继汉而帝者，虽百代可知也。”柳宗元的这一论断，如此鲜明地与孔子的“其或继周者，虽百世可知也”的论断针锋相对，充分表现了他坚持的进步思想路线和反潮流精神。至于秦为什么二世而亡的问题，柳宗元毫不躲闪地回答：“失在于政，不在于制。”他具体分析秦亡的原因，恰好是由于没有充分发挥郡县制的作用，“郡邑不得正其制，守宰不得行其理”，以致“酷刑苦役，而万人侧目”，过严的刑罚和过重的徭役，引起了广大人民的怨怒。这是“咎在人怨”，根本不是实行郡县制的过失。这些分析，显示出柳宗元的历史观中具有一定的辩证法因素。

《封建论》对比分析了情况类似的汉、唐两代，着重解剖汉代由于部分复辟分封制所造成的恶果；并引为鉴戒，指出了唐代的严重问题是藩镇割据将导致国家分裂和历史倒退的危机；表现了作者要求统一、反对分裂的强烈愿望。

汉、唐两代，基本实行“郡县制”，曾出现过统一、强盛的封建大帝国。柳宗元指出，由于汉代错误地总结秦亡教训，部分复辟了分封制，“矫秦之枉，徇周之制”，结果造成汉初“数年之间，奔命扶伤而不暇”的混乱局面。先是韩信等野心家割地称王，随即叛乱；接着又是一批同姓王，“怙势作威，大刻于民”。当晁错等策划削藩时，立即爆发了“吴楚七国之乱”。东汉以后，地方豪强和门阀士族的恶性发展，造成长期分裂混战局面，形成历史的倒退。

吸取历史的教训，看看唐代的现实，柳宗元一方面充分肯定唐初“制州邑，立守宰”，结束了汉末以来的豪强割据的局面，维护了国家的统一，这是历史的进步。另一方面，他又敏锐地看到，唐代门阀豪族的势力仍然不小，中唐以后更出现了军阀世袭割据的藩镇之祸。这些藩镇军阀，本身就是豪族大地主，现在更“私其土地甲兵，而世守之，同于列国”（《文献通考》卷二七六），形成一个个独立小王国。柳宗元看到这一股复辟势力势必造成严重恶果，因而强调指出：当时政治上的严重问题就是藩镇拥兵。他认为必须“善制兵，谨择守”，否则政局会恶化。他参加王叔文政治改革运动的主要目标，就是要“内抑宦官，外制方镇，摄天下财富兵力而尽归之朝廷”[①]，借以形成中央集权的新局面，巩固“郡县制”，克服搞分裂割据的复辟势力。《封建论》总结历史经验，为这条政治革新路线提供了具有远见卓识的理论说明。

《封建论》强调“继世而理（治）”的世袭等级制的极端不合理，指出复辟势力鼓吹分封制的要害在于维护世袭等级制，而儒家传统的任人唯亲路线正是为世袭等级制服务的。

从历史批判导出对现实的批判，柳宗元还着重揭露了由分封所产生的贵族世袭等级制的反动性和腐朽性。他认为，殷、周（奴隶主贵族）私天下的具体表现，就是搞宗法等级的世袭特权。这一世袭特权制度一直遗留下来，成为阻碍社会前进的桎梏。他强调指出：正是世袭等级特权造成了“不肖者居上，贤者居下”的极不合理的政治局面；复辟势力鼓吹分封制的目的，就在于让一伙世袭贵族“继世而理”，世世代代地坐享高官厚禄，“世食禄邑，以尽其封略”。如果不改变这种状况，即使“圣贤生于其时”，也不会被任用，“亦无以立于天下”。

柳宗元写了专文《六逆论》，抓住儒家经典《春秋左传》所标榜的“六逆”（六种大逆不道），进一步批判了儒家一贯宣扬的任人唯亲的政治原则和组织路线。他

---

① 王鸣盛：《十七史商榷》卷七十四。

指出,儒家所谓“六逆”中的“贱妨贵、远间亲、新间旧”,不但不是什么“乱之本”,相反地,这正是“理(治)之本”。因为,就“择嗣”来说,出身高贵者愚蠢,而出身卑贱者聪明,那就可以而且应该“贱妨贵”,让卑贱者取高贵者而代之。再就“任用”来说,疏远者和新生力量的品德才能胜过了亲近旧人,当然可以而且应该“远间亲”“新间旧”,即把疏远者和新生力量大力提拔上来。一句话,任人唯贤的路线,才是正确的,是治道之本;与之相反,任人唯亲的路线,是错误的,只会导致“败乱”。柳宗元认为,“郡县制”所具有的“公天下”的优越性,就在于“郡县制”能保证执行任人唯贤的路线,官吏由中央任免,“有罪得以黜,有能得以赏”。“郡县制”所以是“公”,就“公”在能任贤使能。当然,柳宗元所谓的“公”,只是地主阶级的“公”,只是反对享有特权的世袭贵族垄断政权,而要求非特权阶层的庶族地主也能凭所谓“贤能”参加政权。他总结自己参加革新运动的政治实践,坚定地认为,面对腐朽的门阀豪族的特权统治,卑贱者、疏远者和新兴势力起来反抗斗争,是完全合理的,是合乎“生人之意”所决定的历史之“势”的。《封建论》,可说是代表庶族地主革新派发出的一篇反“封建”(实指世袭等级制度及为之服务的任人唯亲路线)的政治宣言。

## 《封建论》的历史意义

柳宗元在《封建论》中阐述的无神论历史观,对历代儒家所宣扬的神学史观以及他们美化“三代”古史的谬论,是一个沉重打击。尽管柳宗元仍然只能用“生存斗争”的“幼稚”观念和“生人之意”的抽象人性来说明社会发展而陷入唯心史观,但是在探索真理的道路上,毕竟是一种前进的努力。

《封建论》对秦以来关于“郡县制”和分封制的争论,坚持了革新进步的思想路线,对历代主张恢复分封制的复古谬论,进行了总结性的批判。宋代马端临曾分析:自秦统一后王绾和李斯之间的一场大争论起,“历千百年而未有定说”,主要是两派,一派以陆机、曹冏为代表,“主绾者也”,即支持王绾路线的复古派;另一派以李百药、柳宗元为代表,“主斯者也”,即属于肯定秦始皇施行郡县制的革新派。柳宗元明确肯定分封制是“私”而“郡县制”是“公”。(《文献通考》卷二六五)柳宗元的“公天下之端自秦始”的论断,曾被评为“石破天惊,小儒咋舌”,足见他对秦始皇和秦政制的充分肯定,极其有力地打中了一切复古派的要害。所以宋、明以来不断有人赞扬:“柳宗元之论出,而诸子之论废矣!”“千古绝作,无人与之抗手。”事实证明,《封建论》在政治上思想上的路线正确,因而在理论斗争中就能高屋建瓴,势如破竹。

《封建论》不是本本主义的产物,而是政治斗争的产物。柳宗元为总结自己的政治斗争实践并服务于这种实践而写作,所以敢破敢立,无所畏惧,观点鲜明,文风泼辣。他曾向论敌表态:“道苟直,虽死,不可回也!”(《与韩愈论史官书》)《封建论》中表现的这种坚持真理的勇气和反潮流精神,使它在当时和以后都产生了深远的影响。宋代进步思想家王安石盛赞:“余观八司马,皆天下之奇材也!”(《读柳宗元传》)明清之际的王夫之既从政治上肯定“二王、刘、柳”的改革运动“快人心,清国纪”(《读通鉴论》卷二十五),更从学术上继承《封建论》的好传统,《读通鉴论》的第一篇论秦始皇,就明显地发挥着《封建论》的基本思想。鸦片战争时期的启蒙学者魏源,在新的历史条件下,对《封建论》的重要观点,继续作了新的阐发,指出:“封建之世,喜分而恶合;郡县之世,喜合而恶分;二者……又皆以用贤、用亲为得失。”“柳子非‘封建’,三代私而后代公也。”(《古微堂内集·治篇九》)可见,《封建论》的进步历史观,对历史上的进步思想长期保持着它的积极影响。

(1973年11月)

# 陆学小议

## ——王心田《陆九渊著作注评》序

陆九渊(1139—1193)是12世纪中国南宋时富有平民意识、独立不苟的思想家。他虽经科举考试,历任县主簿、敕局删写、将作监丞、知荆门军等低微官职,而其一生的大部分时间都在民间讲学,自办书院,创立学派,从事传道授业活动,受教学生多达数千人。他以“心即理”为核心所建构的心学思想体系,勇于独树一帜,与当时以朱熹为代表并集其大成的正宗理学相抗衡,在与朱熹等直接交锋的多次论辩中逐步达到理论上的成熟;此后,经杨简及陈献章等的学脉继承,再由王守仁进一步充实、发挥,蔚为明清以来的主流哲学思潮,一直影响到近现代中国的思想界。后“五四”时期,陆九渊的学术思想对熊十力、郭沫若、蒙文通等仍保持着特殊的吸引力,足见陆九渊在中国思想史上所据有的独特地位。

陆九渊所创立的心学,其最主要的理论特点是昂扬人的主体意识,典型地抽象发展了人的自觉能动性。他以“人皆有是心,心皆具是理,心即理也”为立论的基点,认定“盖心,一心也;理,一理也。至当归一,精义无二。此心此理,实不容有二”,“万物森然于方寸之间,满心而发,充塞宇宙,无非此理”。由此推论出:“宇宙便是吾心,吾心即是宇宙。”这些论断,似乎可以诠释为主观唯心主义的呓语,但如果联系陆九渊从童年起就开始探索客观宇宙问题的心路历程,就其深层的哲学含义而言,则可如实地理解为:当万物森然呈现于吾心,人所面对的世界才由“自在之物”转化为“为我之物”,这是靠人所独具的主体意识及其“满心而发”的活动，从而实现宇宙万物之理与吾心之理的交融契合，“至当归一”“不容有二”。他强调的是“道在天下，加之不可，损之不可，取之不可，舍之不可，要人自理会”，“宇宙不曾限隔人，人自限隔宇宙”。所以，人应当着力的是：“收拾精神。自作主宰！”就这个意义上凸显人的“本心”（精神）的能动作用，理所当然。所以，有的学者褒称陆九渊为一代“精神哲学大师”，信然。

陆九渊心学的另一特点，是以“尊德性”为宗，在鹅湖会中与主张“道问学”的朱熹激烈交锋，因而更加自觉地坚持价值理性对理论理性的优先地位；强调“先立乎其大者”，就是要把做人的德行践履、人格修养置于首位。在德育与智育的关系上，明确地把德育放在第一。他所主张的德育，并非纲常伦理规范的外在强制灌输，如正宗理学所坚持的以道心钳制人心，用天理窒息人欲，而是相反，强调“发明本心”，即把普通人的“人同此心”的“心”作为人生价值和意义之源，通过“存心”“养心”“求放心”的修养，高扬价值理想，挺立起道德自我，立志“堂堂地做个人”。他说：“上是天，下是地，人居其间，须是做得人，方不枉。”“天地人之才等耳，人岂可轻？‘人’字又岂可轻？”他的名诗：“仰首攀南斗，翻身倚北辰。举头天外望，无我这般人。”这都表明，陆九渊的心学，出发点和归宿点都是现实的“人”，实可称之为“人学”或“人的哲学”。

陆九渊展开他的“人学”理论，触及一个重要课题，即他对正宗理学所维护的伦理异化和文化专制，进行了具体的揭露，表示过深沉的抗议。他所谓“堂堂地做个人”的价值标准，首要的就是“公私义利之辨”。从原则上看似乎与传统道德观相类，但当他联系现实作出具体剖析时，就显示出它的批判锋芒。例如，淳熙八年他应朱熹邀请，在白鹿洞书院一次讲课中，以当时的科举取士的积弊为例，痛切揭露：“今人只读书便是利，如取解后，又要得官，得官后又要改官。自少至老，自颠至踵，无非为利。”一针见血地指出：“学而优则仕”的流行观念，实际是引导人们追逐名利，“如锦覆陷阱，使人贪而堕其中”。由于他在白鹿洞书院的公开揭露“利欲之习”，朱熹也承认陆九渊讲得“恳到明白”，“切中学者隐微深痼之病”，听众“至有流涕者”；朱熹自己也“深感动。天气微冷，而汗出挥扇”。《全集·年谱》中这一实录，生动地展示了陆九渊这次“决破罗网”的讲演的震撼力。

陆九渊指出,"还我堂堂地做个人",必须警惕依附、盲从和奴化。他痛斥一切依附别人,依附权势、随波逐流或甘当"声、色、利、达"的奴隶的人,统称之为"附物"。他说"今人略有些气焰者,多只是'附物',元非自立"。因而强调人要有独立自主精神,不盲从,不迷信,不随风倒,"不可随人脚跟,学人语言",而要"自立""自重"。在治学学风上更力主"自得、自成、自道、不倚师友载籍"。针对当时社会的堕落风气,一些人"奔名逐利",一些人"卑陋凡下",一些人自陷于伦理异化的困境中而不能自拔,陆九渊大声疾呼:"要当轩昂奋发,莫恁地沉埋在卑陋凡下处!""此理在宇宙间,何尝有所碍?是你自沉埋,自蒙蔽,阴阴地在个陷阱中,更不知所谓高远底。要决裂破陷阱,窥测破个罗网!""激厉奋迅,决破罗网,焚烧荆棘,荡夷污泽!"这类激烈言词,散见于他的语录中,近乎冲决网罗的愤怒呐喊,是陆九渊的"理性的激情"的一面;另一方面,他又以冷静的钻研,反对"泛观""泛从",而提倡一种怀疑精神。他说:"为学患无疑,疑则有进。""小疑则小进,大疑则大进。"他从教学实践中总结出一个"疑"字,批评孔门的子贡虽然好学但不疑不辨,所以成就不大。同时,更把慎思明辨的怀疑精神直指向经典权威,大胆声称:"《春秋》之谬,尤甚于诸经",《易传》"系辞首篇二句可疑,盖近于推测之辞","《论语》中多有无头柄的说话"。对当时学术潮流更敢于藐视权威,抨击司马光《资治通鉴》开宗明义的《名分论》为思想僵化的谬论;又一反时论,赞扬王安石的品德,并肯定其"祖宗不足法"的观点。甚至怀疑到君权私有的合理性,声称:"后世人主不知学,人欲横流,安知天位非人君所可得而私。"进而导出一个更具有普遍意义的结论:"学苟知本,六经皆我注脚。""六经注我,我注六经。"这类贬抑儒经的议论和冲决囚缚的思想闪光,不仅当时惊世骇俗,被朱熹等目为"狂""怪",而且至今还具有启发作用,可以视作传统文化中稀有的现代性的文化基因。

陆九渊的哲学思想及其历史定位,近些年超越两军对战的模式后,有所清理和重新评价,但尚有待详据史料,顾及全人,作出具体深入的剖判研究。所幸者,陆九渊晚年(1189—1193)思想趋于成熟时期,任知荆门军,得以在荆门留下他的光辉足迹。陆夫子祠便是近年重修的文化名胜。更有幸者,王心田同志立足荆门,神交往哲,公务之余,深研陆九渊著作,从陆九渊知荆门军时期入手,对其这一时期的全部著作一一予以编年、考订、注释、解评，撰成《陆九渊著作注评》一书，期能深入浅出，古为今用，将陆九渊晚年知军形象、为政实践和学术思想，清晰地展现在读者面前。这无论是对陆九渊学说的研究，还是对荆门地方文化的资源开发和建设，都具有重要的意义，作出了可贵的贡献。

本书作者摒弃过去用预先设置的框架来割取前人学术资料的做法，以历史唯物主义导向，坚持从当时当地的历史背景出发，坚持从陆九渊社会实践活动出发，坚持从每篇作品所反映的思想内容出发，逐篇对陆九渊著作进行具体的分析论述，重在探讨陆九渊学术思想的精神实质及其历史与现实的价值。如在《送宜黄何尉序》解评中，本书作者赞赏陆九渊以人民群众的毁誉为标准，为被免职县尉何坦鸣不平和多方慰勉的义气，进而对陆九渊个人的情操、修养、胆识进行评介。这样，就使得注与评做到了有根有据，实事求是。本书作者不满足于已往著作对陆九渊学术思想作哲学路线上的简单定性和归类，而是努力突出陆九渊所创立的心学的特点和陆九渊其人的个性。在肯定陆九渊的哲学思想体系是主观唯心主义的同时，也指出心学的辩证法的积极方面，即心学能激发人的主体意识和创造精神。

凡此，均表明本书作者发愿以来，矻矻七年，已卓然有成，书将出版，谨为之序。

（1996 年 10 月）

# 17世纪中国学人对西方文化传入的态度

**提要** 本文是作者在纽约"第四次国际中国哲学会"上的发言。文章认为，中华民族和中国文化之所以能在地球上独立发展这么多年，一个重要因缘，正在于它乐意接受并善于消化外来文化成果。但是，由于历史的惰力和种种因袭重担，"五四"以后的文化运动却一再出现开放与封闭、趋新与复旧的思潮反复，从而给我们遗留下许多"补课"的任务。

古老的民族，悠久的历史，璀璨绵延的文化传统，独立发展，从未中断，足以自豪。但独立发展绝不等于孤立发展。恰好相反，中华民族和中国文化之所以能在地球上独立发展这么多年，一个重要因缘，正在于它乐于接受并善于消化外来文化成果。

纵观历史，中华民族在其独立发展过程中，大规模地引进、消化外来文化，曾有两次：

第一次，公元1至8世纪，正当汉唐盛世，我们迎来了以佛教为中心的印度文化。永明求法，白马驮经，罗什、达摩东来，法显、玄奘西访……其间经过无数高僧、学者付出艰苦劳作：取经、翻译、研究、消化，花了七八百年，终于使佛教文化融入我们民族精神生活的许多方面；而经过消化以后的再创造（例如从僧肇到慧能的独创性发挥），既使佛教哲学思想系统地中国化而得到大发展，又使中国原有的哲学思维水平因吸取佛学而得到大大提高。且不说，由佛教传入的刺激而产生了道教，由融合儒、佛、道而产生了宋明新儒学，单就中国化了的佛教哲学，以其新的理论成就和思想风貌，反回去就大大丰富了人类文化。

第二次，17 世纪以来，我们开始接触西方学术文化。文艺复兴之后易北河以西经济文化繁荣中兴起的近代"西学"，逐步东渐，直达中国。中西文化思想开始在中国汇合，四百年来历史走过了坎坷曲折的道路，至今仍在继续进行着这一艰巨而复杂的文化移植和融汇工作。

值得咀嚼的是，坎坷曲折的历史道路留下的现实投影和经验教训是什么？从万历到"五四"，跨越三个世纪和两个朝代，如果把这一历史阶段视为中国走出中世纪而迈向近代的思想行程，并采取把西学东渐视为中国近代文化代谢发展的杠杆的视角，则可看到这三百年的文化运动经历了许多曲折而呈现为一个大"马鞍形"。

17 世纪的中国，封建制衰落，商品经济发展，一些地区新的经济关系萌芽，随之自然科学研究热潮蓬勃兴起，以利玛窦等耶稣会士为媒介的西方学术文化，适时地传入中国。之后，西方教士成批来华，仅 1620 年金尼阁、傅汎际、汤若望等一次即带来西书 7 000 余部，被李之藻赞为"异国异书，梯航九万里而来，盖旷古于今为烈"①。利玛窦等的这种"学术传教"活动，受到当时中国政府的礼遇和学术界的热忱欢迎。

当时中国先进学者对于西方文化传入的欢迎态度，显示了一种历史自觉。如徐光启意识到引进西方科学文化，"虚心扬榷，令彼三千年增修渐进之业，我岁月间拱受其成"②，是大好事，"有利于国，何论远近"。方以智明确主张"借远西为郯子，申禹、周之矩积"③，借西学东渐来发展中国固有的科学技术；并深刻地评判当时传入的西学，"质测颇精，通几未举"(《通雅》卷首二)。梅文鼎力主会通中西，更强调"深入西法之堂奥而规其缺漏"④。这些绝非偶发的说论和他们的

① 李之藻：《刻职方外纪序》。
② 徐光启：《简平仪说序》。
③ 方以智：《物理小识》。
④ 阮元：《畴人传》三十八。

实际学术成就,代表了当时学术界价值取向和思想水平。康熙帝玄烨的某些开明的学术活动,诸如与莱布尼茨通信,聘请白晋、张诚等到畅春园蒙养斋中他新建的算学馆讲学,敕编《历象考成》《数理精蕴》等书,培养出如梅珏成、明安图等汉蒙优秀青年科学家,亲自撰写了数十篇自然科学论文等,表明在17世纪中国,连封建皇帝也不以主观意志为转移地反映了当时社会发展的客观要求。至于明清之际南北崛起了一代思想家,顾炎武、傅山、黄宗羲、王夫之、方以智、陈确、唐甄、李颙等,更以对宋明道学的批判、总结和扬弃,而掀起一代新思潮、新学风,宛似西方文艺复兴时期的"思想巨人"。他们在学术上各有所宗,但对当时传入的西学都表示浓厚兴趣和不同程度的赞扬,并具有"欲求超胜,必须会通""坐集千古之智,折中其间"(《通雅》卷一)的觉解和胆识。方以智曾立志邀集专家先编一部"总为物理"的《格致全书》(《通雅》卷首二);再进一步扩充,贯通"天道、人事",分为"性理、物理","删古今之书而统类之",合编为一部大型百科全书,"编其要而详其事,百卷可举"(《寓滕信笔》)。方以智的这一宏愿,由于他被明清之际政治变局逼进空门而无法实现,可是,在他死后35年,却在康熙时陈梦雷等奉命编成的《古今图书集成》中奇迹般地实现了。17世纪中国,借助于中西文化的汇合,开始了自己走向近代的民族觉醒和哲学启蒙。

历史车轮转到18世纪,雍正乾隆时期,人为地中断了中西文化交流,中止了上述趋向近代的文化历程。当时清廷凭借封建制回光返照的余威,以对外闭关封锁和对内钦定封锁来强化文化专制,大兴窒息自由思想的文字狱,把上一世纪启蒙思潮的火花几乎全部扑灭。历史在洄流中旋转、停滞了一百年。而这时正是西方近代启蒙运动飞跃进展的时期。中国在闭关自守中迅速落后了。"将萎之花,惨于槁木。"一个失去了代谢机制的文化系统,好似自我封闭的木乃伊,一旦被动开放就会由僵化而朽化。这是历史留给我们的沉痛教训。

19世纪以来,统一的世界市场正在形成。西方资本主义破关入侵,中国以深重的民族苦难和民族危机而转入近代。在苦难中觉醒的先进的中国人,为救亡图存而急起直追,开始认真地学习西方,掀起了以"新学"反对"旧学"、以"西学”剖判“中学”为主潮的文化运动。他们也曾以一种朦胧的历史自觉，把 17 世纪明末清初的早期启蒙学者看作自己的思想先驱，希图继其未竟之业，但以忙于引进日新月异的“西学”而来不及剖判遗产、推陈出新；他们也曾在博涉“西学”中把西方哲学与科学诸流派的新概念尽力纳入自己急忙形成的体系，但不免耳食肤受或囫囵吞枣，以致他们在哲学上所谓“会通中西、平章华梵”①的理论创造，往往流于芜浅或自陷迷途。这一切，表明中国的近代及其相应的哲学革命长期处于难产之中。“难产”，指社会运动和思想运动中“新的在突破旧的，死的却拖住活的”这样一种新旧纠缠、方生未死的矛盾交错状态，是中国近代史中一个特殊的文化现象。

中国 17 世纪以来哲学启蒙道路的坎坷，19 世纪以来哲学革命的难产，对于“五四”以后的新文化运动产生了复杂的影响，其历史投影是双重的。一方面，在中国承担民主革命的阶级晚生而早熟，其哲学世界观在革命激流中匆促形成、跳跃发展和急剧衰落，为马克思主义在中国的传播和速胜提供了客观条件；另一方面，这个阶级政治上软弱、文化上落后，远未完成其社会革命和哲学革命、完成其批判封建传统意识和译介西方文化成果的历史任务，这又为马克思主义和现代科学思想在中国的发展带来了某些局限和困难。历史给我们遗留下许多“补课”的任务。

回顾“五四”以来的文化史从总体上开始了一个新的时期，可说是按新的时代要求，从更深广的范围去吸取和消化西方文化及其发展的最新成就，继续 17 世纪以来的历史行程而取得巨大进展。但是，由于历史的惰力和种种因袭重担，“五四”以后的文化运动仍然一再出现开放与封闭、趋新与复旧的思潮反复。鸟瞰这一段历史，似乎又可以看到一个形成中的“马鞍形”。“五四”以来的前三十年，我们在辛亥革命失败的痛苦中觉悟、奋起，风雨鸡鸣，破壁腾飞，吞吐百家，迎来解放；后三十年，由于客观的和主观的原因，又曾逐步陷于思想上作茧自缚、故步自封、夜郎自大的封闭状态。近几年，通过真理标准、创作自由和知识价值等

① 章太炎：《菿汉微言》。

问题的热烈争论,迎来了思想解放和学术繁荣的春天。我相信,一个新的觉醒必将诞生在敢于正视现实、善于反思历史、勇于开拓未来的一代新人之中。

(1985 年 6 月)

# 独睨神州有所思

## ——喜读《康有为早期遗稿述评》

近年，对康有为的研究取得了长足的进展。黄明同和吴熙钊两同志主编的《康有为早期遗稿述评》（以下简称《述评》）又粲然问世（中山大学出版社 1988 年 5 月出版），这是一部兼有学术价值与史料价值的著作。

《述评》一书很有特色。它把评述、考辨和资料集于一身，多侧面、多角度地再现了康有为思想的原貌。编者认为，历史几乎跨过整整一个世纪，但是盖棺仍未论定，康有为还没有得到公允的评价。这固然与多年的"左"的思潮有关，同时也与康氏的某些论著仍被尘封不无关系。因而，康有为早期遗稿的刊布，为研究者开拓了一个新的园地；而编者富有启发性的论述，也将成为甄微发覆的先声。这是一个充满凝重历史感的问题。有一位外国著名汉学家认为，从根本上说，中国近代史"是一场最广义的文化冲突"①。无疑，康有为是这场冲突中引人瞩目的人物。"山河尺寸堪伤痛"，一代哲人的忧思在民族危亡的悲歌中展开。康有为不是目光短浅的思想家，他把现实社会的剖析与理想社会的追求结合起来，思考更为深邃的问题，这就是带有儒家色彩的世界大同的构想。虽身为海外逋客，心亦孜孜求之。这些构成了康有为思想发展的主线。康有为的思想吸吮了传统文化中"经世致用"的积极成果，但又不单纯仰赖于传统文化的哺养。在中西文

① ［美］费正清编：《剑桥中国晚清史》上卷，中国社会科学出版社，1985 年，第 251 页。

化的纷争中，他自觉地转向西方，吸收代表西方文化精华的自然科学与人文理想。在这一基础上，他试图融汇中西文化，构筑新的思想体系，这是文化上虽属幼稚却难能可贵的超越，不同于泥古不化的“西学中源”与“中体西用”说。这种初步的“视界融合”，表明新的思维与思维方式的出现。因此，只有把康有为的思想置于特定的文化氛围，它才能得以烘托和展现。《述评》一书正是从文化的角度，对康有为的思想进行了深刻的剖析。它所收录的康有为四篇早期遗著，集中体现了上述试图融汇中西的早期心态，从中可以寻踪康有为思想的发展脉络。

《康子内外篇》是康有为早年凝神思玄的结晶。他自称“《内篇》言天地人物之理，《外篇》言政教艺乐之事”，它的显著特点是“兼涉西学”。编者对《康子内外篇》的著述年代、方法内容和历史地位作了中肯的考订和分析，认为：康氏以“实测”代替“虚测”，开始摆脱中国古代哲学的抽象思辨方法，初步把理论立足于近代自然科学和社会科学之上，使中国哲学从古代形态过渡到近代形态。康有为抛弃了几成惯性的“注疏”方式，以新的思维内容填充旧的理论框架，使“阴阳仁义”等古老的中学范畴带上了近代实证科学的特征，呈现了康有为哲学的雏形。他依据西方近代科学论证“天地之理”，用“阴阳湿热”说明天地的生成演化；他用“爱恶仁义”说明“人物之理”，认为人与禽兽“异于其智”，智与爱恶同为一物，人能以智来“充仁制义”；他强调人的“不忍之心”，认为义理应“与时推移”，不合时宜的封建纲常伦理应加以改变。在此基础上，他首创了中国资产阶级的人性及人道理论。他试图“挟独尊之权”，用“阖辟之术”，使“中国治强”，这些都成了维新变法的指导思想。上述种种，都体现了康有为融汇中西、建构体系的哲思。康有为在西樵山白云洞曾经面壁独思，精研儒佛，但是，“漆室幽人泣六经”“忧患百经未闻道”。事实表明，单纯在儒佛的奥言微旨中绝找不到救国救民的“神方大药”。

《实理公法全书》是一篇饶有意味的文章。它清晰地体现了康氏思维方式的转变，这是一种笛卡儿式的几何思维方法在社会领域的引用。编者认为，从思维方式变更的角度来评价，《实理公法全书》有着《新学伪经考》和《孔子改制考》两书所没有的意义。它脱离了笺注主义的窠臼，打破了经学一统的局面。康氏以

“实理”“公法”“比例”为思维框架，层层推演，用“按语”加以评论。他以“实理”为公，作为评判是非虚实的标准，认为“天地生人，本来平等”，这是千古不移的“人类公理”。以此出发，他对不平等的封建伦理纲常进行批判，明确提出改革政治体制的资产阶级政纲，“立一议院以行政”，使“法权归于众”，在社会中建立新的人际关系。这已超越了黄宗羲、王夫之等人的启蒙思想。《全书》的理论意义在于，它把儒家中关于人的价值学说及佛学“超度众生”的平等观念与资产阶级的社会契约论糅合在一起，建构成以“平等”为主题的人类公理，开拓了人性论研究的新领域。

最能体现康有为政治主张的是《日本变政考》一书。编者对这一书进行考证，认为该书与其说是叙述日本明治变政的历史，倒不如说是康氏变法的纲领。它表明中国要采鉴日本，走明治维新的道路，说明康氏已从“托古改制”走向“托洋改制”。他认为，“国体宜变，而旧法全除”，关键在于“定三权”，实行君主立宪制。为此，他分析了“变器”“变事”“变政”与“变法”的关系，认为只有变法才是全变。这种“全变之道”，是建立在中国传统“变易”观与西方进化论相结合的基础上的，突破了传统的“渐变”观念。这是维新变法与洋务变法的分界所在。

《杰士上书汇录》是近年发现的珍贵史料，国内学者已作过研究。编者以《杰士上书汇录》为底本，花了大量篇幅，考辨厘析了《杰士上书汇录》与《戊戌奏稿》在文字或内容上的异同。通过比较，编者认为，《杰士上书汇录》的主要特点是：对时局的分析更为详细，对变法的论证更为透彻，对变法的步骤、方案建议更为具体，对顽固势力的抨击更为激烈。其爱国激情，跃然纸上。

在大跨度而急遽的转向中，康有为融汇中西而构筑的思想体系，不免是幼稚而粗糙的，因而也留下了扑朔迷离的疑点和难点，这就是“中学”和“西学”在康有为思想中的作用问题。《新学伪经考》和《孔子改制考》这两部被梁启超誉为“火山大喷火、大地震”的著作，在康氏变法理论中的地位和作用如何？与此相关的是，“托古改制”和“托洋改制”的关系问题，乃至牵涉整个戊戌运动的性质问题。这些还留待我们思索。前人以及编者的观点并非定论，而只是继续探讨的“引言”。

沉重的序幕,百年的坎坷。历史还没走出它的困惑。由中西文化碰撞而引起的历史反思,使我们又回头去反刍和咀嚼先哲的沉思,这对于当今的文化体认,无疑是有益的。

“华严国土吾能现,独睨神州有所思。”这是1899年戊戌变法失败后康有为流亡日本时留下的诗句。90年过去了,康氏当年凝眸所思,不是也值得今天苦恋神州的人们继续思索吗?!

(1990年3月与郑朝波合作)

# 应当重视辩证思维的民族特点

## ——《中国辩证法史》(简编)序

武汉大学中国哲学学科点,曾较长期地坚持以“中国辩证法史”作为集体科研的一个重点课题。最初的动念,是基于对“文革”十年中形而上学猖獗、斗争哲学横行这一理论思维教训的反思,试图通过历史和现实的思想矛盾运动的深入总结,重新发掘民族传统中的哲学智慧资源。为此,我们依靠集体的持续努力,在20世纪80年代中多少取得一些进展。首先,系统整理了有关古代及近代辩证法史的文献资料,奠下一定的史料基础;其次,就辩证法史研究中一些特殊的方法论问题进行了探讨,取得一些共识;再次,以此为专业方向培养了多批研究生,指导他们完成了多篇学位论文,积累了一些专人、专题的研究成果。在此基础上,逐步形成了三卷本的《中国辩证法史稿》的总体设计和基本框架(第一卷“远古至秦统一”,约42万字,已于1989年由武汉大学出版社出版;第二卷“秦汉至明中叶”、第三卷“晚明至‘五四’”,尚在整理中)。这三卷本的《中国辩证法史稿》,属草创立论,枝叶扶疏,不免支离;每编中的各个论题,繁简、虚实,均不拘一格;多人执笔,思路文风,也难求一致。故《中国辩证法史稿》一书,属研究性论著,体例参差,未便初学。

20世纪90年代初,田文军、吴根友同志应河南人民出版社之约,在学科点已有研究水平的基础上,挥笔撰写了这部《中国辩证法史》(简编),化繁为简,推陈出新,在研究的深、广度上,显示了某些特色:首先,全书以马克思主义为理论导向,把思想史研究与社会史研究相结合;按共性寓于个性之中、人体解剖是猴体解剖的钥匙等观点,剖判中国历史上辩证思想的成果,注意到以唯物辩证法理论体系为圭臬。借鉴、综合已有的研究论著而不盲从,自立权衡,取舍有方,在宏观立论和微观考史两个方面,都务求言之有据,力戒浮明。其次,这部《辩证法史》善于举纲张目,突出主干,由博反约,力避枝蔓。全书按历史进程共分六编43章,体系结构与表述方法都力求简明扼要,便于读者一编在手,对中国辩证思维的重要成果和基本线索有一个轮廓的了解。再次,全书古今贯通,把中华民族辩证思维传统的史的发展,从远古一直叙述到现代。"五四"以后中西哲学的交融中,一些卓有建树的学者诸如金岳霖、冯友兰、熊十力等的思想轨迹,马克思主义辩证法在中国的胜利传播和毛泽东辩证矛盾观体系的形成与伟大贡献,都作为中国辩证法史的发展进程和理论成果给以专章论述。这就历史地表明了中国辩证思维传统的发展,既是古今慧命相续,又是中西文化接轨,这也正是21世纪中国哲学所面临的历史使命和光辉前景。

为了迎接未来的发展前景,中国哲学史特别是中国辩证法史的研究,我想,除了继续注意人类文化有其普遍的趋同性、中西哲学思想必有其本质的共性以外,似乎更应着眼于中华民族理论思维在历史形成的某些定势中所表现的特殊性或变异性。过去,长期流行的"西方中心论""西方典型论"等时代偏见,以及视作教条的单维进化的历史观,都阻碍着人们对民族思维传统固有的特点、特异性或特殊贡献作深入探究。这也许是以往中国辩证法史的研究中一个重要的弱点。按西方价值系统所肯定的西方思想史的积极成果,作为人类智慧创造的一支,无疑在当代具有极为重要的意义和不可取代的价值。但是,这一点不能被夸大,不能把西方思想的积极成果说成是唯一的、至上的,是古今中西都必须遵循的普遍真理。事实上,西方各国多维发展的哲学创造,无论哪一家,都只能是人类智慧"殊途百虑"之一环,即使是精美的一环。东方各族人民的哲学文化源远流长,中华民族的辩证思维传统尤为丰美,其中既有与人类哲学认识先后趋同的许多基本观点,更有中华哲人极深研究、孤先发明的独特理论贡献。这些具有民族特异性的思想成果和智慧创造,本是我们民族对人类精神文明的独特贡献，最值得珍视和发扬。但在过去，由于夸张西方思想模式的普遍性，中国辩证思维传统中一些独特贡献，反而被漠视、被贬斥，乃至被视为传统文化中的糟粕。诸如，把“中庸”斥为折中主义，把“合二以一”斥为否定矛盾斗争的形而上学，等等。

80 年代以来，改革开放的伟大实践唤起了中华民族的新觉醒。民族正气与民族智慧都得到新的发扬。许多学者解放思想，实事求是，对中国文化传统，特别是辩证思维的传统，进行了前所未有的深沉反思，提出了不少饶有新意的思路和慧解。例如，不少学者对“中庸”“中和”“中道”“中行”等的精义，作了多方面的新诠释；有的追溯“和”范畴的衍化，从先秦的“和实生物”“和与同异”“以它平它之谓和”，直讲到宋明张载的“仇必和而解”以及王夫之的注解：“阴阳异用，恶不容已；阴得阳，阳得阴，乃遂其化，爱不容已；太虚一实之气所必有之几”，认定“和而解则爱”是事物矛盾发展的必然归宿，而“和”或“太和”乃是中国传统辩证法的最高范畴。有的则明确宣称：西方辩证法主“一分为二”，中国辩证法则重“一分为三”，并进而分析了“两”“贰”“匹”“偶”“反”“复”和“参”（以及荀子的“能参”“所参”“所以参”）等范畴的内涵，阐发了“人有中曰参，无中曰两，两争曰弱，参和曰强”（《逸周书》）“两生而参视”（《管子》）“赞天地之化育则可以与天地参”（《中庸》）等命题的深意，由此得出了“三极之道”的相克相生的互补性。至于庄子的“两行”“两忘”之道，《中庸》的“并育”“并行”之理，朱熹易学中“对待”“流行”之旨，道教理论中的“三一”“重玄”之说，也有一些新的考辨和诠释。凡此之类，虽尚属少数学者对个别或部分问题所发表的独得之见，尚未经过全面综合而形成关于中国辩证法史的系统观点，但已足够引起人们的重视，促动人们去作深入的思考和推敲。

中国辩证法史的研究，尚处于草创阶段。许多理论和方法问题，特别是中西思想比较中如何辨同异、别共殊的问题，尚待进一步探索。田文军、吴根友同志合撰的这部《中国辩证法史》，承先以启后，有所开拓和创新，但仍只是通向未来的一座桥梁。未来的研究，应当结合更丰富的成果，发掘更广阔的资料，更充分地体现出我们民族智慧中的辩证思维所具有的历史特点和已作出的独特贡献。

伟大的社会转型,必然导致文化思想的“推故而别致其新”。汲取诗情,企望未来。是为序。

(1997 年 4 月)

# 历史情结话启蒙

## ——《明清启蒙学术流变》跋

校完本书清样，凝望窗外，浮想直飞到记忆中的童年。童年是孤寂的，我出生时父母均是中、小学教员，家住成都城西一座废桑园里，有几间木屋，内墙有门，上题“常关”两字(意取陶渊明《归去来兮辞》“门虽设而常关”)。我的童年就生活在“常关”之内，由父母教读，直到12岁才入小学。童年时，我常钻在屋角几堆旧杂书中去乱翻，一次翻出了清末同盟会印作革命宣传品的小册子，除邹容、章太炎论著外，还有黄宗羲的《明夷待访录》、王夫之的《黄书》、王秀楚的《扬州十日记》等。书的内容当时看不懂，书的封面写着“黄帝纪元”或“共和纪元”，颇引起好奇，而这一事实(加上常听父辈谈起明清史事总是感慨万端以及他们像对老友一样对“梨洲”“亭林”“船山”等的亲切称呼)，却在童心中留下深深印痕。为什么明末清初这批学者在300年前写的书会对辛亥革命起到鼓动作用？这个问题，随着年龄和知识的增长也在不断扩展，并衍生出更多的问题。诸如：何谓近代？东方各国的近代起于何时？中国有过自己的文艺复兴吗？百年来中国的败辱源于西方列强的入侵，中国的振兴能靠欧风美雨吗？问题交加，无以自解，织成心中一个历史情结，长期纠缠着自己的灵魂。

中学时，最敬重的历史老师罗孟桢先生一次讲课，热情介绍了在“五四”运动高潮中蒋方震如何奋笔写成《欧洲文艺复兴史》一书，请梁启超为之序，梁氏取中国史中类似时代的思潮相印证、比较，结果“下笔不能自休”，遂一气写成《清代学术概论》一书,只好另行出版。两书均成为当时名著,风行海内。罗老师所讲的这一"五四"学坛佳话,激起我极大兴趣,随即从中学图书馆里借得蒋、梁的这两本书,一气读完。这是我为了消解心中历史情结而作的历史探索的开始。从中学到大学的泛览中,我特别注意到,除《清代学术概论》一书外,梁启超还写有一部《中国近三百年学术史》。而同一个主题,20 世纪 30 年代还有蒋维乔、钱穆等各自的撰述;更有杜国庠、嵇文甫、容肇祖、谢国桢等都着重研究了晚明到清初学术思潮的变动,各有灼见;到 40 年代,侯外庐推出《中国近世思想学说史》上下卷,似拟扬榷诸家而总其成。但上述多种"近三百年"学术史,不仅详略不同,取舍各异,而且立论宗旨与褒贬取向亦迥然有别。这就在许多学术问题的歧解之上,又蒙上了一层历史观和方法论的迷雾。

50—60 年代,在从哲学到哲学史的专业转向中,我较认真琢磨的是黑格尔—马克思的哲学史观及其一系列方法论原则;同时,也努力挹注前辈学者的研究成果,使我深受启发的是:关于历史和逻辑相统一的分析方法,以及历史的发展只有到特定阶段才能进行自我批判和总结性反思的提示,关于中国史中两个"之际"——即把"周秦之际"与"明清之际"视为中国思想文化史上两个重大转变时期的提法,关于王夫之哲学标志着传统理学的终结和近代思维活动的开端的论断,关于晚明到清初崛起的批判思潮中的启蒙因素的发掘,……这些自然促进了对问题的进一步思考,并在教学体系上作了重要改革,将明清之际(即明嘉、万时期至清乾、嘉时期)作为中国思想发展的一个特殊阶段而独立成编,提出这一编的教学,旨有"推程、朱、陆、王之'陈',出顾、黄、王、方之'新'",即重点表彰能够冲决思想"囚缚"的"破块启蒙"的思想家们。在此基础上,60 年代初,遂有为纪念王船山逝世 270 周年的几篇论文习作。该文中所引述的谭嗣同、章太炎、赵纪彬等对船山哲学赞誉之词及我的申论,乃是自己对童年时就留在心中的历史情结的初步解读。

"文化大革命"后期,囚居野寺,我曾一冬奋笔写成《船山年谱》稿 20 万言,继又草成《船山哲学》稿 10 余万言,调不入时,俱成废稿;又 10 年后,为纪念船山逝世 290 周年,始得从容撰成《王夫之辩证法思想引论》一书,书中较明确地肯定了明清之际反理学思潮的启蒙性质，判定王夫之是17世纪早期启蒙思潮中的哲学代表，并对王夫之辩证法思想首尾玄合的范畴体系作了多层面的剖析，揭示隐含其中的人文主义精神及其历史形成的特点。继而遍览同时诸家，着眼全书全人，愈来愈清晰地看出：同一时代的思潮自有其共通特征（共性），而同一时代思潮发展的不同阶段又各有其阶段性的特点（殊性），同一阶段中各个思想家因个人经历、学脉乃至性格的不同而又各具特色（个性）。在思想史的研究中，必须注意这共性、殊性和个性的关系，善于洞察这三者固有的辩证联结，既见"枝叶"，又见"树木"，又见"森林"，而不应把三者加以任意割裂。1982年衡阳王船山学术会中，针对王船山思想是否具有启蒙性质的争论，我曾以"历史研究中的普遍、特殊和个别"为题作过一次发言；1984年太原纪念傅山学术会中，我曾有小诗一首："船山青竹郁苍苍，更有方、颜、顾、李、黄。历史乐章凭合奏，见林见树费商量。"（附注："傅山又号青竹。他与王夫之、方以智、颜元、顾炎武、李颙、黄宗羲以及同时崛起的许多学者、诗人，确乎都在明清之际的时代潮流中各有创建而又合奏了一曲中国式的启蒙者之歌的第一乐章。他们既有同中之异，又有异中之同，果能同异交得，见树又见林，庶几乎可免夫黑格尔所谓只听见音调而不闻乐章之讥。"）我深信，历史乐章，合奏而成，只有同异交得，林树并见，才有可能重现中国式的启蒙者之歌的壮丽乐章。这样方法论上的宏观立论，需要与文献学上的微观考史相辅而行，同时，还需要基于深沉历史感的文化参与意识作为内在驱动力，才可能促进真正研究的切实开展。

80年代文化问题讨论热潮中，普遍提出文化寻根或传统与现代化的关系问题，中国走出中世纪的文化历程起步于何时？明清之际文化思潮的异动是否具有启蒙性质？中国式的启蒙道路经过什么曲折？具有什么特点？留下什么教训？这一系列问题及其争论中的异说纷纭，提供了强大的驱动力，促使我严肃思考，参与争鸣，遂有《中国哲学启蒙的坎坷道路》《略论晚明学风的变异》《文化反思答客问》《活水源头何处寻》等文之作，系统表达了我的观点，但仍以语焉不详、尚缺乏系统史实印证为憾。

许君苏民，英年笃学，曾耕读于樊城，复采珠于汉上，殷勤积靡，卓然有成。

这时期他也多有论著,于明清学术思潮尤为着力。在一系列重要观点和评断上,我们时有唱和,嘤鸣相应,闻风相悦,颇得濠上之乐。1992年冬张岱年先生手书至,以他所主编之《国学丛书》中明清卷相属,我约许君合力承担此书,欣得同意,遂复书张老,慨然应命。是年冬,我们着手全书的总体设计和拟定撰写大纲,很快取得共识。

首先,确定本书的主题,以凸显明清启蒙学术思潮及其流向、变异为宗旨,着眼于中国开始走出中世纪、迈向近代化的文化进程,确立主潮,观其流变,正面论述,彻底跳出所谓"两军对战""汉宋纷争""朱陆异同"之类的陈旧模式。

其次,确定本书的历史跨度,大体以明代嘉靖—万历时期到清代乾隆—嘉庆时期为起讫范围;历史不能一刀切,往往略有参差,思想史尤其如此。以明清启蒙学术为主潮,则依据晚明到清初的经济政治形势的变迁,似乎可以划分为三个发展阶段而各有其思想动态的特点:

第一阶段:晚明时期(即从嘉靖至崇祯,约16世纪30年代至17世纪40年代)。其思想动态的特点,可以概括为:抗议权威,冲破囚缚,立论尖新而不够成熟。其思想旗帜,可以李贽为代表。

第二阶段:明末清初时期(即从南明至清康熙、雍正,约17世纪40年代至18世纪20年代)。其思想动态的特点,可以概括为:深沉反思,推陈出新,致思周全而衡虑较多。其思想旗帜,可以王夫之为代表。

第三阶段:清中叶时期(即从乾隆至道光二十年,约18世纪30年代至19世纪30年代)。其思想动态的特点,可以概括为:执着追求,潜心开拓,身处洄流而心游未来。其思想旗帜,可以戴震为代表。

按此分期,故全书分为上、中、下三编。每编之中,再依思想内容分为若干章、节。

再次,确定本书的叙述方法,除每编首章略述时代背景与思想线索外,基本上以问题为经,以各家论点为纬,以类相从,分层论述,人物副之。至于问题,则着眼于中国社会从传统走向现代化的前进运动所提出的历史课题,大体可概括为三个方面:① 个性解放思想,以自然人性论为出发点的新理欲观、新情理观、新义利观、新群己观等，以及对传统社会中各种异化现象的揭露批判；② 初步民主思想，以五伦关系的重新解释为基础的各种“公天下”的政治设计，以及对君主专制制度等的否定性批判；③ 近代科学精神。新人性论及其哲学基础，新社会理想及对“众治”“天公”等的向往，新思维模式及对科学方法的探索，依次递进，大体构成每编的逻辑。

1993年春我赴德讲学，漫汗欧游，半年始归，本书撰稿任务全委诸许君苏民独力承担。许君以惊人的毅力和效率，在短时期内，举纲张目，采山之铜，遍查原始文献，力求竭泽而渔；在发掘和掌握第一手资料方面，度越前人，确有拓展，一些诠释，尤多新意。在此基础上，他又矻矻奋笔，日夜不休，到1994年春已撰成全书书稿，近50万言。其中，除少数章节系择取愚作加以熔裁铸成以外，其余全书各章节皆是许君之心血所凝成。最后虽由我通读定稿，而改易补苴实甚少。如此胜缘，乐观其成，无任法喜！

作为《国学丛书》之一，这本断代学术史论，只求对明清启蒙学术思潮及其流变，提供一些基本的史实与学术思想资料；同时，也为作者所坚持的明清之际思想启蒙说，提供一些必要的历史注释。至于本书宏观立论是否有仪，微观考史是否可征，史料筛选是否恰当，文字诠释是否合度，凡此，都衷心盼望读者、方家惠予指示、批评。

校完书稿，念及童年时心中的历史情结。念如瀑流，继之则善；学成于聚，新故相资。船山之言，深矣！故跋此数语，聊纪心程。

（1995年7月）

# 道风遗韵

# 道家风骨略论

**提要**　本文阐述道家有其独特的思想风骨，即其思想和学风中涵有的某种内在精神气质，并分析道家风骨的形成，有其深远的社会根基。文章概述了道家风骨内涵的三个层面：①“被褐怀玉”的异端性格，是道家风骨的重要特征。②“道法自然”的客观视角，是道家思想的理论重心，与儒家把“道”局限于伦理纲常相比，更具有理性价值，更接近于科学智慧。③物论可齐的包容精神，这是道家特有的文化心态和学风，具体论证了道家学风的开放性、包容性和前瞻性，并认定这是值得珍视的思想遗产。

## 一

道家，远慕巢、许，近宗老聃，独阐道论。虽然老聃被司马迁称为“隐君子也”，“修道德，其学以自隐无名为务”（先秦无“道家”之名，亦无人以道家学者自命），而道论——老学的研究，却流播民间，蔚为思潮，不仅与儒、墨、名、法等显学相并立，积极参与了先秦诸子的学术争鸣；而且，以其理论优势，漫汗南北，学派纷立，高人辈出，论著最丰[①]。到秦汉之际，融摄各家思想而发展为新道家，对汉初新制度的巩固和社会经济的繁荣发挥过独特的导向作用；汉初最博学的司马谈

① 关于道家的分派和《汉书·艺文志》所反映的诸子九流、十家的论著以道家为最多，我在《道家·隐者·思想异端》一文中略有论述，参拙著《吹沙集》。

《论六家要旨》,通观当代学术思潮,总结各家理论贡献,独对道家的成就及其学风给予了高度评价。中央集权的封建专制法度确立之后,在儒法合流、儒道互黜中,道家虽长期被斥为“异端”,但仍然以茁壮的学术生命力和广泛的思想影响,渗入民族文化意识深层,成为传统文化中的主流学派之一,并具有其独特的思想风骨。

“风骨”两字借自刘彦和《文心雕龙·风骨篇》,原意指文艺创作中的风力和骨髓所构成的气势,亦即文艺家在创作时潜在的倾向激情或作品中内在的精神力量。彦和所谓“辞之待‘骨’,如体之树骸;情之含‘风’,犹形之包气”,“风骨不飞,则振采失鲜,负声无力”。其引申义,可以涵摄更广。如陈子昂所说“汉魏风骨,晋宋莫传”(《修竹篇》),乃泛指汉魏文风的恢宏气象。又如钟嵘《诗品》曾称赞刘桢的诗达到了“真骨凌霜,高风跨俗”的境界;而李白在《大鹏赋·序》中称:“余昔于江陵见天台司马子微,谓余有仙风道骨,可与神游八极之表……”,“真骨高风”,“仙风道骨”,这类颇具质感的表述,似乎更能道出道家的思想和学风所涵有的某种内在精神气质的特征。

曾有论者从儒道对立互补的总格局着眼,认为儒家的精神气质趋向于“贤人作风”,道家则表现了“智者气象”,这一分疏,似也近理。但由于“贤人作风”与“智者气象”等词,经赵纪彬、侯外庐等的提倡、论证,原是用以区分古代中国与西方(尤其指古希腊)的哲学思想特质的。“薰然慈仁”的儒家,确具有“贤人作风”;而把“绝圣弃智”的道家比作古希腊智者(以外向自然、追求知识为务),则显然不类。仅就先秦诸子而论,被道家斥为“其道舛驳”“逐万物而不反”的名家,或宜归于“智者气象”;类推之,则墨家近于工匠意识,法家近于廉吏法度,而道家,则似可说是表现了隐者风骨。

## 二

道家风骨的形成,有其深远的社会根基。

中国作为东方大国,古先民在亚洲东部广阔土地上缔造文明时,走着一条特殊的途径。依靠原始共同体的分工合力,早已创造了河洛、海岱、江汉等史前文化区,原始氏族公社及其向文明社会的过渡,经历了曲折漫长的岁月(从黄帝、炎帝时代起,经过颛顼、尧、舜,到夏王朝的建立,共经历了二十个世纪),而且氏族公社的一些遗制和遗风始终被保留下来。因而,我国文化的黎明期,氏族制开始瓦解的社会蜕变过程中,已出现了一批抵制阶级分化,对奴隶制文明抱着怀疑、批判态度乃至强烈反抗的公社成员,他们向往氏族制下原有的纯朴道德和原始民主,反对文明社会必将带来的矛盾冲突和贪残罪恶……乃至在国家机器形成中自己可能被推上首领地位,由公仆转化为主人而享有的各种特权,也表示鄙弃、拒绝和逃避。这就是最早的"避世之士"。他们的独特言行,对社会现实的批判和超越态度,被人们传为美谈。"日出而作,日入而息;凿井而饮,耕田而食。帝力于我何有哉?!"这首古《击壤歌》所表达的,正是这类独特人物的心态。《庄子》书中有《让王》等篇,专述这类人物"鄙弃名位如敝屣"的故事。其中除"尧以天下让许由,许由不受"的著名传说外[①],还有一则云:"舜以天下让善卷,善卷曰:'余立于宇宙之中,冬日衣皮毛,夏日衣葛絺;春耕种,形足以劳动;秋收敛,身足以休食;日出而作,日入而息,逍遥于天地之间而心意自得。吾何以天下为哉?! 悲夫,子之不知余也。'遂不受,于是去而入深山,莫知其处。"类似的许多故事,正是这类人物行迹的史影。善卷的言论,与古《击壤歌》类似,反映了氏族公社分化中另一种价值取向。

在氏族社会末期,已有这样一批鄙弃权位、轻物重生的特殊人物,并成为人们仰慕的对象[②]。往后,在以贪欲为动力的阶级社会中,仍不断地涌现出辞让权位爵禄、甘心退隐山林的高士、逸民,继承这一古老传统,诸如殷初的卞随、务光,周初的伯夷、叔齐等,皆名彪史册。到了春秋战国时期,由于社会变革中的贵贱易位与"士"阶层的沉浮分化,更出现大批隐者。《论语》《史记》等实录了他们中许多人的名号、言论和时人对他们的赞扬,《庄子》《列子》等书中更夸张地赞述了

---

① 依皇甫谧《高士传》的综述,略谓:许由,尧时高士,隐于沛泽,尧以天下让之,逃隐箕山。尧又召为九州长,许由闻之,乃洗耳于颍水之滨。时其友巢父,牵犊欲饮,见由洗耳,问其故,许由告之,巢父急牵牛赴上流饮之,曰:勿污吾犊。(《史记·伯夷列传》正义引《高士传》)

② 司马迁称:"余登箕山,其上盖有许由冢。"郦道元《水经·颍水注》:"又有许由庙,碑阙尚存。"《太平御览》卷一七七引戴延之《西征记》云:"许昌城有许由台,高六丈,广三十步,长六十步,由耻闻尧让,而登此山,邑人慕德,故立此台。"足见许由一直为人们所崇敬和仰慕。

许多隐者的行迹和精神风貌。这些隐者,“游方之外”,避世、遁世却并非出于厌世,而是由于愤世嫉俗,洁身自好,所谓“欲洁其身而乱大伦”(《论语·微子》),由反抗伦理异化到反对政治异化,试图以德抗权,以道抑尊,蔑弃礼法权势,傲视王公贵族,所谓“志意修则骄富贵,道义重则轻王公”(《荀子·修身》)。以至“天子有所不臣,诸侯有所不友”(《后汉书·逸民列传》)。他们往往主动从统治层的权力斗争旋涡中跳出来,与权力结构保持一定的距离和独立不阿的批判态度,所谓“在布衣之位,荡然肆志,不诎于诸侯,谈说于当世,折卿相之权”(《史记·鲁仲连列传》)。甚或“羞与卿相等列,至乃抗愤而不顾”(《后汉书·逸民列传》)。他们自愿退隐在野,较多接触社会现实,深观社会矛盾,了解民间疾苦,从而有可能成为时代忧患意识和社会批判意识的承担者。他们为了贵己养生,遁居山林,注意人体节律与自然生态的观察和探究,强调个体小宇宙与自然大宇宙之间的同构与互动的关系,从而有可能成为民间山林文化和道术科学的开拓者。这样的隐者群,在中国古代社会中是一个特殊阶层。他们的生活实践,乃是道家风骨得以形成和滋长的主要社会根基。

道家风骨的形成,自当有其思想文化条件。《老子》一书反映了道家思想的成熟体系。它熔铸了大量的先行思想资料,既有当时最先进科学技术知识的总结(诸如天体“周行”的规律、冶铸用的‘橐籥’的功能等),也有个人立身处世经验的总结,而更主要的是富有历史感地对“大道废,有仁义,智慧出,有大伪”的文明社会的深层矛盾进行了透视和总结。班固称“道家者流,盖出于史官,历记成败、存亡、祸福、古今之道,清虚以自守,卑弱以自持”。此所谓“出于史官”非仅实指作为道家创始人之老聃作过“周守藏史”,而是泛指道家思想的重心乃渊源于对以往“成败、存亡、祸福、古今之道”的研究和总结。《庄子》有“参万岁而一成纯”一语,王夫之曾给以深刻阐释:“言万岁,亦荒远矣,虽圣人有所不知,而何以参之?乃数千年以内见闻可及者,天运之变,物理之不齐,升降、隆污、治乱之数,质文风尚之殊,自当参其变而知其常,以立一成纯之局,而酌所以自处者,历乎无穷之险阻而皆不丧其所依,则不为世所颠倒而可与立矣!”(《俟解》)这正是依赖于历史教养而形成的道家风骨的最好说明。

当然，道家风骨的形成，还有更广阔的思想土壤与理论源泉，不仅《老子》一书以其理论思维水平，对远古至旧制崩解的春秋时期哲学发展的积极成果作了一个划时代的总结。“道”概念的凝成，及“道生一，一生二，二生三，三生万物，万物负阴而抱阳，冲气以为和”这一命题的提出，就已涵摄了以往大量的哲学思辨成果，并使之整合为新的范畴系统；“有无相生……”“反者道之动”等哲学概括，综合了古代辩证智慧的丰富成果而标志着我国朴素矛盾观的历史形成。而且，古代气功养生等方术科学和神仙境界的自由向往，原始朴素的非功利的审美观、道德观等，也都被纳入思想体系，成为道家风骨的重要文化基因。

## 三

道家风骨的内涵，具有模糊性而又包容甚宽，仅就其在思想和学风上表现的普遍特征而言，至少有以下几个层面，灼然可见：

(1)“被褐怀玉”的异端性格，这是道家风骨的重要特征。圣人“被褐怀玉”，是《老子》书中对理想人格美的一句赞词，乃指布衣隐者中怀抱崇高理想而蔑视世俗荣利的道家学者形象。他们在等级森严的社会中，自愿处于“被褐”的卑贱者地位，对世俗价值抱着强烈的离弃感，对现实政治力图保持着远距离和冷眼旁观的批判态度，从而在学术思想上往往表现出与正宗官学相对峙的异端性格。在西方，针对天主教会的神权统治和宗教异化，而有活跃于整个中世纪的神学异端；在中国，针对秦汉以来儒法合流所营建的以皇权专制与伦理异化为核心的封建正宗，道家便被作为思想异端而出现。秦皇、汉武为巩固专制皇权，百年中曾兴两次大狱，一诛吕不韦集团(包括《吕氏春秋》作者群)，一诛刘安集团(包括《淮南鸿烈》作者群)，除了政治诛杀以外，主要打击对象乃是大批道家学者。司马迁曾指出：儒、道互黜，表现了“道不同不相为谋”的思想路线的对立，也就是正宗和异端的对立。汉代，自武帝接受董仲舒“独尊儒术”的献策之后，大批儒林博士，由于奔竞利禄而使儒学日趋僵化和式微。这时，正是处于异端地位的道家，虽屡遭打击而仍固守自己的学术路线，坚持天道自然，反抗伦理异化，揭露社会矛盾,关怀生命价值,倔强地从事于学术文化的创造活动和批判活动,形成了特异传统,凸显了道家风骨。如司马迁,被斥为“论大道则先黄老而后六经”,在身受腐刑、打入蚕室的困顿处境中,奋力写成了《史记》这部光辉巨著;此外,隐姓埋名的“河上公”,卖卜为生的严君平,投阁几死的扬雄,直言遭贬的桓谭,废退穷居的王充等卓立不苟的道家学者,正因为他们被斥为异端而他们也慨然以异端自居,故能在各自的学术领域自由创造,取得辉煌成就。以王充为例,正当汉章帝主持盛大的谶纬神学会议,儒林博士们“高论白虎,深言日食”的喧嚣气氛中,勇于举起“疾虚妄”的批判旗帜,自觉地“依道家”立论,“伐孔子之说”(《论衡·问孔》),“奋其笔端以与圣贤相轧”[1],千多年后还被清乾隆帝判为“背经离道”“已犯非圣无法之诛”(《读〈论衡〉后》)。足见《论衡》一书的思想锋芒确乎表现了一个异端思想家的品格。此后,在长期封建社会中,凡真具有道家风骨的民间学者,无不表现这种可贵的品格。

(2)“道法自然”的客观视角。“人法地,地法天,天法道,道法自然”,这是道家思想的理论重心,决定了道家对社会和自然的观察、研究,都力图采取客观的视角和冷静的态度。这与儒家把“道”局限于伦理纲常的伦文至上乃道统心传观念等相比,显然更具有理性价值,更接近于科学智慧。道家超越伦理纲常的狭隘眼界,首先,力图探究宇宙万物的本原(“道”是“天地之根”“万物之母”),“道”被规定为“自本自根,自古以固存,神鬼神帝,生天生地……”这样的理论思维,对宗教意识和实践理性的超越和突破,标志着我们民族的哲学智慧的历史形成。其次,力图通观人类社会由公有制向私有制、由氏族制向奴隶制的过渡及其二重性(道家着力研究原始公社“自然无为”原则被阶级压迫原则所破坏以后的社会矛盾,出现了战争、祸乱、虚伪,出现了“损不足以奉有余”的残酷剥削,出现了“危生弃生以殉物”“以仁义易其性”的人的异化,从而富有历史感地提出了救治之方及“无为而治”的理想社会的设计)。由“道法自然”的客观视角对社会现实的批判与对社会矛盾的揭露,从老庄开其端,在王充、嵇康、阮籍、陶渊明、鲍敬言、刘蜕、

① 纪昀等:《四库全书总目提要》。

邓牧等的论著中，得到鲜明的反映，表现了道家由自然哲学转向社会哲学的研究成果及其价值取向（反抗伦理、政治的异化现象，提倡否定神权、皇权的无神论、无君论等）。至于“道法自然”的思想定式，更主要唤起道家学者大都热爱自然，重视“天地与我并生，万物与我为一”的自然生态，尊重客观自然规律，因而极大地影响和推动了我国古代各门自然科学的发展，从贵己养生、全性葆真出发，道家更强调了自然和人之间、宇宙大生命与个体小生命之间的同构与互动的关系，诱导人们从自然哲学转到生命哲学，更具体化到人体功能和自然节律的深入研究，大大促进了中国特有的医药气功理论及养生妙术。中国民间道术科学的发展，许多科技成果及自然和生命奥秘的静心探研，首应归功于道家；而许多卓有成就的科学家，如扬雄、张衡、葛洪、陶弘景、孙思邈、司马承祯、陈抟等，都是道家人物并具有道家特有的思想风骨。

（3）物论可齐的包容精神，这是道家学风的特点。由于长期处于被黜的地位，与山林民间文化息息相通，道家的学风及其文化心态，与儒家的“攻乎异端”“力辟扬墨”和法家的“燔诗书”“禁杂反之学”等文化心态的褊狭和专断相比，大异其趣，而别具一种超越意识和包容精神。他们对于“万物并作”、百家蜂起的学术争鸣局面，虽也曾担心“智慧出，有大伪”（《老子》第十六章），“百家往而不返，道术将为天下裂”（《庄子·天下》），但他们基本上抱着宽容、超脱的态度。如《老子》提出“知常、容，容、乃公”的原则，主张“挫锐”“解纷”“玄同”“不争”（《老子》第四章、第二十二章）。稍后，北方道家宋钘、尹文等强调“别囿”，主张“不苟于人，不忮于众”“以聏合欢，以调海内”；田骈、慎到也提倡“公而不党，易而无私”（《庄子·天下》）。在他们的带动下，所形成的齐稷下学风，在学宫中各家各派并行不悖，自由论辩，兼容并包，互有采获，成为古代学术繁荣最光辉的一页。南方崛起的荆楚道家，以庄子为代表，更为道家学风的开放性、包容性和前瞻性作了理论论证，提出“物论”可齐、“成心”必去，分析学派的形成和争论的发生，学术观点的多样化，是不可避免的“吹万不同，咸其自取”。因而，基于“道隐于小成，言隐于荣华”而产生的儒墨之是非，只能任其“两行”——“和之以是非，而休乎天钧，是之谓两行”（《庄子·齐物论》）。《秋水》等名篇，深刻揭示了真理的相对性、层次性和人们对于真理的认识的不同层次都有的局限性;“井蛙、河伯、海若”的生动对话的寓言,既指出“以道观之,物无贵贱;以物观之,自贵而相贱”,又通过认识的不同层次,把人们引向开阔的视野,引向一种不断追求、不断拓展、不断超越自我局限的精神境界。这是庄子对道家思想风骨的独特体现。儒、法两家,都有把“道”凝固化、单一化的倾向。如孔子说:“朝闻道,夕死可矣。”(《论语·里仁》)韩非说:“道无双,故曰一,是故明君贵独道之容。”(《韩非子·扬权》)而庄子却说,道“无所不在”(《庄子·知北游》),“指穷于为薪,火传也不知其尽”(《庄子·养生主》)。《庄子》上记载颜回对孔子毕恭且敬,亦步亦趋,但仍然跟不上,称“夫子奔逸绝尘,则回瞠若乎后矣”(《庄子·田子方》)!庄子却对后学说:“送君者皆自崖而返,君自此远矣。”(《庄子·山木》)这显然是两种学风、两种文化心态。道家以开放的心态,对待百家争鸣,在学术文化上善于学诸家之长,走自己的路。司马谈总结先秦诸家学术时,正是从学风角度赞扬道家能够博采众长,取精用宏,“因阴阳之大顺,采儒墨之善,撮名法之要,与时迁移,应物变化”,“以虚无为本,以因循为用,无成势,无常形,故能究万物之情”。这一兼容博通的学风,影响深远。唐宋以降的道家及道教理论家,大都善于继承老、庄学脉,大量摄取儒、佛各家思想,尤其大乘佛学的理论思辨,诸如:李荣、成玄英之论“重玄”有取于三论宗的“二谛义”,司马承祯的坐忘论有取于天台宗的“止观”说,而全真道派袭山林隐逸之风,更倾心吸取禅宗的慧解,并非舍己耘人,食而不化,而是有所涵化和发展。马端临在《文献通考》中评定:“道家之术,杂而多端。”此语可从褒义理解,正反映出道家学风的开放性和博通兼容精神,这是值得珍视的思想遗产。

以上对道家风骨的内涵的概述,仅系例举一斑,远非全豹。但已足以表明,道家思想风骨在我国传统文化的发展中,据有重要的地位,发挥过独特的文化功能。它在历史上所起的作用,尽管由于本身的局限或被歪曲利用而存在着消极面,但从中华文化的总体发展上看,是积极的,是促进的因素。至于道家思想风骨的现代意义,能否实现其与现代化的历史接合,则是有待探究的重要课题。

(1992年10月)

# 《黄老帛书》哲学浅议

汉代学者已有定称（“黄老之家”“黄老之义”“黄老之术”）的黄老学，其传世经典为《老子》及渊源于老学而后出的《黄帝书》。司马迁称：汉初，由于窦太后好《黄帝》《老子》言，“帝及太子、诸窦，不得不读《黄帝》《老子》，尊其术”（《史记·外戚世家》）。关于《黄帝书》，据《汉书·艺文志·诸子略》在“道家类”著录了五种：《黄帝四经》四篇、《黄帝铭》六篇、《黄帝君臣》十篇、《杂黄帝》五十八篇、《力牧》二十二篇；此外，在“阴阳家类”“兵阴阳类”“小说家类”“天文类”“五行类”“医经类”“经方类”“神仙类”等托名黄帝的论著尚有二十一种，除“医经类”中的《黄帝内经》一种尚存外，其余全都在东汉以后陆续亡佚。1973 年长沙马王堆三号汉墓出土、与《老子》乙本合卷的帛书《经法》等四篇古佚书，据考，正是晚周至秦汉流行的《黄帝书》的重要部分[①]，补足了这一时期哲学史料的重要环节。就《经法》等四篇的主要内容看，与司马谈在《论六家要旨》中对道家思想的概要，正相契合，所引“圣人不巧[②]，时变是守”一语，正出于《十大经·观》。

这四篇佚书——《经法》《十大经》[③]《称》《道原》，其思想内容和文字结构，都首尾一贯，自成体系，因而可以作为一个整体来加以研究。本文即想探讨一下《黄老帛书》的哲学思想。

---

① 唐兰等考订这四篇即《汉书·艺文志》所载的《黄帝四经》。这四篇帛书，出土时仅有篇名及字数而无统一书名，现姑名为《黄老帛书》，待后确考。

② 按《史记·自序》作“朽”，据《汉书·司马迁传》校改。

③ 此据唐兰等释本。另张政烺、裘锡圭对比帛书中的“六”“大”两字，认为应作《十六经》。

《黄老帛书》对老子哲学的“道”范畴，特别是包容于其中的关于“独立而不改，周行而不殆”的客观规律性的含义，给予了进一步的发挥，把“道”看作是客观存在的天地万物的总规律。

首先，帛书论述了“道”的根本性质是“虚同为一，恒一而止”，“人皆用之，莫见其刑〔形〕”(《道原》)。“道”作为规律，是看不见的，寓于虚而普遍起作用，守恒而稳定。

> 虚无刑〔形〕其裻〔督〕(人体八脉，督脉居脊中)冥冥，万物之所从生。(《经法·道法》)
>
> 恒无之初，迥〔洞、通〕同太虚。虚同为一，恒一而止。湿湿梦梦，未有明晦。……古〔故〕无有刑〔形〕，大迥无名。天弗能复〔覆〕，地弗能载，小以成小，大以成大，盈四海之内，又包其外。在阴不腐，在阳不焦，一度不变，能适规〔蚑〕侥〔蛲〕，鸟得而蜚，鱼得而流〔游〕，兽得而走，万物得之以生，百事得之以成。人皆以之，莫知其名，人皆用之，莫见其刑〔形〕。(《道原》)

这是对作为普遍规律的“道”的一些朴素说明，从“恒无之初”以来，“道”就贯通于整个宇宙的发展之中，“道无始而有应”(《称》)，“通同而无间，周袭而不盈”(《道原》)，在一切大小事物中普遍而恒常地起着作用，是万物所以生长、百事所以能成的总根据。这个“道”，又可称为“一”：

> “一”者，其号也……夫为“一”而不化，得道之本，握少以知多。(《道原》)
>
> “一”者，道其本也。……“一”之解，察于天地；“一”之理，施于四海。……夫唯“一”不失，“一”以驺〔趣〕化，少以知多。夫达望四海，困极上下，四乡〔向〕相枹〔抱〕，各以其道。夫百言有本，千言有要，万言有蒽〔总〕，万物之多，皆阅一空〔孔〕。(《十大经·成法》)

这是说：杂多事物中有根本之道，即“一”；万物都受一个总规律支配，如出一孔。把握了它，就可以“握少以知多”。

其次，帛书还反复强调了“道”的客观必然性，认为：“道之行也，繇〔由〕不得已。”（《十大经·本伐》）规律是事物之间的客观必然联系，帛书显然吸取了当时的天文、历算的科学成就，指出：

> 天执一以明三：日信出信入，南北有极，〔度之稽也。月信生信〕死，进退有常，数之稽也。列星有数，而不失其行，信之稽也。（《经法·论》）
>
> 四时有度，天地之李〔理〕也。日月星晨〔辰〕有数，天地之纪也。三时成功，一时刑杀，天地之道也。四时而定，不爽不代〔忒〕，常有法式，□□□□，一立一废，一生一杀，四时代正，冬〔终〕而复始。（《经法·论约》）

这些自然规律的客观性和必然性，可从它们有“度”“数”可考，有“法式”可循而得到证明。它们独立于人的意识之外，“独立夫偶，万物莫之能令”（《道原》）。

至于社会生活，同样有其客观规律。按帛书的观点：“极而反者，天之性也。”（《经法·论》）“极而反，盛而衰，天地之道也，人之李〔理〕也。”（《经法·四度》）物极必反，初看作是天道、人事共同的最根本的规律。尽管“极而反”的客观规律是同一的，但“人之理”有一个“审知顺逆”的问题。这又是“天道”和“人道”的重要区别。《经法》首篇指出：

> 天地有恒常，万民有恒事，贵贱有恒立〔位〕，畜臣有恒道，使民有恒度。天地之恒常：四时、晦明、生杀、輮〔柔〕刚。万民之恒事：男农、女工。贵贱之恒立〔位〕：贤不宵〔肖〕不相放。畜臣之恒道：任能毋过其所长。使民之恒度：去私而立公。

这是说，除自然有其“恒常”规律外，人类社会诸方面还有特定的“恒事”“恒位”“恒道”“恒度”。这里，把在男耕女织的自然经济的基础上建立的封建等级制以及所谓“畜臣”“使民”的一些重要规范,都看作具有客观规律的性质,认为这些“人事之理”,也是“顺则生,理则成,逆则死”。如果违背这些规律,就会“乱生国亡”(《经法·论约》)。但是,这些社会规律的表现是极其复杂的,“或以死,或以生,或以败,或以成,祸福同道,莫知其所从生”,“绝而复属,亡而复存,孰知其神?死而复生,以祸为福,孰知其极”?因此,凭主观,看表面,是找不出规律性的。必须认真清除各种主观偏见,即所谓“见知之道,唯虚无有”,做到“无执”“无处”“无为”“无私”,彻底虚心地体察情况,才能认识客观规律。同时,还要认真发挥认识的能动性,所谓“反索之无刑(形),故知祸福之所从生”(《经法·道法》)。即运用抽象思维能力,探索事物的内在规律性。

由此,《黄老帛书》系统提出了“执道”“循理”“审时”“守度”的思想。

所谓“执道”,即认识和掌握客观事物的普遍规律。帛书反复强调“执道”的重要性,如说:

> 故唯执道者,能上明于天之反,而中达君臣之半〔畔〕,富密察于万物之所终始,而弗为主,故能至素至精。悎〔浩〕弥无刑〔形〕,然后可以为天下正。(《经法·道法》)

“执道者”才能明白天道“极而反”的法则,了解社会生活中君道和臣道的区分,周密观察各种事物的变化过程,而不抱先入为主的成见。这样,就能认识精深,思路开阔,成为天下是非的准绳。“执道”要从根本上着眼,“执道循理,必从本始”(《经法·四度》)。“执道”的关键一环,在审定“形名”,“刑〔形〕名已定,逆顺有立〔位〕,死生有分,存亡兴坏有处;然后参之于天地之恒道,乃定祸福、死生、存亡、兴坏之所在。是故万举不失理,论天下无遗策”(《经法·论约》)。这个“天地之恒道”,也就是“极而反”——任何事物都依一定条件而向相反方向转化的辩证法则。帛书试图用“天稽环周”“时反以为几”“嬴绌变化,后将反施”等来表达这一辩证法则的内容。

所谓“循理”就是具体地“审知逆顺”。“物各合于道者,胃〔谓〕之理;理之所在,胃〔谓〕之顺。物有不合于道者,胃〔谓〕之失理;失理之所在,胃〔谓〕之逆。逆顺各自命也，则存亡兴坏可知。”（《经法·论》）可见，理是道的具体化。这和韩非的“万物各异理而道尽稽万物之理”（《解老》）的观点是一致的。帛书强调社会政治争斗中的各种顺逆问题的复杂性，提出“逆顺同道而异理，审知逆顺，是胃〔谓〕道纪”，也就是要求根据道的原则来具体研究和处理这些复杂的顺逆关系。它分析当时社会生活中最重要的顺逆，是所谓“四度”问题，即要正确认识和处理君臣、贤不肖、动静、生杀四者的顺逆关系。“审知四度，可以定天下，可安一国”；如果处理不当，造成“君臣易位”“贤不肖并立”“动静不时”“生杀不当”，就会招致“身危为戮”“国危破亡”的“重殃”（《经法·四度》）。帛书作者认为，“四度”等社会生活之理，表现为“法”。“法”是道所派生，是道和理的社会表现；执道循理，就必须立法。帛书开宗明义就提出了“道生法”的命题：

> 道生法。法者，引得失以绳而明曲直者也。故执道者，生法而弗敢犯也，法立而弗敢废也。□能自引以绳，然后见知天下而不惑矣。（《经法·道法》）

稷下学者曾提出过“法出乎权，权出乎道”（《管子·心术上》）的观点，韩非也提到“以道为常，以法为本”（《韩非子·饰邪》），但韩非更重视法术势三结合的君主权力；而帛书则强调“道生法”，“法”是社会规律的客观表现，立法者也必须“自引以绳”，“生法而弗敢犯”“法立而弗敢废”，帛书并概括出了“法度”这一范畴，用以指新的政治法权原则：

> 法度者，正〔政〕之至也。而〔能〕以法度治者，不可乱也。而〔能〕生法度者，不可乱也。精公无私而赏罚信，所以治也。（《经法·君正》）

建立统一的法度，“精公无私”地遵守执行，这是帛书为统治者提供的国策。

所谓“审时”，即处理各种顺逆矛盾必须掌握事物变化发展的转折点，做到“静作得时”。帛书一再强调：“圣人不巧，时反是守”；“圣人之功，时为之庸”。善于掌握和利用时机,是圣人成功的关键。但时机是客观地存在于事物的变化之中,“其未来也,无之;其已来,如之”。不能靠主观的臆测或侥幸去掌握,而只能“不剸〔专〕己,不豫谋,不为得,不辞福,因天之则”(《称》)。所以说:“王者不以幸〔倖〕治国,治国固有前道。”(《十大经·前道》)这个“前道”,就是全面了解天时、地利、人事,“当天时,与之皆断。当断不断,反受其乱”(《十大经·观》)。“时若可行,亟应勿言。时若未可,涂其门,毋见其端。”(《称》)应当审时而动,见几而作,果断行事。帛书更进一步指出:

> 明明至微,时反以为几。天道环[周],于人反为之客。争〔静〕作得时,天地与之。争不衰,时静不静,国家不定。可作不作,天稽环周,人反为之[客]。静作得时,天地与之;静作失时,天地夺之。(《十大经·姓争》)

这里的“几”,指事物在发展中转折的契机。这种契机或矛盾转化中的关键时刻,是“明明致微”,即极不明显,却又明显地存在着。“天道”独立地不断地运行,但是人们如果按照天道运行的规律,“静作得时”,掌握了时机,就可以使客观的天道为人所利用,变为人所支配的“客”(即认识和改造的客体)。反之,如果争夺不止,时当静不静,事可作不作,人们在“天道环周”面前,“静作失时”,不善于掌握时机,人就会反而成为“天道”所支配的客体,处于被动地位。动静“得时”或者“失时”,是人能够在客观规律面前发挥能动性、获得主动权的关键。

所谓“守度”,是观察变化、掌握时机中的重要一环,即注意事物变化中的数量关系及其一定的限度。帛书突出地阐述了“度”的概念,强调了“守度”或“处于度之内”的重要性,得出了“过极失当,天将降殃”的重要论断。它指出,任何“动于度之外”而希图侥幸成功的事,都必然失败,“功必不成,祸必反自及也”。只有“处于度之内”“静而不移”,才能“已诺必信”(《经法·名理》)。所谓“度”,也是一定的数量标准。因而统一度量衡标准,是当时社会经济生活中的重大问题,帛书强调:“八度者,用之稽也。”即规、矩、曲、直、水平、尺寸、权衡、斗石等,都要确立统一的“度”,做到“轻重不爽”“少多有数”,就可以“度量已具,则治而制之矣”

(《经法·道法》)。推而广之,自然事物和社会生活的各方面,都有其特定的“度”,特别是使民要有“恒度”,赋敛更要“有度”,如果“变恒过度”“过极失当”,就会使事情走向反面,造成严重后果。它警告说:

黄金珠玉臧〔藏〕积,怨之本也。女乐玩好燔材〔疑为蓄财〕,乱之基也。守怨之本,养乱之基,虽有圣人,不能为谋。(《经法·四度》)

以上几个环节,表明《黄老帛书》对规律的客观性和必然性以及人对客观规律的掌握和利用问题,作了较切实的论述。

此外,《黄老帛书》还以“凡论必以阴阳明大义”(《称》)为纲,阐述了朴素辩证法的矛盾观,并富有特色地提出了以柔克刚的“守雌节”思想。

“凡论必以阴阳明大义”,是帛书广泛论及自然和社会各个领域大量的阴阳对立事象所概括出的思想原则,即是说,客观事物无不具有阴阳对立的两个方面,因而,我们观察事物也必须坚持阴阳对立的观点。帛书明确指出:

观天于上,视地于下,而稽之男女。夫天有〔恒〕干,地有恒常,合□□(疑夺“两”“曰”两字)常,是以有晦有明,有阴有阳。夫地有山有泽,有黑有白,有美有亚〔恶〕。地俗〔育〕德以静,而天正名以作。静作相养,德瘧〔虐〕相成,两若有名,相与则成,阴阳备物,化变乃生。(《十大经·果童》)

这是说,远观天地,近察男女,看出一个普遍永恒的法则,即“合两曰常”,矛盾着的对立面是永远结合着的,“两相养,时相成”,是相养相成的。正因为阴阳备于一物,所以“化变乃生”。以“阴阳备物”为内因的一切事物的“化变”,表现为新陈代谢的客观法则。因而,帛书作者认为,对待新旧事物的矛盾转化的正确态度应当是:“不臧〔藏〕故,不挟陈。乡〔向〕者已去,至者乃新,新故不翏〔摎〕,我有所周。”(《十大经》结语)这是说,对新旧事物的代谢,不应当去保留旧事物,陈旧的东西已经过去,新生的事物就会到来,旧东西和新事物不会老是纠缠在一起,所以应当舍故趋新,欢迎变化,周流不息。

既然新旧事物的转化是必然的,因而帛书作者在考察社会矛盾运动时作出了两方面的结论。

一方面,肯定了矛盾对立的必然性,明确指出:自然界和人类社会本来充满着"谋相覆倾"的冲突,这是"天制固然",无可忧患。"天地已定,规〔蚑〕侥〔蛲〕毕挣〔争〕。作争者凶,不争亦毋以成功。"这是自然界的生存斗争。至于人类社会,"天地已成,黔首乃生。胜〔姓〕生已定,敌者□生争,不谌〔戡〕不定"(《十大经·姓争》)。只能用正义斗争去战胜非正义斗争。因此,正义战争,特别像黄帝征蚩尤之类的"伐乱禁暴"的战争,是必要的。

另一方面,又肯定了在促进矛盾转化的过程中,新生的一方必须以弱胜强,因而取胜的策略应当以"雌节"为主。老聃贵柔,基于"反者道之动,弱者道之用"的观点,提出了"知其雄,守其雌"的原则。帛书发挥了这一思想,制定了"雄节"和"雌节"这一对特殊范畴,用以区分两种斗争的策略和方式。凡盛气凌人、骄横自恃的,称为"雄节";凡外示柔弱,谦慎自恃的,称为"雌节"。帛书分析:"夫雄节者,涅〔盈〕之徒也;雌节者,兼〔谦〕之徒也。"(《十大经·雌雄节》)认定凭雄节取胜,并非是福,取胜的次数愈多,招致的祸殃愈大,"凶忧重至,几于死亡";反之,据雌节而暂时失败,必将受赏,失败的次数越多,越是积德。"凡人好用雄节,是胃〔谓〕方〔妨〕生",雄节实是"凶节";"凡人好用雌节,是胃〔谓〕承禄",雌节乃是"吉节"(《十大经·雌雄节》)。例如,"大堇〔庭〕之有天下也,安徐正静,柔节先定",结果是"单〔战〕朕〔胜〕于外,福生于内,用力甚少,名殸〔声〕章明,顺之至也"(《十大经·顺道》)。所以说:"辩〔辨〕雌雄之节,乃分祸福之乡〔向〕。"(《十大经·雌雄节》)"以刚为柔者栝〔活〕,以柔为刚者伐。重柔者吉,重刚者灭。"(《经法·名理》)

帛书这一雌雄、柔刚之辨的思想,源于老子。由于估计到了新旧事物的矛盾转化总是遵循着"极而反,盛而衰"的客观规律,而新事物由弱小到强大的发展又总是经历着迂回曲折的道路,所以帛书把守雌节的主要原则看作是"卑约主柔,常后而不失〔先〕”(《十大经・顺道》),强调“圣人不为始”,“短者长,弱者强,嬴绌变化,后将反㐌〔施〕”(《称》),即是说,不应当去先发首创,而应当利用强弱转化的客观法则,后发制人。以军事斗争为例,帛书反复指出:“以有余守,不可拔也;以不足功〔攻〕,反自伐也。”(《经法・君正》)在战争的策略上,更要“立于不敢,行于不能,单〔战〕视〔示〕不敢,明执不能。守弱节而坚之,胥雄节之穷而因之”(《十大经・顺道》)。所谓“不敢”“不能”,一方面是使自己永远处于不自满状态,坚持雌节,谦虚谨慎,留有余地;另一方面是向敌人示之以弱,助长其骄横自满,使之由强变弱,自取败亡。

总起来,《黄老帛书》把朴素辩证法的矛盾转化观运用于社会现实的观察,既肯定“今天下大争”“不争亦无以成功”,要当机立断,敢于斗争,又强调坚守“雌节”,“弗敢以先人”,留有余地,后发制人,即要注意策略,善于斗争。这两方面的结合,就理论思维水平来说,继承老子而高于老子。就其现实意义来说,实际指导了汉初几十年“清静无为”的政治而发挥了巩固新兴封建政权的历史作用。

(1995 年 10 月)

# 道家学风述要

**提要** 道家学风的首要特点是以“尊道贵德”为理论重心，力图超越可名言世界的局限，探究宇宙万物的终极本原。道家学风在方法论上的重要贡献，可概括为通过相对主义而导向辩证智慧。承认事物普遍的相对性，避免认识上的片面、绝对和独断，是道家坚持的慧解。

道家之学，源于柱下，依附隐者，流播民间。

在先秦，虽尚无道家或道德家之名，而论道各家，已蔚为南北诸流派，旨趣不全相同。但道家诸派，都无例外地祖述老聃，阐扬道论，以其特有的思想风骨和理论趋向，轻物重生，反抗异化，贬斥礼法名教，主张返璞归真，追求精神自由，从而形成了道家独特的共同学风。

## 一

道家学风的首要特点，是以“尊道贵德”为理论重心，力图超越可名言世界的局限，探究宇宙万物的终极本原。道家独创的形而上学及其精神语言体系中，“道”成为超乎天地、万物、五行、阴阳之上，而又与“气”“朴”“大”“一”等抽象处于不同层次的最高范畴。“道”被规定为“自本自根，自古以固存”，是“天地之始”“天地之根”“万物之母”“万物之宗”，具有终极的根源性；“道通为一”“道无终始”

“道未始有封”，即具有无限的普存性和永恒性；“道常无名”，“可传而不可受，可得而不可见”，即“道”属超名言之域，非通常的理智和感觉所能认知，而只能通过“徇耳目内通而外于心智”的特殊方式去体知。“夫体道者，天下之君子所系焉。”（《庄子·知北游》）“道”并非不可知，而是“可传”“可得”“可知”的，只是需要人们在特定的实践中去体知。道家在理论上的一个重要贡献，就是提出了区别于“认知”（依靠名言）的“体知”（超越名言），并论证了这种“外于心智”、超越名言的对“道”的体知，究竟是一种什么样的认识机制。

道家从两个方面展开它的论证：一方面，由自然哲学引向社会哲学，从“道法自然”的原则引出社会批判的原则。道家力图通观人类社会由原始公社向奴隶制文明社会过渡的二重性，并着重揭露了文明社会所出现的争夺、祸乱、欺诈、罪恶以及种种违反人性的异化现象，“大道废，有仁义；智慧出，有大伪”（《老子》第十八章），人们“以仁义易其性”“危身弃生以殉物”，乃至“与物相刃相靡，其行尽如驰而莫之能止，不亦悲夫！终身役役而不见其成功，苶然疲役而不知其所归，可不哀邪！人谓之不死，奚益？其形化，其心与之然，可不谓大哀乎！”（《庄子·齐物论》）道家认为人与天地自然本是浑然一体的，人的本性与自然无为的天道也应是和谐一致的，而文明社会中的现实人类，却由“形（体）”到“心（灵）”都可悲地被异化、被扭曲了，“丧己于物，失性于俗”（《庄子·缮性》）。因而，人不但不能体道，并且日益迷失本性，与道疏离，背道而驰，陷入了“不知其所归”的最大悲哀。为了克服和扬弃这一切伦理的、政治的以及人性的异化现象，道家提出可以从个人修养和社会改革两方面采取一系列措施，诸如个人修养方面“见素抱朴”“少私寡欲”“专气致柔”“涤除玄鉴”等，和社会改革方面“绝圣弃智”“绝仁弃义”“绝巧弃利”“爱民治国，能为无为”等，都旨在否定和消解异化，以求得人性的复归——“复归于婴儿”“复归于朴”“常德不离，民复孝慈”。道家认为，不被现实社会的权威、传统及流行的价值观所迷惑、所拘限，而能够自觉地超脱出来，按自然无为的原则处理一切，“孔德之容，惟道是从”（《老子》第二十一章），乃是人能体道、自同于道的具体途径。庖丁解牛、轮扁斫轮等故事，更生动说明“以神遇而不以目视”之类的“体知”，并非虚无缥缈、高不可攀，而是“大道甚夷”，在日常的生活、生产实践中都可能实现。

另一方面,道家以贵己养生为立论基点,由自然哲学更深入到生命哲学,取得重要研究成果。这些成果,不仅对中国传统的医药学、养生学、气功学等应用人体科学作出了独特的贡献,为中国道教的教义发展提供了理论指南,而且更重要的是道家对生命的深入探究,并非仅限于人体内部结构与功能的实测与开发,而是旨在同时探究哲学意义上的"真人"与"真知"。道家认为,通过"致虚极,守静笃"的特殊途径,在"微妙玄通"的自我生命体验中,"收视反听""耳目内通",可以达到对"道"的体悟。这是道家所独有的内省方法。道家所谓"真人"与"真知",即摆脱了异化枷锁、归真返璞的人所特有的对人天合和境界的体知。所谓"知天之所为,知人之所为"(《庄子·大宗师》),"不出户,知天下;不窥牖,见天道"(《老子》第四十七章),并非神秘直觉,而是经过长期的修炼,逐步地意识到"人"(小宇宙)与"天"(大宇宙)、个体小生命与自然大生命乃是同质同构、互涵互动的,"天地与我并生,万物与我为一"(《庄子·齐物论》),"静而与阴同德,动而与阳同波"(《庄子·天道》)。因而通过个体生命律动的探求,"载营魄抱一""心斋""坐忘"等内在的体验自证,可以达到自我净化,"与天为徒",乃至逐步由"外天下""外物""外生"到"朝彻""见独""无古今"而"入于不死不生"的自由境界,也就是人天、物我被整合为一的悟道、体道、与道冥合的精神境界。

道家关于道论体系的建构和对于"道"的体知途径的探索,可以说触及了真正的哲学本体论问题,其所达到的理论深度,对现代人的哲学思考无疑具有启发性。

## 二

道家学风在方法论上的重要贡献,似可概括为通过相对主义而导向辩证智慧,由齐物论、齐是非、齐美丑、齐生死、齐寿夭等破对待的追求,而昂扬一种可贵的超越精神。

承认事物普遍的相对性,避免认识上的片面、绝对和独断,是道家坚持的慧解。“天下皆知美之为美，斯恶矣；皆知善之为善，斯不善矣。故有无相生，难易相成，长短相形，高下相倾，音声相和，前后相随，恒也。”（《老子》第二章）坚持矛盾两分的观点，并认定作为矛盾的对立双方，“知东西之相反而不可以相无”（《庄子·秋水》）。矛盾互相依存、转化，乃是恒道。这是道家由相对论导向辩证法而达到的对一般单向度、直线性认识的谬误的超越。至于道家思想家中，有的因“贵齐”而陷于认识论上的相对主义、折中主义，则是理论思想顾此失彼的个别教训。

进一步，道家强调“别囿”“去私”“明白四达”，破除各种条件造成的思想局限性。“井蛙不可以语于海者，拘于虚也；夏虫不可以语于冰者，笃于时也；曲士不可以语于道者，束于教也。”（《庄子·秋水》）“拘于虚”“笃于时”“束于教”，即自陷于狭隘眼界和束缚于僵化教条，是各种思想局限产生的认识根源。故道家主张“贵因”“因时为业”“因物与合”“舍己而以物为法”，即舍弃“建己之患”“用知之累”，而坚持认识的客观性；进而强调“贵公”，“公而不党，易而无私”，即否定党同伐异的“私心”“私虑”，而坚持“弃知去己而缘不得已，泠汰于物，以为道理”（《庄子·天下》）。这样“以因循为用”，让黑白自分，并非消极无为，而是对师心自用所产生的各种狭隘偏见的积极的超越。

再进一层，道家注意到人类的理性能力及认知活动与名言工具等，有其固有的根本局限。所谓“道可道，非常道，名可名，非常名”，“道”无形无名，不可道，不可名，即非一般理性和感性以及名言工具所能把握和表达的。必须进一步对整个认识的局限有所突破，才能达到“从事于道者，同于道”。道家深刻地揭示：人所面临的认识对象，既有可道可名的“有”世界（“天地万物生于有”），又有不可道不可名的“无”即“道”世界（“有生于无”）。这两个世界，都是作为认识对象而存在，都是可知的，但两者的界限在于“有”世界的被认识靠主客两分，而“无”世界即“道”的被认识靠对主客两分模式的超越。所谓“心有天游”、在“吾丧我”的“坐忘”中“堕肢体，黜聪明”（《庄子·大宗师》），“忘年忘义，振于无竟故寓诸无竟”（《庄子·齐物论》）等，都表明超越了主客两分的局限，就能够置身于“道”之中，“与道徘徊”，自同于道。道家认为，经过长期的自我修炼，这是能够实现的一种精神超越。

不自陷于各种片面的局限,而能不断地开阔视野,不断地自我超越,这是道家学风的重要特征,似有助于突破现代哲学的某些困境。

## 三

道家学风体现在学术史观与文化心态上,更有一种恢宏气象。从总体上与儒、墨、法诸家的拘迂、褊狭和专断相较而言,道家别具一种包容和开放的精神。

早期道家对于“万物并作”、百家蜂起的学术争鸣局面,并非都很理解和乐观,甚至担心“百家往而不反,道术将为天下裂”。但他们基本上抱着宽容、超脱的态度。如老子提出“知常容,容乃公”的原则,主张“和光、同尘、挫锐、解纷”;宋钘、尹文提出“别囿”,主张“不苟于人,不忮于众”,“以聏合欢,以调海内”(《庄子·天下》)。彭蒙、田骈强调“静因之道”,主张“去智与故”“与物宛转”。庄子继之,提出齐“物论”、去“成心”,更从理论上论证“道隐于小成,言隐于荣华,故有儒墨之是非”,而主张“和之以是非,而休乎天钧,是之谓两行”(《庄子·齐物论》)。《秋水》篇等深刻揭示真理的相对性、层次性和人们对真理的认识的不同层次都有的局限性,把人们引向日趋广阔的视野,引向一种不断追求、不断拓展、不断超越自我局限的精神境界。这是庄子对道家学风的独特贡献。儒、法两家都倾向于把“道”单一化、绝对化、凝固化。故韩非曰“道无双,故曰一”,“明君贵独道之容”《韩非子·扬权》)。孔子称:“朝闻道,夕死可矣。”(《论语·里仁》)庄子却说“生也有涯而知也无涯”,“指穷于为薪,火传也不知其尽”(《庄子·养生主》)。《庄子》上记载颜回对孔子毕恭毕敬,称“夫子步亦步,夫子趋亦趋,夫子奔逸绝尘,则回瞠若乎后矣!”(《庄子·田子方》)而庄子却对后学说:“送君者皆自崖而返,君自此远矣!”(《庄子·山木》)这显然是两种真理观、两种学风、两种文化心态。

司马谈总结先秦学术时,正是从学风的角度赞扬道家能够“因阴阳之大顺,采儒墨之善,撮名法之要,与时迁移,应物变化”,“以虚无为本,以因循为用,无成势、无常形,故能究万物之情”(《论六家要旨》)。王充所坚持的“虽违儒家之说,合黄老之义”的学术路线和学风，也主张要像“海纳百川”一样“胸怀百家之言”，才能成为知今知古的“通人”。唐宋以来的道教理论家，在为道教的系统理论化建设中，更是依托老、庄学派，阐发“重玄”之旨，大量地摄取儒、佛各家思想，尤其大乘佛法的理论思辨。诸如“重玄论”之有取于三论宗的“二谛义”，“坐忘”论之有取于天台宗的“止观”说，而全真道派更直袭禅宗学风，创始人王喆自称道教的最高境界也是“语默动静，无时非禅”。马端临在《文献通考》中称，“道家之术，杂而多端”，而《道藏》的编者确也从一个侧面显示出道教理论和学风的宏肆和兼容的性格。总之，无论是前期的道家或是后期的道教的学风及其对异己学术的文化心态，都是较为宽容、开放而具有广阔的胸怀的。这在中国传统文化中是很值得发掘的优秀思想遗产，是具有现代意义的文化基因。

（1995 年 10 月）

# 隋唐时期道教的理论化建设

此题涉及面广，思想跨度较大，这里只能略述其梗概，提供一些研究此课题的新的视角。

## 一

首先，需要辨析的是道教与道家的关系。自韩愈《原道》并斥老、佛，宋明儒亦多言辟释、老，把道教与老庄道家混为一谈。考之史实，就道教的起源说，与先秦老庄道家乃至秦汉之际的新道家并无多大关系。

关于道教起源的问题，众说纷纭。或认为源于原始巫术（如许地山谓易、史、巫三系神秘传说长期形成），或以为源于燕齐海上方士（如陈寅恪《天师道与滨海地域之关系》所论），或以为源于墨家（如章太炎《检论·学变》附《黄巾道士缘起说》所论），或以为源于汉代儒家，特指今文经师甘忠可、夏贺良之流所造《包元太平经》，即道教早期经典《太平经》之权舆（如蒙文通《道教史琐谈》所论），又说太平道似与墨家有关，而天师道盖原为西南少数民族之宗教，张道陵所画符箓，乃西南少数民族原始文字演变而来。蒙先生又据《抱朴子内篇·微旨》把先秦神仙家分为“行气”“房中”“服食”三类，至于“导引”可归入“行气”一类，皆属卫生、医药、营养、气功等学术范围。以上种种，可视为道教产生的综合因素，但都未涉及道家。原始道教与古神仙家关系颇密，《庄子》与屈原《远游》等皆述及神仙事，而刘向《七略》到班固《汉书·艺文志》所述神仙家属方技略，皆与诸子略的道家截然分开。这也表明，道教的起源，道家思想并没有起到多少作用。且原始道教经典中有些思想，是和老、庄思想相对立的。老、庄基本上是无神论，他们提出道作为最高范畴，超越于鬼神、天地、阴阳之上。《老子》说，道“象帝之先”，《庄子》也说，道“神鬼神帝，生天生地”；道教则主张粗糙的有神论。另外，老庄思想作为自然哲学，把天、地、人、物的生死成毁都看作是自然的气化过程，反对长生；道教则以长生不死作为基本信念。两者旨趣迥然不同。因此，道教兴起之后，有一个如何对待道家思想的问题。

汉末宫廷中已祭祀老子，把他神化。张道陵结合西南少数民族宗教，创立五斗米道，曾崇奉老子，每日诵五千言，但并未附会教义加以解释。至于于吉、孙恩、卢循等在南方的道教活动，也查不出与老庄有关。总之，从民间兴起的符水道教，到逐步变为上层的金丹道教，均与老庄思想没有直接关系。

道教兴起之后，尊老、注老，以老、庄、列、文作为道经，对它们进行宗教性的诠释，作为建构自身理论的材料，这是隋唐以后的事。“我注老、庄”，也就是“老、庄注我”，正是在这互注过程中建构了道教的思想体系。传为汉代的河上公《老子章句》、尹喜《老子内节解》，以及传为张陵著的《老子想尔注》，侈言修炼事，可视为神仙家对《老子》的诠释、渗入，是《老子》道教化的先声。[①]

但南朝时期道教诸流派，如刘勰划为三派：“按道家立法，厥品有三：上标老子，次述神仙，下袭张陵。”（《弘明集》卷八《灭惑论》）释道安的《二教论》也分道教为三：一者老子无为，二者神仙饵服，三者符箓禁厌（《弘明集》卷八）。马端临在《文献通考·经籍考》五十二卷中称“道家之术，杂而多端，……盖清净一说也，炼养一说也，服食又一说也，符箓又一说也，经典科教又一说也。黄帝、老子、列御寇、庄周之书所言者，清净无为而已，而略及炼养之事，服食以下所不道也。至赤松子、魏伯阳之徒，则言炼养而不言清静。卢生、李少君、栾大之徒，则言服食而不言炼养。张道陵、寇谦之之徒，则言符箓而俱不言炼养服食。至杜光庭而下，

---

① 蒙文通先生论及《老子河上公章句》时谓：“《老子》之合于神仙，此书当为之首，后世羽流皆宗之，所谓《老子想尔注》《老子内节解》之流，皆出于此。”（《古学甄微·道教史琐谈》）

以及近世黄冠师之徒,则专言经典科教,所谓符箓者特其教中一事……”此说虽不尽然,但五派互相排斥,其中只一派欣赏老庄。又一般道教史家,把南北朝道教分为四派:

(一)太平派,早期道派,于吉、宫崇等奉《太平经》,后张角颇有其书,利用之组织了农民大起义。

(二)正一派,原为张陵所创五斗米道[①],奉《老子五千文》,称老子为“太上老君”,但又创《太清》《太玄》《正一》三经,四代孙张盛移居江西龙虎山称“正一道”,主要奉《正一经》,以后传播甚广。

(三)灵宝派,葛玄、郑隐、葛洪等奉《灵宝经》,关于《灵宝经》的繁衍及灵宝派的形成,陈国符、卿希泰均有详考,兹不赘。

(四)上清派,由东晋时杨羲、许谧等相传至陆修静,奉《上清经》。陆修静又得《灵宝经》《三皇经》,遂总括为《三洞》,始著道书目录,称有一千余卷。

此外,尚有(五)楼观派,北朝道士所倡,奉《老子化胡经》,特尊关尹。又早期道教也尊墨子、鬼谷子、邹衍为仙人。足见,南北朝各道派,自造道书,尊奉老子的只其中一派,且全未涉及庄、列等。

到隋唐时期,道教面临理论化建设任务,因而产生了对老、庄玄言的吸取和选择问题,标志着道教发展的重要阶段。在理论建构中,既吸取了儒、佛,更依托道家,使道教从低层次的粗俗的宗教形态发展为高层次、有教养的系统理论形态。

## 二

隋唐道教的兴盛及其原因。

首先,按道教自身的发展说,经过魏晋南北朝时期,道教已具备了组织、教派、道书、斋仪等思想上和组织上的条件,已势必进入理论化建设的新的大发展

---

① 关于五斗米道的命名,或以为与崇拜五方星斗、张陵自造《五斗经》有关,卿希泰有考辨,见《中国道教思想史纲》第一卷。

阶段。而从客观社会条件看，隋、唐相继统一，封建经济、文化有了高度的发展，封建品级结构的相对调整，经济繁荣，财富增加，世俗浮华享乐生活的扩展，也为道教的理想追求和现实发展提供了一定的物质基础。

其次，佛、道两教从汉魏以来基本上是并行发展的，而南北朝佛教势力的恶性膨胀，已引起统治者的不安，激起了反佛思潮和灭佛活动，如北魏太武帝拓跋焘于444年下诏禁佛，北周武帝宇文邕于594年下令禁佛，这为道教的乘机发展也创造了条件。北周武帝曾倡立“通玄观”，隋文帝继之尊崇道教，“开皇”年号，即采自道书。隋文帝即位前与道教徒张宾、焦子顺等往来密切，践祚后于开皇二十年(600)下诏曰：“佛法深妙，道教虚融，咸降大慈，济度群品，凡在含识，皆蒙覆护。”表示并重两教。隋炀帝与道教徒更深相结纳，任晋王镇扬州时，即与道教徒徐则要好，曾手书召之曰“夫道得众妙，法体自然”，表白自己“钦承素道，久积虚襟，侧席幽入，梦想岩穴”。恳望徐则辅佐他夺取王位，“昔商山四皓，轻举汉廷，淮南八公，来仪藩邸”，“导凡述圣，非先生而谁”[①]！此外，还有道士王远知，亦为炀帝所重，曾“亲执弟子之礼”[②]。周、隋之际，隋、唐之际，都出现了一批有政治嗅觉的道教徒，可称为政治道士，如魏徵，出家为道士，曾投瓦岗军，向李密献策，不用，后归唐，成为太宗名臣。又如楼观台道士岐晖，预言“天道将改”，“将有老君子孙治世，此后吾教大兴”。他原本投靠隋朝，看到形势大变，立即向李渊“密告符命”，“尽以观中资粮给其军”，并改名“平定”(《混元圣纪》卷八)，这批政治道士(还有王远知、薛颐等等)在唐初都甚得势，这对道教的发展，起了推波助澜的作用。

再次，李渊起兵陇西，出身于关陇集团的武人世家，门第不高，虽然当了皇帝，仍被中原地区的门阀士族(如山东的王、崔、卢、李、郑，江左的王、谢、袁、萧，东南的朱、张、顾、陆等大姓)所轻视。唐太宗一方面命高士廉等人重修《氏族志》，列皇族李姓为第一等；另一方面，制造神话，夸称李家为老子的后代，力倡道教，并使道教与老、庄思想挂上钩。唐高祖时，就依托吉州人吉善行于羊角山途

---

① 《隋书》卷七十七《徐则传》。
② 《旧唐书》一九二卷《王远知传》。

遇老君，因使人致祭立庙，封老子为“太上玄元皇帝”(事详《封氏闻见记》)。太宗贞观十一年下诏：“老子是朕祖宗，名位称号宜在佛先。”唐玄宗更亲注《老子》，令士子习之；下令全国修建玄元皇帝庙，规定明经考试以三书为准：《老子》《孝经》《论语》，而以《老子》为上经。玄宗尊老崇道颇为狂热，天宝二年至十三年中再三给老子加尊号，最后封为“大圣祖高上大道金阙玄元天皇大帝”，还封老子父母为“先天太上皇”与“先天太后”；并诏吴道子等为老子画像，颁布天下。天宝元年(742)，尊庄子等为四真人——庄子为南华真人，文子为通玄真人，列子为冲虚真人，庚桑子为洞虚真人，连同孔子，都陪祭老子；有意提高道士地位，开元九年(721)召见司马承祯，亲授法箓，赏赐甚厚，赋诗送行；继又召见王希夷、张果老等；开元二十年(732)设“崇玄馆”，置“玄学博士”，每年以“四子真经”取士，名曰“道举”。同时，命太清观主史崇玄、崇文馆学士崔湜、卢藏用等修《一切道经音义》《妙门由起》等150卷，并搜求道经，纂成《三洞琼纲》，共3 744卷。

唐代，崇道之风，席卷朝野。据《唐会要》，单是长安城中的道观，就有三十多所，备极华丽。许多公主、妃嫔借口信道，出家当女冠，过着荒淫生活。杨贵妃曾是女道士，道名“太真”。唐玄宗还创作了道教乐舞：《霓裳羽衣曲》《紫微八卦舞》。太子宾客、著名诗人贺知章，弃官愿为道士，玄宗批准，不少道士因出入宫廷而得官爵，称为“终南捷径”。不少名人被录入“神仙传”。诗人李白二十五岁出川之前，已与赵蕤交往，赵是著名道士，著有《长短篇》；出蜀后又结识司马承祯，司马承祯的“仙宗十友”都是当时文坛名人，如陈子昂、卢藏用、宋之问、孟浩然、王维、李白、贺知章等；李白还与道士元丹丘、吴筠等交往，经吴筠推荐去长安，又经玄宗之妹女道士玉真公主推荐给朝廷，被视为“异人”。李白自称“五岳寻仙不辞远，一生好入名山游”，其夫人也笃信道教，李白有《送内寻庐山女道士李腾空》诗云：“君寻腾空子，应到碧山家。水舂云母碓，风扫石楠花。若恋幽居好，相邀弄紫霞。”此外，画家吴道子，书法家颜真卿、张旭，都是信仰道教的，而著名道教人物如“八仙”：韩湘子、何仙姑、张果老、吕洞宾等。吕有诗：“黄鹤楼前吹笛时，白萍红蓼满江湄，衷情欲诉谁能会，惟有清风明月知。”又有“三醉岳阳人不识，朗吟飞过洞庭湖”。一生辟佛、老的韩愈，偏有一位仙人侄子韩湘子，留下不少仙迹的传闻。

正是在上述这样的政治背景和文化背景下，道教兴盛起来，开始从事和儒、佛对峙的理论建设。

## 三

隋唐时期，儒、释、道三教斗争与融合中道教进行了理论化建设。

隋唐统治者虽个人各有偏好，但基本上实行的是“三教”并用、“三教”平衡的政策，因而使三教都得到发展，并通过斗争而走向互相融合。

在隋代，兼重佛、道，经视儒学，几次佛、道之间的冲突，都以佛教徒的胜利告终；而“三教”调和的论调，已由颜之推、王通等人发出嚆矢。

到唐代，继行“三教”并用政策，而重点扶持道教，并明确尊崇儒学，对佛教既有扶植又稍有抑制。这激起“三教”之间的激烈斗争，并大体形成儒、道联合，共同反佛的形势。突出的有高祖武德四年（621）开始的傅奕反佛与释法琳等的反驳，这场大辩论，持续到贞观十三年（639），始由唐太宗强制裁决才告一段落。此外，在这一时期还发生过多次佛、道之间的矛盾和斗争，如唐高宗时，即发生了佛教徒要求皇帝下令焚毁《老子化胡经》的斗争，到唐中宗时竟明令“废此伪经”而宣告了佛教的胜利。但初唐以来，唐王朝为贯彻其“三教”平衡的政策，更多次组织“三教”的代表公开辩论[①]。这一思想斗争的形式，大有助于道教的理论化建设。隋唐时期，如果说佛教进入了系统地中国化时期，则道教开始了系统地理论化过程。

道教的理论化，概略地说，有三个方面：

首先，道教开始占领老庄玄学阵地，大兴注老解庄之风。单就注老诸家来看，唐末五代道教学者杜光庭（850—933）曾作过一番清理和总结，著《道德真经

---

① 如贞元十二年（796），唐德宗生日，令儒官与佛、道代表讲论，“初若矛盾相向，后类江海同归”（见《南部新书》）；迎合朝廷需要、调和三教的人，如太常卿韦渠牟，初读儒书，后做道士，又当和尚。

广圣义》五十卷,发现历代注《老子》者有六十余家,可归纳为五种指意:(1) 河上公、严君平为代表,明理国之道;(2) 陶弘景、顾欢为代表,明理身之道;(3) 鸠摩罗什、佛图澄为代表,明事理因果之道;(4) 刘进喜、成玄英、李荣等十一家为代表,明重玄之道;(5) 何晏、王弼、钟会、羊祜等为代表,皆明虚极无为、理家理国之道。而各家宗旨也不相同:严君平以"虚玄"为宗,顾欢以"无为"为宗,孟智周、藏玄静以"道德"为宗,梁武帝以"非有非无"为宗,孙登以"重玄"为宗。此处孙登,并非与竹林七贤交往的隐士孙登,乃东晋时人,孙盛之侄,是发明"重玄"之旨的人。杜光庭判断说:"宗旨之中,孙氏为妙矣。"表明"重玄"之旨,是道教建构自己理论中的突出贡献。杜光庭在《道德真经广圣义》一书中也贯彻了"不滞有无,不执中道"的"重玄之道",用以阐释"玄之又玄"。此乃隋唐道士注老的主流思想。

杜光庭又著《太上老君说常清静经注》,谈到道教的气化宇宙观,道教的成仙之术,认为修道成仙,"非一途所限,非一法所拘",约有四种:(1) 飞升,(2) 隐化,(3) 尸解,(4) 鬼仙。前三者都事属渺茫;唯(4)即生前行善,死后成仙,这已完全脱离了道教的原始教义。

其次,道教着力于融摄佛教的思辨成果,用以建构自身的理论体系。在这方面,除了一些表层的宗教仪注、名词术语的模仿、引用之外,还在深层的思辨结构和理论内容上有所吸取,主要表现为以下三环:

(1) 重玄理论,作为隋唐道教理论建构中的主干思想,明显地吸收了佛学中观般若的精华,特别是通过三论宗的介绍,得以融会龙树、提婆的中道观方法论,直接吸取吉藏的"二谛义",用以诠释《老子》的"玄之又玄"。所谓"重玄",即"又玄"之义。据成玄英《老子义疏》第一章云:

"玄者,深远之义,亦是不滞之名。有无二心,微妙两观,源乎一道,同出异名。异名一道,谓之深远,深远之玄,理归无滞。既不滞有,亦不滞无,二俱不滞,故谓之玄。"

"有欲之人,唯滞于有,无欲之士,又滞于无,故说一玄,以遣双执。又恐行者滞于此玄，今说又玄，更祛后病；既而非但不滞于滞，亦乃不滞于不滞，此则遣之又遣，故曰玄之又玄。”

“妙，要妙也。门，法门也。前以一中之玄，遣二偏之执；二偏之病既除，一中之药还遣，唯药与病，一时俱消。此乃妙极精微，穷理尽性，岂独群圣之户牖，抑亦众妙之法门。”

又李荣《道德经注》第一章云：

“道德杳冥，理超于言象；真宗虚湛，事绝于有无。寄言象之外，论有无之表，以通幽路，故曰玄之。犹恐迷方者胶柱，失理者守株，即滞此玄，以为真道，故极言之，非有无之表，定名曰玄。借玄以遣有无，有无既遣，玄亦自丧。故曰又玄。又玄者，三翻不足言其极，四句未可致其源，寥廓无端，虚通不碍；总万象之枢要，开百灵之户牖，达斯趣者，众妙之门。”

这种双遣二边之论，显然来自鸠摩罗什所传龙树之学以及罗什注《老》对“损之又损”的诠解，而以道融佛，颇与中国化的佛教如吉藏的四重二谛义相近，而又别有进境，如所谓“以重玄为道，以三一为归”等。蒙文通先生《校理老子成玄英疏叙录》等文中曾详论之。

(2) 坐忘理论，源于《庄子》，而显然吸取了中国化佛教的最初体系天台宗的止观论。《玉简杂书》言：“道释二氏，本相矛盾，子微(司马承祯)乃全本于释氏，观七篇叙可见。而《枢》一篇尤简径明白，略谓夫欲修道，先去邪僻，端坐内观，但灭动心，不灭照心，定而慧生，此真慧也。此言与智者(智顗)所论止观实相表里。子微隐天台玉霄峰，盖智者所居，知其源流有自。”[①]蒙先生进而考订《坐忘论》有三家，其中司马子微与赵志坚均有所谓“有观”“空观”“真观”——三观之说，而述及张耒称引张至柔之言曰：“大道甚简，守心而已，守心无他，守一而已。……是

① 转引自蒙文通《道教史琐谈》。

道也,智者得之为‘止观’,司马子微得之为‘坐忘’,皆一道也。……今人忽之,乃若其形骸,妄想变怪,吞饵金石,去道远矣!”足见坐忘理论与天台宗的止观、定慧,确实“其道不二”。司马承祯的《坐忘论》《天隐子》中以道融佛,强调了所谓成仙,并非肉体飞升等,而认定“收心离境”“守静去欲”,便会“自入虚无”“与道冥一”,达到这种精神境界,就是“神人”,也就是《庄子·大宗师》所说的“堕肢体,黜聪明,离形去知,同于大通”的“坐忘”境界。

这里显示出道教发展到唐代,吸取、融摄了儒、佛、老庄各家思想而系统地理论化之后,在所谓“长生”“成仙”问题上发生了重大转变。即不再言“白日飞升”之类,一般不再讲外丹(炼丹服药,长期无效,且多人中毒身死),而重言内丹,指斥外丹是“舍本逐末”,而强调内在修养,“安心坐忘之法”,所谓“神不出身,与道同久,且身与道同,则无时而不存,心与道同,则无法而不通”。司马承祯认为,达到这样的形神合一,“虽未升腾,挥翼丹霄之上矣”。刘鉴泉先生在《道教征略》中曾论断:“唐以还,道教诸名师皆明药之非草,长生之非形躯,不言白日升天矣。”这是道教理论发展史的一大变化,自当重视。

(3) 宋元以来,南北教派林立,而以北方的全真道为主流。陈垣先生在《南宋初河北新道教考》一书中,曾据大量碑记以及通行道教史文献《甘水仙源录》、《祖庭内传》、近人陈友珊《长春道教源流》等资料,详述了全真道派的发展,认为“全真之初兴,……世以其非儒非释,漫以道教目之,其实彼固名全真也。若必以为道教,亦道教中之改革派耳”。全真教派创始者王喆(字知明,号重阳,1112—1170)及弟子谭处端、刘处元、马钰、丘处机等,其立教思想的最主要特点,就是吸取中国化了的佛教禅宗思想,自称“禅为宗,道为祖”;清初全真道士柳守元《玄宗正旨序》中说:玄宗“与禅宗实为相近”。《弇州续稿·书〈中和集〉后》云:“究其大旨,多出禅门。”王喆在《立教十五论》中明确主张修行应从“打坐”入手而达到“语默动静,无时非禅”的最高境界。禅宗与山林隐逸的结合,成为金、元一代的道风。王恽《秋涧集》卷五八《奉圣州永昌观碑铭》云:

“后世所谓道家者流,盖古隐逸清洁之士矣,岩居而涧饮,草衣而木食,

> 不为轩裳所羁，不为荣利所怵，自放于方之外，其高情远韵，凌烟霞而薄云月，诚有不可企及者，自汉以降，处士素隐，方士诞夸，飞升炼化之术，祭醮禳禁之科，皆属之道家，稽之于古，事亦多矣，徇末以遗其本，凌迟至于宣和极矣。弊极则变，于是全真之教兴焉。渊静以明志，德修而道行，翕然从之，实繁有徒。其特达者各潜户牖，自名其家，耕田凿井，自食其力，垂慈接物，以期善俗，不知诞幻之说为何事，敦纯朴素，有古逸民之遗风焉。”

陈垣先生认为“以逸民名初期之全真，诚得全真之真相”①。又全真派思想的另一特点，已显示“三教合一”的倾向，王喆在各地传教，先授《孝经》《道德经》，然后再授《般若心经》与《常清净经》，其弟子一再宣扬“天下无二道，圣人不两心”，“教虽分三，道则唯一”。

最后，道教理论化的后期发展，日益趋向于并包容在三教融合的思潮之中。整个隋唐时期，三教由对立斗争而趋向融合，乃是思想主潮。

佛教在中国化过程中，既容纳儒家“忠孝”等伦理规范，更由禅宗大量吸取孟、庄思想。

援佛入儒也成为时代思潮，韩愈、李翱已多方吸取佛、道，而柳宗元、刘禹锡、王维、李贺、白居易、梁肃等更自觉地消化佛理。

唐文宗太和元年(827)曾举行一次三教讲论会，参加者有安国寺僧义林、太清宫道士杨弘元等，秘书监白居易代表儒教，并作记录，后整理成《三教论衡》一书。(《白氏长庆集》卷五十九)从该记录问答中可以看出，这已是一次非常和谐的学术讨论，完全不同于以往的互诤。又韩愈、柳宗元、刘禹锡之间的一次天人问题的争论(实质上也表现出儒、佛、道的观点分歧)，宗密参加了，而所写《原人论》，主张“会通”，认为“孔、老、释迦，皆是至圣，随时应物，设教殊途”。

至于晚唐道士，如陈抟、谭峭、张无梦、陈景元等，都是兼通《老》《易》及经史百家之言，都起了会通三教的作用。

---

① 以上均见陈垣：《南宋初河北新道教考》卷一《全真教之起源第一》，中华书局，1962年。

北宋初年，道教理论家张伯端著《悟真篇》，也是兼通易、老，并明确肯定“教虽分三，道乃归一”。而陈景元（碧虚）在其《道德真经藏宝纂微篇》《南华真经章句音义》中所用概念，多为二程所袭用。蒙文通先生云：“余校碧虚《老子注》，观其所常用之词语，所常用之经传文句，及其思想旨要，则全同于二程，乃与周、邵之文不类。由碧虚之书，然后知二程之学实为希夷（陈抟）之传。”又云：“北宋儒学，显有三派，为洛学、新学、蜀学，皆于六经有解，各自树立。洛派唯司马光注《老子》，二程理学一派则排斥佛、老，至荆公新学、东坡蜀学，皆深入于佛、老，虽不属于道教，而实为道家之学。”[①]至于朱熹，虽未注《老》，而于《阴符经》《周易参同契》均有述作。足见晚唐五代之道教，对于宋代理学之兴起实有不可忽视之影响。

（1990年9月）

① 蒙文通：《古学甄微·道教史琐谈》，巴蜀书社，1987年。

# 蒙文通与道家

## 一

蒙文通先生(1894—1968),讳尔达,四川盐亭人。20世纪中国卓尔不群的国学大师、国史专家。淹贯经传,博综子史,出入佛典,挹注西学,超越今、古、汉、宋之藩篱,融会考据、义理于一轨,在蜀学渊源传统中成为自觉承启者的一员,通观以明变,富有而日新,在众多学术领域皆有创获,抉原甄微,发覆有功;而对南北道家的思想分疏和对重玄道论的历史发掘,更是独具慧眼,别开生面,作出了划时代的重大贡献。

1994年10月,蒙先生百年诞辰,蜀中师友集会纪念,道远不能赴会,谨电去八句祝词:“儒申五际,道阐重玄。古族三分,越史千年。掀髯大笑,川上观澜。缅怀仪型,孺慕拳拳。”以蠡测海,自难达意,复寄蒙默世兄一信,并颂诗一律:

存古尊经学脉醇,
观澜明变见精神。
弘通汉宋堂庑广,
涵化中西视角新。
秘阐齐韩昭大义,
疏还成李入玄莹。

桐花细雨京郊路，

钵水投针笑语亲。

诗末附一《后记》，概略地赞述了文通先生的学术成就及其思想渊源。盖自晚清以来，蜀学昌明，继张之洞、王闿运等在蜀中创办“尊经书院”之后，赵启霖仿张之洞在湖北的学政又继立“存古学堂”(后改名“四川国学院”)，乃当时蔚然兴起的蜀学中心。文通先生于民初被荐选入“存古学堂”，得受教于廖平、刘师培诸大师之门，师说各异，饫闻各种争论，启迪实多。廖平从平分今古到尊今抑古所展开的今古、大小、人天六变之说，尤为恢奇。文通先生独能深入堂奥、心知其意，而又自立权衡，蜕出师门。特赏孟子“观水有术，必观其澜”一语，引而申之，别创通观达识、明其流变的史学新风，为蜀学的发展开辟出新的境界。

文通先生治学，特重独立思考，不拘成说，不苟附和。由通经入手，以究史为归，贯通传记诸子，驰骋古今，期于明道。常谓：通经必须明体达用，为推本礼数，考镜源流，当明其家法；同时，为深察微言，较论诸家，则当跳出家法，重视学脉渊流，把握时代变化。又谓：究史必须虚实结合，“以虚带实”，“史料是实，思维是虚，有实无虚，便是死蛇”①。唐君毅、丁山等无不称道其“每篇文章背后，总觉另外还有一个道理”，“每篇考据文章，都在讲哲学”②。这样寓论于史，就实论虚，史与论、变与常、实与虚的深相结合，体现了蒙先生治学在方法论上的深蕴自觉；故能汇历史地理学、民族学、文化人类学等于古史研究而创为中华远古民族文化的三系之说，即通过绵密考订，将中国古代民族分为“海岱”“河洛”“江汉”三大民族集团，由于民族传统不同而形成中国“东、北、南”三大文化系统。这一创见，不仅验之于古文献记载的史迹与传说信而有征，而且为此后地下考古的大量重要发现所粲然证明，因而影响极为广远，超出了历史学、民族学的领域，对于文化传统和哲学流派的史的溯源也具有重要意义。故蒙先生 20 世纪 20 年代于《古史甄微》中首先提出的古史三系说，并由此出发而论及齐鲁、三晋、荆

① 蒙默编：《蒙文通学记·治学杂语》，三联书店，1993 年，第 1 页。
② 蒙默编：《蒙文通学记·治学杂语》，三联书店，1993 年，第 6 页。

楚三方说史之互异及其思想文化传统之各殊，立论铮铮有据，受到学术界的普遍尊重和认同。

至于抗日战争时期的艰苦岁月，蒙师北游返川后任教于川大等校，本通经致用之微旨，奋力撰写出《儒家政治思想的发展》与《儒家哲学思想的发展》等名文，引古筹今，发人深省。其解经说儒，力排流行的浮浅之论，而认为儒学发展乃吸纳九流百家之学，秦汉经师所撰传记乃承继诸子菁华而别有创新。西周典礼乃国野异制，贵贱等级不可逾越；而秦依法治，反世卿，行君主专制而奖兼并，贫富悬绝。儒学发展到秦汉之际的今文经师，则惩周、秦两制之弊而并绝之，其所提出的一套理想制度，乃是齐诗说、京房易所述之“五际”“四始”之说，以“素王”“革命”“民主”“平等”为依归。强调汉初今文师说，区别于孔孟而吸取了诸子特别是墨家之学，其精义在“井田以均贫富，辟雍以排世族，封禅以选天子，巡狩以黜诸侯，明堂以议时政”①。这才是儒家真正的“微言大义”，而浮丘伯、申培公、辕固生、赵绾、王臧、眭孟、盖宽饶等乃是儒学的真正传人②。又进而以人性论为中轴，认真清理了从子思、公孙尼子和孟荀以来的儒家哲学，而别有会心地突出《韩诗外传》所阐述的人性发展理论；尔后，精研宋明理学，扬弃程、朱、陆、王，而最后归宿到陈乾初、王船山的“以日生日成言性”的“发展论”。其《儒学五论》等对先秦两汉整个学术流变及儒家思想的发展轨迹所作的独立清理，浚求博证，发微钩沉，往往详人之所略，发人之所未发，推陈出新，贡献极大。其博学锐识，慎思明辨，深获当时一流学者、一代大师廖平、欧阳竟无诸先生的嘉许并寄予厚望，“文通文如桶底脱落，佩服佩服，将来必成大家”（廖平）。“孔佛通，……唯我文通，始足与谈”，“何时西窗烛，共作刻入谈”（欧阳竟无）③，继志述事，期望何殷！

蒙先生坚持学贵自得、学以美身的传统价值观，把德养放在一切的首位，一再强调做学问必先堂堂正正做个人，“若不知人之所以为人，而与人论学，是遗其

① 蒙默编：《蒙文通学记·蒙文通先生传略》，三联书店，1993年，第188页。
② 蒙文通：《古学甄微·儒家政治思想之发展》，巴蜀书社，1987年，第165—200页。
③ 蒙默编：《蒙文通学记》，三联书店，1993年，第186页。

大而言其细”①。钱穆在《师友杂忆》中忆及他与青年蒙文通初晤于苏州，同游灵岩，赏梅邓尉，“俯仰湖山，纵谈今古”，以及30年代初他们同任教北大时，与熊十力、汤用彤等时时交往，相聚辩学论道的情景，宛如竹林濠上，其俊朗风神，跃然纸上。蒙先生早年游南北，既问佛学于欧阳竟无，复询国故于余杭章氏，又纳交于海内硕学，了无门户之见。蒙先生讲儒学，大异于流俗，以汉今文经师为归依，同时特重《儒行》，高扬漆雕氏之儒的“儒侠”学风。他择善固执，耿介不阿，藐视权贵，白眼官绅，一生不离教席，而每与师友论学，意气风发，往复辩难，强聒而不舍；他生性旷达，乐道安贫，待人率真，蔑弃荣利，颇有道家风骨。早在京津任教时，生计困难，却严词拒绝了亲日伪者之重金诱聘，大义凛然！30年代先在北大，后在川大，曾两次被无理解聘，掀髯一笑，处之泰然。40年代长四川省图书馆期间，条件十分艰苦，而醉心于辑校古籍，其中成玄英《老子义疏》之辑为完璧，更是度越清代二三百年辑佚之重大成果。1945年书成由蒙老先生以楷书写定后，文通先生除撰写长篇《叙录》外，特请人摹绘李公麟《九歌图》中的《国殇》一图，置于卷首，并深情篆题云：“佳兵不祥，群生刍狗，奉愿国殇毅魄，早证三清！并祷永弭甲兵，天下安泰。”慨然以自己辑校的精品，奉献给抗日国殇，祝祷烈士英魂，早证三清。情系国殇，足见高怀。至于50年代以后所写《理学札记》，乃专门哲学论著，含英咀华，别具慧解；而考史之作则转为较重社会经济史的研究，立论有本，考辨綦详，表明其敏求新知，学有进境。特别是在“文革”中横遭凌辱迫害的条件下，苦心孤诣，奋力撰成其绝笔之作《越史丛考》，针对越南扩张主义者的谬说，予以系统驳正，成为经世史学的当代名作。当其昼系“牛棚”，夜归奋笔，完全置个人荣辱安危于不顾，正是“参万岁而一成纯”(《庄子·齐物论》)、“历乎无穷之险阻而皆不丧其所依”②的道家学者的崇高风范！十八万字的《越史丛考》写完后仅一月，蒙先生即翛然辞世，其爱国赤忱，贞风亮节，光耀学林！

---

① 蒙默编：《蒙文通学记》，三联书店，1993年，第1页。
② 王船山：《俟解》。

## 二

先秦是中国历史上的“轴心时代”[1]。这是老子、孔子和墨子以及其他诸子蜂起争鸣的时代。而儒家道统，一贯贬斥诸子之学。蒙先生一扫传统偏见，以平等心衡视九流百家；尤其对儒墨道法诸家思想在发展中的分合出入，注意其相互影响，力求予以动态地把握。基于“古族三分”“文化三系”“古史三说”的理路，蒙先生将先秦诸子主流学派归结为三系：东方儒、墨（阴阳、名辩可统于墨），皆“法先王、道仁义，诵《诗》《书》”，“大同而小异”，同出于邹鲁；西北法家（兵、农、纵横属之）乃出于三晋而终显于秦；北方道家出于燕齐，而南方道家则兴于荆楚。这三系各派之间，既矛盾互攻，又互为采获，彼此融会。如“孔孟之道，以惩于墨家，而后脱落于陈言；以困于道家，而后推致于精眇”。“百家横议，错互其间，以击以守，相荡相激，有所辩必有所惩，有所变必有所困，阐发既宏，波澜壮阔。”[2]今文经学的理论，则有取于墨家者较多。[3] 推原儒家之发展，孔门之教，作始也简；八儒之分，端赖诸子思想之激荡，如仲梁氏之儒杂于道家，乐正氏之儒杂于墨家，子思氏之儒则杂于法家等等；至秦汉今文经师传记，乃诸子思想菁华的总结。把杂而多端的诸子学说视为汉代新儒学之所由来的必经环节，从而揭示出从先秦到秦汉诸子思想由分而合的演进逻辑。诸多创见，出人意表，然而其绵密的考订，深刻的洞见，又足以令人折服。

蒙先生对于先秦道家思想的研究，着力尤深。《杨朱学派考》一文，破旧立新，震动学林。其中特有创见的研究成果就是把道家区分为南北两派，明确提出“北方道家说”，并对其学脉源流作了细致的分疏。

一般论道家仅言老、庄，无论褒之贬之，皆蔽于一曲。蒙先生却认为先秦时期的道家实以北方杨朱之学为主流，而南方庄、老之学实为支流；以老、庄指称道

---

① 雅斯贝尔士：《现代西方史学流派文选·人的历史》，上海人民出版社，1982年，第39页。
② 蒙文通：《古学甄微·儒家哲学思想之发展》，巴蜀书社，1987年，第67页。
③ 蒙文通：《古学甄微·论墨学源流与儒墨汇合》，第211—226页。

家,是后来玄学清谈崇尚“虚无”之偏辞所致。单从人数讲,道家要以北人为多。针对疑古派的某学者论定杨朱即庄周一说,蒙先生特从学理上杨、庄异旨给予了系统的驳正。杨朱、庄周一北一南,思想旨趣相去甚远。北方道家杨朱之徒,不废仁义,而南方道家非薄仁义。“杨言尊生、言仁义,庄皆反之,此其不同之彰彰者!”[①]蒙先生认为北方道家学派,远源于列御寇,创始于杨朱,发挥于田骈、慎到,而下开稷下及秦汉之际的黄老之学,并从杨朱思想核心“贵己”“尊生”出发,进而广论詹何、子华、它嚣、魏牟、陈仲、史鳝、田骈、慎到等皆属杨朱学派。蒙先生认为,杨朱之学在衍扬流播中又各有所重。如它嚣、魏牟重生轻利,因偏于“纵情性、安恣睢”,成为杨朱之学的末流,属“纵情派”;而陈仲、史鳝承杨朱“自贵”之旨、“轻爵禄而贱有司”,退隐山林,属“忍情派”;齐人田骈、慎到贵“静因之义”“因性任物”“变化应求”,以“因循”为本,是对杨朱之学的精到发展。蒙先生进而对接予“或使”之说,别出新解,认为“宇宙万象,皆若或使”,人们对之既不必损益,也难以损益,由此推论出“或使”之说与田骈“因性任物”之义大同。

蒙先生博涉《吕览》《淮南》《管书》以及《孟子》《荀子》《庄子》与《群书治要》等,突出辨明田骈、慎到北方道家中的重要地位,特别揭示其“贵因”“贵公”“贵齐”学说之深义。所谓“贵因”,即“因人之情”,因物之理;使天与圣人各行其行,使万物、百姓各被其利;杨朱不肯拔我一毛而利天下,“我”即主观,才加主观一毛,即足以害天下,正是反对以一毛之私去扰乱天下。“贵因”之说实为道家之大用,“舍己而以物为法”,其深旨正与尊重客观规律之义相合。因而肯定“静因之旨,诚田骈、慎到言学之根荄,于义为最精”。“贵公”,即强调一切都必须处以公心,行以公道,反对“私视”“私听”“私虑”“私情”,因为“私设则智无由公”。故田骈、慎到“公而不党,易而无私,决然无主,趣物而不两”的主张,就是要公天下,反对以天下私一人的专制体制。而“贵齐”之说,认为天能覆而不能载,地能载而不能覆,“万物皆有所可,有所不可”(《庄子·天下》)。因此,就应“使贤愚不相弃,能鄙不相遗”(《尹文子·大道上》),在社会政治观上,就是主张“漫差等”,反对君

① 蒙文通:《古学甄微·杨朱学派考》,巴蜀书社,1987年,第245页。

主百官的等级特权。田、慎等人的“贵齐”“贵公”之说，以因循为宗的“静因之道”，其陈义既高于庄周，又大大地拓展了杨朱之说。“杨子之说，得心术、白心之言而义益彰。杨子言不可见，慎到、田骈之徒，引而伸之，推致于极精。”[①]

蒙先生特别论定《管子》中的《白心》《心术》《内业》诸篇为慎到之书，《管子》有取于慎子，而宋钘、尹文本之墨翟，乃为“逃归于杨的墨学者”[②]。这一观点迥异于当时的刘节、郭沫若等指认此四篇为宋钘、尹文之作。比观两说，蒙先生的论证更为翔实可信。嗣后许多学者，结合《庄子·天下》篇的提示，从思想主旨、文体风格以及出土的古文献资料等方面进一步补证了蒙先生之说，更足以表明其率先发覆之功。[③]

田骈、慎到、尹文、宋钘、接子、环渊等，皆聚游稷下，贵公、贵齐之论，静因之道，清虚之旨，彼此融会，于是黄老之学乃兴。田、慎以后，黄老始兴，何以人们又称田、慎之学本于黄老？蒙先生深刻地指出：“凡称黄老，皆出汉人书，晚周无言黄老者。盖黄帝、老子之书皆晚出，以稷下此诸家者，皆合黄老意，遂以黄老后来之名，被之前人。非此诸家之学出于黄老也。”[④]这实际上是揭示了学术史、思想史上经常出现而又使人易于迷惑的现象，即研究者在整理前人的思想时，往往以后设的理论框架被之前人、古人，而又误以为那个框架就是客观实际或历史的真实。蒙先生还指出：田骈、慎到因循之说，有法无法之义，衍为申、韩之术，由此推知法家实源于道家，黄老邻于法。这一溯源之论，经由马王堆出土帛书之佐证，实为确解。

较之于对北方道家的推重与肯定，蒙先生对以老、庄为代表的南方道家则有所疵评。就庄、老关系言，老聃其人古已有之，庄子屡称之，老学的师承授受，于《史记·乐毅传》可详。而老子《道德经》一书则晚于《庄子》。黄帝、老子之书，殆皆成书于战国晚期，老子一书盖取道家言之精要而为篇，言多浑沦，含义深富。蒙先生持论的根据有二：一是凡作“经”皆战国晚期事，即当一学派学说已臻于

---

① 蒙文通：《古学甄微·杨朱学派考》，巴蜀书社，1987年，第256页。
② 蒙文通：《古学甄微·杨朱学派考》，巴蜀书社，1987年，第243—267页。
③ 蒙文通：《古学甄微·杨朱学派考》，巴蜀书社，1987年，第243—267页。
④ 蒙文通：《古学甄微·杨朱学派考》，巴蜀书社，1987年，第262—263页。

完满成熟，在此基础上撷取精要而始为“经”。如《韩非》《管子》中有“法经”，墨家有“墨经”，老子《道德经》一书不外于此；二是庄书言老子凡十七章，其言皆不见于《道德经》，庄书同于《道德经》者十五处，其中不为老子语有十三处，足见老书取于庄书；而老子《道德经》一书内容精富，可证其为周秦学术成果之总结。通观道家思想之流变，蒙先生认为从杨朱到田、慎，尊生重己、贵齐贵公、“义益邃而用益宏”，清虚无为、名正法备，实得道家之正。庄周一流之思想，总是以不屑之意待人，“轻世绝俗”，灭裂仁义，使人与人“相轻”；而申、韩之流尚刑名、任法术，使人与人“相贼”。故庄、老、申、韩张极端之论，废道术之全，实为道家之偏。田、慎静因之道远比庄、荀之说深广。蒙先生的这些创见，言似奇诡，但其辨析南北道家学脉宗旨之不同，实不可易；而推尊齐学、表扬稷下，则尤为卓识。其斥庄生“轻世绝俗、矜己卑人”，自视过高，实对当世某些知识分子有所针砭，引古筹今，不无深意。

## 三

蒙先生在疏释先秦诸家思想的基础上，转向道教源流及其理论创造的研究，成果丰硕、贡献极大。

道家、道教，原本殊途，后乃同归，嬗变之迹，有史可寻。蒙先生指出：道家之学盛于晚周，而道教则起于汉末，两者初无大关系，如构成道教重要内容之一的神仙思想在先秦时期早已流行，且与道家大不类。但当后世道教徒奉老子为神人，尊《老》《庄》为经典，则道家、道教便不可复分。既注意到道教产生的多根系、多源头，更注意历代道教徒注《老》解《庄》实为道教的理论化建设，故从宗教哲学的维度来清理道教思想史，着力于思想的逻辑进程，而不单是史实的陈述。

蒙先生明确提出“道教三源说”，即太平道、天师道和神仙家共同构成道教的源头。神仙始于晚周，太平道似出自儒、墨及西汉今文经师之说，而天师道则出自西南少数民族賨、僚等族的巫觋之道。这一见解，尤具卓识。唐长孺、饶宗颐均对此事有所申论。唐在《范长生与巴氏据蜀的关系》一文中曾考论：“范长生是道教徒”“巴蛮即賨人”“范氏即于賨人部落”，饶在说“五斗叟”中指出“五斗米道与羌人、鄚人自来有密切关系”，即指天师道浓厚的巫术色彩与巴蛮敬信巫觋之风的一致性[①]。《华阳国志》称：賨人“俗好鬼巫”，故五斗米道亦被称为“米巫”“鬼道”。西南少数民族賨、僚的巫觋之风，乃是天师道的兴起与发展的文化土壤。道教三源，入晋以后，渐合而为一，至寇谦之则道教之组织、教仪、经典始备。魏晋间学术的一大变局，即玄风昌炽，老学极一时之盛，道教徒莫不注老、解庄，奉老、庄之书为经典，并以之为道教的理论建设。最具代表性的有托名为《河上公》及《尹喜》《想尔》三家注，诸书多言修炼事，均为后世道教徒所尊奉。隋、唐以降，则重玄宗、坐忘论流行，尤以重玄宗为最著。刘鉴泉先生在《道教征略》中曾言：“唐以还，道教诸名师皆明药之非草，长生之非形躯，不言白日升天矣。”[②]蒙先生吸取刘氏的研究成果，更突出辨明道教成仙理论在唐代的重大转变，即内丹事盛，外丹日衰。到了宋代，所谓钟（离权）吕（岩）之传，实近于陈抟（图南）之传，远绍司马子微，此一时期经箓外丹之说更衰落。此后，北方全真道教称为北宗，南方道教称为南宗，南方言修命，北宗言修性。独以全精、全气、全神即全其本真为追求的全真道教，指认一切内外丹药吐纳伸经之术，如“黄庭”“参同”“悟真”皆为旁门小道。金、元道教与宋相异，属茅山正一之流。明代全真道教传入南方，为武当一派，自张道贵、张守清后，武当一派遂流行于两浙、滇、蜀等地，兼修清微、正一之法，南北二宗又混而为一。道教思想在多个源头的基础上，分合合分，相互取益，彼此融合，不断地向前发展。汉、唐以来，道教徒的理论与实践的创造，吸纳儒、佛两家的心性学说，兼采海上燕齐方士、神仙家、医家言，可谓杂而多端。面对这一复杂而又丰富的古代文化遗存，以往学者治道教史多注目于教仪、法事、丹鼎、符箓以及茅山、武当、南北二宗，等等。而蒙先生则认为所谓丹鼎、符箓、斋醮、章咒、导引、房中，这些皆与学说思想之变少所关系，故作道教史“仅可涉及，无庸缕陈”，应当从宗教哲学的高度来把握道教的历史发展。因而蒙先生的道教史研究实为道教哲学思想史之研究，这无疑具有开风气之先的重要作用。

---

① 饶宗颐：《老子想尔注校证》，上海古籍出版社，1991 年，第 152—153 页。
② 刘鉴泉：《道教征略》，转引自蒙文通：《古学甄微・道教史琐谈》，巴蜀书社，1987 年，第 326 页。

蒙先生把道教哲学的研究置之于传统文化的洪波浩瀚中,既看到道教哲学在其理论形成与创建中借鉴和兼融儒、佛的一面,更论及道教哲学对其他主流学派的重要影响。如晋、唐时期,道教哲学以“重玄”论为盛,而重玄论多撷取中观之义;唐、宋时期,“坐忘”论流行,实有取于天台宗;而宋、元全真道教之兴盛,亦有取于禅宗。不仅如此,道教亦借鉴儒家,如南宋道士就多取荆公及朱子学说。另一方面,蒙先生在对陈抟学派的研究中,发现陈景元(碧虚)之学来自张无梦,而张无梦师事陈抟,“多得微旨”,再深考陈景元《老子注》中所常用之词语,常引之经典文句以及思想旨要,竟全同于程颢、程颐,“由碧虚之书,然后知二程之学实为希夷之传”,也就是说不仅周(敦颐)、邵(雍)之象数学,而且二程之理学都源自陈抟。这无疑是学术史上的一大发现①。叶适在《习学记言序目》中就曾指出:“程张攻斥老佛至深,然尽用其学而不自知者。”无论自觉与否,陈抟学术经由陈碧虚这一中间环节而下启二程,殆无疑义。

蒙先生对道教哲学史研究的最突出贡献是对“重玄”学派的系统发掘,开重玄学研究之先河。近年来随着道家道教文化热的兴起,晋唐时期的重玄思潮也成为人们关注的热点之一,但究竟如何认识、界定这一思潮,却是众说纷纭、难得共识。蒙先生以“道家重玄学派”来指称这一思潮,颇为精当。因为重玄学不单是道教理论之一环,而且也是晋唐间道家既吸纳儒、释又保持本身特色,以抗衡儒、释的理论创造。经由蒙先生之疏证史实,晋唐间确有一学脉相承的重玄学派,此学脉可溯源孙盛,而学派则创立于孙登,完善化于成玄英、李荣。“以重玄为道,以三一为归”是其共同的宗旨;这一学派既上承魏、晋之玄风,又远超胜于何、王;既承继老、庄,又拓展了老、庄的思辨,既吸纳佛学双遣两非的中道观,又保持本土的道家文化特色,这使得其影响越出道教范围,而蔚为一股时代思潮。蒙先生的指称正是就重玄道论这一时代思潮的哲学本旨立论的。

“重玄”一词源出《老子》“玄之又玄”一语,“道家重玄学派”,以“重玄”为宗本,以“重玄”来诠释“道”。成玄英《疏》“重玄”谓:“有欲之人,唯滞于有,无欲之

---

① 蒙文通:《古学甄微·道教史琐谈》,巴蜀书社,1987年,第315—332页。

人，又滞于无，故说一玄，以遣双执。又恐学者滞于此玄，今说又玄，更祛后病。既而非但不滞于滞，亦乃不滞于不滞，此则遣之又遣，故曰玄之又玄。”李荣《注》说：“定名曰玄，借玄以遣有无，有无既遣，玄亦自丧，故曰又玄。又玄者，三翻不足言其极，四句未可致其源，寥廓无端，虚通不碍。”成、李之“重玄”论，是即本体即方法的：就本体论，道即重玄之道；就方法言，即指通过双遣有无、是非、滞与不滞的方法达到寥廓虚通之境界。这种熔本体论、方法论于一炉，极富思辨水平的“重玄”学说，确使孙登“以重玄为宗”之妙旨得到很好的发挥。

蒙先生更对“重玄学”之流变作推本溯源的研究。魏、晋间，自王弼、何晏崇尚虚无，大扇玄风，而清谈放诞渐入末流。在此情势下，裴頠著崇有之论，以攻王、何；而其时孙盛更作《老聃非大贤论》《老子疑问反讯》（皆存《广弘明集》），批判的矛头直指《老子》。孙盛据老书“两者同出而异名，同谓之玄”反驳王弼的贵无说，指出：“宜有欲俱出妙门，同谓之玄，若然，以往复何独贵于无欲乎?”同时，又指出：“尚无既失之矣，崇有亦未为得。”这一批判，超越当时的有无之争，可谓深中肯要。孙登正是从其叔父的高论中受到启发，并依托支道林“重玄”观点而创“重玄宗”。孙登以下，般若之学广为重玄学所吸纳，如蒙先生所指出的重玄学派“双遣二边而取中道，与释氏中观之义若合符契”。由于般若学的引入，此派哲学义益圆满，冠绝群伦。例如，此派解“希、夷、微”之说为三一诀。成玄英疏“希、夷、微”举臧公（玄靖）《三一诀》云：“夫言希、夷、微者，谓精、神、气也。精者，灵智之名；神者，不测之用；气者，形相之目。总此三法，为一圣人。不见是精，不闻是神，不得是气。既不见、不闻、不得，即应云无色、无声、无形，何为乃言希、夷、微耶？明至道虽言无色，不遂绝无，若绝无者，遂同太虚，即成断见。今明不色而色，不声而声，不形而形，故云希、夷、微也。所谓三一者也。”又云：“真而应，即散一以为三；应而真，即混三以为一，一三三一，不一不异，故不可致诘也。”《三一诀》把希、夷、微，精、气、神，形、声、色，闻、见、得等都糅合在一起，颇富于理论思辨，使老学之义更进。且后来道教徒，为合重玄之致，广辩三一，更衍为“三一九宫法”，“三一服食法”，等等。重玄宗就其理论之精致、深刻，影响之广远，皆为道教哲学之冠，且常常是与佛教进行理论交锋的主要代表。蒙先生曾肯定：“重玄一倡,卑视魏、晋。何公、辅嗣,并遭讥弹,重玄学起,清谈声息,两者不无关系。”①

通观蒙先生的道教哲学史研究,深入堂奥,属意于理论思维,究心于思潮演变,微观考史,批郤导窾,游刃有余;宏观立论,举纲张目,得其环中。蒙先生在道教史研究中的许多论断、质疑和提示,总给人们以多方面的深蕴的启发。

## 四

蒙先生在辑校道书方面,硕果累累,嘉惠学林,功在不朽。他在辨章学术、考镜源流上许多创见,正得益于对道书的求全、求善、求精的辑校、整理上,因而其理论创见信而有征。

蒙先生在长四川省图书馆期间,面对“多以收藏善本为询者”,蒙先生笑答:“善本岂易得哉,余惟日坐其间,新勘善本耳。”蒙先生之答语实反映了他瘁力于整理祖国文化遗产的创新精神,并体现了他求精、求善、求全的笃实学风。他任图书馆长数年之间,辑校精善之古代典籍达二十余种,其中道书达十多种。如《老子成玄英疏》六卷,《老子李荣注》四卷,《老子古注补》八卷,《老子指归拾遗》两卷,《老子河上公章句校本》四卷,《老子王弼注附音义校正》两卷,《遂州本老子校文》一卷,《老子章门》一卷,陈景元《老子注》《庄子注》两种,等等。在辑校过程中,每遇疑缺讹误,详加考索,多所是正。例如杜光庭误认为创重玄宗之孙登即魏人苏门山隐士之孙登,蒙先生指出“此大谬也”。隐士孙登未曾注《老子》,隋唐志皆不见著录,《晋书·隐逸列传》说隐士孙登只好《易》,且隐居不出,“不知所终”。而《隋书·经籍志》,两《唐志》及《经典释文》皆著录“晋尚书郎孙登注”《老子道德经》两卷。又如罗振玉影印《鸣沙石室古籍丛残》中收有《老子义疏》残卷,罗氏却误以为是梁道士孟智周之作,蒙先生对此予以订正,论定是成玄英之作。

在蒙先生辑校之道书中,堪称奇迹者当数《老子成玄英疏》和《老子李荣注》

① 蒙文通:《古学甄微》中《校理成玄英老子疏叙录》《坐忘论考》《陈碧虚与陈抟学派》,巴蜀书社,1987年,第343—380页。

两种。成玄英并疏老、庄，庄疏存于《道藏》中，《古逸丛书》有庄疏残帙，与《道藏》相补，可得全本。而老疏却散佚已久，据彭鹤林《道德经集注·杂说》论成氏老子疏“于宋已无存”。蒙先生于《道藏》中搜求到老子旧纂疏有二：强思齐《道德真经玄德纂疏》和顾欢《道德真经注疏》集注本。两者皆录有成疏，且两书于采掇之际，各有取舍，互补性很强。蒙先生以强、顾之注疏为本，又参校宋李霖《道德真经取善集》、范应元《道德经集注》以及鸣沙山出土之《老子义疏》残卷，正其误夺，缀其断引，使成玄英《老子义疏》辑成完璧。进而蒙先生考察成疏所用之经文，与诸家传本相校，然后知其为唐遂州碑、易州碑本。老子成玄英疏之辑成，使散佚千年之要籍重见天日，为研究道家重玄学派提供了极宝贵的思想资料。蒙先生还特别辨明成疏所疏何注的问题。成玄英《老疏》究竟依何注为疏，成氏没有明言。蒙先生深考细辨之后指出：六代注《老》，显有王弼、河上公两大派，王弼专研玄理，河上备言仙道，《成疏》既多违《河上》义，又不屈从王弼说，而是“总此二派，不偏一际，兼举内外”。成氏这种不牒一家之注的独特之处，正体现了他兼采诸家而又力求超胜的理论特色。蒙先生这一见解，实为如何探究隋唐道教理论的发展、如何阅读成氏《老疏》，提供了重要的启示。

清末阮元已经注意到强、顾两书大量征引成说，但因对成疏之意义未予重视而没有辑校。蒙先生别具慧眼，赤水得珠，辑成完书，实因缘于先生对道教典籍的精熟和博学锐识。钱穆先生曾感叹：“有清二三百年间，所辑佚书率多残帙，何意今日竟得全编，非治学精勤者焉能获此！”仅此一项发现和贡献，就足以享誉学林，而蒙先生精进不已，在辑校成疏的过程中，发现凡引成说之诸籍皆引李荣《老子注》，故一并辑之。李荣《老子注》，唐、宋志皆著录，但仅存《道经》残卷于正统《道藏》中，蒙先生以此残卷为基础，又搜得敦煌卷子，使李荣《老子注》几成全本。总之，蒙先生在整理道家、道教典籍上贡献了一系列重要成果，并且对进一步整理道家、道教文化思想资料，提出了一系列饶有深意的具体建议，诸如仿朱彝尊《经义考》作《道德经考》，仿《四库全书总目提要》作《道藏典籍提要》等等，有的不久前已经部分得到实现。

“善歌者使人继其声，善教者使人继其志。”关于道教史的研究，无论是思想疏释或文献辑校，蒙先生都筚路蓝缕，导乎先路，有开拓之功；而后继者踵事增华，有所进展完善，自是理所当然。如重玄道论与重玄学派，经蒙先生清理出后，已引起海内外学界的重视并成为道教理论研究的一个热点，论著多篇，不乏佳作。又如成玄英《老子义疏》的辑校本，继蒙先生首辑《道德经义疏》六卷本之后，又有我国台湾严灵峰先生所辑《道德经开题序诀义疏》五卷本和日本籐原高男先生所辑《辑校赞道德经义疏》本，拾遗钩沉，当有所补苴。这正足以证明，真正的学术事业必然是许多人的持续努力，承先以显其富有，启后以见其日新，开拓者燃心为炬，后起者继志为薪，因此，神州慧命，於穆不已。

(1996年7月此文与朱哲合作)

# 《中华道学》创刊号题辞

笔谈多浮想，非的见。先对刊名略表异议。《宋史》有《道学传》，专录宋代新儒家学者；“宋明道学”这一共名，兼含“理学”和“心学”，已为学界所通用；“道学夫子”“道学面孔”“假道学”等，已成民间口语。刊名“道学”，而实论道家之学，名实相怨，不如易为《中华道论》。

道家与道教，原本殊途，后乃同归，嬗变之迹，有史可寻。故道家之学，除祖述老、庄，阐扬道论的南北诸流派的哲学、政论外，汉唐以来道教徒的理论与实践的创造，吸纳儒佛两家的心性之说，又兼采海上燕齐方士、神仙家、医家言，杂而多端，不容忽视。

道家之学的思想积淀，可溯之远古。母系氏族社会中的原始平等意识、母姓崇拜意识，以及人天合德、物我一体的自然生态意识，特别是原始社会末期公社成员中产生的一部分“避世之士”所坚持的自由精神与对阶级分化、权力异化的自发反抗意识等，都是道家思想赖以发育的根基，也不容忽视。

道家特重宇宙万物的终极本源的探求，提出“道常无名”，区别“有名”与“无名”、“认知”与“体知”，是其重要哲学贡献。且，从自然哲学引向社会哲学，由“道法自然”引出反抗政治伦理异化的社会批判，至今锋芒不减。又从自然哲学内化为生命哲学，揭示了人与天、个体小生命与自然大生命同质同构、互涵互动的关系，探究了挣脱异化枷锁的人有可能自我净化，达到天人、物我被整合为一的精神境界。由此，展开其认识论、方法论上的一系列如何突破片面、局限的自我超越,展开其美学上的一系列由“技”进乎“道”、由工具理性进到价值理性,实现求真与审美统一的自由理想,展开其文化心态和学风上一系列“别囿”“去私”“和之以是非而休乎天钧”“两行而化其道”的包容、涵化和开放的精神。这一切,以其对文明社会中异化现象的警省,以其对工具理性的局限性的敏感,以其对形而上的终极价值的关怀和对人类寻回精神家园的渴望,都有助于现代人走出自己的哲学困境,都是中国传统哲学中最富有现代性的文化基因。

(1996年3月)

# 《道家与民族性格》序

道家学脉，源远而流长。其思想积淀，可溯源到远古时代，母系民族社会中的原始平等意识、母性崇拜意识，以及物我一体、人天同构的自然生态意识，尤其是原始社会末期公社成员中产生一部分“避世之士”所坚持的自由精神和对阶级分化与权力异化的自发反抗意识等，凡此，都为道家思想奠下了原发性的文化基因。至于以后道家的文化积累与理论升华，由古代论道诸家的个别观点到《老子》一书的集其大成，由祖述老聃，阐扬道论，南北道家各派的分流到黄老治术思潮的形成，在汉初一度用世并取得文景之治的效益而又迅速被罢黜。经过这一类起落和发展，道家思想大体被定位为与儒学正宗相对立的“异端”，依附于隐者，流布于民间，在中国传统文化中别树一帜，不仅勇于参与历代的学术争鸣，并广泛渗透到中华民族精神生活的各个层面，浸入无意识深层，化为民族性格。这是不争的事实。

但是，长期以来，人们容忍一种流行的模糊观念，似乎儒家文化即可以代替或代表整个中国传统文化，把中国传统文化单一化、凝固化、儒家化。这显然是不符合历史实际的。与此相关，即使承认道家文化的存在，而囿于传统偏见，也对道家思想的历史作用贬斥居多。这也显然不是历史的公论。20 世纪 80 年代以来，情况有了一些变化，随着我国改革开放的不断发展，文化问题讨论的日益深入，文化视野的不断扩大，道家文化的研究也有了多方面的新进展。一些历史形成的文化偏见，由于研究领域的纵向和横向的扩展，研究方法与诠释角度的转换和更新而得以逐步克服。因而,近几年涌现了一批卓有新意的关于道家思想的研究论著。吕锡琛同志继《道家方士与王朝政治》一书之后,又推出了《道家与民族性格》一书,正是这批脱颖而出的优秀论著之一。

吕锡琛同志,执教湘南,神游柱下,潜心研究道家思想文化多年,其《道家方士与王朝政治》一书,着重研究了道家和道教以及方士在中国古代政治舞台上的角色和巨大影响,从文化功能的角度突出了道家的政治关怀。现在新完成的《道家与民族性格》一书,则从更广阔的视野,通观中国人的精神世界和生活现实,试图揭示道家思想在中国人的民族性格中留下的深刻烙印。这一研究的目的性非常明确,旨在披沙拣金,去谬存真,以促进民族性格的改善和更新。

吕锡琛同志的这本新著,围绕着"道家思想与民族性格的互动关系"这一主题,展开了多视角、多层面的系统论述。注意到小农经济与君主专制及等级结构是道家思想依存的社会基础;分析了道家思想影响民族性格的具体途径和方法;强调了道家思想是民族性格的理性反映,又反过来多方陶冶着民族性格;并由此引出前瞻性的结论:肯定道家提出的顺应自然、兼收并蓄、抱朴守真、崇俭抑奢、柔弱不争、不与物迁等行为原则和道德要求,不仅在历史上发挥着指导人生、净化风俗、稳定社会秩序的积极作用,而且,时至今日,在社会主义精神文明建设和改善民族性格,促进人类进化等方面,仍将发挥其特有的功能。作者这种论与史相结合、古与今相贯通的论证分析,把道家思想文化的研究引向现实、具体和深化,令人耳目一新。

民族性格是一个非常复杂的概念,内涵丰富,歧解很多。中华民族的性格特征,则更是一个繁难问题,由于中国是在空前的民族危机中步入近代,近代以来中西文化在激烈的冲突中进行对比,民族性格或国民性问题成为文化论争中的一个焦点,成为各种观点中分歧最大的一个论题。作者在本书中对于各种观点详加论列,慎予综合,尊重前修,而不苟同,特别是对于前人论述不多的道家思想对民族性格的渗透和影响问题,进行了较深入的独立探讨,所作出的一系列论证和结论,虽尚有某些可商酌之处,但大都持论有据,言之成理,自为经纬,成一家言。

作者在本书中力图贯彻多维发展的文化史观和矛盾两分的评价原则。书中在评述道家思想对民族性格的影响时，往往引述儒家思想的影响作对比分析；肯定传统文化中多元并存、多维发展的格局，注意揭示儒、道两家作为两大文化主潮的互补机制和协调作用。书中在评价道家思想对民族性格的历史铸造和现实投影时，往往注意到它的正、负面作用及其复杂的二重性，力求作出具体的矛盾分析。如书中论析“柔弱不争之德”主要体现了人们对封建专制制度的适应和屈从，同时也发挥了调节人际关系的功能；至于道家“抱朴守真”的思想原则可以发展为对扭曲人性的封建专制主义及其虚伪道德的抨击和抗议，在其影响下生发的“童心说”“性灵说”等则更起着振聋发聩的启蒙作用，但同时也给处在封建政治高压之下的中国人一席退避和喘息之地。这样的具体分析，较能避免形而上学直线性思维的片面性和绝对化，而力求做到论述全面，评判公允。

本书还有一个显著特点，就是坚持历史科学的现实性和前瞻性，清理过去是为了开拓未来。作者强调，一方面要如实探讨在民族性格的形成过程中，道家曾产生过哪些积极或消极的影响，另一方面更要努力弘扬道家思想中的优秀传统，开掘其中蕴藏的有利于民族性格优化、有助于人类全面发展的精华，摒弃其消极因素，进而对中华传统文化进行全面清理和重新整合，使之形成新的民族性格，借以强化中华民族对外来文化的消化力与鉴别力以及拒腐抗病的免疫力，促使民族性格的优化发展，昂首挺胸地自立于世界民族之林。作者的这些论述中，跳动着强劲的时代脉搏，必然会在广大读者的心灵中激起深沉的共鸣。

在中华传统文化的多维发展的浩瀚洪流中，道家思想文化的研究急待扩大和加深。吕锡琛同志有志于此，勤读道书，扬榷古今，笔耕不辍；撰成此书书稿后，曾由湘江远寄汉皋，虚怀下问，乐予切磋。今书将出版，喜为之序。

（1996年元月）

# 《道家思想的历史转折》序

道家和道教的思想学脉在中华传统文化发展的洪波浩瀚中，据有重要地位，发挥过独特的作用。随着我国改革开放的不断发展，中外文化交流的视野扩大，道家和道教思想文化的理论价值和现实意义，已越来越引起学术界的重视。关于这方面的论著，也逐年增多。长期以来因传统偏见所形成的“儒热道冷”局面，正发生着某种程度的变化。应该说，这是当代中国传统文化研究中一个值得注意的现象，在一定程度上反映出中国学术正逐步摆脱“贵一而贱多”的传统格局而走向多元化的合理发展趋势。

道家与道教，原本殊途，后乃同归。在唐代，老子被神化为李氏先祖，道家的地位因此得到显著的提升。李氏王朝多次尊封老子和庄子等道家人物，并将《老》《庄》《列》《文》等道家著作升格为“经”，颁令天下士子研习。原来就很注重吸取道家思想的道教，为加强理论化建设而进一步依托于《老子》和道家的哲学思辨，乃至内化为道家的一个重要组成部分。许多重要的道教人物，都以不同的形式注老解庄来发展道教理论。在“三教”融合总趋势的影响之下，一方面有成玄英等学术精英，吸纳儒、佛，阐扬道论，另一方面又有唐玄宗等帝王将相，崇道佞道，推波助澜，遂使唐代的道家思想文化在各方面得到丰富发展，进入空前繁荣的境地，因此也为我们留下了一个重要的学术研究领域。

学术研究不仅需要论著在量上的增加，而且更需要在质上的提高。近些年来，我曾在不同场合多次强调，道家和道教思想文化的学术研究，不仅需要着眼于宏观的通史、通论，而且更要注意从微观着手，开展断代的、专题性的研讨。只有通过对某些重要时期的重要专题的深入研讨，才能真正促进通史、通论性宏观研究水平的提高。这就很需要有脚踏实地、知难而进的精神。掘井必须及泉，吹沙才能见金。已故前辈学者陈寅恪、陈垣、蒙文通等，都很注重专题性研究。陈垣先生甚至多次劝导青年学者应当注意“缩短战线，专精一二类或一二朝代”，以免“空泛而弘廓”①。这是很值得我们深思和借鉴的。

何君建明，英年好学，在风雨声中勤读于珞珈与桂子山间，博涉敏求，孜孜不倦。近些年，他有志于道家和佛教思想文化的研究。这部《道家思想的历史转折——唐代道家思想研究》，是他以断代、专题为基点，几年来潜心研究道家思想文化的一个阶段性成果，是一部深入剖析道家思想历史性变化的论著。他针对长期以来因各种原因造成对唐代道家思想文化缺乏深入、系统研究的状况，以此作为其研究道家思想的突破口，没有采取沿袭成说、排比史料，铺叙出一部“唐代道家思想史”的捷径，而是决心下笨功夫，采山之铜，力求系统、直接地占有《道藏》等有关原始资料，在此基础上，慎选某些代表人物和重要思潮作为个案，进行了较为周密的专题研究；同时，认真吸取了海内外诸家的研究成果，敬重前修，择善而从，扬榷诸家，敢标新意，从而使本书对唐代道家和道教的理论发展的研究，有所突破，具有补白、拓新的意义。

作者自觉地把唐代道家思想放在中国古代社会经济、政治、文化在唐中叶的历史性转型和道家思想历时性发展的总态势之中来加以考察，力求宏观立论、微观考史，史论结合。独有会心地引申王明先生“老学三变”之说，指出道家思想的逻辑结构，主要包含着哲学思辨、政治关怀、修炼养生之道这三个主要层面，中国道家思想的历史发展，也主要是这三个层面的历时性展开与深化。通过对唐代道家和道教思想的深入研究，揭示出道家思想在唐代（尤其是中后期）自觉适应社会转型与文化变迁的历史过程中也实现着从重玄思辨走向现实关怀、从炼气存神及外丹学走向性命双修的内丹学、从“道本儒末”走向“儒最尊”的历史性转

---

① 陈智超编注：《陈垣来往书信集》，上海古籍出版社，1990年，第355页。

变，分析了唐代道家和道教在哲学思辨、心性修养、养生学和社会政治关怀等方面的独特贡献及其在中国后期宗法社会思想文化传统形成中的特殊地位。

对于学林前辈的学术观点，作者认真消化，但不苟从，在占有原始资料、进行合理分疏的基础之上，对某些流行的学术观点提出了较有说服力的补充、修改和驳正。比如，关于“重玄”思潮，国内外学者多有涉及，但众说纷纭，难求共识。作者通过较细致的考察和分析，力排众议，指出中国历史上以“重玄”思辨发挥老庄哲学的学术思潮，可以界定为“道家重玄学”；它的真正宗源，可以追溯到庄子；它的理论内涵可以概括为道体重玄论、道性自然论、修心复性论和重玄境界论及重玄思辨方法论的统一。这样的理论分疏，揭示了隋唐哲学思辨和道家心性之学的丰富内容。又如澳籍华人学者柳存仁先生曾对唐玄宗自行改易《道德经》文字的问题，进行过专门研究，发表了多种重要论著。但是，本书作者认为，柳先生虽考辨深细，仍难免有所疏漏，如没有注意到唐玄宗将“清静为天下正”改易为“清净为天下正”的重要性。本书强调，唐玄宗这种改易，并不是以“清净”否定“清静”，而是通过佛道融合，使“道”同时具有“清静”和“清净”的双重特性，从而丰富了道家的道性论。

本书还有一个致思的特点，就是力图将历史与现实、鉴古与筹今结合起来，深入开掘道家思想的优良传统和现代意义。如有的论者曾论断王真的《道德经论兵要义述》“迂腐不堪，实不足观”。本书作者通过古今贯通的深入考察，指出王真所提出的“用其所不用”“权与道合”等“理兵”观念，深入到对人性的研究与调适之中，并非简单的否定兵战，而是强调兵战不是目的，只是手段，解决天下、国家的争端，不能一味地诉诸武力，而应当尽可能地采取和平的政治方式。这些观念，在今天仍具有重要的实现意义。针对近些年来各种迷信方术以种种方式死灰复燃，作者在充分肯定唐代道家和道教关于修炼养生等道术中的合理思想的同时，着力弘扬了作为道家和道教精神传统的真正维护者成玄英、张志和、司马承祯、吴筠和罗隐等人对于各种迷信方术的揭露和批判精神，指出“神仙”只是人们追求自由的一种美好的理想境界。作者还对唐代道家关切现实人生，批评积弊和时病，追求精神自由，祈望政通人和、五谷丰登、延年益寿和文化心态上兼容并包、虚怀若谷等方面的宝贵精神资源及其现代意义进行了积极的发掘和合理的肯定。

当然，正如作者在"后记"中的自白，由于汲绠尚浅，涵泳不深，本书不免存在未洽人意之处，有些观点还有待进一步深化和周密论证。黄宗羲有云："盖道，非一家之私，圣贤之血路，散殊于百家。求之愈艰，则得之愈真。"[①]我希望作者继续努力，不畏艰难，勇攀高峰，进一步取得新的成果。是为序。

（1996 年元月）

---

① 《清溪钱先生墓志铭》，《南雷文定》三集卷二。

# 佛慧浅绎

# 浅析佛教哲学的一般思辨结构

关于佛教，从哲学史的角度去把握，似乎可以这样简单地概括：它是一种唯心主义的本体论以及对于本体的证悟论。这有两个侧面，可以说是佛教哲学试图回答的两个方面的问题。一方面是本体和现象的关系问题，这个问题涉及或实际包含一系列重要的哲学问题，诸如本质、现象和假象之间的关系问题；另一方面是一般和个别的关系问题，普遍和特殊的关系问题，整体和局部的关系问题，统一性和差别性的关系问题，依存性和独立性的关系问题，等等。佛教提出一系列的观点，制定一大堆范畴，试图按照它的唯心主义世界观来回答这些问题。至于证悟论这个侧面，它试图回答主体和本体的关系问题。当然，它所谓“本体”有其特殊的含义。回答这个问题，就涉及一系列认识论、真理论中的问题。比如：认识的有限性和无限性的问题，感觉的主观性和客观性的问题，真理的相对性和绝对性的问题，语言、概念等的局限性问题，认识过程中各种形式的飞跃问题，逻辑思维和形象思维的关系问题，等等。佛教徒在探索主体和本体间的关系时，涉及这一系列问题。

关于唯心主义本体论的思想实质，马克思就西方哲学范例作过深刻剖析，指出唯心主义的思辨哲学总是经历着一个自我意识的循环。唯心主义者所设想的本体，实质上是“自我意识的外化”，是人的理性从自身中分离出来，变成了一个“无人身的理性”[①]。它所展开的思辨循环，大体是：从作为主体的人的自我意识

---

① 马克思：《哲学的贫困》第二章第一节《方法·第一个说明》，人民出版社，1961 年。

出发，首先“从人的属性变成了独立的主体”；再从独立的主体“神秘地变成了想象的无限的自我意识”，即客观的绝对本体；然后，人的自我意识这个主体与绝对本体互相对置起来而又通过某种神秘的认识途径达到互相冥合，实际是在幻想中实现异化的扬弃而达到人性的复归。正如马克思和恩格斯在揭示唯心主义的思辨哲学的本质时指出的：“这是一幅讽刺人脱离自然的形而上学的神学漫画。”“自我意识也通过这种运动首次把自己制造成绝对的东西，因为绝对的唯心主义者要想成为绝对的唯心主义者，就必须经常地完成一种诡辩过程，就是说，他先要把他身外的世界变成幻觉，变成自己头脑的单纯的突发之念，然后再宣布这种幻影是真正的幻影——是纯粹的幻想，而最后便宣告它是唯一的、至高无上的，甚至不再为外部世界的假象所限制的存在。”[①]佛教哲学的一般思辨，本质上也属于这一类。佛教哲学和一般唯心主义本体论一样，利用形而上学的抽象，在相对的现实的现象界背后去设置一个绝对的超现实的“本体”。这个形而上的“本体”，被赋予某种宗教异化的神圣性质，给它取上“法性”“佛性”“真如本体”“圆成实性”“不思议界”等名字，把它规定为绝对的、无限的、唯一真实的、永恒不变的、至高无上的存在。于是，“非有非无、非常非断”，“不生不灭、不一不异”，“言语道断、心行路绝”等“关于绝对的呓语”，便构成佛教哲学思辨的重要内容。而最后的宗教目的在所谓“证真如”“入涅槃”，即通过特殊的“证悟”途径以达到主体的自我与绝对的本体互相冥合，实现幻想中的人性的复归。这种复归，表现在佛教哲学中大体有两条途径：一是使主体融入“本体”之中，如华严宗等近似客观唯心主义思路，叫作“流入大涅槃海”；另一条是把本体纳入主体之内，如禅宗等近似主观唯心主义思路，叫作“直指人心，见性成佛”。两者最后都归宿到宗教神秘主义。

佛教哲学之所以精巧，更由于它有一套以相对主义为特征的思辨方法。但其中确又蕴含着、酝酿着某些认识运动的辩证法。关于佛教哲学中这一套思维模式和思辨方法，大体上可以归纳为以下四个方面：

---

① 马克思、恩格斯：《神圣家族》第六章第三节《绝对批判的思辨循环和自我意识的哲学》，人民出版社，1962 年。

## 一、缘起说

缘起说是佛教从小乘到大乘的一个共同的理论基石。小乘佛教一开始从印度其他宗教中区别出来的时候，主要就是讲缘起说。小乘的缘起说，以“十二因缘”为中心，着眼于人生过程，以缘起说来论证“人无我”；而大乘则发展为讲“法无我”，即认为：任何事物和现象（即“法”：“心法”“色法”，即精神现象和物质现象，都叫“法”），在佛教看来，都不是单一的、孤立的存在，而是因缘所生。也就是说，它们的存在和变化，生、住、异、灭，都与其他的事物处在一个普遍联系的关系之网当中，牵一发而动全身，一变一切变。所以任何事物、任何现象都不能够自主，不能自己主宰自己，即没有独立性。任何事物也都不能够常住，因为它处在互相制约的关系之中。它不能自主，没有独立性，又不能常住，因而它没有质的规定性。佛教得出的结论是：诸法无自性。不能自主，就是无我；不能常住，就是无常。这就是佛教所说的“三法印”，即三个最高原则：“诸行无常，诸法无我，涅槃寂静。”这个“涅槃寂静”是整个佛教教义的归宿，即达到“涅槃寂静”的境界而得到“解脱”，属于宗教幻想，但它的哲学理论根据就在这里：诸法缘起无自性，就是说任何事物都是诸缘会合，并没有一个自主的、常住的质的规定性，所以，都是不真实、不可靠的。由此也逻辑地导向所谓“缘起性空”或“唯识无境”的结论。佛教的缘起说，强调了事物的普遍联系和多重关系的综合，它并非全是胡说而包含了某些真理的颗粒。因为，任何人的本质，只能是各种社会关系的总和；而任何一个现实事物之所以存在并具有特定的性质，也只能是由他物所规定，是许多规定的综合。佛教的缘起说，似乎从反面承认了这一事实，只是它的论证反而从诸多关系的规定中抽空了这种本质，把事物的本质归结为无任何规定性的“空”。龙树的《中论》里有一段典型的论述：“众因缘生法，我说即是空。何以故？众缘具足，和合而物生。是物属众因缘，故无自性；无自性，故空。”（《中论·观四谛品》第二十四）还有一段话：“以因缘，诸法生，无我、无造、无受者。”[1]这是说,任何法都是依靠众多因缘而生成,凡是因缘所生的法,“我说即是空”“何以故”呢?众缘凑在一起,具足了,和合而物生。所以,人们所说的物实际属于众因缘,为诸关系所规定。“故无自性”,没有独立的自主的质的规定性。“无自性故空”,没有自性就叫“空”;“空”,并不是说它不存在,而只是说它是因缘所生。因而“无我、无造、无受者”,即没有自性、没有造作什么也没有承担者,所以说是“空”。这是般若空宗的基本观点。稍后,无著、世亲创立瑜伽有宗,继续发展了这个“缘起”思想,从认识论角度提出“三性”论,即认为宇宙万有应分析为“三性”,即:“遍计所执性”,指人们所见的妄有,如见绳为蛇;“依他起性”,指这种妄有也有所依,依靠因缘条件所起,如见绳为蛇即由主观的能缘的识作用于绳等所缘的境上而造成,这就是缘起。这是对小乘和大乘空宗的缘起说的一种主观唯心主义的改造。至于“三性”中的“圆成实性”,则是“转识成智”以后不靠因缘条件而凭神秘直觉所达到的绝对真实(《成唯识论》卷八)。有宗对缘起的“缘”还细分为四:

第一个叫“因缘”,是作为“因”的缘,即条件中的主要条件,近似我们所说的根据。

第二个叫“次第缘”,又叫“等无间缘”,“次第”是紧接着的意思,是说缘具而产生事物,由此事物又产生另外的事物,是前后相继的,就事物(无论“心法”或“色法”)的普遍联系说,经过无数的中介而互相联系,一环扣一环,没有间断,叫等无间缘。

第三个叫“所缘缘”,从认识论角度更进一步指出,任何事物的产生,要有个所缘的那个缘。既要有个能缘,心是能缘,能缘又要有个对象,对象就是所缘的缘。“所缘缘”还被分析为“亲所缘缘”和“疏所缘缘”。有宗大师陈那著有《观所缘缘论》,讲得非常复杂。

第四个叫“增上缘”,是说除了有“因缘”“次第缘”“所缘缘”之外,还要有增加、扶助的缘。增上缘又叫“助缘”,近似我们所说的诸条件。对增上缘又有很多

---

① 《维摩经·佛国品》第一。僧肇对此句的注解说:“法从缘故不有,缘起故不无,诸法皆从缘生耳,无别有真主宰之者,故无我也。夫以有我,故能造善恶、受祸福;法既无我,故无造、无受者也。”

解释。如“增上缘”的范围有大有小，大到可以说任何一件事都以全宇宙为增上缘，但显然不必这样追究而需确定起作用的条件的范围；又“增上缘”的作用，有顺有逆，也要分析。(《成唯识论》卷七)佛教哲学的思辨方法颇为细密，也可说极端烦琐。要研究它，需要层层分析。以上简述，至少可以看出佛教对这个问题是进行了一番探讨的。

佛教缘起说的这种思路，基本上是歪曲地反映了客观事物的普遍联系。尽管我们承认，任何事物对其他事物的多种多样的关系的总和，规定了这一事物的内在性质，但这个普遍联系长期以来没有得到很好的研究。列宁在《谈谈辩证法问题》一文中谈到：辩证法是活生生的、多方面的(方面的数目永远增加着的)这么一种联系的认识。这个认识论的辩证法原理也没有很好的展开研究。大体上，我们曾经肯定：关于事物的普遍联系，需要区别本质联系和非本质联系、直接联系和间接联系、因果关系的联系和函数关系的联系，还有矛盾着的东西在斗争中的相互联系，等等。这已有很多层次。一个普遍联系，结构也非常复杂。客观事物的联系，有些是函数关系，同步增长，有的是因果关系，由此生彼，有的是矛盾关系。这个矛盾关系又非常复杂，矛盾的联系中有斗争性的联系和同一性的联系；而同一性的联系中，又有直接同一性和间接同一性的联系，矛盾的同一性这个概念中还包含着多方面的问题。至于认识论的辩证法，关于真理的具体性在于它是许多规定的综合，而人的认识是从现象到本质，从不甚深刻的本质到更深刻的本质的深化的无限过程，也包含着许多复杂问题。佛教就是在这个非常复杂的问题上进行了曲解。它的缘起论就是用貌似辩证法的唯心主义思辨，把事物的普遍联系的复杂关系同这些关系所规定的事物的内在本质割裂为二，使两者彻底对立；认为事物既是缘起，就不能再有自性即内在的质的规定性。通过这样一种思辨分析，来抽空事物的内在的质的规定性，从而彻底否认其客观实在性。龙树认为：一切事物都是缘具而生，并无自性，所以叫“空”。“未曾有一法，不从因缘生，是故一切法，无不是空者。”(《中论·观四谛品》第二十四)“空”是一个特殊的范畴。苏联学者谢尔巴茨基曾把“空”翻译成“普遍的相对性”，颇有点哲学意味。所以“空”不是虚无，至少龙树讲的这个“空”不是虚无，而是讲的诸法都是缘起而无自性。僧肇被赞为“解空第一”,他在《不真空论》中作了一个最简要的规定：不真,故空。空不是在“有”之外的东西,而任何“有”都因是缘起而有,所以不是真实的,所以叫“空”。僧肇强调佛教的空观是“即万物之自虚,不假虚而虚物”。他引《维摩经》说:“色之性空,非色败空。”意思是说,“色”本身是因缘法,无自性故空,并不是说“色”消失了才出现空。佛教反复强调这点。这套理论贯穿到佛教的各个经典,归根到底,它的目的是为了否定现实世界的质的规定性以及它的客观实在性。这种方法,具有相当高的思辨水平。

## 二、中道观

从缘起说推出的中道观,是大乘佛学的又一理论基石。龙树有一个著名的偈:“众因缘生法,我说即是空。亦为是假名,亦是中道义。”(《中论·观四谛品》第二十四)

这个偈,是龙树空宗的全部理论基础,被称为“三是偈”或“三谛偈”。这里面出现了“空”“假”“中”三个范畴。这首偈的前两句讲的是缘起论,即诸法由众因缘和合而生,所以我说它就是“空”,对它进行一个“空”的规定。后两句：强调我说的这个“空”本身也仅是一个假名。意思是说,为了启发人们领悟,用“空”这个名言概念来破除“执有”的观点。“我说即是空”,即是说,“空”也是一个假名,是假借名言来表达诸法缘起无自性这个意思。所以,应当领悟的道理是：既不能执“有”,不能说一切事物有自性,也不能执“空”,不能说是什么都没有,那会堕入“断灭空”的邪见。“遮破二边”,即把“执有”和“执空”两边都否定掉,是为“中道”。凡是执着两边的都叫“边见”,即偏见,也就是片面性。去掉“边见”,既破“执有”,也破“执空”。通过否定来达到肯定,这就是龙树《中论》所讲的“中道”。

上引《中论》:“众因缘生法,我说即是空,何以故？众缘具足,和合而物生。是物属众因缘,故无自性,无自性,故空。”紧接着又说:“空亦复空,但为引导众生故,以假名说;离有无二边故,名为中道。”

“空亦复空”,意思是说,这个“空”本身也不能执着,“空”也要去掉。按护法的解释:“又此空言,是遮非表,非唯空有,亦复空空。”(《广百论释论》卷六)“复空”的“空”是否定的意思。为什么“空”也要否定掉?这是因为,龙树认为“空”也是一个“假名”,并不能反映诸法实相;而且,如果把“空”误解为“虚无”,那更要破掉。按僧肇对龙树思想的概括:“物从缘,故不有;缘起,故不无”,“万物若无,则不应起,起则非无,以明缘起,故不无”(僧肇:《不真空论》)。所以“离有无二边”,才是“中道”;“中道”,是破掉各种“边见”的认识,也就是佛教所谓真理的认识。

这样的“中道观”,是由“空观”发展来的,是对“缘起性空”的认识的深化,由于承认了“假有”,并承认了“空”也是假名,故可以说龙树是综合“空”“假”而成立了“中”。上述偈文中三个范畴——空、假、中,似有其固有的逻辑进展。

龙树由此讲了一大套“八不中道”。他举了四对范畴来展开:生灭、常断、一异、来出。他认为,用中道观观察事物,就明白任何事物都是“不生亦不灭,不常亦不断,不一亦不异,不来亦不出”的;懂得这个道理,就可以破除各式各样的错误和肤浅的理论,既不会执有,也不会执无,这样就破了两边。懂得了“八不中道”,“能说是因缘”,就能“善灭诸戏论”(《中论·观因缘品》第一)。

关于“八不中道”,佛教中广泛采用,分析任何问题都采取这一思维模式。龙树的《中论》发表后,引起很大的震动,有七十家为之作注。其中青目论师的注最好,鸠摩罗什翻译《中论》连青目的注也一起译出来了。青目注释“八不中道”时举例说:谷生芽,这件事是缘起,本来就没有这个谷芽。之所以有谷芽,是因为空气、阳光、水、劳动等等诸缘共生,谷就发芽了。本来就没有芽,这个芽不是生出来的,是诸缘凑成的,所以说是不生。那么,不生就应该灭,但它又不灭。因为既然是缘起,它就必然会生芽,所以谷芽的生长是不中断的。那么,不灭就应该常,保持一个常态,但是不常。因为它是依他而起的,是依靠诸缘而起的,所以芽出后,种子就坏了,所以不常,不是永远是谷种,而是变成谷芽了。不常就应该断,但是不断。因为芽毕竟是谷种里长出来的,它是等无间缘,从谷种到谷芽是不间断的。不断就应该同一,谷种跟谷芽应是一个东西,但又不一,不是一个东西。因为缘生之物各异,新谷芽毕竟不是旧谷种。那么,不一就应该异,就应该不同,但又不异,不是不同。因为它们是同体而变,毕竟芽是谷之芽。既然是谷之芽,那么就有来,芽从谷来。但又不来,不是从谷种中来。因为谷种不可能自己生芽。那么应该来自外面,外面加一个谷芽。但又不是,它毕竟是谷子本身发生的芽,所以它是不来,不是外部来的。那么应该是从内部钻出来的,但又不出,不是从内部钻出来的,因为谷子之所以发芽,是诸缘凑合才发芽[①]。青目的解释,用最现实的“谷生芽”这个例子讲出一大堆既不生又不灭,既不常又不断,既不一又不异,既不来又不出的道理。这就是所谓“双遣两非”“以遮为表”的“八不中道”。这样来观察事物,就达到“中道”的境界了。

这些思辨,具有辩证法的外貌,颇能鱼目混珠。我们用辩证唯物主义观察某些问题,似乎也运用否定性,要求扬弃矛盾而达到更高的综合、统一。例如,什么叫时间?时间是点截性和绵延性的统一。只抓住点截性的时间观,错了;只抓住绵延性的时间观,也错了。运动是动和静的统一,只讲任何一面都错了。辩证地观察事物应该这样。龙树讲的“八不”,多少利用了人们认识过程中的矛盾问题,但问题在于:它是在一些对象上去设置了一些虚构的矛盾,然后再来个“双遣两非”,通过一系列的否定来显示所谓“中道”。它用的方法是“以遮为表”,遮就是遮破,如画月亮,只画周围的云雾,月就显示出来了。它是用否定的方法来显示它所谓的“绝对真理”,借以论证佛教所探讨的真如本体是超越一切名相的绝对。如龙树所说:“非有亦非无,亦复非有无,此语亦不受,如是名中道。”(《大智度论》卷六)“非有非无”,“非非有,非非无”,“非亦有亦无,非非有非无”。这样的否定法,可以“非”很多层。这就是所谓“想入非非”。

列宁讲过:郑重的科学抽象,可以正确地反映事物的本质;形而上学的非科学的抽象,则会搞出一个“神化了的绝对”来。[②] 佛教的思辨正是陷入了非科学的抽象,所谓“八不中道”,层层抽象上去,所谓双遣两非,破除边见,貌似辩证法,也可以说是含蕴着某些辩证法的因素;但其方法论的实质,不是去分析事物固有的矛盾,而是在事物之外去设置矛盾,然后作为“二边”加以排除,最后达到抽空

① 参见《中论·观因缘品》第一,青目释。
② 《列宁全集》第38卷,人民出版社,1959年,第181、411页。

事物的一切规定性，而导致一个“神化了的绝对”。它把认识过程中的相对和绝对、有限和无限这一类辩证关系进行割裂，引向了反辩证法的思维途径。对于佛教哲学的这种思维途径及其教训，通过剖判，有其可资借鉴的意义。

## 三、二谛义

什么叫二谛义？佛教认为，人们对客观事物的认识和认识的结果有两重：一重叫俗谛，又叫世俗谛；一重叫真谛，又叫胜义谛。谛就是道理，俗谛和真谛两重道理，都有意义。什么叫俗谛？俗谛可说是一般人看事物的方法以及所看到的结果，简单说，就是看问题从现象上来看，而看到的结果按照佛教观点都是“假象”。什么叫真谛？就是按照佛教世界观来观察世界，即从本质上看，这样观察的结果，看到的都是“实相”或“真相”。佛经中也常用俗谛，是为了方便说法，它的目的是为了引导人们进入佛教真理的认识，即真谛。这二谛义贯穿于一切经论。可以看出，佛教试图解决它所说的“真理”和常识之间的矛盾。佛教所讲的“真理”和常识，距离很远，矛盾很大。但是，发明一个“二谛义”，就是为了缩短这个距离，调和并解决这个矛盾。这个问题不能说它讲的内容全部是谬论，因为在实际生活中确有真象和假象的问题。唯物辩证法对这个问题也要认真地回答。太阳从东方升起，这明明是个假象，而地球围绕着太阳转，整个太阳系又围绕银河系旋转，那才是真象。银河系究竟围绕着什么旋转，现代宇宙学还在不断地扩大，以后究竟什么是真象，还有待探索。客观现象中真象和假象往往交错在一起，是极为复杂而难以分清的。我们自有一套办法去解决，如用本质、现象、假象，主流、支流、逆流等这样一些范畴来分析客观现实，在认识路线上坚持从实际出发，调查研究，走群众路线，健全民主集中制，等等，力图接近事情的真象。佛教也有他们的一套办法。佛教的办法，也并不是简单地宣布：常识就是谬误，佛教讲的就是真理。它的讲法似乎不那么简单，而是运用“二谛义”把人的认识进行了一番多层次的分析。当然，它分析的结果是要剥夺人的认识能力，取消人的认识能力。但它既对认识能力及其结果进行多层次的分析，也就接触到了认识过程中的本质和现象，由现象到本质，通过现象、排除假象而接近本质，由一级本质到二级本质等认识无穷深化的问题。

在龙树的中观理论中，所谓“离是二边行中道，是为般若波罗密”(《大智度论》卷四十三)，实已区分任何“二边”之见，都是“俗谛”，所观察的仅是相对的现象世界；而“离是二边”的中道，才是“真谛”，所把握的乃是绝对的本体世界。但是，“俗谛”和“真谛”、现象界和本体界，也是相对待的，如果加以区别而执着某一边，也还是堕入了“边见”而成为“俗谛”。因而真正的“中道”、最后的“真谛”，只能是泯去一切差别的“究竟无得”“言忘虑绝”，引入神秘主义。

专扬龙树之学的三论宗创始人吉藏，写了《二谛义》一书，提出四重二谛义说，比较典型地代表了佛教运用二谛义的分析方法，表达了他的真理层次论。他把佛教的真理当作认识的客观对象来探讨，分成四层阶梯：第一层，按照一般人的常识，即坚执现象都是实有的，都是有自性的，有质的规定，有独立的实体，这种看法是俗谛，是常人的“迷见”。小乘佛教因而主张“诸法无我，诸行无常”，一切存在物都无自性，都是因缘生法。这种看法就把一切事物的常住性、自主性空掉了，看作是一切皆空。这种看法当然比常识深入，故是真谛。紧接着第二层，第一层中小乘佛教所讲的那个空，它还停留在要区别有自性还是无自性这个问题上，对待有而言，说它是无。有是一边，无又是一边，分别了有和无，仍然是一种对待的知识，因此从这个侧面看，小乘佛教又是俗谛。而大乘佛教如龙树空宗认为，事物的本质是非有非无，叫“不二中道”，非有非无的“不二中道”，才是真谛。进一步第三层，大乘佛教中讲“不二中道”，固是真谛。但它讲“不二”是对于“二”而言，讲“中道”又是对于“边见”而言，就这个意义上来说，它还是俗谛，因为它还在区别，还是对待的知识，只有更进一步，认识到这两者是“非二，非不二”，这才达到更高的境界，才是真谛。所以，非二非不二，非中非偏，能够认识到这一点，表明认识更进一步了，这是第三层。最后，还有第四层。所谓“非二非不二”，还是在勉强地对于真如本体进行说明，企图用名言、概念等来对它进行规定，还是用的一种“分别智”，用一种对待客观事物进行分析、分解的办法，这还是俗谛。事实上，真如本体是不可名相的，是不能用“分别智”来说明的。只有用“无分别智”对待这个不可名相的对象，而且把握它时不能够作任何说明。前面三重真谛，都因为还停留在“分别智”上，所以在不同层次上一重一重都陷入了片面。可见只有“无分别智”才能达到最高的真谛。这个最高的真谛，就是“言忘虑绝”。这时，一般人所用的语言、文字、概念都不适用了，“无分别智”排斥掉了“分别智”，达到“究竟无得”“言忘虑绝”“言语道断，心行处灭”，把正常人的认识能力加以彻底否定，这样才达到所谓最高的智慧、最高的真理认识①。这就是它说的最高的真谛。

说到这个地方，本已由思辨哲学进入了宗教神秘主义。但是，吉藏并未就此止步，他又倒转过来，说一旦达到了这样一个最高真谛的时候，反过来再看那前三重俗谛，也都不同层次地说到了一部分真理。因为，真正讲真谛的人讲到最高真谛时，是不废俗谛的。因为俗谛既是方便说法的需要，又是达到最高真谛的一层层阶梯。即所谓“不坏假名，说诸法实相；不动等觉，建立诸法”②。所以它不能废。而且，吉藏认为，俗谛和真谛这两重认识，是相反相成的。两者看来绝对相反，实际并不互相排斥，而是互相依存的。“俗非真则不俗，真非俗则不真，非真则不俗，俗不碍真；非俗则不真，真不碍俗”③，这是吉藏的一段结论。这最后的结论，又把真俗都统一起来了。就是说，在达到最高真谛之后，又反过来对于过去讲过的俗谛全都重新肯定下来，认为“俗非真则不俗，真非俗则不真”，即是说俗谛如果不是相对于真谛来说的话，也说不上它是俗谛。比方上述第三层二谛中，在佛教认为是很高明的龙树菩萨的理论，相对于更高的真谛而言，竟变成俗谛了。小乘佛教，佛最初讲的一切皆空，这也是对的，但相对于龙树空宗来说，它又变成了俗谛。所以，俗谛是真谛发展的一个层次或阶梯，到了最高真谛后，反过头来，则会看到“真非俗则不真”，真谛相对于俗谛而言才说得上是真谛。俗和真两者是相对的。“非真则不俗”，所以“俗不碍真”，即使讲俗谛也并不妨碍真谛；那么“非俗则不真”，所以“真不碍俗”，讲真谛时也不要排除俗谛。这样“不坏

① 吉藏：《大乘玄论》卷一。
② 吉藏：《二谛义》卷上。
③ 吉藏：《二谛义》卷中。

假名,而说实相;虽曰假名,宛然实相”①。佛教的真理和常识的矛盾似乎得到消除。

“俗不碍真”,“真不碍俗”,按照这个思辨途径,大乘佛教扩展为一系列的结论。比方说,佛教原本认为,世界是一个苦海,在这个苦海里充满烦恼,最重要的烦恼就是生死烦恼,所以要从生死轮回中解放出来,进入涅槃。但是,按照“俗不碍真,真不碍俗”这样的观点来看,生死就是涅槃,就在生死流转中悟入涅槃;烦恼就是菩提,就在烦恼中间得到菩提。佛教本来追求出世,但达到最高的真谛认识之后,即世间就是出世间。这是大乘佛教和小乘佛教的不同之点。

单就认识论意义上说,吉藏的四重二谛义,从宗教唯心主义的思辨上触及了真象与假象的关系问题,真理认识的多层次性问题;它以歪曲的形式所提出来的问题,在认识史上是有意义的。至于吉藏的理论最后落足到“俗不碍真”“即俗而真”,即达到最高的真谛(由“分别智”达到“无分别智”)之后,就可以“不废假名,而说实相”,在俗谛中悟到真谛。但这里有个先决条件,就是必须“由迷转悟”。

佛教所谓由迷转悟,由俗谛进到真谛,必须经过一次认识能力的突变。这就转入到它的哲学思辨的另一环,即佛教各宗都一致宣扬的证悟论。

## 四、证悟论

“证悟”,作为佛教所谓“成佛”的关键,是宗教修炼实践中一种自我亲证的神秘体验。但佛教特有的关于“证悟”的一套理论,则以夸张的形式较深刻地触及了一些认识论的复杂问题。

佛教的“证悟论”的一个理论基石,是它抓住了人类认识及其媒介手段的局限性,加以尽量夸大,认为人类的认识能力、认识活动、一切“见闻觉知”及语言文字等表达工具,由于全都具有相对性、有限性,因而全都是障碍“真理”的偏见、

① 吉藏:《大乘玄论》卷一。

“边见”，都是产生“颠倒迷误”的根源。因为，人们正常认识所固有的相对性和佛教所谓“真如本体”的绝对性是绝对对立、绝不相容的。佛教看来，正常人的认识，根源于原始“无明”，通过受、想、行、识，形成各种“迷执”“边见”，只能是以“分别智”为基础的“俗谛”。所以，需要从根本上否定人们现有的认识作用，剥夺人们自身的认识能力。然后，在人们正常认识能力之外去发挥另一种真正的智慧，寻找另一条神秘的认识途径，才能领悟佛教的最高真理，才能使主体与本体直接冥合。这就是所谓“转识成智”“由迷到悟”，通过“证悟”这个契机，实现精神状态的突变和认识能力的飞跃。

佛教内部围绕这个“证悟”问题曾展开烦琐的讨论和争论。除了宗教神秘主义的呓语之外，从哲学思辨上，它们曾区别“信解”和“证悟”的不同，认为前者不仅包括一般人的“迷执”，即使对佛教教义的信解，也属于“见闻觉知”的认识活动，只能得到间接性知识；而后者不属于“见闻觉知”，是一种通过自我亲证而得到的直接性的觉悟。而对所谓“证悟”的途径和方式，它们又区别有所谓“渐”“顿”之分。或主张“渐修”，即认为“证悟”的获得要经过长期的修养和锻炼。如唯识宗认为，虽然人都具有“证悟”的可能，但需要在宗教实践中经过很长时间（“三大阿僧祇劫”）、很多步骤（如所谓“五位”：“资粮位”“加行位”“通达位”“修习位”“究竟位”等复杂的修炼的阶段），才可能逐步达到“转识成智”，实现精神上的突变。或主张“顿悟”，即认为对佛教的信解可以有一个积累过程，但真正的领会却必须而且只能是“亲证”“顿悟”。如中国化了的佛教禅宗慧能一派，更是强调对于佛教最高真理的把握，实现“证悟”这一认识上的飞跃，任何修炼都是无用的，只能通过某种契机，直接顿悟，一次完成，即所谓“一念相应，便成正觉”“一刹那间，妄念俱灭”（《神会语录》卷一）。禅宗沿着这一思辨途径，更明确地否定逻辑思维的意义，认为“亲证”“顿悟”所领会的佛教最高真谛的内容，不属于逻辑思维所把握的间接性知识，而只能是一种神秘直觉所默契的直接性知识，因而不可能用逻辑思维的语言文字来表达、交换，而只能借助于形象思维，禅师们“应机接化”，往往用故事、譬喻或一些诗句来象征说明。

佛教哲学中关于“证悟论”的这些思辨，似乎不能简单地斥为全是神学诡辩或宗教呓语。它以夸张的扭曲的形式提出并展开了认识论中的一些重要问题。例如,认识过程中的飞跃问题,佛教赋予它以神学的夸张,视为“顿悟成佛”或“转识成智”的一个关键。而客观上人类认识的辩证法存在着各种飞跃形式,有待辩证唯物主义给予科学的说明。一般肯定从感性认识到理性认识是一个飞跃,从理性认识到实践是又一个飞跃;两者循环往复,不断加深,一个人的认识水平可以出现大的飞跃。单就认识过程又可分为感性、知性、理性三阶段,各有其飞跃的形式。马克思、列宁对黑格尔认识论的批判改造,强调了从具体到抽象的飞跃之外,还有从抽象上升到具体的飞跃,把感性的具体,经过知性阶段的分析给予抽象的规定,再综合多方面规定而达到理性的具体。这也是个反复加深的过程。在这个过程中,科学的思想体系的形成和发展也可以表现为精神上的突变或理论思维水平上破旧立新的大突破。又如,佛教有意夸大“信解”和“证悟”,即认识和觉悟的迥然不同,把两者说成是绝不相容的两种认识能力,只能灭此生彼,不破不立;这是荒谬的。但现实的人的认识活动中,确也存在着认识、理解和觉悟、领会两者的区别。我们常说的认识水平和思想觉悟水平,并非一回事,后者还有其他精神因素起作用;而对于任何理论,理解文字、背诵公式乃至懂得原理与领会其精神实质也大有区别,这涉及精神领域中的一些复杂现象,从认识到领会、从理解到觉悟,人的思想水平或精神境界的从低到高的发展,其中显然还有一些特殊的飞跃,需要加以科学的阐明。至于逻辑思维和形象思维的关系问题,也具有认识论的意义。佛教,特别是中国的禅宗,尽力夸大逻辑思维的局限性,甚至把佛教经论所阐述的系统理论,也称之为“粗言”“死语”“戏论之粪”,而为了解除它所谓“第一义谛不可说”而又不能不说的矛盾,后期禅宗强调形象思维的作用,用诗的语言来表达所谓佛教的真理,似乎形象思维可以补充逻辑思维的不足,可以克服逻辑思维的局限,可以给人以一种特殊的启发。在真、善、美的意识之间的相互作用问题,在逻辑思维与形象思维之间的互补关系问题,一些佛教徒似乎抓住了某些认识环节。就这方面说,佛教神秘主义的证悟论,也有其产生的认识论根源。

以上简述的四个方面,缘起说、中道观、二谛义、证悟论,可说是佛教各宗普遍采用的主要哲学思辨的模式和方法。尽管佛教内部各宗派纷争甚多,对这些思辨原则的解释、应用范围以及侧重方面都各不相同,形成五光十色的体系,但从总体上,这些模式和方法贯穿于佛教的各宗,形成其哲学思辨的一般结构和共同倾向,在逻辑意义上具有共性。

尽管佛教尤其大乘各宗富有哲学的思辨性,但仍然是一种宗教;尽管佛教哲学的思辨内容具有某些积极成果,但基本上属于貌似辩证法的相对主义思辨。它主要以缘起说、中道观、二谛义等为理论基石来构建自己的世界观—方法论体系。一方面抽空客观物质世界的实在性,论证所谓"诸法缘起性空",并颠倒地用现实世界的彻底虚幻性来反证彼岸世界的绝对真实性,**把世界二重化**;另一方面否定人的正常认识能力的可靠性,强调必须彻底地自我空虚,才能找到另外一条把握真理的"证悟"途径,**把认识神秘化**。这两个方面,正是宗教意识的本质特征。佛教强调必须彻底自我否定,既空"我执",又空"法执""究竟无得",才能得到所谓"般若波罗密",即渡到彼岸世界去的"智慧",最后还是依靠"彼岸之神大发慈悲"而得到所谓"解脱"。由"自我空虚"到信仰"彼岸幻影",这恰好是宗教意识中人的异化的根本标志。佛教哲学思辨其所以能给人们一种似是而非的满足,也正在于佛教还典型地表现了对现实的苦难的抗议,并为人们设计了一条在幻想中脱离一切苦难、扬弃一切异化的神学道路。就这个意义上说,佛教哲学思辨,并非全是"不结果实的空花"。

（1984 年 7 月）

# 关于《大乘起信论》的思想源流

《大乘起信论》产生于中国南北朝后期，绝非偶然，有其深厚的思想渊源和具体的文化背景。

两汉之际传入的印度佛学，初以小乘教义为主，所讲禅法神通，往往与神仙道术思想相附会，因而得以立足中土。魏晋以来，大乘教义的般若空宗传入中国，佛学作为一种理论体系开始与中国传统哲学相汇合，主要表现为般若学与老、庄玄学，通过格义互释而逐步融通。般若学的中国化过程中，出现了对般若空观的所谓"六家七宗"的歧解和论争，而由"解空第一"的僧肇给以批判的全面总结。《肇论》一书，以其超越旧有的比附格义的方法，着重从思想内涵上融通般若中观缘起性空之义与老、庄玄学有无动静体用之辨，从而完成了印度佛学中国化的第一座纪程的丰碑。

与般若中观在中国的传播并逐步与玄学合流而中国化的同时，印度大乘佛学的另一系即唯识法相学也在译介传播。北魏菩提流支等所形成发展的"地论学"，成为北朝佛教显学。稍后梁、陈之际在广州的真谛等所发展的"摄论学"（以阐扬《摄大乘论》为中心），逐步推向全国，直到唐初玄奘从印度留学归国，把唯识法相学的传播推向高潮。但唯识法相学以其固守印度佛教义理而缺乏中国化的创造性发展，流行不久即中衰。

在上述两大系之外，另有一些经论在印度佛教发展中几乎无甚影响，而译介到中国却引起巨大反响。这就是涅槃佛性学一系。先是法显译出《大般泥洹经》

（即《大涅槃经》之前部），已引起僧肇的高度重视，对经中所云“泥洹不灭，佛有真我，一切众生，皆有佛性”等，特加表彰。

北凉昙无识于公元421年将四十卷《大涅槃经》译出，立即风靡全国。接着，永嘉年间（424—452）在南方陆续译出与《涅槃经》同类的经籍，如《胜鬘经》《楞伽经》《央掘魔罗经》《大法鼓经》等。《胜鬘经》即指出人人具有“自性清净心”，此心“含藏如来一切功德”，亦名“如来藏”；《楞伽经》明言“如来之藏，是善不善因，能遍兴造一切趣生”；《大法鼓经》更肯定众生“有常”“有我”，此“我”又名“真我”，即是“佛性”“如来性”。这些新鲜观点，启发促进了《涅槃经》重点所讲的佛性问题以及如来藏问题的广泛研究，并出现了各有师承、互相歧异的涅槃师说。据隋吉藏在《大乘玄义》中记载，这些师说，共有十二家之多。吉藏同门的惠均的《四论玄义》（现存残本）则认为“根本之说”有三家，“枝末之说”有十家，共十三家，与吉藏所说大同小异。

各家师说，围绕佛性问题——关于“正因佛性”，关于“佛性当、现”（即“本有”或“始有”），关于佛性与众生心识的关系等问题，展开了复杂而曲折的争论。如众生皆有佛性，但佛性是在众生心识之中还是在心识之外，亦即在心识之外是否有一“清净法性”？由于《涅槃》等经讲得含糊，如《涅槃经》中一方面讲“净谓如来性善，纯清无染”，清净佛性似存在于生灭心识之外；另一方面，又讲五阴佛性，主张“因色、因明、因心”见佛性，则佛性又似在生灭心识之中。至于《胜鬘》《楞伽》等则又肯定“如来法身不离烦恼藏”，常说“如来藏亦名藏识”，乃至合称之为“如来藏藏识”，似乎又主张“净、染一处”。但言之不详。

关于佛性当、现问题，即众生皆有佛性的“有”，是“当有”还是“现有”？是“本有”还是“后有”“始有”？《涅槃经》似曾暗示众生之有佛性，犹如“贫女宝藏”“力士额珠”，似说佛性“本有”；但又以乳酪为喻，谓乳中无酪，但酪从乳生，在于未来，似又主张非“本有”而是“后有”“始有”。经文本有不同说法，故以后地论师的分为南北两道，正是把“本有”“始有”两说对立起来，争论不休。

地论师所据《十地经》（乃《华严经·十地品》的单行本）与《十地经论》，主要思想即“三界虚妄，但是一心作”，并把“心”具体规定为阿赖耶识。但《十地经论》

对“心”的规定并不明确，有时指为“染依止”，是“杂染心”，有时又讲心中有一“自性清净心”“自性不染相”。至于阿赖耶识，既是缘生万法的本体，本身性质如何？其中是否有佛性？也未作具体分疏。

由此引起地论师南、北两道的分歧，主要在于当、现两说的佛性论问题，并直接涉及阿赖耶识的染净问题。南道讲染净缘起是以真如法性为依持，故与佛性“本有”说相关；北道讲染净缘起以阿赖耶识为依持，同南方摄论师相近，认为通过修行，无漏种子新熏，故与佛性“始有”说相关。北道以阿赖耶识为杂染识，法性在识外，故讲转识成智、破识显性的“当果”说，较符合印度唯识法相学原意。而南道以第八识本性为清净阿赖耶，以第七识为杂染，修习是使本有佛性重新彰显，故主佛性不离心识的“现果”说。法上在其《十地论义疏》卷二中，已讲到佛性与诸心识“终日同处，染净常别”，已孕育着心真如与心生灭不一不异的思想萌芽。

《摄论》的传承晚于《地论》。真谛译出的《摄大乘论》与《摄大乘论释》，流行南方，对唯识学体系别出新解，形成摄论学派，在南北朝佛学发展中产生了极大的影响。真谛所译传的《摄论》，其说心识，与《地论》大异，与以后玄奘新译所传也不相同，其主要分歧在于杂染“阿赖耶识”(第八识)之上，是否还有一个清净“阿摩罗识”(第九识)，即认阿赖耶识为妄识，与如来藏明示区别。

摄论派其所以在阿赖耶识之上再立纯净无染的第九识，旨在沟通中、印心性学，坚持真心一元论的思想取向，可以说属真心系；而玄奘所传属妄心系，主赖耶杂染义，故真如佛性在众生心识之外，佛性与阿赖耶识是异体和合的矛盾关系，转依的根本靠外缘后得的“正闻薰习”以及六度修行等。这更符合唯识学原义。

真谛的立异，引起《地论》的南、北两道以及《摄论》的新旧译传之间、唯识学系与如来藏系之间的激烈互诤。但真谛试图调和沟通之论并未达到成熟。他一方面另立一纯净无垢、真如为体的第九识，似乎肯定阿赖耶识为杂染识；另一方面又讲第八阿赖耶识既是杂染流转之因，又是还灭的“解性赖耶”，具有二重性，似乎主张赖耶中固有清净种子，只要清除本识中的不净种子，解性赖耶就可增长以至成佛。

吉藏《中观论疏》卷七中曾概述当时真谛为代表的摄论家以八识为妄，九识为真实。又云：八识有两义：一妄、一真。有解性义是真，有果报义是妄用。这就使《摄论》的传承中内部也异说纷出，歧解多端。正是这些矛盾两难的异解中，预示着推陈出新的思想契机，预示着更加成熟、更加圆通的理论必将出现。正如有的论者所概述的："其在印度，龙树、无著，双峰对耸。……延及末流，护法、清辨，互诤空有，法海扬澜。"《起信论》以众生心为大乘法体，而众生心一面涵真如相，一面涵生灭因缘相，生灭又以真如为依体，而真如又具空、不空两义。

"于是般若、法相两家宗要摄无不尽，而其矛盾可以调和。其在中国，地论、摄论诸师，关于佛身、如来藏、阿赖耶诸问题，各尊所闻，哄成水火。《起信论》会通众说，平予折衷。言佛身则应真双开，言藏识则净妄同体。于是南北各派之说据无不尽，而聚讼得有所定。"（梁启超《大乘起信论考证》）这一概述，大体如实。

《起信论》适应佛学进一步中国化的历史要求，应运而生，既有其产生所必备的思想渊源、理论准备和文化氛围，更有其使大乘佛学在中国化中得到发展所需要的善于融会中国传统哲学精神的必要条件。这在《起信论》理论体系的一些重要环节中，可以清楚地看出来。例举如下：

《起信论》关于"一心开二门"的理论建构，是其整个体系的核心，由此出发，展开了一系列饶有新意的佛学思辨。一心所开真如、生灭二门，互不相离："依如来藏故有生灭性。所谓不生不灭与生灭和合，非一非异，名为阿赖耶识。"这就明确地总结和回答了南北朝以来开展的佛性问题的各种论争。自《涅槃》《胜鬘》《楞伽》以及地、摄诸师，在争论如来藏与阿赖耶识是同是异，以及阿赖耶识是染是净等问题时，都陷入真（不生不灭的真体）妄（生灭的妄相）、净染等二元对立、体用割裂的思维模式，而校论一异，互诤不休。

《起信论》以更高的思维水平，创建了一心二门、真妄同体、净染同依的一元思路；而且坚持真如缘起的思想，肯定一切生灭法（染、妄）皆无自性，皆依真如而起，皆以真如为本体，克服了以往如来藏系也讲染、净和合的二分、二元的倾向，而突出了染无自性、性识不二的一元论。从而为大乘佛法的缘起论和解脱论，提供了更圆满的论证。

而“一心二门”的理论架构,虽从佛性与心识、如来藏与阿赖耶识的异同问题的两难论辩中来,但显然是吸取、融摄了中国传统哲学的智慧。如《周易》有尚杂(“物相杂,故曰文”)、兼两(“兼三才而两之”)之义;《老子》标出“常有、常无”的对立范畴,而作出“两者同出而异名,同谓之玄”的论断;《庄子》有“和之以是非而休乎天钧,是之谓两行”的提示;《中庸》分“未发”与“已发”,《易传》分“寂”与“感”,《乐记》分“天性”与“物欲”等。这些思路,自可作为《起信论》由“一心二门”开展出的真妄、净染、性识等一系列“二而不二”构想的活水源头。

“心性本觉”,是《起信论》与印度佛学传说的“心性本寂”卓然立异的根本观点。攻《起信论》者都抓住此点,视“性觉”说与印度佛学传统的“性寂”说乃“根本相反”,指斥《起信论》讲“心性本觉”“众生佛性,即是真觉”,乃是违反“圣教”,“混同能所”,“流毒所至,致趋净而无门”。事实上,《起信论》把真如法性规定为“本觉”,并对由觉到不觉的流转与由不觉到觉的还灭所作的详尽剖析,恰好是《起信论》在佛学中国化中的突出贡献。

佛教东传及其在中国化过程中,长期沿袭印度传统讲“性寂”“性静”“性空”,或以儒家伦理化的人性论来格义而讲“性仁”,到《起信论》一变而讲“性觉”,把众生自觉修行证悟成佛,看作是众生自信心中有佛性,靠自心由“始觉”向“本觉”复归,不假外求。这是佛学的心性论、解脱论,由于理论上的中国化而得到的新发展。

《起信论》对“性觉”义的阐释,显然受到了《中庸》《孟子》的思想影响。《孟子》主张“性善”,而必须“尽性”“尽心”,“心之官则思,不思则不得”,强调“思”的作用;所谓“以先觉觉后觉”“以斯道觉斯民”,更突出了“觉”的意义。《中庸》讲“自诚明”与“自明诚”相结合的觉性,又强调“极高明而道中庸”。《起信论》善于吸纳、消化这些思想资源,故敢于以“不觉”说无明,以“觉”表佛慧,辨诸“觉”义而把中国化的佛学思辨推进到一个新的境界。

至于《起信论》贯注整个体系、消解各种对立的“不一不异”“二而不二”的灵动方法,深刻地发展了佛学思辨中的二谛义、双遣法,确乎使当时佛学界各家互诤、悬而未决的一些繁难问题,诸如阿赖耶识与如来藏的一异问题、佛性与众生心识的关系问题（佛性“本有”与“始有”之争）、染净互薰何以可能，等等，都因善于从中国传统哲学的“物生有两”“和而不同”“相灭相生”“相反相成”以及体用相涵、本末一贯等思想中吸取智慧，而得以较好地解决。

总之，《起信论》是佛学中国化的历史和逻辑发展到特定阶段的必然产物。它对南北朝以来中国佛学的各种论争，在一定意义上作了一个阶段性的总结，并对隋唐中国化佛学的创宗立义，提供了直接的思想资源，与《肇论》遥相辉映，完成了佛学中国化的第二座纪程的丰碑。

# 关于《大乘起信论》的历史定位

## 一、一部奇书

现存汉文佛教典籍中,《大乘起信论》堪称是一部奇书。

这部仅有一万一千余字的中文论著,旧题"马鸣菩萨造、梁真谛译"(称为"梁译本"),在周、隋之际出现以来,即受到中国及朝鲜、日本佛学界的极大重视,广为流传。奇特的是,到唐代,似乎梵本已失,玄奘法师应印度僧众的请求,曾将中文本《起信论》反译成梵文,"译唐为梵,通布五天",并被赞为"法化之缘,东西互举"①;而稍后,著名翻译家实叉难陀又将玄奘译本再译为汉文(称为"唐译本")②。隋及唐初,梁译本《起信论》已有净影寺慧远、海东新罗元晓、贤首法藏所撰的注释(被称为"《起信》三疏"),流行于中、朝佛门;此后,历代注家络绎不绝(据日本学者统计:对这一卷论著的注释者竟有一百七十余家,为书不下一千卷③),而中国佛教各宗几乎都从《起信论》义理中有所吸取,其思想影响之深广,在佛典的中文论著中堪称独步,至今仍普遍地视为大乘佛法的首要入门书。但同时,关于此书著、译者的真伪问题,关于此书义理内容的是非问题,关于此书在

---

① 据道宣:《续高僧传·玄奘传》。道宣曾参加玄奘译场,所记当非妄语。

② 此据日本学者笠置贞庆(1155—1213)等人所撰《唯识论同学钞》。另智升《开元释教录》卷九记为"与真谛出者同本";"唐译本"前无名氏序则又说新译所据梵本系实叉难陀从于阗携来,"并与恩慈塔中旧梵本对照……译出",所谓"恩慈塔中旧梵本",是否即玄奘翻译的梵本,语意不明。

③ 据日本学者望月信亨:《大乘起信论之研究》书中《大乘起信论注释书解题》所统计,此处转引自梁启超:《大乘起信论考证·序》。

中国佛学思想发展史上的地位问题等，却很早就疑议丛生，而到近世，中、日佛学界更展开了长期热烈的论争①。而本世纪初，《起信论》又被日本学者铃木大拙(D. T. Suzuki)译为英文，传入西方，很快就出现若干种不同的西方文字的译、注本，显然引起了西方学者的研究兴趣。在长期争论中，众说纷纭，莫衷一是，至今余波未息，并普遍地认为一些史事已无法考订，既难于证实，也难于证伪，只有作为悬案存疑。《大乘起信论》竟是这样一部华梵互译、影响极大，而诸家互诤、争议特多的论著。

疑议和争论，自有其客观意义，不一定因之而有损于某一论著的真正理论价值及其历史定位。事实上，学术上的真理往往是在各执一端的争论中得以确立的，历史的事实也往往是在矛盾的陈述中清理出来的。关于《起信论》一书的真伪、是非之争，正可作如是观。正因为展开了严肃的争论，争论各方，各有见解，无论是可、是否、是褒、是贬的各种意见，往往相反相因、互斥互补，总给后来的研究者留下多方面的启发。

## 二、著译者的真伪之辨

佛教典籍，本多假托，一般的信徒，很少予以深究。《起信论》一书可信的最早记载，分别见于隋初昙延与同时代的慧远所撰《义疏》。这些早期文献，只提到《起信论》的作者是马鸣，并未涉及译者。到隋开皇十七年(597)费长房所编《历代三宝记》始标出译者为真谛，并记为"梁太清四年在富春陆元哲宅出"，随后仁寿二年(602)彦琮等重订开皇《众经目录》时，再次肯定真谛是《起信论》译者，不过将译出时间改为陈代。唐麟德元年(664)道宣编的《大唐内典录》卷四"真谛"条中，认定《起信论》于"大同四年在陆元哲宅出"。唐开元十八年(730)智升编《开元释教录》卷六"真谛"条中又提出真谛于"承圣二年癸酉二年九月十日于衡

① 关于中、日学术界围绕《大乘起信论》所展开的争论概况，可参梁启超《大乘起信论考证》一书(1924)、武昌印经处编辑的《大乘起信论研究》(1932)和最近台湾大乘文化出版社出版的、张曼涛主编的《现代佛教学术丛刊》第三十五卷《大乘起信论与楞严经考辨》一书。

州始兴郡建兴寺"译出《起信论》,译时译地都与《长房录》《内典录》有出入,且增加了月婆首那为传语、沙门智恺执笔作序的记载。又实叉难陀译本最早的记载,亦见于该录。

由于上述这些经录的记载,说法不一、错讹实多,如《长房录》称"梁太清四年"译出,而梁代并无"太清四年";又《内典录》改为"大同四年译出",而大同四年真谛尚未来华。凡此种种,都容易使人对《起信论》产生怀疑。

最早对《起信论》提出质疑的,是隋开皇十四年(594)法经等编《众经目录》,该录即将此论列入"众经疑惑部",其卷五有云:"《大乘起信论》一卷,人云真谛译。勘真谛录无此论,故入疑。"到唐初(618)吉藏的弟子惠均僧正撰《四论玄义》,首次对《起信论》的作者提出疑问,认为是中国地论师借马鸣之名所造,其卷五有云:"《起信》是虏鲁人作,借马鸣菩萨名。"卷十又云:"《起信论》一卷,人云马鸣菩萨造,北地诸论师云,非马鸣造论,昔日地论师造论,借菩萨名目之,故寻觅翻经论目录中无有也,未知定是否?"再到晚唐(约860—906),新罗珍嵩作《华严经探玄记私记》,更提出《起信论》是依据伪《渐刹经》而伪造的。其记云:"马鸣《起信论》一卷,依《渐刹经》二卷造此论。而道宣师目录中云:此经是伪经,故依此经之《起信论》,是伪论也。"后来日本另一学僧快道在其《起信论义记悬谈》中,推测《渐刹经》乃《占察经》之误。且查《占察经》下卷所言大乘实义,大部分论点与《起信论》雷同。故日本学者望月信亨等,据此认定《起信论》乃抄袭《占察经》之伪作。

至于唐实叉难陀的新译本,虽《开元录》卷九"实叉难陀"条记作:"《大乘起信论》二卷,第二出,与真谛出者同本。"而现存"唐译本"的无名氏《序》中也说新译所据梵本,由实叉难陀从于阗携来,并与恩慈塔中旧梵本对照,由实叉难陀与弘景、法藏于大周(武则天)圣历三年(700),岁次癸亥,与《华严经》次第译出。可是,法藏所著《起信论义记》《起信论别记》,都以梁译本为据,从未提到自己参与过新译本;且《宋高僧传·实叉难陀传》中也没有记载他曾新译《起信论》一事。所以,近代以来学者,也都对新本持怀疑或否定的态度。

关于《起信论》作者译者的真伪问题,唐以后中国佛学界很少再引起注意。

而惠均僧正《四论玄义》中两段怀疑《起信论》的文字都分别收在12世纪日人珍海所撰《三论玄义疏文义要》卷二、贤宝的《宝册钞》卷八及湛睿的《起信论决疑钞》之中，而中国现存《续藏经》中的《大乘四论玄义》卷五与卷十中反倒没有。所以对《起信论》的怀疑在日本容易引起注意。近代以来，在日本，就《起信论》究竟是印度撰著或是中国撰著的问题，曾展开两次热烈的论战。

第一次论战中，提出并坚持《起信论》为中国撰著的主要学者有舟桥一哉、望月信亨与村上专精。舟桥一哉于1906年发表《俱舍论哲学》，率先提出《起信论》为中国撰著说，当时尚未引起重视。后来，望月信亨于1919年再次发表《起信论》为中国撰著的意见，于1922年出版《大乘起信论之所究》一书，把已发表的观点予以综合修正，1938年出版《讲述大乘起信论》，再加订补，系统地论证了《起信论》乃中国人的撰著，不是印度作品，并推断《起信论》的作者应是梁陈之际北方地论师昙遵口授、昙迁笔录而成。至于传说由实叉难陀重译的新本，乃是为了应付法相宗针对《起信论》所提疑难而试作成的改本。望月此论一出，引起强烈反响。先是羽溪了义反对此说，认为《起信论》与印度《奥义书》思想相通，应出自印度人之手。常盘大定加入争论，驳斥望月观点，而认为《起信论》与《楞伽经》思想一致，不可能是伪论。村上专精则支持望月之说，在其关于《大乘起信论》的历史研究的论文中，考订《起信论》与真谛所译《摄大乘论》在许多概念用法上不同，从而断定《起信论》非真谛译。村上进一步指出《起信论》在内涵上区别于《摄论》等在第八识之上讲种子熏习，都在真如与无明之间讲染净互熏，从而形成不同于阿赖耶识缘起的真如缘起论。他认定由《起信论》开始成立的真如缘起论，继承并发展了《胜鬘经》等的如来藏说，并以《华严经》立场为主调和了印度佛学中的中观、瑜伽两系，而这不可能在印度找到依据。第二次论战，起于1926年，由于松本文三郎发表了《关于起信论之中国撰述说》一文，批评望月信亨的中国撰述说太支离，证据不充分，认为《法经录》把《起信论》列入疑惑部，只是对译者有疑问，不能据以断定为中国撰述。至于唐译本，则认为智升与实叉难陀相距不远，《开元录》记载可靠。针对松本的批评，望月发表《读松本博士之起信论中国撰述说批评》一文，着重对唐译本的真伪问题进行辩驳。接着林屋友次郎又发表了反驳望月的文章,从文献和思想两方面,论定《起信论》为印度撰述。稍后,铃木宗忠发表了《就起信论成立的有关史料》一文,以批判史料的方法,对各家之说详加考订,最后认定《起信论》绝非真谛所译,是否马鸣所造尚待进一步考证,但应是印度撰述。这场关于《起信论》的作、译者的真伪之争,除望月信亨支持中国撰著外,其余大都认为是印度撰述,虽多数否定真谛是《起信论》的译者,但也未能有说服力地考订出其他译者。直到现代的宇井伯寿、平川彰、柏林弘雄等大多数日本学者,仍坚持《起信论》为印度撰述说,只是撰出的时代大都倾向于应在无著、世亲之后,作者当然不能再归之马鸣,而是《宝性论》《楞伽经》出现之后的一位印度大乘佛教学者所作。

## 三、义理是非之争

日本学者关于《起信论》的争论,主要涉及著、译者的真伪问题。由于《起信论》在中国佛学中的崇高地位,故这一争论自然引起中国佛学界的极大注意。20世纪20年代以来,中国佛学界对于《起信论》,也展开了深入研究和热烈论辩。论辩各方没有停留在真伪之辨的文献考订上,而是有所拓展,更多触及义理内容的是非问题,广泛涉及《起信论》思想与印、中佛学发展史的关系,判教理论以及佛学研究方法等领域,从而提高了研究和论辩的水平。

首先欧阳竟无作《抉择五法谈正智》一文,认为《起信论》虽是马鸣所造,但细考马鸣经历,推断此论乃是马鸣思想由小乘向大乘"过渡"时期不成熟的作品,故"立论粗疏",不立种子义,混淆体用,与唯识学不合;据此,对《起信论》净、染互熏的真如缘起论,颇多贬斥。

太虚作《佛法总抉择谈》《大乘起信论别说》《缘起抉择谈》等文,反驳欧阳竟无观点,一再申述真如缘起论的合理性。他仍坚持《起信论》是龙树之前的马鸣所作,只是法不当机,故未多弘扬,影响不大。他力图从义理上融通《起信论》与唯识学,认为《起信论》所讲"真如""阿赖耶识"与唯识学的差异,仅是广狭义之殊,并非根本不同。又以《起信论》是依"等无间缘"来说熏习,是菩萨心境。他认为，凡夫是有漏生有漏，佛是无漏生无漏，而只有菩萨能够有漏、无漏辗转相生，把有漏、无漏打成一片，归于一心，这与唯识之义并不矛盾。太虚如此维护《起信论》，在于他意识到《起信论》与中国佛学的密切关系，故他与欧阳竟无的论争，实涉及拘守印度化佛学的唯识学或是承认佛学中国化的发展这一根本义理问题。

章太炎曾撰《大乘起信论辨》，主张此论确系龙树之前的马鸣所作，但他对《起信论》的义理却多贬评。认为论中“将海喻真心，风喻无明，浪喻妄心”，是主张心外另有“无明”存在，同数论“分神我与自性为二的见解，没有区别”。章氏此说，在当时并未引起注意。

1922 年左右，梁启超概括日本学界的争论，接受望月信亨、村上专精的论点，作《大乘起信论考证》一文，主张“以历史的眼光谈佛教”，从佛教义理发展史的角度，断定《起信论》旨在调和折中魏晋南北朝以来中国佛学的各家异说，故判定其绝非真谛所译、马鸣所造而实为梁、陈间一位中国学者之撰著，并为此而“欢喜踊跃”。他虽定《起信论》为伪书，却从义理上极其推崇《起信论》的价值，肯定其“在各派佛学中能撷其菁英而调和之，以完成佛教教理最高的发展”；“无论此书作者为谁，曾不足以稍损其价值。此书实人类最高智慧之产物，实中国、印度两种文化结合之晶体”。这一评断，超越真伪争执，与章太炎的观点正好相反。非心作《评〈大乘起信论考证〉》，对梁氏论断一一加以批驳，仍坚持《起信论》出于印度马鸣之手。

随后，王恩洋作《大乘起信论料简》长文，一方面同意梁启超援引日本学者考订而倡言的“伪书”说，另一方面，则把欧阳竟无、章太炎从教理上贬评《起信论》的观点，推向极端。这引起陈维东、唐大圆、常惺等人的强烈反驳，从而形成南京内学院与武昌佛学院之间的一场大论战。

王恩洋以唯识学原理为唯一准绳，以因明学三支逻辑为论证方法，着重从义理上猛烈批评《起信论》。首先，他反对《起信论》的真如缘起说，认为有漏和无漏，染和净，乃性质相反，不可能同处于阿赖耶识中，“善、染不并存，漏、不漏不两立”，因而“真如”与“无明”绝不可能互相熏习。“染、净互熏”之说，无异于“异类相因”，违反因明逻辑。其次，他坚持印度佛学只有法相（有）与法性（空）二宗，无所谓真常宗(即《起信论》所创真如缘起说)。认为一切法“不出空、有二宗”,“即此二宗,摄大乘尽”,从判教的角度,根本否定《起信论》的真如缘起说的合法性。最后,他尖锐地评判《起信论》不仅非马鸣著,且根本不是佛教著作,而是附于外道的“梁陈小儿”之作,斥为“无知遍计,刬尽慧命”。

陈维东奋起作《料简〈起信论料简〉》一文,与王恩洋观点针锋相对。他以“先正名义,后遣边执”的方法,指斥王恩洋将有漏、无漏,有为、无为等绝对对立起来的观点,实已“落偏见边执之过”;并从“体用不二”的角度,对《起信论》的真如缘起说作了圆融疏释,认为“从体彰用”“性用双摄”,正表现了圆融无碍的大乘法义。他也反对王氏只许空、有二宗的判教说,认为大乘立宗,约义而成,不拘一格,“既可约性、相而立有、空之二宗,亦何不可约三性而立三宗哉?”

接着唐大圆也连续作《起信论解惑》《真如正诠》《起信论料简之忠告》三文,常惺亦作《大乘起信论料简驳议》一文,系统反驳王恩洋之说。主要认为《起信论》为代表的真如缘起论,统摄性、相二宗,实为圆极一乘。从义理上肯定“惟《起信》之真如义,有遮有表,就圆成,遣遍执而彰依他,故其谈真如有体、有用,而谈如来藏有空、不空等”。又广泛论证《起信论》不违唯识法相义,认为“空宗以遮作表,相宗即用显体,今《起信》言觉、不觉,空、不空等义,正符相宗即用显体”。此间,王恩洋又曾作《起信论唯识释质疑》一文,反对太虚等以《起信论》来会通唯识义的立论。

关于《起信论》的真伪是非的争论,一直延续到20世纪50年代。其中较有代表性的为印顺和吕澂。印顺在其论文《起信平议》中,没有对《起信论》的真伪问题明确表态,只是对前人的争论作了一个概述的总结,其主旨认为:思想发展有一个演化过程,故历史考证方法不能推翻;不应以是否从印度翻译过来作为佛典是非的标准,而应当把真伪问题与价值问题分开。他既批评内学院只尊唯识学的独断态度,反对把衡量的标准单一化;同时也批评太虚等试图会通《起信论》与唯识学是“多此一举”,主张“不要偏执,不要附会”,应当认识《起信论》的独特价值。他更从判教的角度,申述了太虚和他分大乘为三宗的合理性,《起信论》所属的“法界圆觉宗”,即“真常唯心论”,与唯识、中观鼎立而三,自有其在佛法中的独特地位。

吕澂先后发表《起信与禅——对于大乘起信论来历的探讨》《大乘起信论考证》两文，认定《起信论》根本不是从梵本译出，而是沿袭魏译《楞伽经》的错误而来，不同于宋译本把如来藏与藏识作为一个概念，而将如来藏与藏识看成两事，将错就错。其成书年代是公元513年至592年之间。至于唐译《起信论》，也非译本，只是禅家对旧本的改作。他还从义理上指出，《起信论》提出真心本觉，违背印度佛学心性本寂的精神，故是伪论。吕澂的这些观点，牟宗三在其《佛性与般若》一书曾予批驳，认为《楞伽经》的两译本并无二致，而《起信论》并非对魏译《楞伽》的"将错就错"，而是在心性结构上独具特色。方东美在其《华严宗哲学》一书中也论及《起信论》，认为是一部中国人撰著的伪书。文字流畅不像译文，尤其不像真谛在梁陈时所译其他法相宗书的文风；而内容上不仅调和了印度涅槃经系与如来藏经系，而且以"体用兼备"的思路，对中国北魏以来大乘佛学中互相冲突的理论"给予了一个旁通统贯的综合调和"，并对中国化佛学，尤其华严宗哲学产生了深远影响，是"一座贡献甚巨的桥"。同时，田养民（昙瑞）所著《大乘起信论如来藏缘起之研究》一书中，则论定是"以真谛三藏为其代表，从各经典摘其精髓翻译，把它归纳于如来藏哲学思想，而中国文豪予以撰修，使其成为卓越的中国化佛书"。

## 四、争论的启示

回顾20世纪以来，围绕《起信论》著、译者的真伪问题与义理内容的是非问题所展开的争论，众说纷纭，莫衷一是。长期争论虽迄今没有结论，却对研究者富有启示。通过争论，至少足以表明：

（1）《起信论》旧题马鸣造、真谛与实叉难陀两译，均实属可疑。经一个世纪以来中、外学者的多方研讨，无论从佛教文献考订，还是从佛法思想分析，都表明《起信论》不太可能是印度撰述。因现存所有关于马鸣的传记资料，全没有马鸣曾撰《起信论》的任何记载；又有关真谛的传记资料也没有真谛曾译过《起信论》

的记载。如费长房的《历代三宝记》等部分后出经录所记此论为马鸣造、真谛译,似为臆测或误记,并无充分根据。特别是按《起信论》的基本思想和文风来说,也不大可能是印度佛教著作。因其核心思想“真如缘起论”及其“体用不二”的思维模式,不可能产生于印度,而在中国佛学中则是主流思潮。而文字流畅,也不像译作。至于有的论者因倾向于肯定《起信论》为中国撰述而推论到作者可能为谁。如日本学者有的推断《起信论》的作者应是梁陈之际北方地论师昙遵口授、昙迁笔录而成。中国学者有的推断是北方地论师中善于“标举宏纲”的昙延,为总结当时义学发展和禅法新潮,以马鸣梦授的形式而撰著的。有的推断为中国禅宗的先驱者某一禅师所作,其所以托名马鸣造、真谛译,是为了使此论得到重视和广为传播。还有中国学者认为不必具体求索某人,“安知非当时有一悲智双圆之学者,悯诸师之斗争,自出其所契悟者造此论以药之,而不欲以名示人”;“此书实人类最高智慧之产物”,“以佛家依法不依人之义衡之,虽谓为佛说可耳”。凡此,虽多臆测,当非定论,但确可以启发思考,而不致蔽于一曲,拘于一说。

(2)《起信论》思想的独创性及其固有之理论价值,经过反复争论,确乎愈辩愈明。《起信论》以“一心、二门、三大”的脉络来展开它的独特的思想体系,所谓“一心”,即“众生心”,在《起信论》中是一个非常重要的核心概念,它涵摄一切世间法与出世间法,既是现象世界得以建立的本体,又是众生由不觉到觉、得以解脱成佛的内在根据和保证。因为,“众生心”含融了染与净、不觉与觉两方面,即一心有二门:“心真如门”与“心生灭门”。二门是体相关系,彼此互不相离。“心真如”作为本体,自性清净,不生不灭,如如不动,无有差别之相;然而真如不守自性,忽然心动念起,是名无明,从而幻起生灭变化、千差万别的现象世界。“真如”和依之而起的“无明”,两者是“二而不二”的关系。“真如”不生不灭,是净法;“无明”妄念幻起生灭,是染法。两者截然不同,有区别,是“二”。但无明没有自性,依真如而起,是真如不变而随缘引起的,宛如大海水湿性不变而因风扬波,水之与波,互不相离;因而真如与无明、心真如门与心生灭门两者又是相即不离,“二而不二”的关系。

《起信论》以“一心二门”为中心层层展开它的哲学思辨,虽也继承、沿袭了以往佛教经论所习用的概念、范畴和命题，却讲出了许多富有独创性的新意。诸如，由“一心开二门”而对“如来藏”“阿黎耶识”等所作的新的解释，说“依如来藏故有生灭心，所谓不生不灭与生灭和合，非一非异，名为阿黎耶识”。把人人皆有佛性具体化为“众生心”“总摄一切法”（“含融净染”，既具足“净法”，也为一切“染法”所依），所以称为“如来藏”。这与传统将“如来藏”仅归结为清净佛性有所不同。至于“阿黎耶识”，更明确地区别于传统的唯识学所谓“虚妄唯识”（偏于把阿黎耶识作“杂染根本”，称为“染八识”）而肯定为“染净同依”。据此，能更好说明真如法性受染随缘与沿流而返的“染净互熏”义和“自信己身有真如法，发心修行”的证悟“成佛”义。

又如，由“染净互熏”所显示的“觉”与“不觉”的双向运动，《起信论》把真如法性规定为“本觉”，而就“心体离念”的觉义，作了详细的分疏：“始觉”是就“本觉”在无明位中的“自觉”而言，是“本觉”的自我复归的开始；就离念而复归“本觉”的程度不同，又分“不觉”“相似觉”“随分觉”“究竟觉”等。从而凸显和完善化了“心性本觉”的义理，而与印度佛学传统的“心性本寂”的说法迥然有别。此外，《起信论》所立的“体用不二”义、“色心不二”义以及“止观俱行、智悲双运”的修习法等，均有其别有会心，异于旧说之处。这种种独特创见，正是通过历次争论，特别是通过某些坚持旧统的贬评而得到显扬。

(3) 关于《起信论》思想在佛学发展中的历史定位，也基于历代褒贬各异的评论和互诤而得以逐步阐明。《起信论》继承了印度佛学中的如来藏系的思想而又有所发展和新的开拓，形成与中国传统哲学有所融通的中国化的大乘教义。一方面，中国化的大乘教义，诸如“真如缘起论”等，在印度如来藏系经论——如《大般涅槃经》《胜鬘师子吼一乘大方便方广经》《楞伽经》《究竟一乘宝性论》中也可以找到某些依据，但在印度如来藏系没有发展成中观、唯识那样庞大、独立的学派，只是在一些观点上与中观、唯识都有歧异。而这些如来藏系经论在南北朝时期译介到中国，却受到特别重视和阐扬，发展成为与中观、唯识两派鼎立而三并试图统会而超越之的独立体系，《起信论》就是这一理论体系的完成。

另一方面，《起信论》以其与中国传统哲学的会通而有新的开拓，故虽源于如来藏系经论而又与印度如来藏思想迥然异趣,有的论者,经过深入考辨,指出《起信论》所讲的真如缘起之说,与《胜鬘》《楞伽》等如来藏学说实有差异,因而判定《起信》之说,"圣教无徵"。但《起信论》的早期研究者,却从判教的角度,肯定了《起信论》思想属于如来藏系而给予了很高的评价。如元晓在《大乘起信论别记》中认为《起信论》的"性、相不二"思想超越了中观与瑜伽,而成为"群净之评主"[①]。法藏在《大乘起信论义记》中,综述了印度中观、瑜伽两系的激烈论争,而以"会通"之法,"随教辨宗",认定"现今东流一切经论,通大小乘,宗途有四",除小乘诸部的"随相法执宗"外,大乘教义判为三宗:①"真空无相宗,即《般若》等经、《中观》等论所说是也。"②"唯识法相宗,即《解深密》等经、《瑜伽》等论所说是也。"③"如来藏缘起宗,即《楞伽》《密严》等经、《起信》《宝性》等论所说是也"。法藏特对"如来藏缘起宗",许为"理事融通无碍说"[②]。

此后如明代的通润,在其所撰《大乘起信论续疏》中,继承法藏的判教思想,更将大乘教义判为三宗:"法相、破相与法性",从而凸显了《起信论》在佛学逻辑发展中超越空有的最高地位。其言曰:"宗法相者,谓真如不变不许随缘,但说万法皆从识变而事事俱有,其弊也流而为常、为执着;宗破相者,谓缘生之法不入法性,故说三界唯是一心,而法法皆空,其弊也流而为断、为莽荡;宗法性者,谓真如不变随缘而能成一切法,故无法法俱空之弊,由真如随缘不变而能泯一切法,故无事事俱有之偏。此则空、有迭彰,执、荡双遣,故知即万法以显有者为妙有,离万法以显空者为真空,不即不离以显中者,即真空以显妙有,故虽空而不空;即妙有以显真空,故虽有而不有。然前之二宗虽建立不同,各有妙旨,而马鸣总以一心九识统之,若鼎之三足,伊之三点。……此马鸣一论,尤为圆通无碍,独出无对者也。"[③]此类评价,似乎褒扬过高。

及至近世,唯识独盛,一些论者基于唯识学立场,揭示了《起信论》与印度大乘佛学,乃至印度如来藏系的思想差异,因而或认定"真如缘起之说出于《起信

① 元晓:《大乘起信论别记》。
② 法藏:《大乘起信论义记》。
③ 通润:《大乘起信论续疏》。

论》”；或把《起信论》斥为“梁、陈小儿”所作的“伪论”。但另一些论者，为辩护《起信论》的理论价值，仍承继中国佛学判教理论的优势以确定其历史地位。如杨文会即肯定《起信论》具有兼宗性、相的特点；梁启超赞扬《起信论》“盖取佛教千余年间在印度中国两地次第发展之大乘教理，会通其矛盾，撷集其菁英，以建设一圆融博大之新系统”。太虚依教理分大乘佛法为三宗：法相唯识宗、法性空慧宗、法界圆觉宗。印顺继承太虚思路也分别称之为：虚妄唯识论、性空唯名论、真常唯心论。前两宗相当于印度的中观、瑜伽两派，而后者乃渊源于印度如来藏系思想而以《起信论》为完成标志之真如缘起说。这一中国化了的大乘教义，就这样通过争论而逐步确立了它在佛学发展中的历史定位。

（1996 年）

# 佛家证悟学说中的认识论问题

## （附：五台行吟稿）

佛家哲学，简而言之，可说是一种以人生究竟、宇宙实相为对象的特殊形态的本体理论以及人作为认识主体对于这“究竟”“实相”如何体认、把握的证悟学说。从哲学本体论角度，可以探究佛家关于宇宙的构成要素、变化过程、缘起模式以及宇宙万物（境）的本质和现象、真相和假相、一般和个别、总体和局部、合成和崩坏、原因和结果、统一和杂多等问题的独特论述。从哲学认识论角度，则可以发现佛家对于主体的认识活动及其结构、功能，主体对“本体”的把握或契合的方式、途径等，也进行过多方面的探析，涉及认识论和真理论方面的一系列复杂问题。

中国化的佛学，以“证菩提”为归趋，主“心性本觉”（不同于印度佛学以“入涅槃”为归趋，主“心性本寂”），因而尤为重视“智光”“慧观”“觉解”“心悟”，与老庄玄学相融会，被纳入中国哲学认识史的逻辑进程，促进了宋明时期哲学理论思辨的发展，直到近现代仍保持其对思想界的吸引力。

试以吉藏的“四重二谛义”、玄奘的“八识四分说”、慧能的“亲证顿悟说”为例，略论其在认识论方面的贡献。

## 一、吉藏的“四重二谛义”

### （一）“关河之学，传于摄岭”

自罗什来华，精译“四论”（指龙树的《中论》《十二门论》《大智度论》和提婆的《百论》），传入龙树、提婆之学，如僧叡所赞：“斯四者，真若日月入怀，无不朗然鉴彻。”（《中论序》）一时僧肇等为之阐扬，达到很高的思辨水平。但当时涅槃学一度盛行，而般若学反而中衰，接着是北讲毗昙，南崇成实，小乘理论颇惬人心，表明理论发展的过渡环节似不可或缺。稍后，直到南朝齐、梁之际，僧朗南来摄山，再弘“三论”——《中论》《十二门论》《百论》，复兴关河之学，被誉为“清规挺出，硕学精诣”，“阐方等之指归，弘中道之宗致”①。经过僧诠、法朗，敢破敢立，“历毁诸师，非斥众学”，始立“山门玄义”；吉藏总其成，笃学精思，著述宏富，道宣评其“貌像西梵，言实东华”，非仅因吉藏系西域安息族人而精通汉文，实指其远承僧肇，把龙树般若空宗理论进一步中国化了。

### （二）“二谛若明、众经皆了”

关于“二谛”含义，南朝义学中异说纷纭，梁昭明太子萧统曾组织讨论（见《广弘明集》），有十余家，约分三派，但都就客体的“境”或“理”上说，乃成实师旧义。吉藏批判各家，肯定“二谛”乃就主体的言教说，应机立说，两种言教表达了唯一真实，即将“二谛”纳入认识论领域。“二谛”，指人们对客观对象的认识和认识的结果具有二重性乃至多层次的差异性。“二谛义”旨在解决常识（俗谛）与佛理（真谛）之间的差距以及佛理内部各家说法的差异和矛盾，它是龙树中观理论的重要发挥，也是中国化佛教的判教理论的逻辑论证。

诸师讲“三重二谛”，吉藏创造性地发展为判教式的“四重二谛义”。声称：“他（师）但以‘有’为世谛，‘空’为真谛。今明，若‘有’若‘空’皆为世谛，非‘有’非‘空’始明真谛。三者，‘空有’为二，非空有为不二，二与不二，皆是世谛；非二、非

---

① 见江总持《栖霞寺碑》，转引自汤用彤：《往日杂稿·摄山之三论宗史略考》，中华书局，1962年。

不二名为真谛。四者,此三种二谛皆是教门,说此三门,为令悟不三,无所依得,始名为理。”(《大乘玄义》卷一)言亡虑绝,为第一义,即第四重义也。吉藏把人对真理的认识看作是真俗二谛依次递进的四个层次,虽其最后目的在于引向“言亡虑绝”的自我掏空的宗教归宿,但既对主体的认识能力及认识结果进行了认识论意义的多层次分析,这就必然触及关于真理认识的二重性以至多级性问题,触及认识过程中由现象到本质,通过现象、排斥假相而接近本质、悟出真相,由一级本质再进到二级本质以至无穷等认识逐步深化的问题,有其合理因素。

吉藏进而论到真谛与俗谛之间的矛盾关系,既对立互斥,又具同一性,互相依存转化。认识的每一层次,真与俗正相反对,真谛乃是在对俗谛的破斥中显示出来,此之谓“破邪显正”;佛家全部经论都是在不同层次上“破邪显正”。但同时,真、俗二谛又是互为前提的依存互补关系,“俗非真不俗,真非俗不真。非真则不俗,俗不碍真;非俗则不真,真不碍俗。真不碍俗,俗以真为义;俗不碍真,真以俗为义。”在认识的各层次中,真、俗二谛互相依存转化,因而通观全过程(判教),则以往的俗谛亦不可废,皆是走向真谛的一步步阶梯。“有方便,三不废者,即不坏假名,说诸法实相,不动等觉,建立诸法。……唯假名,即实相,岂须废之。”并宣称:“明俗是真义,真是俗义,他家无此义。”(《二谛义》卷上)用“双遣两非”的否定方法所展开的“四重二谛义”,确乎是吉藏的创见。在所谓“五句三中”“究竟无得”的神学思辨的迷雾中,透露出辩证思维的光辉。

## 二、玄奘的“八识四分说”

### (一)“缘起性空”的理论发展

缘起说为佛家从小乘到大乘的共同理论基石。小乘着眼于人生过程,以五蕴合成、十二因缘支配的缘起说来论证“人无我”。大乘空宗以缘起性空说普遍地论证了“法无我”,“众因缘生法,我说即是空。何以故?众缘具足,和合而物生;是物属众因缘,故无自性;无自性,故空”(《中论·观四谛品》第二十四)。通过二谛义,以假成空,由假显空,旨在遣“有”。大乘有宗则提出“二自性”(“假说自性”与“离言自性”)、“三自性”(“偏计所执自性”、“依他起自性”与“圆成实自性”)与“四缘”(“因缘”“次第缘”“所缘缘”与“增上缘”)来充实缘起说,旨在遣“无”,重点移到对认识主体的自我意识结构及其能动功能的分析。“由假说我、法,有种种相转,彼依识所变。”(《唯识三十颂》)由认识论的角度深化了佛家的缘起说。

**(二)“八识”“四分”的主体结构思想**

玄奘及弟子窥基等传入和发挥无著、世亲之学,创立唯识学,从“唯识无境”的前提出发,着力于认识主体的内部结构及其功能的剖析。

首先,把作为精神主体的“心法”分为“八识”,表现了对主体的认知心理结构,力图作出层次性的分析,可简括如下:

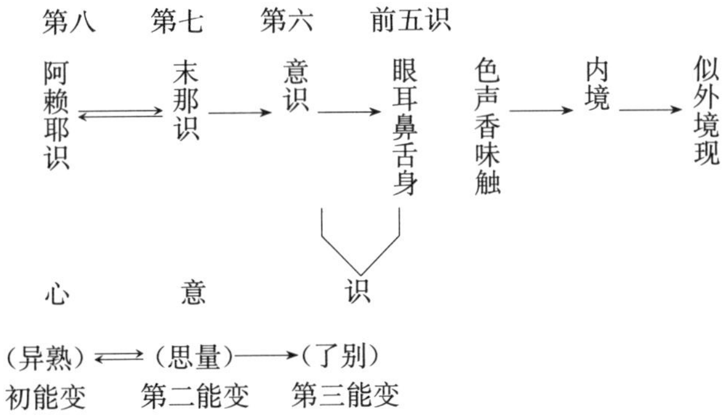


1. 前五识,各有所据之“根”与所缘之“境”,活动间断而粗浅。

2. 第六意识,比前五识深细,无前五识的局限性,既可与前五识共同活动,使其认识更加明晰,并把认识结果储为记忆,名“五俱意识”,又可单独活动,名“独行意识”(又分“散位独行意识”“定位独行意识”“梦位独行意识”三种),凡此,形成“分别我执”。

3. 第七末那识,乃第六识的“意根”,是前六识依存的主体,其特点是不以外境为对象,不间断地把更深层的第八识的“见分”执着为自内我,由此形成“俱生我执”,产生“我痴、我见、我慢、我爱”诸烦恼。以其“恒审思量”,又名“思量识”,成为第六意识与第八阿赖耶识之间的中介。

4. 第八阿赖耶识,又名“藏识”“种子识”“异熟识”,它既包藏前七识一切潜在活动的“种子”,又能接受前七识活动结果给予的影响,并不断地引发前七识的新的活动。如此刹那相续,势如瀑流,恒转不息。唯识学关于八识的划分,相互区别又相互依转的复杂联结,虽有不少臆测和虚构,但其中也反映了佛家对认识主体的内部结构、对认识活动的心理机制,从显到隐,由浅入深,从意识到潜意识,作了一定的分析,达到一定的密度。

其次,关于八识各具“四分”的观点,是唯识学对主体的认识功能结构的分析,可简括如下:

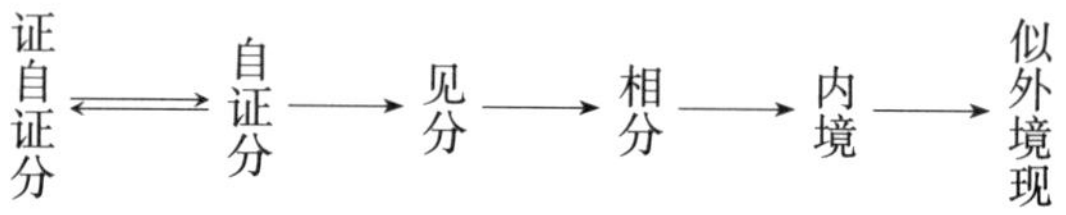


1. “相分”和“见分”,均为识体所变现。“相分”是识体生起时所必然变现出的所缘之“境相”,即前七识的认知活动并非直接识别所缘之“实境”(本质),而仅是其“相状”(映现于主观意识中的影像)。只有第八识才能直接以“实境”为所缘的“相分”。“见分”是识体自身具有的了别所缘对象的作用、机能。一切我、法(主、客观现象),都是识体所变,如蜗牛出头,同伸两角,一为“见分”,一为“相分”。

2. “自证分”与“证自证分”,均是识体固有的自我证知的能力。“自证分”对“见分”了别其“相分”的结果加以度量和确证;“证自证分”再对“自证分”加以验证,而“证自证分”与“自证分”则辗转自证,不假外求。

3. 唯识学还提出“三量”(能量、所量、量果)来说明“四分”之间量度证明的关系。

“四分”“三量”说,认为识体自身具备认识对象、认识能力、认识结果及其验证的功能,这纯属唯心主义的夸张,但其中含有强调认识活动中,主体参与的能动性及对于认识对象分解、整合的必要性等合理因素;至于认识结果的检验问题当以实践为最后圭臬,但在认识中反复总结、“反思”、“自证”,也应有其重要意义。

最后，关于“转识成智”的理论，是唯识学的归宿，认为通过修持可以“转八识以成四智”，即把前五识转变为“成所作智”，把第六意识转变为“妙观察智”，把第七末那识转变为“平等性智”，把第八阿赖耶识转变成“大圆镜智”。其中虽杂有不少宗教道德意识，但把主体智慧的丰富性和人性的自我完善视为成佛的标志，对理想人格的追求和塑造是颇有理论价值的。

## 三　慧能的“亲证顿悟说”

### （一）“静默的哲学”或“诗化的哲学”

慧能创立的中国化的佛学禅宗（南禅），以其坚持“即心是佛”“以心传心”“不立文字”“第一义不可说”，因而以更尖锐的形式提出并深化了佛学特有的认识论问题。

强调“证悟”，是佛家共识。其重要根据是意识到正常人类认识及其媒介工具（语言、文字等）全都有其局限性，甚至把常人的认识夸大为是产生“颠倒迷误”的根源。因而只有在人们正常认识能力之外去发挥另一种真正的智慧，寻找另一条特殊的认识途径，“转识成智”，“由迷到悟”，才能领悟佛家的终极真理，达到主体与本体的冥合。但如何“转识成智”，如何“由迷到悟”？佛家各派各自立说，既有区分“信解”与“证悟”而又两者并重之说，又有对证悟途径和方式的“渐”“顿”之争。慧能创立的南禅，以特有的敏锐把认识固有的矛盾展开，使之趋向极端，自觉地陷入“第一义不可说”的悖论困境中而别求出路，提出“亲证”“顿悟”之说，强调遮诠、否定乃至静默的认识功能，并充分重视了诗化的审美意识的认识论意义，从而推进了佛家的排遣常人认识的认识理论。

### （二）“直下无心、本体自观”

禅宗“即心是佛”的本体论，区分“心之体”（“本寂之体”）与“心之用”（“本智之用”，如见闻觉知等），强调只有排除一切“见闻觉知”，才能“于心中顿见真如”。通过“说即不中，拟议即乖”，“以心觅心，一觅便失”的论证，凸显了区别于一切间接性认知的直接性体知的重要意义。

“只汝自心,更无别佛”,在禅宗被当作是首要的信念。把“自心”与“佛”、小我生命与大千世界融合为一的成佛境界,包括:通过瞬间,悟到永恒;突破有限,达到无限;超越必然,得到自由等。这种种禅悟心态,只能自己去亲证,去体知,他人无从代劳。“如人饮水,冷暖自知”,“智者乐水,仁者乐山”,拈花微笑,目击道存,以及“非宗教的高峰经验”等,这是古今哲人共有的内在体验。

禅宗夸大认识运动中相对与绝对的对立,认为一切见闻觉知、语言文字、逻辑思维都有其固有的相对性,因而不可能把握绝对的“真如本体”,只有通过某种契机,实现精神境界和认识能力的自我突变,激发顿悟,一次完成,所谓“一念相应,便成正觉”、“恒沙妄念,一时顿尽”,这是通过某种神秘直觉而达成的超验性飞跃。认识运动中固有各种形式的飞跃,禅体验是其一。

“第一义不可说”,乃一悖论。为逃出困境,禅门各宗既有“应机接化”的方法(如曹洞宗的“五位君臣”、临济宗的“四照用”、云门宗的“三句”,等等),又有“公案”“颂古”“评唱”等方式,对佛家“表诠法”与“遮诠法”的认识理论有所拓展和深化。而禅门的诗化,大量禅诗和诗禅的出现,表露了认识活动中求真、趋善和审美的统一,逻辑思维、直觉思维和形象思维的互补,既有必要,又属必然。

总之,佛家哲学中的证悟论诸形态,各以其特殊的致知方式,探索了不少认识论的复杂问题。它们在人类认识史上留下的思想遗产,似乎并非全是“不结果实的空花”。

## 附:五台行吟稿

小序:这篇论文,首次宣读于山西五台山举行的“中国佛教思想与文化国际研讨会”(1992年7月)。会中,行吟五台,有诗纪怀,略加简注,附存于此,盖亦落叶空山、自寻行迹之类耳。

### 一

抛却尘罴入五台,佛光迎面慧门开。

老松似解文殊意，历尽风霜向未来。

初入山，首访佛光寺，有唐松两株，巍然矗立。五台山，乃中国佛教四大名山之一，传为文殊道场。峰峦奇秀，寺庙林立，明释镇澄所撰《清凉山志》称其景色殊胜，使入其境者“昏昏业识，望影尘消；汩汩烦心，观光慧朗”。

## 二

澄观妙悟说华严，此地清凉别有天。

蓦地雷音狮子吼，空山灵雨润心田。

访清凉寺，遇雷阵雨。澄观（738—839），唐代高僧，被尊为华严宗四祖，曾于五台山讲说《华严经》。经中有云：“东北方有处名清凉山，现有菩萨名文殊师利，与其眷属诸菩萨众一万人俱，常住其中而演说法。”澄观将经中所称清凉山，妙解为即五台山，并详加论证。因此，五台山即被定为文殊道场。《大智度论》称释迦牟尼佛为“人中师子”。《涅槃经》云：“无上法雨，雨汝心田，令生法芽。”

## 三

隐几维摩原未病，文殊慰语忒多情。

对谈忽到无言处，花雨纷纷扫劫尘。

原南山寺外有“二圣对谈石”。“二圣”，事详《维摩诘经》，谓居士维摩诘深通大乘佛法，一次示疾，释迦牟尼佛派文殊师利等前去问病，共论佛法，论到最精妙处，维摩诘眷属天女出来散花相庆。

## 四

蟠藕修罗梦未圆，无端歌哭堕情天。

随缘暂息清凉境,始信禅心是自然。

阿修罗,简称修罗,本为佛教所说六道之一、八部众之一、十界之一,又转化为阿修罗王,好斗,反抗帝释天,战败,暂时蟠身于污泥藕孔之中。事见《观佛三昧海经》。王夫之诗词中常有蟠藕修罗的形象。

### 五

劫波千载渺难寻,不二楼前集众音。

显密各宗合一脉,如来欢喜百家鸣。

五台山之西台北侧,有“不二楼”,建于唐代。日本高僧圆仁于唐开成五年(840)游此,曾有记;明崇祯六年(1633)徐霞客游此,亦有记,足见盛况。五台山共一百多寺庙,显、密各宗俱有,殊途同归,并行不悖。

### 六

暂住云峰似虎溪,当年三笑岂支离。

东台日出西台月,万古长空不可疑。

随缘参加“中国佛教思想与文化国际研讨会”,寄住云峰宾馆,门前有山溪,与数友散步溪边,颇似当年虎溪之聚。东台观日出,西台赏月,为五台山中奇景。禅宗常以“万古长空,一朝风月”等诗语喻禅境,似有从瞬间把握永恒,从有限悟到无限之意。

# 略论弘忍与“东山法门”

## ——1994年11月黄梅“禅宗与中国文化国际学术研讨会”开幕词

各位专家、各位大德、各位领导、同志们、朋友们：

我们为纪念“东山法门”创建1340周年，为探讨禅宗与中国文化的深层关系而发起、组织的这次学术讨论会，经过近两年的筹备，得到各方面的支援，今天，终于在弘忍大师的家乡、中国禅宗的祖庭、“东山法门”的发源地——湖北省黄梅县正式开幕了！

对海内外老中青年专家的莅会指导，对未能来与会的专家们，如赵朴老、北京大学汤一介教授、中国社科院杜继文教授、日本花园大学柳田圣山教授、东京大学木村清孝教授、加拿大麦克马斯特大学冉云华教授、美国康奈尔大学麦克瑞教授等(但他们的热情来信，给了我们极大鼓舞)，对各方面的关注、支援、法施、捐赠，对五祖寺的大德、黄梅县的领导为会议提供了这么优越的条件，我在这里，谨代表会议发起单位和筹备组，向各位表示热烈的欢迎和衷心的感谢！

“玄奘西去达摩来，丝路莲花朵朵开。”中印两大民族文化的交流，曾经孕育出许多智慧的花果。从公元1至8世纪，我们中华民族第一次引进和消化外来文化即印度的佛教文化，是非常成功的。

自佛法东传，无数高僧、学者经过艰苦努力，从引进、翻译到研究、消化，花了几百年，终于把来自印度的佛教文化及其哲学精华，融入中华文化系统，成为民族精神生活的有机组成部分。印度佛法作为一个理论体系为中国文化所吸收、消化(即从理论上被中国化),这是一个非常复杂曲折的历程。如果从宏观上观其大势,似可分几个大的段落:首先,般若中观学说的传入及其与中国传统老庄玄学通过格义互释而逐步融通,产生了《肇论》这样的哲学精品,可以视作印度佛学本体论中国化的标志。其次,南北朝时期地论、摄论、涅槃佛性论的系统传入,并与中国传统心性论逐步沟通,南北各家师说之间曾展开复杂的争论,周隋之际作为"群诤之评主"的《大乘起信论》的出现,可视作佛学心性论得以中国化的标志。最后,在《大乘起信论》思想的影响下,北禅、南义进一步汇合,促使达摩以来以般若思想融通楞伽来对旧禅学加以改造,并使之与儒、道人生修养论互相涵融,导致"东山法门"的创建及一批早期禅宗文献(如《最上乘论》《坛经》等)的产生,可以视作佛学人生观、价值论中国化的标志。足见,道信、弘忍开创的"东山法门"在中国禅学史乃至整个中国佛学史上的重要地位。

关于早期禅宗史的研究,经过近几十年中外学者的努力爬梳,大量新资料发现,新研究成果积累,面貌已大大改观,突破了以往按各种灯录及谱系所预设的框架,逐步恢复其历史的原貌。诸如,神会以前是否存在一个达摩—慧可—僧粲—道信—弘忍—慧能……"一灯单传"的谱系问题就大可怀疑;又如,弘忍门下是否仅是北秀南能的对立,也值得商榷。当然,许多问题尚有争论,但新写禅宗史中一个重要环节,即"东山法门"的历史定位问题,似乎愈来愈多的研究者趋于这样的共识:中国禅宗并非创始于达摩,也非创始于慧能,更非创始于神会,而是初创于道信,完成于弘忍。道信、弘忍以半个多世纪的持续努力,在黄梅双峰山开创了"东山法门",从理论到实践,多方面的改革和建树,标志着禅宗作为中国化佛教最后一个新宗派的历史形成。此后,"东山法门"以其特有的思想活力,迅速普及到全国。"应知一片东山月,长照支那四百洲",清僧晦山的诗句,比东坡的"竹中一滴曹溪水,涨起西江十八滩",似乎更切。

"东山法门"的创建中,关于禅学理论的自觉创造,关于禅门生活制度的稳固确立,关于政教关系的思想改向,关于传法、禅修方式的多样更新,无不鲜明地体现了中国禅宗开创者的独立开拓精神。这种精神,属于传统文化中至今仍具有活力的文化基因。概括言之，约有三层：

（1）勇于破旧立新的改革精神。从道信到弘忍，一改过去奉头陀行的禅僧们“一钵千家饭”、孤游四方、乞食为生的旧传统，采取农禅并举、禅戒结合的新方式，使流动僧群得以“择地开居”，把仰赖布施、供养的特种寄生生活改变为坐作双行、劳动自给、山林定居的禅众群体生活，确立了中国禅宗特有的丛林制度，走上山林佛教的发展道路，这是佛教史上具有深远革命意义的创举。从而，使禅门学风有可能具有某种相对的独立性和一定程度的自由品格；口语化的语录，公案的流传，对旧经卷烦琐形式的否定，符合劳动僧及下层民众的要求，也是文风上的一种突破。

（2）善于取精用宏的创造精神。无论是道信的禅法，发展达摩“理入”的以文殊般若的“一行三昧”来“安心”，强调“当知心即是佛，心外更无别佛”，因而“念佛即是念心”“念佛心即是佛”，以及“解行相扶”，先知“心源”，凭借“自力”，“入道安心”的“五方便法门”，还是弘忍的发展，继续坚持“守心”或“守本真心”，突出“凝然守心，涅槃法日自然显现”，把“涅槃之根本，入道之要门，十二部经之宗，三世诸佛之祖”全归结到一点即“守心”，可谓由博反约，取精用宏，简明之至。如道信所云：“法海虽无量，行之在一言；得意即忘言，一言亦不用。如此了了知，是为得佛意。”至于对《楞伽经》“诸佛心第一”一语的曲加新解，用《般若》《金刚》思想来融通《楞伽》之“心”，会通空有，广引经论，自加诠释，经论注我；道信与弘忍两人曾“日省月试”、反复琢磨的“顿渐”问题等，两可其说，兼容并包，所谓“随心自在，无碍纵横”，表明他们在理论上的创造性和全面性。

（3）敢于广开法门的宽容精神。道信、弘忍都以最大的灵活方式，因材施教，广接学人，育才无数。早期禅史表明，神会北上争法统（820）之前，法门并无明显谱系之争，也没有一线单传之说，在道信、弘忍开辟“东山法门”的传法活动中，更鲜明地表现了堂庑广阔、不择根基、不拘一格的开放心态。道信门下，广收僧众，“缁门俊秀，归者如云”，刘禹锡为其门徒法融所写《塔记》中，称道信“广分其道”，即分化发展为东山（弘忍）与牛头（法融）两宗。牛头法融由三论入禅门，论著颇多，既承法朗学脉，又启慧能禅风，实为双峰禅发展为曹溪禅的重要中介。

至于弘忍门下,僧众常聚者数百人,来听讲者“虚往实归,月逾千计”,其中被弘忍印可“堪为人师”的大弟子就有十余人,其中影响较大、开拓一方的就有法如、道安(嵩山禅系)、玄赜(楞伽禅系)、神秀(两京禅系)、慧能(韶州禅系)、智诜、宣什(四川禅系)等,他们分头弘化,把“东山法门”的禅理、禅风传向全国,而又各有侧重和特点,也就孕育着以后禅门的分化、形成不同的学脉。弘忍门下并立各家,虽有歧解,仍互相尊重。如神秀、道安入京后都多次向朝廷推荐过慧能。所谓南北禅的对立,是神会以后的事,其形成别有客观原因,而神会的历史作用,似应另予评说。

早期禅宗的这些恢宏气象,道信、弘忍留下的这种宽容精神,是以后禅宗大发展的重要契机,至今仍具有历史借鉴意义。我想,我们今天隆重地纪念“东山法门”,也是从这个视角出发的。

当然,对禅宗的研究,对禅文献的考辨,对禅历史的探寻,对禅哲学的分析,对禅境界、禅体验的证悟,本身就是多层面的,应当从多种视角、运用多种方法、采取不同的价值尺度与参照系统去加以衡论和研究,才可能去伪存真,由表及里,得出可靠的结论。我们拥有最优越的条件,但某些方面特别是禅文献及禅历史的专题研究方面,则显得有些落后于某些国家。我们应当急起直追。在这里,我们想起黄梅籍的前辈学者汤用彤先生,去年在北京大学举行的纪念汤先生的百年诞辰的会中,许多学者谈到汤先生崇高的人格和深厚的学养,值得景仰。汤先生在学术上兼通儒、释、道,融合印、中、西,堂庑甚广,而他对佛教史的精湛研究和绵密考订,流誉学林,受到海内外学者的普遍尊敬。汤先生是我们学习的榜样。这次学术讨论会,请来专家,交流论著,也旨在促进对禅宗研究的进一步发展。与会同志提供会议交流的著作和译著有八种,论文近五十篇,从题目与摘要看,内容涉及面颇宽。文献、史实的考订诠释有一些歧解,一些评判观点也不免存在分歧,这正是东山禅风所欢迎的。希望在会中能展开讨论和争论,各抒己见,畅所欲言。我们相信,“真理是在争论中确立的”,“历史的事实是在矛盾的陈述中清理出来的”。

弘忍说,他与神秀研讨《楞伽经》时,达到“玄理通快”的境地。希望这次会中的讨论,也都能达到这种境界,能够获得“道树花开,禅林果熟”的业果。

预祝大会功德圆满!

敬颂与会同人们吉祥如意!

(1994 年 11 月)

# 石头希迁禅风浅绎

## ——1996年8月长沙纪念石头禅及曹洞宗学术研讨会上的发言

两年前，在黄梅，举行过一次纪念弘忍开创“东山法门”的学术会。今天，在长沙，又有幸参加这次纪念石头禅与曹洞宗的学术盛会。因缘殊胜，慧命无涯。上午开幕式上，几位大德的发言，曦曦小居士一字不差地背诵《参同契》，令人心生法喜，忽得一偈：

曦曦朗诵《参同契》，颗颗摩尼落玉盘。
寄语草庵休怅望，童心最契石头禅。

石头禅注重即事显理，触目会道，旨在日常生活的动静云为中去契会禅机，故灵源皎洁的童心，最易于契入。这正是石头禅的生机所在。

在会中，缅怀石头大师的德业光辉与学思成就，我曾口占颂诗一律：

性海乘龟梦太奇，灵源一脉漫湘嶷。
石头路滑参同契，曹洞丁宁善接机。
玄化通观涵渐顿，神游鸟道贯中西。

殊途百虑劳回互，昂首征程有所思。

据《五灯会元》记：师〔希迁〕因看《肇论》有悟，“不觉寝梦，自身与六祖同乘一龟，游泳深池之内。觉而祥之：‘灵龟者，智也；池者，性海也。吾与祖师同乘灵智游性海矣！’遂著《参同契》”。与六祖同乘灵龟，遨游性海，这一梦兆，意境恢奇，似可理解为希迁这一禅门龙象在开创新禅风时留下的“梦太奇”(谐音Montage)。至于石头禅及曹洞宗的圆融思想与回互学风，大有助于当今以多元开放的心态作面向未来的文化思考。

石头希迁(700—790)，出生于广东肇庆高要县陈氏家，幼而奇慧，童年依慧能出家，六祖寂后，曾“上下罗浮，往来三峡间”，四出参学，德业精进，后至吉州青原山拜见行思，始得心印。遂于天宝初入南岳，结草庵于石头上观心，弘法度人，被尊称为“石头和尚”。当时，南禅蓬勃发展，马祖道一在江西，石头希迁在湖南，蔚为两大学脉，被称为禅门“二大士”“二甘露门”。从这两大学脉，开出以后五家七宗，弘传至今，播及全球。石头希迁以其学思方面的卓越成就，以其精心撰写的《参同契》《草庵歌》等的广被传诵，在禅学史上据有崇高地位；他所首倡的圆融理事的禅教合一学风，实为以后曹洞、云门、法眼三宗奠定了思想理论基础。石头禅以其特有的理趣和学风，不仅对中国佛门禅学的发展，而且对整个中国哲学文化的发展都产生了极为深远的影响。

石头禅风的一个重要特色，是重视理论思辨，注意引教入禅。中国化的佛教来自印度，而与印度佛教的致思和价值取向又有所不同。据吕澂先生总结性的论析，认定：印度佛教本主张“心性本寂”，而佛教中国化过程中因种种原因转而倾向于“心性本觉”；印度佛教依“性寂”说而把修行的目的归结为“入涅槃”，而中国化佛教却依“性觉”义而把最后的终极目标指向“证菩提”。

石头希迁始终循着中国化佛教的致思途径去推进禅学的发展。他从理论上契入佛慧，首先是从中国化佛教哲学精品《肇论》得到启发。据禅史记载：“师〔希迁〕因读《肇论》至‘会万物为己者，其惟圣人乎’，师乃抚几曰：‘圣人无己，靡所不己。法身无象,谁云自他。圆鉴灵照于其间,万象体玄而自现。境智非一,孰云去来。'"僧肇在《涅槃无名论》中虽广引佛经,而实际上是以老庄玄学来"格义"大乘佛理,把"涅槃"理解为一种"物我玄会,归乎无极"的"妙悟"境界,故强调"涅槃之道,存乎妙契","玄道在于妙悟,妙悟在于即真,即真则有无齐观,齐观则彼己莫二。所以天地与我同根,万物与我一体"。"至人戢玄机于未兆,藏冥运之即化,总六合以镜心,一去来以成体。古今通,始终同,穷本极末,莫之与二,浩然大均,乃曰涅槃"。希迁所谓"法身无象,谁云自他","境智非一,孰云去来",说明他继踵僧肇,会通玄佛,自觉走上把佛学玄学化的道路。沿此思路,更进一步吸纳了牛头宗来自三论的般若中观思想与华严宗"理事圆融无碍"等观点,并着力发挥中国化佛教另一哲学精品《大乘起信论》的"一心二门"理论框架及"本觉""不觉""不变""随缘"诸义,因而突出地强调了"唯达佛之知见",与早期禅学偏重"静坐""守心""由定入慧"不同,而较重视哲学思辨,不排斥语言、文字、符号及其逻辑运用等,这就更符合中国化佛教的致思取向。他明白宣称:

> 吾之法门,先佛传授,不论禅定精进,唯达佛之知见,即心即佛。心、佛、众生,菩提、烦恼,名异体一。汝等当知,自己心灵,体离断、常,性非垢、净,湛然圆满,凡、圣齐同。……

这是石头禅的理论纲领,并在弘法中一再强调:"汝等当知","汝能知之"。知、知见、知识,一切符号系统,都是进入禅学智慧、禅悟境界的门径与阶梯。"千种言,万般解,只要教君长不昧"(《草庵歌》),全都是不可缺少的。不离世间法,不脱离现实生活的可名言之域,逐步引导学禅者进入超越名言的非名言之域的禅境。这很符合中国人的思维定式。石头禅风的朴实、平稳、简易、绵密,使普通人乐于接近,易于理解,感到亲切。这是石头禅的重要特色。

由于石头禅强调"唯达佛之知见",重视理性思维,坚持禅宗既"不立文字"又"不离文字"的传统,善于把遮诠和表诠巧妙地结合起来。举一常见的公案为例:

道悟问:“如何是佛法大意?”

师(石头希迁)曰:“不得,不知。”

问:“向上更有转处也无?”

师曰:“长空不碍白云飞。”

“不得,不知”,是遮诠,表明佛法真理不可说;道悟再问,又答以“长空不碍白云飞”,这是表诠,表明佛法真理可以说,可以用这样诗化的语言来表达,并使学者得到某种特殊的启发而“于言下顿悟”。许多禅宗语录公案,都属此类。说佛法真理(或“第一义”)“不可说”,这本身是自语相违的“悖论”。因为对于不可说的东西,却已作了“不可说”这种说明。为摆脱这种逻辑矛盾,禅宗主张“绕路”说禅、“因指见月”或“烘云托月”说禅,即认为不可说的东西并非不可说,问题在于如何说。石头禅及以后曹洞宗对此作了多方面的探索,注意到如何把逻辑思维、直觉思维与形象思维巧妙结合起来,试图解决“不可说的东西究竟能不能说”或“如何说”的问题。如所谓“五位君臣”的表显法,即试图总结出“绕路”说禅应“如何说”的五种方式,即“正中偏”“偏中正”“正中来”“偏中至”“兼中到”等,虽各有不同的诠释,但本质上是在探索“有语”与“无语”、“可说”与“不可说”的关系问题。扩而大之,引而申之,也就是知识与智慧的关系问题。佛家讲“转识成智”,具体化为“八识”分别转化成“四智”,唯识宗讲得非常琐细、复杂。现代东西方一些哲学家也讲到“认知”和“体知”的关系。认知,是以主、客体的分离为前提,靠主体的感性、理性活动去反映、认识客观事物;而体知,则靠主、客体的合一,泯去了主、客观的界限,“浑然与物同体”所得到的体悟。认知和体知是什么关系?康德花了一生的功夫,写出了三大批判,把理论理性、实践理性与审美直观三者的功能和作用范围,加以严格区分,于是,形而上学如何可能,不可说的东西如何能说,成为哲学上长期悬而未决的大问题。如果再扩而大之,近代以来人类哲学发展的大势,大体可以分为两条路线,科学主义与人文主义、实证主义与非理性主义,长期对立,得不到会通。从石头禅学中,就其力求处理遮诠与表诠的关系、无语与有语的关系、知识与智慧的关系,似乎可以体会到,他所提倡的“理事圆融”

“本末归宗”“触目会道”“圣凡不二”等,实指一切认识过程中的矛盾,都是可以会通,可以兼容的,即可以互相涵摄、可以互相渗透的,即他在《参同契》中所说,“门门一切境,回互不回互”,“明暗各相对,比如前后步”,“承言须会宗,勿自立规矩”。所谓“石头路滑”,可以理解为指这种“参而同契”的辩证思维的灵动性。石头禅学影响下的曹洞宗风,所谓“权立五位”“正偏”“明暗”等的辩证联结,正可以理解为灵动地试图解决“有语”与“无语”、“知识”与“智慧”、“认知”与“体知”的关系问题。虽仅是探索,但实际上已开拓了一个哲学致思的思路,对我们当前如何走出人类哲学的困境,不能说没有一定的启发。

基于上述哲学思路,石头禅及曹洞宗特别重视语言文字的哲学运用与表显功能。禅语言,有其特殊的结构与风格。石头希迁可以说是禅语言学的奠基者。石头禅风不仅与早期“不立文字”“离言语道”的默坐禅风具有极大差异,同时与洪州宗的以“势”启导、创“势”以表义也有明显的区别。《参同契》“明暗相对”“承言会宗”的语言启导艺术,既“不立文字”,又“不离文字”,在禅学史上,与慧能的“三十六对”等具有同等的影响和意义,对后世传灯语录体的发展起了重要启导作用。石头禅风善于运用语言,充分利用中国语言文字的多义性、暗示性、灵活性、模糊性,以及中国传统诗美学中的“赋、比、兴”等,形成了一套生意盎然的、活泼泼的禅语言。一些哲学化了的诗句或诗化了的哲学语言,被广泛地生动地运用于应机接化,石头希迁以“长空不碍白云飞”启发道悟,药山惟俨以“云在青天水在瓶”启发李翱,都达到“言下”(禅语言艺术的启导之下)有所开悟的效果,足见不可说的东西是可以说的,问题是如何说,如何运用禅语言的特殊功能。后期禅学的诗化,似表明禅境与诗心一脉相通,这只是禅语言艺术的一端;至于禅语言中还有各种机锋、反诘、突急、截断、擒纵等,各有其特定的认识功能。可见,禅语言学是一个很值得研究的课题。

最后,石头禅风的“回互”方法与“参而同契”的观点,也就是融会贯通的观点。这个观点,就当时的针对性说,是针对禅门内部有南北对立,南顿北渐,势同水火;就南禅内部来说,还有洪州禅与荷泽禅的龃龉。石头禅建立起来,独树一帜,就旨在把禅门各派,力图会通起来。所以说“人根有利钝,道无南北祖”,无论北渐南顿，都各有长短，不应当分裂互斥，而应当和合互补，才不致“自立规矩”，“迷隔山河”。这样一个思路，求同存异，观其会通，可以说是石头禅的一个重要特点，这也是我们中国传统思想中的精华。《易传》说：“乾道变化，各正性命，保合太和，乃利贞。”又说：“憧憧往来，朋从尔思，天下何思何虑？天下同归而殊途，一致而百虑，天下何思何虑？”这里，表达了一种超迈的文化心态。《中庸》讲得更好：“万物并育而不相害，道并行而不相悖，小德川流，大德敦化，此天地之所以为大也。”“万物并育而不相害，道并行而不相悖”，这么一种思想史观，在我国传统思想文化中，有司马谈论《六家要旨》，各有所长，各有所短，荀子《非十二子》、庄子《天下篇》，都是这么一个思路，一直到柳宗元、圭峰宗密。柳宗元所谓“诸子合观”，各有贡献；宗密《华严原人论》的判教理论，最后“会通本末”，认为历史上各家的理论，都是真理的颗粒，真理发展的一个阶梯，真理认识的一个组成部分。在石头希迁的禅学中，他也这样说，“人根有利钝，道无南北祖”，“万物各有功，当言用及处”。因此，对于当时的顿、渐，以及禅、教之争，佛、道之争，儒、佛之争，等等，他都主张回互一切，加以会通。黑格尔—马克思的真理史观，也是以这样一种通观历史的文化心态来看待人类认识史上真理发展的辩证法，也主张只有吞吐百家，才能求得自身的发展。就这个意义说，石头禅对我们也有很重要的启发，启发我们无论研究历史文化或面对当代学术思潮，都应当坚持多元开放的文化心态，在人类文明多维发展的大道上去会通中西、融贯古今，发展真理。

（1996 年 8 月）

# 哲海探珠

# 康德之道德形上学

（附：邓晓芒、李维武《跋语》）

天生烝民，有物有则，
民之秉彝，好是懿德。
——《诗经·大雅·烝民》

头上是灿烂的星空，
心中是道德的律则。
——《康德墓铭》

# 第一章 绪 论

康德哲学虽其大部分在知识问题的探究,但却以道德问题为归宿。在未述其道德学以前,应先略及其对知识问题之理论,尤重其从"纯粹理性批导"到"实践理性的检验"迭升中之环结与历程。

康德启发的"新形上学",建立在他纯净理性批导的知识篇上,其基础已由《纯粹理性批判》(*Critique of Pure Reason*)中之《先验分析篇》之"纯我""纯思"奠定之。[①] 此"纯我""纯思"用它的空间时间和范畴的工具,使经验或自然获得理论上或形上学的根据;使经验对象成为可能。

康德以为在意识中的综合作用,共有三段:直观中的摄觉(apprehension)、想象中的再造(reproduction)与概念中或悟性中的认识(recognition)。这种意识中的综合形式,使感性的材料成为有意义的对象,感性的材料是杂多的,因此感性的形式:时空,对杂多的材料作初步的综合;意识运用"经验的理智的形式":范畴,对感性杂多的材料作再度的提炼。这两种理性(感性与悟性)和两套形式(时空与范畴),表面上是对立的,康德为解决此困难,想用第三种能力:先验的想象力(imagination)来联系感性和悟性。由想象力所产生的图形作用(schematization)"去时间化范畴,或曰具体表示范畴在现象内的致用"[②]。所以

① 郑昕:《康德学述》,商务印书馆,1946年,第58页。

② 同上书,第118页。以上各种论调易于误解为心理主义的说法,但正确地了解康德,是应该首先明了康德哲学的基本精神,在其批导的逻辑方法的彻底运用。故必须除去心理主义的误解。

在《范畴的先验推证篇》(Transcendental deduction of the categories)中说明：现象离开范畴，则我们不会有可能经验的对象，而范畴不运用到现象，范畴便落空。悟性的基本原则，表明范畴如何借图式作用，具体的、普遍的运用到现象上去；我们不但有可能的知识，并且有实在的知识；我们的知识不仅有事实的遍效性，而且有逻辑的必然性。

所以康德以为整个经验对象——万象森然的宇宙——之所以呈现于我们而有其意义与秩则，不仅由于范畴之致用，而且由于运用范畴的知识主体底自我觉识(self-consciousness)的统一，单纯的"我觉"不能发生知识作用，故我觉(conscious of self)必待他觉(conscious of the others or the objects)而始显，两者又必须统一。康德名此统一为"摄觉之根本统一"(original unity of apperception)。知识内容之增加，对于新知识的摄取而又与经验的系统融为一贯则有待于更高之统一，康德名之为"摄觉之超验的统一"(transcendental unity of apperception)[①]。这样，经验知识才可能，所以自我觉识的先验统一，为知识可能的必然条件与先验基础，这种先验的统一作用，是理性的自发性的活动(action of spontaneity)[②]。各种杂多的意识现象，由这种同一的自我所统一而成为表象的。反面言之，正因为杂多能够这样结合于一个意识之中，这种表象中的意识之同一，才能够表象出来。所以意识之统一使表象与对象发生关系，即是使表象有客观的效准，因此使它成为认识的对象；所谓"客观"即是说经验的对象获得了先验统一的意义。康德以为"认识即判断"，但判断不是观念的联结(如旧有形式逻辑与心理主义的经验所说)，而是说：这种观念的结合中具有必然的普遍妥当的意义。所以康德为判断下了一个定义："判断是把所与的认识纳之于摄觉的客观的统一中的方法。"就对象说，如果它是认识的对象、判断的对象，则必表现观念的一种客观的联系。判断的主宾词，必客观地联系着，这联系是意识的综合作用，而且只能在"客观的意识"里有客观的联系。这种客观的意识(即先验意识)发挥范畴的作用，为对象

① 郑昕：《康德学述》，商务印书馆，1946年，第136—137页。
② Rayce：*Spirit of Modern Philosophy*. P.130.

建立起独立的“加号”[1],而执行这个“独立的加号”的判断分子的客观联系,是经验知识的作用(经验判断),经验意识执行这个联系的客观标准是先验意识所立的标准。所以具有“独立的加号”的对象,必在也只能在一个判断的意识条件下才能安顿。故没有先验意识,经验意识不能与对象关连;没有先验意识,对象也不能呈现于经验意识而为客观的。可以说,“先验意识替认识的主体(subject)与对象(object)设计了一座桥梁,使主体能渗透对象”[2]。进一步说:判断之所以为判断,之所以为先天的、综合的,需要一个“理想的意识”(先验意识)。在这个理想的意识里,判断的主宾词合乎真理地联系着。所以对象的“经验实在性”与“先验理想性”都以同一的“我”(先验意识)为形式条件。康德这样将存在的世界都回到“纯我”,将客观的意义确定为先验意识的统一中的必然性与普通性,则对事物真正了解的认识,不是如Plato所认为的一个对象的“相”,而是一个客观的判断,由先验意识所下的而在经验意识中所执行的判断——“先验的综合判断”(apriori synthetic judgement)。

康德这样在经验知识可能的必然先验基础上批导理性的功能,由范畴的先验推证确定意识的统一,而依据这种统一来重新确定客观的意义,证明了先验综合判断的可能。康德的名言说:“思维无内容是空的,直观无概念是盲的。”将感性与悟性、将经验意识与先验意识在“客观的判断”里弥缝起来,说明了存在的是逻辑的,即是说:存在的是逻辑地存在的,而逻辑的判断之重心和枢纽是在“逻辑的主体”——“纯我”。唯其如此,得到一个重要的结论:“经验可能性的条件,同时是经验对象可能性的条件。”纯我的毕同的统一,厘定了逻辑的与存在的共同最高的条件,而为“自然所要求的必然的衔接”。所以自然的统一性与规律性,不外乎理性或自我觉识的统一性与规律性。经验意识的对象,在这种意识的统一中被把握,被综合,被了别。故呈现于“我”而有秩则,有意义。“我是我”,是一

① 郑昕:《真理与实在》,《哲学评论》1936年第1期,第3页。
② 郑昕:《康德学述》,商务印书馆,1946年,第115页。

个分析命题;“我是一切互相衔接的观念的统一”,是一个综合的命题,此为摄觉的必然的统一,康德以此为“一切人类知识的最基本的原则”。唯恃有此先验摄觉的统一,宇宙自然始成为我们共同的感性界而成为一切可能经验的对象。这样澄清了希腊以来哲学上“思”与“在”的模糊问题。康德在《未来形上学导言》中说:“悟性不能从自然里引申出来它的先天规律,而是替自然颁布先天的规律。”康德从必然性与普遍性中厘定了客观性的意义,造成他在哲学史上“哥白尼式的转向”的地位。

康德这样完成了他的知识论,不像笛卡儿(Descartes)以来到莱布尼茨(Leibniz)的理性主义(Rationalism)的独断,遵守一个玄学原则,以明“天”“人”“物”的一贯,其得在“大”,其失在“妄”;也不像洛克(Locke)、休谟(Hume)的经验主义(Empirism)的支离,执着于知识的外铄,而忽略综合经验的自我,其得在“精”,其失在“浮”。康德以批导的逻辑方法厘定知识,会证知识。先验逻辑的意义,即是将逻辑用到对象,用到经验,用到自然界,使逻辑有内容,就理论事,会事归理,此理为人心之所同,此理为自然万物所共守,故具必然性与普遍有效性,因而是客观的。故康德的理论,平实通达,了无滞碍,由“经验成熟的低地”出发,步步递进,而渐入高明澄澈的境界。在分析递进的过程上,作以下重叠的二元的假设。

首先,现象与本质对立的假设:可能经验的对象,只是现象界,而以经验的极限或现象之整体——心灵、宇宙、上帝——为本体界。本体界相对于我们的知识是理念或理想,本体界不能作为知识的对象,而只能在“实践理性”中体验到,在艺术境界里静观到。知识超出了现象的范围,便是形上学的问题了,这是现象与本体两界对立的假说。

其次是悟性与理性对立的假说:康德以感性里的物是所与的德它(data);悟性里的物是课题、是判断;理性里的物是永久的课题,是理念,是物之在己(thing in itself)。感性、悟性、理性是能“知”,有深浅厚薄的层次上的分别;物之在感性中是未确立的现象,在悟性中是可能经验的对象,物之在理性中却是物之究竟或现象之整体。究竟与整体,不是经验知识所可穷尽的对象,它是一个理想,一个理念,虽为悟性所不能穷究,却为理性所要求,为理性的逻辑推理所要求。如果没有理性原理作向导,作归依,则逻辑与科学将漫汗无依,劳而无功。[①] 康德在《先验矛盾篇》所显示的理性,是理论的理性(Theoretical Reason),而在知识近饱和点时,突破了经验的限制,而提出了实践理性(Practical Reason),替道德或自由立法。心灵、宇宙等理性的理念(Ideas of Reason),以及同样地能作向导原理(Regulative Principle)的神观念,虽论证其不能成为科学的知识,但既为理性所要求,则改变其形式,仍旧能够在我们的意识以内存在和活动。这便是道德的觉识,他称之为"实践理性的优越"(Primacy of Practical Reason)。这样一面规定了知识的限界,批评旧有的形上学,为来自"先验的幻象";一面却因此开拓了另一个新的天地——道德的世界、自由的世界(更启发了一个新的形上学发展的指向)。在这新的领域中,知识仅依据法则尚不能根本地统一,还须导出一个新的"价值范畴",将知识推广到自然科学的领域之外。

这种由理论的理性过渡到实践的理性,实际上是同一理性的转化递升,而表现出的却是:

理论的理性与实践的理性、自然与自由对立的假设:康德在《纯粹理性批导》的"超验辩证论"(Transcendental Dialectic)中,追究到知识的极限,而提出理性的理念(Idea of Reason)。这种理性理念,是经验的穷极,故不受经验之制约,为"无制约的"(unconditioned)。这种理念——心灵、宇宙、神虽不能确定其为知识的对象,但却是理性所要求的"向导理念"(Regulative Ideas)。因自我觉识的统一,不可能达到无制约的条件,而这些无制约的向导理念,却引导我们趋向知识的完成。在理论的范围,积极地自然可能说其可为对象,而消极地也不能说其不能为对象,以其超出了经验证明的领域。过去的旧形上学家与经验论者,或把知识论的知识主体当成了形上学的主体,或不明了理性的最高理念,虽不能作为知识的对象,但却必然构成知识的向导原则。进一步说,这些无制约的理念,却

---

① 以后 Fichte 即以此"自我觉识"或"自我"为其"知学"的开始,而建立其"行知合一"的体系。

在“实践理性”中获得存在、活动的地位。

康德在《先验矛盾篇》中第三“关系矛盾”(Antinomy of Relation)探究到现象因果连续的整体,发现了无制约的“第一因”或“自由因”(First Cause or Free Cause)。这是经验里永远不能穷尽的理性的要求,消极地说,是知识的向导理念,而积极地说,把自由的理念作为它的哲学的中心问题来处理。从理论的理性过渡到实践的理性,而确定实践理性的优越,这样使自然律与自由律不但各不相害,而且相得益彰。道德是人性的归宿,真理的实在性表现于自由中比自然中更清明而真切。① 同时,心灵的完整,神性的优越,亦均以道德境界之反省而得证明。康德在《道德形上学导论》(*Introduction to the Metaphysic of Morals*)中说:“自由是纯理性的概念,超越了理论哲学,而为一个没有经验例证可资说明的概念,它不能形成我们的任何可能的理论知识的对象。其所以是有效准,并不是一个构造的原则,而只是纯思维理性的向导原则(not as a constitutive but simple as a regulative principle of pure speculative reason),因而是消极的,但在理性的实践的检验中,它的实在性被纯理性的因果律即实践法则所证明。它决定了越脱一切经验条件的选择意志,而证明我们有一个纯净意志的存在,道德观念与道德律则的根源便在其中。”②

把意志自由作为哲学的中心问题,因而自然与自由的对立消除,各得其所,以后黑格尔(Hegel)从此发挥了一套伟大的理论。康德在“第三批导”(Critique of Judgement)中,把这个对立放在美的境界中,重新遇到一个新的统一,新的综合。康德以为,美的现象是无制约的静观现象。合乎规律,而不需要规律;合乎目的,而超脱了目的。而生物界,特别是人类现象,能被了解,实不外将自然摆在自由的概念下观赏,换言之,是“实践理性的优越”之证实。这是康德晚年的倾向,调和了他的哲学的基本对立的假设。

纯理性理念的自由概念是无制约的,这只是消极地说明了理论知识的限制,与必然预设的先验基础。而在实践理性中,自由的意义即是自决(self-

---

① 桑木严翼:《康德与现代哲学》,《哲学评论》1934年第3期,第123页。

② Abbott's translation, P. 277.

determination),即是意志自我立法以决定自身,故有其积极的内容。这是康德的重要揭示,从道德的觉识(moral consciousness),认定“自我”为普遍的主体与具有立法的意志,从内欲外制(the desire within and the pressure of circumstance without)及自然与必然的限制中解决出来,宣示了人性的尊严①。从知识的主体到道德的自我,这便是理论理性到实践理性的递升。这也说明了康德的哲学,是以道德问题为最后的归宿。

鲁一士(Royce)在其《近代哲学精神》中论及康德时说:“我们看到康德如何在怀疑的迷途中再度建立起我们的精神世界来。……即使在感觉与怀疑的残壁颓垣中,这胜利的理性,仍能建立其规律的世界及理想的真理世界。这世界之能够建立得起,却是因为理性有必要建立起来,凭着自然的联贯和有道德勇气,就能建立起这世界来。”②我们的人格统一性,要求经验也有统一性,也要求自然现象世界应该依照思想的规律。“只有道德律之清楚的、不错误的律令,要求我们服从于一个永恒有意义的秩序,才能使我们超出感官界。我们无从借理论的能力以脱出内心生活的囚笼,或是脱出那创造的想象力所建造的纯现象的实在界。”③

一般的学者都承认康德在知识论上的翻造工作,为哲学史开辟了一个新的纪元。但康德哲学的真正意蕴,在于否定了旧的形上学而启发了一个新的形上学的方向。他以严肃的口吻说:“重建起那为怀疑论所破坏而丧失了精神的世界”,“为那不可见的上帝服务,一如他在你面前一样”。所以,他的思想始终是认定价值问题是人类理想的归依。自然,“要理解康德必须超过康德”,但是由于知识问题,笼罩了哲学的领域,康德的道德学说,未得到历史进步的应有发展,甚而被人漠视。

我们同意鲁一士的话:“康德嘱咐我们创造的精神世界,是近代世界。而康德是一切近代思想的真英雄。倘使在一种意义上,我们的胜利是在超越康德,甚

---

① Caird: *Hegel*, P. 119.
② Royce: *The Spirit of Modern Philosophy*, P. 133—134.
③ Royce: *The Spirit of Modern Philosophy*, P. 130.

至抛弃他思想的限制性;那末,在另一种意义上,他不折不扣是我们的向导。”[1]

（1947 年 5 月）

# 第二章　道德概念之分析
# （Analytic of Moral Concepts）

康德曾说过：卢梭（ Rousseau ）曾教导他尊崇人类,预测那非建筑在智力发展阶段上的价值之存在。[2] 康德实以“人类本质的美与价值的感觉”为其道德学说之基石。在《关于优美与崇高的感觉之诠释》(1764)中,已注意到道德原则之必然性。他说:“原则,实质上并不是论断的法则,而是在每个人心中活着的感觉的意识……。人类本质的美与价值。”其后在《道德形上学之基本原理》(1785)及《实践理性批导》(1788)中始由道德概念之分析进而建立道德法则,阐明其“道德形上学”整个体系。

康德以为哲学可作如下的分类：

- 哲学(理性知识)
  - 形式哲学——逻辑
  - 实质哲学
    - 自然哲学：生物学
    - 道德哲学：伦理学
      - 经验的：实用人类学
      - 纯净的：道德形上学

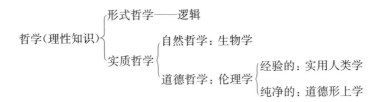

道德形上学从分析一般的道德觉识开始,而探究到道德的根本概念与必然律则。在《纯粹理性批导》中追求可能经验的条件,在《实践理性批导》中追求可能的道德经验的条件。但康德以为,道德原理不是实然的(What is),而是应然的(What ought to be)。“故不能从人即道德的存在之实际成就开始,而只能从

① Royce：*The Spirit of Modern Philosophy*，P. 138.

② 见霍甫丁(Hoffding)：《西洋近世哲学史》引。

这种成就的动机与标准的原则开始。”①道德形上学必然可能,康德认为是由义务与道德律则的普遍概念所证明。他说:“每个人必须承认,如果一个律则有道德的力量(moral force),即有义务感的基础(basis of obligation),则必带有绝对的必然性。……义务感的基础,绝不能在人的性格中或所处的环境与世界中获求,而只能先验的在纯净理性的概念里抉发出来。”②

今分三节略述其对道德概念的分析:

## 第一节 善的意志(Good Will)

康德以前的道德学家,不管立论是自然主义或理性主义,效果论者或动机论者,他们界说善的概念,都是只有相对价值(relative value)的意义。如亚里士多德认为,有德的活动为根本的善,但此种活动之所以为善,乃以其可以获致某种良好之效果。常识的判断行为之善恶,大多是效果论者的标准;动机论者或直觉论者,虽然轻视效果,但不能明白规定一种统一的最高原则,某种动机何以为善,仍旧须要更高的善为标准。康德提出理论理性与实践理性的对立的假说,乃在否定一般人假定善恶无绝对的标准。以福利的指数来衡量善恶的大小,而昧于“工具的善”与“内在的善”的分别。理性表现于悟性而规定悟性,是为知识的原则。理性表现于行为而约制行为,是为意志。“意志的善”构成一切福利价值的必然条件,故唯有善的意志的本身,可称为无条件的绝对的善。因善意之善,不在其行为与效果,而在于实践理性表现于意志,其本身乃是一切价值之泉源。其他如天才、智慧、富贵、健康、一切幸福之增进,甚至美德之操持,皆以善的意志为其条件,其本身始具有价值。康德所谓:“善的意志,像明珠一样用自身的光辉闪耀着,其整个价值,即在本身;有无效用,并不能增减其内在的价值。”③

① Caird: *Critical Philosophy of Kant*, Val, Ⅱ, P. 173.

② *Preface to Fundamental Principle of Metaphysics of Morals*, Abbott's Translation, P. 3—4, P. 22.

③ *Preface to Fundamental Principle of Metaphysics of Morals*, Abbott's Translation, P. 10.

人类的本能生活适应了自然的要求,但是理性给予我们以实践的能力,并指示一个超乎幸福及自私以上的崇高目的。理性必然地坚持着绝对的、内在的善,而表现意志的目的性,将"工具的善"从属于"意志的内在的善",使善的意志为其他一切善甚至幸福的愿望之必然条件。所以说:"理性认识到建立善的意志为它最高的实践的目的,唯有达到这个目的,才能满足它本身适当的性质(proper kind)。"①

## 第二节 义务总念与义务原理
## (The Notion of Duty and the Principls of Duty)

善的意志为绝对的善。这是一个空的命题,没有任何实际的肯定。什么是这种具有绝对价值的意志的内容呢?康德致力于义务观念的分析来解答这个问题。他认为在某种限度内,"义务的总念(notion)包含了善意的总念"②。善意的内容,表现于义务观念的分析;一种无条件地认为应该作的行为,基于义务的观念。这说明了道德的绝对性。康德说:"义务(duty)是一个人被约束的行为,因此,它是责任感的内容,虽然对于一个行为的责任有多种,但义务是唯一的。"至于责任(obligation),则是"在理性的直言律令下的一个自由行为的必然性"③。所以,唯有实践义务的行为,才有善的价值与道德的意义。他又说:"义务是实践的无条件的行为的必然性,它为一切有理性者所共遵,至于情感与个性所特有的个别倾向,虽然人类理性认为正当,然不是必然地被所有理性者所执持。它虽然可以供给吾人以规则,但不能供给必然的律则。"④这里康德强调了义务观念的纯净性。故将义务与自然癖好(natural inclination)严格地对立起来,形成他为人所

---

① *Preface to Fundamental Principle of Metaphysics of Morals*, Abbott's Translation, P.12.
② 同上书,P.13.
③ *Preface to Fundamental Principle of Metaphysics of Morals*, Abbott's Translation, Introduction to the Metaphysics of Morals, P.278—279.
④ 同上书, P.43.

诟病的严肃说(rigorism)。[1] 但是康德对义务观念的赞美,可以看出他并没有完全排斥情感的成分。康德曾说:"义务,义务!你这崇高伟大之名啊!……你只树立一种法则,深入人心,虽违反人之意欲,但仍受人们的尊敬。"可以看出,康德认为带有先天性质之情感,并不与道德相抵触,并且义务观念,只是行为的普遍原则,只是说超脱了情欲的动机,为意志本身所决定的观念。唯此是与道德的自决观念相合,所以康德所谓意志,只是理性的实践方面,而善的行为,即是理性依靠一个完全来自自身的动机的活动。[2] 故在忧危的境遇里,仍然以保持生命为一种责任,是道德的行为,把促进他人的幸福当作责任,亦是道德的行为。

康德这样由义务观念的分析,推演出义务的原理。义务之第一原理为:"行为之有道德价值,必须也只有由于义务为其动机与内容。"为自私的目的或自己兴趣之满足所作之行为,纵是好的,或利他的,亦无道德之价值。义务之第二原理为:"由义务而作的行为之有道德价值,并不由于借以达到之目的,而由于决定此行为之格律(maxim),因此,并不倚于行为对象之实现,而仅在于行为发动的意志之原则(Principle of Volition)。"

康德所谓之格律与原则,只是决定行为之道德价值。他说:"在我们的动作中,我们可以有目标,并且行为的效果可认为是意志的动机与目的,但目的并不能给予行动任何无条件的或道德的价值。"[3]因为意志是处于它的先验的形式律则与经验的实质动机之间的,它必须被某种原理所决定。当行为是由义务而作,则它必为意志的形式律则所决定,而所有的实质的原则都必须抛除。这样,行为可能失去其目的与对象而不失其道德的性质;但反之,纵你获得所愿望之目的,而其动机非出于义务,亦无任何道德的价值。故义务之第三原理为:"义务是由

① Schiller 曾作诗讽刺康德的严肃说:"我虽然极愿为朋友尽力,但因为这是爱他,这种行为是不道德的呀!只好憎恨他,以对敌人的义务之念对付他。"Schiller 更在论文中说:"人不但可以而且应该将快乐与义务联结起来,应该快乐地服从理性,其实由爱为义务之义务,亦不失义务之尊严。"康德对 Schiller 之批评,在其《纯理性范围内之宗教》(*Religion within the Bounds of Bare Reason*)中曾有一部分之答复,他承认有道德的人必爱道德的行为,故乐于为善。但他以为:这乃是由义务感而行的结果;为义务而行,自然有快乐的情感渗入。

② Caird: *Critical Philosophy of Kant*, Val Ⅱ, P.174.

③ Abbott's Translation, P.61.

于对律则的虔敬而生的行为之必然性。”

所以，除去一切欲求及欲求之对象，则决定我们的意志的客观方面只是律则。而主观方面则为对这律则的“纯净的虔敬”（pure respect）。“虔敬”虽是一种情感，但康德认为是理性概念自身所产生的。用虔诚的心情来认识律则，这只意味着服从一个律则的觉识，并没有其他官能的干扰。所以说：“意志被律则所直接决定时的意识叫作‘虔敬’，这只认为是律则对行为主体的效果，而不是它的原因；并且虔敬的对象唯有律则，那律则为我们责求于自身、且认其本身是必然的。故所有道德的兴趣，都只摄于对律则的虔敬。”①康德这样分析了义务观念，抽绎出他的义务原理，因而构成他的道德学说的先验格律论。

## 第三节　格律论
## （Theory of Maxim）

行为之道德价值仅在于依照格律，而超脱一切经验界的欲求与欲求的目的。这种格律本身不限于经验的时空制约，故可说是“无条件的”（unconditioned）；无待于经验而为理性本身所构成，故可说是“自足的”（self sufficient）。这是一切善的衡量的最高准则。康德说：“我们称为道德的那种无条件的卓越的善，只能涵存于律则概念本身。而那种律则概念，又只能存在于理性的人类，决定意志的便是这种概念，而非愿望的目的。”②

这样意志的格律，为一切行为的善的必然条件，理性迫使我们直接地虔诚于这样的立法。这种自足而无条件的格律，其存在等于知识上的先验综合判断。这便是道德意识所以存在的先验基础。

格律论更明白表示道德行为是无目的的。换言之，道德行为以其自身为目的，而不能另有目的。则格律非自外铄，乃合理意志加诸于自身者，而且此种自律之意志不能有实质之内容。因为“若一个理性物想到其行为之格律为普遍之律

① Abbott's Translation，P. 12.
② Caird：*Critical Philosophy of Kant*，Val Ⅱ，P. 181.

则，则他必须想到包含意志的决定的理由，仅为关于其形式而非其实质”。行为的主观法则必须要求其同时可为客观普遍立法，所以道德的格律必须是形式的。这里康德指明，首先是消极方面将道德的觉识与苦乐欲求与欲求的对象的觉识完全分离，其次是积极方面将道德的觉识与作为行为动机的律则形式的觉识合而为一。

这种格律的形式，既由义务原理所表现，由其普遍性与必然性证明其为合理意志本身所授予。但是康德在此地，又将主观与客观的对立指出，认为格律（Maxim）是意志的主观法则，而客观法则则为实践的道德的律则（Laws）。①

# 第三章　道德律令的构成
# （Constitution of Moral Imperative）

意志的主观法则为格律（Maxim），实践理性的客观法则为律则（Laws），而客观的律则规范了主观的意志，所以表现为律令（imperative）的形式。用康德自己的话来说：“在自然中的万物都依照律则而活动，理性动物特具有依照律则观念而活动的功能。即是说，理性物有一个意志，合于律则的行为之推断需要理性。而意志即是实践理性，假如理性无误地决定着意志，则个体的行为把客观的必然也认作主观的必然。即是说，意志是一种功能，其所选择者唯有理性离开了习性癖好所认识为实践的必然所认为的善。但是假如理性本身并未充分地决定意志，假如意志尚服从于主观条件的特殊行动，而并不与客观条件全相符合，换言之，即意志本身并未全部与理性重合，则客观认为必需的行为，成了主观的偶然，并且这样意志的决定依从于客观的律则便成了责任感。即是说，客观律则对于不是彻底的善的意志的关系是认作理性物的意志被理性法则所决定，而意志自其本性言，不再是必然的顺从，所以一个对意志是要求服从的客观法则概念，称之为理性的命令。这命令的公式称为律令（imperative）。”②所有的律令表现

① Abbott's Translation, P. 17.
② *Fundamental Principle of Metaphysics of Morals*, Abbott's Translation, P. 29—30.

于词句形式为“应然”,因而指出了理性的客观律则对意志的关系。实践的善是借理性的观念来决定意志的,所以不缘于主观的原因而为客观的。这种法则是对每个理性物都有效准的,故与快乐幸福迥然不同。那是仅借纯主观原因的感觉影响之意志,仅对这人或那人有效,而理性的法则是普遍有效的。

## 第一节　行为律则之先验性
## (The Apriority of the Laws of Action)

前面已说过,格律是行为的主观法则,与客观的实践律则有异。前者包含了理性依据个体的环境条件所设置的实际规则(practical rules),因此它是主体行动所依据的原则,而规则乃是对每个理性物都有效准的客观法则,是“应该”据以行动的法则,故表现为律令的形式。[①] 律则必须有普遍的效准,故为绝对的、必然的;因此,很显然的,经验不能使我们推演出这种必然的律则(apodictic law)。

有人以为康德的第一批导称为“纯粹理性批导”,遂误解第二批导所讲的实践理性不是纯粹的,这是错误的。康德说:“理性先验地构成了道德完成的理念,且与自由意志的总念不可分割地相联结着。”又说:“如果行为律则仅是来自经验,而不是从纯粹实践理性中完全先验地取得它的来源,则决定我们的意志的律则,怎能认为是决定普遍理性物的意志的律则呢?”[②]所以一切经验的因素不仅无补于道德的法则,且对道德的纯净性有高度的伤害;因为这特殊而不可估量的绝对善意的价值正包含于从所有偶然理由的影响中脱离出来的行为法则之中,并不是说个体行为的判诉都是先验的法则,问题是这样的:“对于一切理性物,他们经常判断他们的行为用那他们本身即愿意为普遍律则的格律,这是否是必然的律则呢? 若果是,则它必然先验地与一个普遍的理性物的意志之观念相关连。”[③]客观的实践律则是意志对其本身之关系,所以它唯有被理性所决定,而必

---

① *Fundamental Principle of Metaphysics of Morals*, Abbott's Translation, P.38. note.
② 同上书, P.25.
③ 同上书,P.44.

然摈斥任何经验的关涉,只是理性本身决定了行为,故它必是先验的。①

康德以为,过去的道德学家,只观察到人性组织的殊性,纵然追究到普遍合理本性的观念,或者是完成(perfection)或者是幸福(happiness),或者是道德感觉(moral sense),或者是神的敬畏(fear of God),但始终没有追问过,道德原理是否能在人性的知识中全然觅获。事实上,过去的理论中所标举的原则,都必以先验的道德法则为其条件,所以唯有在纯净理性的概念里,把这些原理先验地推证出来。这样,道德形上学便不能与任何经验科学相糅杂。也没有神秘的意味,它不仅是义务知识的坚实理论之一种必要的根基,而且同时是为了把它的格律的实际内容的充实作为一种高度的需要,所以义务的纯净观念,不混杂于任何外加的经验的摄引(empirical attraction),是比来自任何经验所引起的动机都要有力些,而且在它的价值的觉识中,统摄了一切经验的动机而为其主宰,这是实践理性表现于合理意志所特有的权威与功能。所以一切道德观念在理性中有其整个先天的根源,不能从任何偶然的经验知识中抽象而获得。

行为的律则有其绝对的价值,故不容渗入任何经验的成分,这不仅在纯思维的观点说是重要的必然性,而且是最重要的实践的要义。从纯净理性中获得这些总念与律则,以其主观为纯净无染,故决定了实践的或纯理性知识的南针,即是说决定了实践理性的全部功能(faculty)。所以我们绝不能使它的法则依倚于人类理性的个别殊性,虽然在思维哲学中我们可以允许甚至必须如此。但当道德律则应该掌握着对一切理性物都遍效的善,所以必须从一个理性存在的普遍观念中溯源推出。虽然为了它应用于人类,道德需要人类学(anthropology)。然而,因这种批导的方法,在根本上必须把它当作纯粹哲学来处理,即是说,把它当作本身完整(complete in itself)的形上学。因此,对于先验的道德律则的探究,不仅是从普通的道德判断到哲学的道德判断作进一步的探讨,而且从一般哲学超升到形上学。所以道德的探究,必须配合这种理性知识的整个范围,穷究理

---

① *Fundamental Principle of Metaphysics of Morals*, Abbott's Translation, P. 45.

想的观念，故异于一般哲学，而无任何经验的例证，可资说明。[1]

康德之所以肯定行为的律则是先验的，在于使行为之主观原理具有客观的遍效性。知识之所以能成为知识，是得到了范畴之统一而具有先验的性质。道德之所以成为道德，也是靠它具有先验的性质，即普遍妥当的必然性。所以体验反省行为律则时，必须摈斥欲求与经验的对象，而以道德的义务观念为其内容，即是从经验的欲求的自我，转而至于先验的理性的自我。所以康德以为有必然意义的道德律则，要保持形式的性质，才能具有先验性，才能表示出普遍妥当的价值来。所以他严肃地分别了道德的律令与经验的训诫与格言，如像先验的自我作为意识的根本统一而使知识可能一样，在道德中也是这种超脱情欲的超验自我（Transcendental Ego）使道德成为可能。

## 第二节 直言律令与假言律令

## （Categorical Imperative and Hypothetical Imperative）

康德认为人类的行为，可分为三种。其一为“单纯或素朴之行动”（mere behaviour），乃人类机体的一种反射作用，随感而应，不包含任何思虑与欲求；其二为“观念自动的行为”（idea-motoraction），乃人类本能欲望所促动，一触即发，虽已包含思虑及所欲求的后果之表象（representation of the effect），然其注意力仅限于后果或变化之本身，不包括计划或目的于其内。这两种行为都没有道德的意义或价值。其三为意志的行为，其产生常在思想上与被认为一种意欲之目的相关联，而且计虑到变化的历程，这种行为始有道德的意义。[2] 康德在《理性范围内之宗教》（*Religion within the Bounds of Bare Reason*）中分析人性为三方面，是与此相应的说法，一为兽性（Arbitrium brutum），二为感性（Arbitrium sensaltium），三为理性（Arbitrium rational），亦谓之自由性（Liberum arbitrium）。前

---

① *Fundamental Principle of Metaphysics of Morals*, Abbott's Translation, P. 28—29.

② W. J. Jones: *Morality and Freedom in the Philosophy of Kant*，见谢幼常论《自由与道德》中引述。

两者属于现实方面。后者属于潜含方面,康德以为一切道德的法则都出于此潜含方面的理性。

意志之行为出于理性,若主观的意志恒常地与客观的律则合一,则无所谓道德的律令。但是人类行为尚有反理性的倾向,所以理性与意志才能发挥其规范的效用,而构成“应然之理”的道德律令。但是意志的行为,或是以行为本身为目的,或是以这个行为作为手段,以达到另一个目的。所以行为的律令因而也有两种:一种是与行为的结果相关照的,是为假言律令(hypothetical imperative);一种是无条件服从理性的要求的,是为直言律令(categorical imperative)。唯有直言律令,没有经验的条件,为具有先验的必然的性质,所以是道德的律令。[①] 康德说:“假言律令表现为一种可能行为的实践必然性,那种行为是对某种意欲的物事当作工具的;至于直言律令表现为一种把行为本身当作必然的,而不计及另外的目的。”又说:“一切实践的律则,表现一个可能的善,若这个行为仅为某种事物的工具的善,则这律令是假言的;若它是认为本身即善,因而意志法则本身必然与理性契合,则这律令是直言的。”

至于假言律令更可分为两种:一种是对于某种可能的目的而方,称为“不定的”(problematical)实践法则,另一种是对某种现实的目的而言,称为“伸述的”(assertorial)实践法则。而直言律令所称者乃一个行为本身是客观的必须如此,不计及任何目的,其有效准为一个“不可辩驳的”(apodictic)实践法则,所以直言律令所关注的不是行为的内容或行为所企求的目的,而是它的形式与法则,其效果止于自身,故它是唯一的道德律令。

这三种律令对意志的责任各异,可以分为三级,名之为:(一)技巧的通则(rules of skill);(二)才干的戒条(counsels of prodence);(三)道德的律则(laws of morality)。技巧仅是对某种偶然的目的所使用的临时方法;才干的戒条只能在一种偶然的主观情形下把握其必然性,因为各人所愿望的幸福的部分可能有不同的观点,所以仍是有条件的律令;唯有道德的律则始包含了客观的绝对的必

---

① Machingie: *Manual of Ethics*, P.132—134.

然性的观念,固是普遍地有效准,不为任何条件所限制,这样才满足了道德觉识的义务观念的自足性。对这三种律令,所以更明确地说:第一种属于技巧的是教条的律令,第二种属于福利的是实用的律令,第三种属于普遍的自由行为的是道德的律令。

康德若要贯彻他批导哲学的精神,则应该全然以先验方法分析义务概念,并推演出道德律则的可能性来,但他用一些例证来说明,反而堕入经验演绎的窠臼。他所以说,“行为的普遍性决定了善的意义是一个最高的形式原则”,一方面意志与义务的概念应有其内容,一方面过分强调律令的必然性使应然的道德律变成了实然的自然律,这都是为很多学者所疵议批驳的。以后我们述及道德律令如何可能,应然之理如何成立,以及道德理想之内容时,将依据康德本身的理论有所伸述。康德的意旨,在于追求最高的道德法则,以及最高的人格理想,若将他理论中的极端性予以合理的扩大,并且把道德发展的阶段予以充实的说明,则把他所标举的形式法则,可能涵摄各家的理论而为其最后的基础。

上面所述的几种律令是否可能呢?

(1)康德以为技巧的律令的可能无需特别解释,因为意欲目的也必然意欲工具,这是一个分析命题,从意欲一个目的的观念中分析出了必然倾向于那目的的行为的观念。自然,在确定对预计目的的方法时,综合命题也被运用,但它并不关涉法则与意志的动作,而只关涉对象与其现实。

(2)若能给幸福以确切的观念,康德以为才干的律令也同样地是分析的。但是虽然每个人都愿望获得幸福,却绝不能确切一致地肯定什么是他所愿望的,这因为属于幸福总念的因素全是来自经验,所以不能依据任何法则明确地肯定幸福的总念。因此,才干的律令,不能客观地表现行为为实践的必然,因为幸福不是一个理性的理想,而是一个幻想的理想,仅建立在经验的理由上,所以希望它指定一个行为,因之而获致无穷的继续事例之全体,这是不可能的。是才干的律令与技巧的律令同样地假定了一个目的,都是分析的命题,不过前者的目的假定已经给予,而后者则仅是可能而已。

(3)道德律令(即直言律令)之先验可能性则异于前者,因为它不倚于经验,故不能建立在任何假设之上,而且不能用经验的事实来举例说明。但是,首先我们可以看出,唯有直言律令有实践律则的意义,其余的只可称为意志的法则(Principles)而非律则(Laws),为求获致某种武断的目的始成为必需的法则,其本身可以是偶然的,因为取消了那个目的,则可以抛弃那法则的格律了。相反的,无条件的律令不留给意志以选择的自由,所以唯有它具有在律则中所要求的必然性。其次,直言律令是一个先验综合的实践命题(a priori synthetical practical proposition)。肯定它的可能,在思维哲学的领域中非常困难。康德在此,作以下之推证:他以为在了解一个假言律令时,一般的是最初不知道它的内容,除非条件已被给予了,但在直言律令中,则立即知道它的含义,因为律令所包含的除律则外,只是主观的格律应该与这律则相契合的必然性(the necessity that the maxims shall conform to this Laws),当这律则并不包含限制它的条件,则仅余下行为的格律应与一个普遍律则相契合的一般说明,唯有这种契合性(conformity)使这律令恰恰表现为必然的。[①] 推证这先验综合的实践命题如何可能,是康德道德哲学的中心问题。直言律令的成立,也即是义务意识的起源。如果说人是意识到一种极其崇高的义务之意识,所以不得不对之服从,这只是康德所否认的道德情感论;如果说道德的意识是自然或社会所产生,这又是康德所反复驳斥的自然主义的幸福论与功利论的主张。所以他对于"道德的决定"何以可以满足人类理性的要求,并未作正面的答复,甚而暗示了这种道德律则的这种尊严性的"神"的起源。[②] 但是康德不会仅用一种模糊的信仰之类的概念来轻而易举地取消问题的,所以,在《道德形上学之基本原理》中,对于这个道德哲学的根本问题,予以反复深入的讨论,因而引入几个最重要的新观念,用以解释纯粹实践理性的综合应用的可能。

康德以为意志是理性表现于实践方面,则意志必是自律的,意志的自律性可以说明义务觉识是绝对必然的,因而说明规范行为的直言律令必须是先验综合的判断。所以他说:"一个绝对的善的意志,其法则必须是一个直言的律令,不为

---

① Abbott's Translation, P. 31—38.

② *Religion within the Bounds of Bare Reason*, chap. Ⅰ.

任何对象所决定,并且只包含意志普泛的自律形式,即是使每一个善意的格律本身成为普遍律则的可能性,正是每个理性物的意志加诸于自身的律则,不需要假定任何动机与兴趣为其基础。"但是这样一个综合实践的先验判断如何可能呢?何以必须呢? 他说:"这问题在道德形上学的范围内不能证明,但我们借普遍承认的道德总念的发展,指明了意志的自律性虽然与此相关联,甚而为其基础。"①他以为由道德形上学到实践理性的批导,是一种递升。道德形上学仅是指出道德的律令是先验的综合命题,推溯其可能,发现了意志自律的概念,而解释意志自律必须进入自由概念,这便是实践理性批导的中心工作。

在第一章中,我们已引证康德的话,认为积极的自由概念是道德概念与道德律的根源。康德所认为积极的自由概念,不仅与因果律相容,并且在道德律是意志自我立法的意义上,自由与服从合而为一。他说:"事实上唯有道德法则才具有脱离律则的一切实质内容(即欲望的对象)之独立性,也才具有选择的意志之被普遍立法形式所决定之决定力,这种独立性是自由的消极意义,这种纯净的因而是实践的理性之自我立法是自由的积极意义。"②这样的自由概念,他认为可以使绝对善意之格律包含了其本身为普遍律则的综合命题成为可能,因为自由是理性的理念,是先验地存在于合理的意志中。所以他说:"使直言律令可能是这样的:自由的理念使我成为智慧界(intelligenable world)的一分子,结果,如果我不是别的什么,则我所有的行动将恒常符合意志的自律性;但当我同时直觉到自身又为感性界的一分子,则他'应该'这样去符合,这个直言的'应该'便涵蕴了一个综合先验的命题。"③这样,除被感性的欲望所感发的意志外,尚有增上的同样意志的理念,那是属于悟性界,其本身为纯净的,实践的,它包含了"感性意志"依照"理性"的最高条件的。对感性的直觉加上悟性的概念,这悟性的本身便意谓着一般的规律形式,这样,综合判断成为可能。④ 这样,在思想中把自我从欲望的冲动与事物的秩序中解放出来,提高到另一个精神世界,意志所向往的才

---

① Abbott's Translation. p.63—64.
② Kant: *Critique of Practical Reason*, p.122.
③ Abbott's Translation, p.73—74.
④ 同上书,P.69.

是自己人格的一种伟大的内在价值。

康德认为超脱感性界的决定原因,是自由理念所促动的一种必然的功能,以人格为对象,而觉识到善的意志,而认识到律则的权威。

从意志自由的理念,说明道德义务的觉识是从感性界到智慧界的转化与超升,因而说明直言律令的可能。但康德在《道德形上学的基本原理》中承认意志自由只是一个理想的概念,这个概念之预设的必然性,只能用理性的纯粹自发性(pure spontaneity)来解释。他说:“我们应该明白承认在这里有着一个似乎绝对不能够从其中逃出的范围,我们假定我们是自由的,并不受既成原因之秩序的拘束,为的是要承认我们自己是服从道德律的;然后,因为我们以为我们有着意志之自由,我们便认为我们自己服从着此等道德律了。”康德主张理性不仅高于感情,且高于知识:“理性在我们称为理念(理想的概念)的东西的情形中,表现出一种非常纯粹的自发性,所以它便高高地超出了感性所能给予它的一切之上,而且在区别感性界与悟性界,因而规定了悟性本身的界限之际,又发挥出它的最重要的机能。”所以说:“当我们以为自己是自由的时候,我们移到了悟性界而为其中的分子,而且承认着意志之自律及其结果——道德;反之,如果我们以为自己是在义务之下,我们便自视为属于感性界,而同时也属于悟性界。”[①]康德这些话,都表示着他的“直言律令”,他的构成“纯粹道德理性之根本法则”的道德法则,乃是我们思维的必然的形式。但是这里仿佛有一个理论上的循环,即是说自由理念证明了道德律令,而道德律令又预设了自由。他说:“自由与一个无条件的实践律则是互相涵蕴着的。”[②]康德以为理性物认其行为之格律为普遍之实践律则,必须他觉解到决定他意志的那些法则,并不是以其内容之实质而是以其立法之形式来决定的。[③] 所以在《实践理性批导》中讲到了自由时,他拟仿数学的设问形式而导出两条命题。第一个设问是:若果以为只有法则之形式的规定才可以支配意志,则这种意志是什么东西呢?他的答案是,形式是只能表象于理性之

① Abbott's Translation, P. 71—72.

② *Critique of Practical Reason*, chap. Ⅰ,见 Abbott's Translation, P. 117.

③ 同上书,P. 14.

中,而不是感性的(此处感性乃指道德方面通常所谓情欲而言)对象,所以形式不属于感性界的现象,因此意志不像自然现象那样,是受必然法则的支配,换言之,意志是自由的。第二设问是:若以为意志是自由的,则能够必然的确定它的法则是什么呢?他的答案是:这个法则是形式的,因为实质的法则必涉及经验,而自由的理念是离经验而独立的。这两个设问中,第一个是从道德的形式法则来论证意志是自由的,第二个是从自由来证明道德法则是形式的。所以第二个设问是道德之实在的根据,第一个设问是道德的认识根据。从康德的批导哲学的一贯精神而言,是应该注意认识根据的论究。第一设问的意义在于指明道德觉识是普遍存在的,这种道德觉识依据道德的法则而受先验律则的规定,所以这种道德法则之为我们所认识,即是先验综合的实践命题之可能,非承认有自由之存在不可。因此自由的理念虽不能用"知的理性"来推证,却依据"行的理性"而确立。康德的名言"你能够做,因为你应该做的缘故",即是这意义的引申。[①]

康德这样推究直言律令的可能,由理性的纯粹自发性演绎出意志的自由律与自由的观念,在下节中我们要再加阐发:这里让我们略述一下康德所谓直言律令的几种表现的公式(formula)。

康德以为直言律令的公式为:"你但依此格律而行,因此你可同时意愿其成为普遍的律则。"(Act only on that maxim whereby you can at the same time will that should became a universal Law.)一切义务的律令都以此为最高的原理从它推绎出来,虽然何谓义务,并未确定,但不再是空洞的概念,至少我们能表示我们所了解的与这理念所意谓的。

律则的普遍性与必然性,就其所产生的无条件的效果言,同于自然的法则,所以义务的律令又可表示为:"你必须认你所依据的格律为由你的意志变成普遍的自然法则者而遵行之。"(Act as if the maxim of your action were to become through your will a universal law of nature.)但康德在此处指出自觉有律则而服

---

① *Critique of Practical Reason*, chap. Ⅰ,见 Abbott's Translation, P. 116—117.

从之者,始为道德的行为,所以说:“你必须抱有一种观念,谓一切理性物,其意志皆在制立普遍之自然法,且依此而行。”(Act in conformity with the idea that will of every rational being is a universally legislative will)所以行为之道德意义,必须主体“自觉地”实践义务的律令。

对个人特殊欲望的关系,是相对的目的,其行为本身只有相对的价值,其律令只是假言的律令。实践律则既是直言律令,则所肯定的行为,不能有其他的目的,即以行为本身为目的,因而具有绝对的价值。康德说:“一切理性物之存在,本身即是一个目的,而不是被彼此意志所利用的工具。”只有用作工具的相对价值,称为“物”;理性物之所以称为“人”,因为他的本性便表示它以自身为目的,这不仅是主观的目的,而是客观的目的,即是说它的存在,无论在人,无论在我,都是以本身为目的。这便构成了意志的客观法则,而为直言律令的第二公式:“凡你待人的行为,无论对自己或他人人格,总须视作目的而不视为工具。”(So act as to treat humanity, whether in their own person or in that of any other in every case as an end withal, never as means only.)康德说:“理性物之本身为目的的法则不能得之于经验。第一,因其为普遍的,应用于一切理性的存在;第二,因为他并非把人类当作主观的个体的目的,那只是个人实际所探取的对象;第三,它是把人类当作了一个客观的目的,这必须认作一个律则,构成了主观目的的最高限制的条件,所以它必须是源于纯净的理性。”①

直言律令的第三公式:“你但依此观念而行,即每个理性物的意志皆为普遍的立法意志。”(Act according to the idea of the will of all rational being as a universally legislative will.)这是意志的实践法则,它是与普遍的实践理性相契合的究竟条件。这样意志不仅服从律则,而行为主体必须认作把他本身给予了这律则。康德说:“每个人的意志都是一个在它的任何格律中给予普遍律则的意志,所以人类意志之服从律则,乃是人类意志之自律。”康德认为这个律令表示出普遍立法的理念,它是在所有的律令中唯一无制约的,无条件的。这样由意志自律的观

① Fundamental Principle of Metaphysics of Morals, Abbott's Translation, P. 49.

念，才发现了义务意识的普遍与必然的绝对性，因而发现了人格的崇高与尊严。

## 第三节　意志的自律与自由
## (Freedom and Autonomy of the Will)

上节所述的直言律令之第三公式，康德以为是发现了道德的最高原理。他认为过去的道德学家，追求道德法则的失败，在于没有发现人类所服从的律则乃自身所给予。如他说："是意志造成一个律则，而不是意志依从一个律则。"这便是他有名的"自律意志的原则"(the principle of Antonomy of the will)，与他所谓的"他律意志的原则"(the principle of Heteronomy of the will)相对照。人类的生活，可分为悟性界与感性界。康德说："如我只是悟性界的一分子，则一切行为将全然与纯净意志的自律原理相符合"，"如仅是感性界的，则必然被认作与欲望及癖好的自然法则相符合"。前者倚于道德而为最高的法则，后者倚于幸福而为现实的行为。这样"意志的二元性，便涵蕴了道德法则的应然之理"。他又说："虽然如此，但悟性界包含了感性的基础，因此包含其律则，所以直接给予我的意志以'必如此行'的律令。一方面，我自视为属于感性界的一分子；另一方面，我必须承认自己是一个智慧的存在，服从于悟性界的理性的律则。那个理性涵摄了这个律则在自由的理念中，因此服从于律则即为服从于意志的自律，所以我必须认悟性界的律则为对我的律令，而义务乃是符合它的行为。"①

所以"道德即是行为对意志自律的关系"，并且意志并非绝对的善，而责任感即是意志依倚于自律原理的道德必然性，而由责任感而生的行为之客观必然性才是义务。所以说"意志的格律是潜在的普遍律则"，虽然义务观念涵蕴了对律则的服从，这并不表示人格的尊严，唯有觉解到他即是那律则的立法者，因此而服从它，这才表现了人的崇高的尊严。这种理想的意志，即是我们崇敬的对象。

意志自律的法则表现为："应该常如此选择，即同样意志必须把握我们所择

① *Fundametal Principle of Metaphysics of Morals*, Abbott's Translation, P. 73.

取的格律为一个普遍的律则。”(Always so to choose that the same volition shall comprehend the maxim of our choice as a universal law.)这是一个先验的综合命题(直言律令),这是道德的最高原理。[①]

至于“他律意志”则为道德的虚伪原理。意志不给予本身以律则,这种关系,无论是建立在欲望的癖好或理性的观念上,都只是假言律令,符合它的行为,都只有相对的价值。康德分析建立于他律概念的道德,我必须愿望那种事物,并且此种律则,又需要另一个律则来限定这个格律。[②] 所以康德彻底地批判了快乐主义与完全论的道德理论,指出它不能成为道德的“最高原理”。

康德认为自由概念是解释意志自律的机栝。所谓自由,是理性物的意志的固有性,即是意志自律的意义,自由即是自决!

自由虽不是意志决定于外在的物理法则,而也不是无律则的盲动,它必须是一个依照不变的律则的因果法,所谓自由即是理性本身的因果法,所以说:“一切理性物都有一个意志,因而也有自由的理念,而且整个的活动都在这理念之下,这样我们认识到一个实践理性有关于其对象之因果关联。”自由既不与因果法则相悖,而且因为意志在行为中法则分为两类。一是属于经验的原理:由幸福的原则中引出,是以生理或道德情感为基础;一是属于理性的原理:由“完成”的原则中引出,或建立于完成的合理概念为一个可能的效果,或建之于独立完成的概念为意志的决定因素。康德认为经验原理不能具有无条件的实践的必然性,而理性原理中完成的概念,以说明道德,实际上是预先假定了道德,所以堕入循环论的诐说。他说:“无论对象决定意志是借癖好,如在‘个人幸福’的原理然;或借理性引至可能的普遍意志的对象,如在‘完成’的原理中然。两者之中,意志皆非直接被行为的概念肯定其本身,而只是行为的远见的效果之影响加之于意志者:‘我应作某事,因我愿望着另外的事物。’这里须再假定在我作为主体的另一个律则,由之而以自身为目的。故行为格律既有一个对象,而又为一个普遍的律则。这便是直言律令的公式。因此一个自由的意志与一个服从道德律令的意志是合

① *Fundametal Principle of Metaphysics of Morals*, Abbott's Translation, P. 59.
② 同上书,P. 61—63.

一同等的。”康德说：“依自由的理念，我们应该把自身从任何经验的兴趣中超离出来，即是说，认本身为在行动自由时又对一定的律则服从。”所以意志之自由与自我立法都是自律的，因而是“互倚的概念”(reciprocal conceptions)。他又说：“自由理念与自律的概念不可分割地互相关联着，而这又与道德的普遍法则相关联。”

这样自由的理念，为一切道德法则与自我立法的观念的泉源。自由虽然只是一个理想的观念，但被实践的道德意识所证明。因为一个人的意志除了在自由的理念下，不能是它自己的意志，所以自由的理念，是一切道德律则的先验基础与道德可能的必然条件。从意志的二元性来看，思维主体可以认本身为自由的，亦可同时认自身是服从于必然的律则的，两者不仅是共存的，而且必须统一于同一的主体，所以理性自身的自发性所促动的行为即是自由的活动，超越了现象界，而在实践中证明了自我立法的普遍意志，因而证明了人格的尊严。康德自己说：“自由虽仅是一个理性物在其行为中的假定的理念，这样避免了理论方面的证明，但已达到了我的目的，因为思维的证明虽不可能，而一个人除了借自由的理念便不能行动，这已被同样的律则所限定，这律则已强迫一个人，实际上是自由的。”①

这样以自由的理念为道德法则的必然基础，康德以为是达到了实践的极限。

我们看出康德是从人类理性的内界来推出道德的最高原理，这与以后黑格尔(Hegel)从客观精神来规定伦理的秩序，观点完全不同，但都以自由的理念为道德律则的最后根源。所以，如何沟通外界与内界与道德的关系，将自由的理念与自由的内容，主观的我觉、客观的众觉如何适当地关联起来，是以后学者所应努力从事的。

## 第四章　道德理想之内容
## (Contents of Moral Ideal)

一般的批评家以为康德的学说过分抽象化、形式化。道德律则的意义只在

---

① *Fundamental Principle of Metaphysics of Morals*, Abbott's Translation, P. 67. note.

形式的自成一贯(formal self-consistency),而缺乏道德的内容,因而认为康德是反目的论者。实际上康德是以意志之自己规定自己为最高的道德原理,以其为理性的先验法则,故不能涉及经验实质的例证。我们可以说,道德原则可以分为"分支的"与"根本的"(derivative and original)两种。理性原理的道德与经验原理的功利有分级的等次,试列图如右:

在第三级中,是快乐主义的主张;

在第二级中,是功利主义的主张;

而康德是追求最高级的道德原理。

至于康德的道德理想并不如一般人所谓完全空的,仍有其内容。他自己说:"理性物之所以异于自然界之万物,在于在自身之前置放一个目的。这个目的乃每个善意的内容,但是意志的理念为绝对的善,故不为任何条件所限制。我们必须从每个当作效果的目的中完全抽象出来(即使每个意志仅为相对的善),这样的目的则不能认作成为效果之目的,而为独立存在之目的(independent existing end)。此目的只是一切可能目的的主体,而又是唯一可能的绝对善意的主体。"所以理性物的行为,都是以自身为目的,但同时它自身又为普遍律则的立法者。所以这个目的不是主观的,而是对一切理性物之善的行为都有效准,即是以善为目的,无间于人我。所以康德的学说,不是无目的论者,而是道德理想的内容即以道德行为本身为目的。

## 第一节　目的国与人格尊严
## (Kingdom of Ends and Dignity of Personality)

理物性以自身为目的,而它的意志又是普遍的立法者。这个观念导入另一观念,即是不同的理性物在一个系统中被普遍律则统一起来,构成了"目的国"(Kingdom of ends)。从个人的私欲中超脱出来的目的,结合成一个系统的整体,即是在其中每个理性物都以其自身或他人为目的而不为工具。因此,由普遍客观的律则,系统地联合在一起。每一个理性物当他本身服从于自我立法的那些律则,他是目的国中的属民;但当他是普遍的立法者,律则的给予者,则他非服从别人的意志,则他像目的国中的国王。每个理性物勉力而行以符合客观的律则,这是实践的必然性,即是“义务”。但“义务的观念”,并不应用于目的国中的立法者,却能应用于其中每个服从的属民。

这个“目的国”如何可能呢?康德说:“道德包含于行为对立法的关系中,唯有这种立法关系,使目的国成为可能。这种立法必能存在于每个理性物,并且从他的意志中自然流出。职是之故,这种意志的法则是:‘依此格律而行,这格律是意志,同时能认其本身为在其中给予了普遍的律则者。’(To act that the will could at the same time regard itself as giving in its maxims universal law.)”他又说:“目的国之可能,由于自然界的推论。前者倚于自我立法的规律,后者倚于外铄的必然性下的有效原因的律则。”“虽然自然界看来是机械的,但就其与理性物之关系言,则为理性物之目的。虽是我们应该假设自然界与目的国是统一于一个统领者,因而后者不再是一个单纯的概念,而获得了真正的实在,则它将无疑地得到一种附加的强烈动机而不损其内在的价值。但是唯一的立法者,必恒认为估定理性物的价值,仅由其无所为而为的行为(disinterestive behavior)。”①

目的国是每个理性物构成的互相的关系。在此关系中,理性物的意志必须认为同时又是立法者,否则不能被认为是一个止于自身的目的。所以对于每个他人的意志与自己的行为,都不能以任何其他的实际动机或将来的效果来衡量其价值,这是不可更替的绝对价值,这便是人格的尊严(dignity of personality)。聪明才智,只有市场价值(market value)与虚幻价值(fancy value)。唯有实践道德义务的行为,才有内在的价值(intrinsic value)。这种绝对价值,只存在于人类心灵的性格中,而为人格的尊严。前面论到义务观念的动机时,所谓“虔敬”(respect),即对此种无条件的不可比拟的价值而发。康德认为是“对理性物必需有的尊重的一种趋近的表现”②。

那样的目的国,实现了真正的平等与自由,而且表现出人性的尊严与完美。这是康德道德理想的内容。

---

① Abbott's Translation, P. 58.

② Abbott's Translation, P. 51—54.

## 第二节 至善与三大预设

## (Summum Bonum and three Postulates)

康德在《实践理性批导》的《实践理性分析篇》中,确定了义务原理与道德律则。在《实践理性的辩证篇》与第一批导相对照,仍然讨论几个无制约的观念:“心灵、宇宙、神”。这样完成康德学说中的至善论。

至善(Summun Bonum)的意义,如果分为至上的善,与至完的善(the highest good and the perfectest good),则后者包括了道德与幸福合一的意义,为求达成德福一致的函数关系的保证,故假定“上帝的存在”。为求达成德福一致的理想必有实现的可能,故假设“灵魂的不灭”。除此以外,还有一个自由的观念,前面已经证明其为道德的基础。道德的可能,以自由理念的存在为其先验的必然条件,所以又假定“意志之自由”①。

这三个概念,在第一批判中,认为是不能证明而且摈斥于知识范围以外的,但在这里作为实践理性之必然“预设”(pratulates)而得到了新的意义,这里便是康德所谓“实践理性的优越”②。

由于至善论的成立,我们看到康德仍然没有完全排斥生活的幸福的要求,而是说义务的概念可以伴随快乐的情绪,不能以快乐作为道德的目的而已。康德更明确地认为“自我完成”(my own perfection)及“他人幸福”(happiness of others),仍可以当作义务而作为我们行为的目的。发展自我的能力,以实现人性的完美,促进他人的幸福,以图人类理想能完满地实现。这仍是我们的义务,因而也是道德律令的内容。不过康德认为,伦理的义务,是居间的(intermediate),不如立法意志之具有普遍必然性,但还是应该当作我们普遍行为的目的,只是不能作为道德的最高原理。③

---

① *Critique of Practical Reason*, Abbott: P.206.
② *Critique of Practical Reason*, Abbott: P.229.
③ *Preface to the Metaphysical Elements of Ethics*, Abbott: P.296—300.

# 第五章 结　论

康德的道德学说崇高而深厚，具有无可比拟的鼓舞的力量。歌德（Goethe）说："康德的不朽的功绩，就在于他把我从我们沉没在里面的死气沉沉的状态中拯救出来！"

我们以为，文艺复兴期的两大发现：人类与自然，到了康德才获得其真正意义。他的批导哲学，一方面从科学知识的检验，确立了自然的条理与律则；另一方面从实践理性的分析，由意志的自我立法宣告了人性的无比的尊严。可以说，康德才发现了真正的"人"与真正的"自然"。他充满着无限的信心，告诉我们："头上是灿烂的星空，心中是道德的法则。唯有这两样东西，用永恒的新奇与日增的仰慕与崇敬，来充溢我们的心灵。"①

我们以为，康德的道德学说，由深入之探究而发现自律之原则，实为道德哲学最高的理论基础。其学说如进一步与进化论的理论相调和，以说明道德之发展；与自我实现论及功利论相融会，并充实其道德理想之内容；而最后，以义务论为最高之纲维原则，则可能形成一个完满的系统。

康德虽不承认"自我实现"与"全体福利"为道德的目标，但是并不否定其相对之价值，甚且承认，求自我之完成及他人的福利，亦为目的在行为本身之行为，而可以作为义务概念的内容。至于自律意志为道德之所从出，而人类意志之二元性，不能以自律意志即为绝对的道德，而仅为道德的胚子。这样容许意志的逐渐培育与发展，即是说，意志自律的律令与事实相遇所构成的道德习惯，是可能有进化的阶段，而趋于与普遍律则渐近的合一。这样道德意志的客观化，必不能完全，于是有赖于修正与改造。每次修改，即为意志自己重新规定自己一次，乃有道德的发展。而自我立法的意志乃不断地有其新的内容。这样，合理的自我

---

① *Critique of Practical Reason*, Abbott: P. 260.

才能不断地实现其理想的自由。

所以,康德以自由为道德可能的必然预设,可以说仅是道德理想的形式,而只论到自由的消极意义。至于自由的积极意义,即是意志不断地在自我立法的历程中所展现的自我内容,可以说,这才是道德理想的真正内容。伊维雷特(Everett)在其《道德价值》一书中说:"吾人之自由并不完全,而在创造之中。"

(1947 年 6 月)

[附]

# 跋 语 一

邓晓芒

1947年夏，武汉大学著名的“六一”惨案发生，作为学生运动的积极参与者、当时武大学生自治组织的宣传部长、年仅23岁的萧萐父先生被国民党特务列入黑名单，不得不仓猝离校，所留下的毕业论文尚未誊抄完毕，由其好友代为抄完(据笔迹判断，至少有7人手迹)，并送呈哲学系万卓恒教授评阅，得分75分，乙等，这就是近半个世纪后从武汉大学档案馆里找到的这篇洋洋2.6万余字的大学本科毕业论文《康德之道德形上学》。

捧读这份陈年旧稿，心情久久不能平静。当年政治风云中的弄潮儿，竟有如此深邃的内心世界和思辨头脑，就分析的细致深入、把握的准确、阐发的精到和见解的独特而言，已大大超出了我们今天对大学本科毕业论文的要求。而万老先生的给分又是如此严苛，足见老一辈学人治学之一丝不苟，其态度严肃到令人咋舌。在那个时代，纯净、高深的学术思想似乎与汹涌澎湃的政治运动并不冲突，相反，站在这个运动前列的激进青年们都有一种坚定的自信，相信自己代表着全人类思想文化的最优秀的水平。

萧先生的此文从康德的理论理性和实践理性之关系入手，讲到善的意志的客观律则、它与主观格律的关系及由此而形成的命令(律令)和道德义务，并深入到三个不同层次的律令(技巧、幸福、道德)的区别，这些分析均极为细致准确，没有深厚的学养，尤其是没有对道德问题的长久思考和浓厚的兴趣，是不可能作出的。可以看出，他当时所关注的重心在于：人怎样才能由自己的自由本身的道德性而树立起自己的尊严？但另一方面，萧先生似乎也意识到，抽象的自律并不能完全解决问题，因此，他尽力从康德那里寻求道德义务与现实生活、与人类幸福的结合点。在第四章的一个图解中，他绝妙地表达了康德的道德与幸福两个概念的关系。这确实是康德的思想,但与一般人所理解的大有出入。作者证明,康德对幸福论其实并未一概排斥,而是要最终把人的幸福纳入到道德原则的规范之下,这是通过人类道德胚胎的逐步发育进化而必将体现着的一种历史的总体趋势。从这里,我们隐约可以听到作者在投身于进步的学生运动时的内在心声,同时也向今天的思想者提出了一个康德式的问题:当我们为人民大众的利益(幸福)而奋斗时,这个利益(幸福)本身是否也有一个向更高的道德层次提升的必要呢?这种奋斗是否也包括提高整个社会的道德水平而创造现实的社会条件呢?人类社会进步是否也应有某种"终极关怀"或目的呢?

萧先生提出,自从文艺复兴对人和自然的大力鼓吹以来,根本上说直到康德才真正实现了人的发现和自然的发现,即发现了人和自然的共同原则,这就是道德进化原则。这一论点即使在半个世纪后的今天来看,也是新颖的、有力的。考虑到康德的道德法则是建立在自由意志之上,甚至就是真正的自由(自律)本身,则上述理解也并非与马克思主义的历史观完全不相容。可以说,马克思才真正找到了从现存阶级的利益关系中通往一个人人自由的"目的国"的道路。而萧先生后来转向马克思主义哲学并在半个世纪的学术生涯中未曾有丝毫动摇,也就是完全可以理解的了。

(1996年11月)

# 跋 语 二

李维武

康德是一位生活得相当平稳的学者,他在哥尼斯堡大学校园里平静地度过了从事哲学思考的一生。萧萐父老师的这篇题为《康德之道德形上学》的大学毕业论文,从最后成稿到重新发现,却带有传奇的色彩。

三年前,萧萐父老师向我提及一件往事:他是1947年毕业于武汉大学哲学系的。当时他一边写大学毕业论文，一边投身进步学生运动。“六一”惨案发生后，正在抄写毕业论文的他，因被国民党特务列入黑名单，不得不提前离校。还未抄完的论文稿子，只好委托同学代抄，完成后交指导老师万卓恒教授批阅，得以通过。然而，这篇最后成稿的毕业论文，他从未见过；原有的草稿，也没有由代抄的同学保留下来。忆及这些往事，萧老师感慨万千，嘱托我设法查找他的论文，希望有机会重读青年时的旧作。

这无疑是一件难事。自萧老师毕业至今，时间已过了近半个世纪，武汉大学更是经历了几度风雨、几度巨变，当年青年学子的毕业论文能否在风雨与巨变中保存下来？但我还是不愿让老师失望，抱着一线希望去尽力查找。我首先向校图书馆友人打听此事，意外地获得了线索：在1993年迎接百年校庆作清洁工作时，在樱园老图书馆内发现了一大批解放前的毕业论文，但堆放无序，满是灰尘，要整理出来尚须时日。这样又等了近两年，到了1995年底，终于得知这项十分困难的工作，经过校图书馆和校档案馆的共同努力而告完成，这批毕业论文都已移交校档案馆，并已编制出电脑检索系统，能十分方便地进行查阅。在校档案馆领导的帮助下，很快就找到了萧老师的这篇论文，并借出送到萧老师的手中。萧先生多年的愿望，终于得以实现。

这样一来，作为学生和晚辈的我，竟有幸成了这篇论文的最初读者。和武汉大学解放前历届的毕业论文一样，这篇论文用蝇头小楷抄录在论文专用纸上，用丝线装订成册，尽管历时近半个世纪，仍然保存完好。里面的字体，各章不一，显然是由几位同学分头抄写的，但都很认真工整。在封面上，用铅笔写着分数，大概是万卓恒教授留下的笔迹。而给我印象最深的，则是论文本身。中国学术界研究康德思想，始于20世纪之初。据《1900～1949年全国主要报刊哲学论文资料索引》(商务印书馆1984年出版)载录，20世纪上半叶中国学者发表的介绍、研究康德的论文约有120篇之多。郑昕先生所著《康德学述》(商务印书馆1946年出版)，是中国学术界认真介绍康德哲学的第一部专著，也是这一时期中国学术界介绍、研究康德的总结性成果。但在这些著述中，专门研究康德道德哲学的论文只有寥寥几篇，郑昕先生的《康德学述》也主要集中阐发《纯粹理性批判》的思想。因此,萧老师当年选择以“康德之道德形上学”为题作毕业论文,是一项难度相当大的研究工作,也是一项带有一定开拓性的研究工作。在论文中,萧老师用近三万字的篇幅,分《绪论》《道德概念之分析》《道德律令的构成》《道德理想之内容》《结论》五章,对康德道德形上学作了较为细致的阐释与评析。这可以说是20世纪上半叶中国学术界介绍、研究康德道德哲学的一篇重要论文,只是由于历史的原因而被尘封,未能及时发表,产生应有影响。萧老师为此所下的功夫,无疑是甚勤甚深的。这一点从论文所引参考文献中即可看出。在这些文献中,除郑昕先生的《康德学述》外,几乎全是英文文献。总之,就其选题、规模、功夫来说,萧老师的这篇大学本科毕业论文无异于今天的一些研究生学位论文。每念及此,我总是想,一边投身时代的风潮,一边研究艰深的康德,把这两者很好地统一起来,需要多大的精力、毅力和努力啊!

对于萧老师的这篇论文及武汉大学的这批论文的发现,我曾怀着激动的心情,写了一篇题为《走出历史封尘,再现学府传统》的短文,发表在1996年1月10日的《武汉大学报》上。文中写道:“真要感谢那些不知名的教职员们,他们在那艰苦岁月里以可贵的敬业精神,为我们的学府、为我们的民族保存着学术文化,留下了这批珍贵的文献。”“这批档案在今天的最大价值,无疑在于研究我校历史方面,可以说,它们是研究30、40年代我校教育状况的最具体最直接的新资料,从一个方面生动地展现出我校师生严谨治学、求实拓新的优良传统。”并提出建议:“可以选其精品,办一展览,使我们年轻的同学们看看老学长们是怎样在当年动荡岁月里奋发学习的,从而更加珍惜今天的学习机会和学习环境。而且,这种展览最好保存下去,让每一届新同学一入校门,就能看到我们学府的优良学风和传统。”当然,还有一些话没有讲出来,这就是近十年来,这种严谨治学、求实拓新的优良传统出现了严重的失落,考试作弊、文章抄袭似已成为一种难以矫正的时风。在这篇短文发表的当年夏季,我指导一位哲学专业本科毕业生写毕业论文。令我震惊的是,这位同学交上来的研究庄子认识论的论文,竟全文抄自一本近年出版的庄学新著。我的老师当年的本科毕业论文与如今我的学生的本科毕业论文,竟有如此之大的反差!对此,我想说很多,但又提笔难写,因为我们所失落的东西是那样宝贵，而个中的原因又是那样复杂……

然而，正是这种巨大的反差，使我对萧老师之所以选择“康德之道德形上学”为题作毕业论文有了更深一层的感受：一个变革的时代，还需有一种道德理想的追求；一个时代的弄潮儿，更需做一个有人格的人。至于学哲学、办学校，若不讲实实在在地做一个“人”，可以说是失其本旨的。

在萧老师指导我所完成的博士论文《20 世纪中国哲学本体论问题》中，我曾写下这样的话：“人文主义哲学家及一些科学主义哲学家在三四十年代致力本体论的重建，深刻地反映了 20 世纪中国哲人在中华民族经历最严峻考验时期对祖国前途、人类命运的关心和贞下起元、复兴民族的希望，深刻地反映了一代爱国知识分子的真挚而悲苦的崇高责任感。……在这些哲学本体论的背后，都有着建立体系的这个人。”我读了萧老师的毕业论文后，也深深感到他与这些前辈哲学家一样：在那风雨如晦的岁月里，在对康德道德形上学探索的背后，正有着探索者这个人。

（1997 年 2 月）

# 原　美

生存不过是一片大和谐！

——Leibniz

充实之谓美，充实而有光辉之谓大。

——孟轲

## 一

人生是整谐的统一体，不可分割！不同的角度来认识人生可能有不同的了解；不同的境界所体验的人生可能有不同的悟觉。然而，这只是认识态度的与觉解层次的差异，人生是同一的。对人生的了解容或不同，但这种不同只是层次的，而不是部分的；只是方面的，而不是片断的。生命活动历程的意义本身只是一个整全而具体的实在；把握这种“意义的实在”与融摄这种“实在的意义”，是人类所特具“理性的功能”；而理性功能所表现的形式若果纳之于知识的范畴以内，则又形成所谓理性的与实践的两方面。我们考察此种二元的倾向，依旧是知识本身所涵蕴的“差别想”的必然后果；在生命活动本身两种最根本的二元性，仍然是融为一贯的。因为分析“理论与实践”的对立是一种无穷的矛盾的统一。知识活动既是在生活历程以内，因而也可以纳之于实践范畴之中。所以，一种理解，一种观赏，一种了悟的本身既是一种生活，而又是一切生活实践的动力与泉源。知与行在这种意义下统一起来，我们才能说：生活与学习，理论与实践是不可分的。道德自我的内在人格，既可作观赏的对象；智慧与情操的完整形态，也正是一种实现的价值。

实质与形式，现实与理想，存在与意义，事实与价值等常常被认为是分离的两套概念：一是实践的现象，一是规范的觉识。因而一个整全的人生也常常被放置在两组命题之下来了解：一种是“事实判断”，了解的人生片断，它所看到的人类生活全是事实生活，全部被自然律则所支配；极端的说法以为，人生的历程不过是一串物理的、化学的，或生物的现象，无所谓价值，无所谓目的性。真、善、美、爱……不过是从人底生物性中升华出来的抽象概念，分析到最后，仅是一串机械的因果法则所支配的刺激与反应而已。另一种是“价值理性”所了解的人生，它用一套价值理想来规范人生的全部活动，它认为整个人生的活动都是一种意义的展现，每一个行为都应该涵蕴一个目的性的价值。“真”是理性所融摄的实在的秩序，“善”是自由意志所实现的人格的尊严，而“美”则是整个心灵所观照的对象的和谐。秩序、尊严与和谐，并不是一些描述的实在，而只是实在所表现的意义与律则，这是人的精神向宇宙所宣布所赋予所渲染的。人生的意义唯有放在此种规范意义之下才能被我们所洞彻。

上述两种看法实际上是两种命题：说“这朵花是红的”是事实命题，然而说“这朵花很美”却又是价值命题，说“这个人的臂力很强能举百斤”是事实判断，说“这个人的战斗意志非常坚定而可敬”却又是价值判断。这两套不同的判断，构成了人类两组不同的知识：事实判断只是现象的描写而构成所谓“叙述科学”(descriptive science)；而价值判断则为规范的研究，构成所谓“价值科学”(axiological science)。除了对实际无所肯定的分析命题，只是消极的逻辑形式以外，一切构成知识的综合命题，必是这两者之一。

然而，这两套命题所了解的宇宙与人生遂有截然不同的意义，由于人类知识的此种二元的对立，一些充满矛盾的常识便把宇宙与人生也分裂成无法统一的片断；一些只是事实的必然，另一些却又展露了规范的意义。尤其在人生意义上,这种分裂又形成各种不能调和的矛盾观照。一般所谓理想与现实的矛盾,存在与意义的分离——甚至在某种意义上,哲学与科学的争辩,诗与逻辑的冲突——都是由此发生的。

在伦理学上,所谓自然主义与理性主义的两套永远对立的思想,把此种矛盾表现得最清楚。但是,如果一个自然主义者或理性主义者真能完全贯彻他的主张而形成自己一套完全能够实践的理论系统,那么问题也许容易解决,但是一般的道德哲学都把行为对象分割为三类:道德的(Moral),不道德的(Immoral)与非道德的(Unmoral),前两者始有道德的意义,而后者是无所谓善与恶,是与道德无关的。这种由于知识形式的分裂导致了知识对象的分裂,任意随时空而改变其观点,同时用两套命题来分割整全的人生历程,从而人生的意义无从统一地把握与一贯地了解,而理论本身也自陷于矛盾的境地。

实际上,这种矛盾是表面的,是似是而非的。人生既是整谐的统一体,不可分割,则对于人生的认识与了解,我们只能有"方面"与"层次"的不同,而并不是"部分"与"片断"的割裂,认识的层次纵有差异,但认识对象却不容分割。角度与层次的不同,并不妨碍其都把人生当作一个整全的一体来了解,而且认清了层次的差异,则可发现其从属的统一关系。然而,如果随时更改角度,跳越层次,则所获得判断,既没有逻辑的一贯性,也不会有事实的遍效性。

如能认清此点,则可以看出所述的两套命题是可以统一的。正如人生历程与其理想不可分离一样,所以事实生活与价值生活是重合的!

就认识的层次说,这种重合更获得理论的证明。因为前述两种对立的观照,表面上把事实与价值、存在与意义分割为二,但是两套命题之间就其终极的意蕴言是有着从属的统一的关系的,因为事实命题只是现象的描写与所知对象之间的必然关系的陈述,而对此种描述内容的"意义"之了解,即是说对于生活事实的理想性与目的性的把握,则非叙述科学所能穷究的;规范意识完成悟性所未尽之功!价值范畴扩大并充实了悟性的形式。而进一步,对于"事实界"与"意义界"的知识,乃因更高的综合而获得究竟的统一。所以规范科学所给予的价值命题,才是了悟人生意义的最后归宿。

因此，我们的结论是：人生的历史是在事实的平原上创造着价值生活或意义生活。价值理想渗透了整个的人生历程。整个宇宙呈现于我们为一个可理解的意义系统，整个人生呈现于我们为一个价值实现的历程。

## 二

什么是价值呢？

简单的答案是：价值是规范意识所摄觉的实在。它是意义的实现，是透过现实的形式所展现的理想的内容。规范意识所认识的是一种渗透在事实界或自然界中的目的性与理想性的真实。在那里：实然之理（idea of what it is）与应然之理（idea of what it ought to be）浑然不分，现实的与理想的合而为一（the ideal is identified with the real）。我们认为，此种价值觉识所下的最根本的判断，才是整个实在的根据；自然事实的实在性，乃涵蕴在规范意识的理想性之中的。所以我们说：人类是站在事实的平原上创造意义生活。因此，事实判断以价值为依归，而唯有价值观念的合理系统，才能解释整个人生意义之全。

有人干脆把哲学定义为价值之学，而把人类意识中具有普遍价值意义的三方面——思维，意志，审美——分为三种规范知识的领域：认识哲学，道德哲学与艺术哲学（美学），遂形成"真""善""美"三种不同的价值系统，鼎足而立，各不相犯。然由于思想家的偏重不同乃造成各种不同的从属关系，因此有了各种哲学的体系：有人以"真"来说明"善"与"美"，有人用"美"来统摄"善"与"真"，也有人用"善"来包举"真"与"美"。进一步，有人追求一种更高的统一，因而提出了"爱"或"宗教的意识"。

我们根据人生意义的整谐性，认为真、善、美三种价值系统不是互相对立的、互相干涉的，而是互相涵摄的，互相观照的。从道德、智慧或艺术的观点都可以洞彻整个人生的意蕴，所以三者交相融贯，凝成一个唯一的价值观念体系，我们可以说：我们所观照的人生的历程只是"一个"意义系统的展现。真、善与美仅是规范意识所运用的认识形式的分殊；或者说：整全的人生底意义在不同的形式里浮显;生命的律动在诸多观照中更展示其和谐的统一。

## 三

由上述种种前提使我们对于美学的内容有了一个新的认识。首先我们认为过去一些美学家把审美观照(aesthetic contemplation)的对象只限定在“自然”与“艺术品”的狭窄范围之内,这是把整全的价值世界任意地分割了。让我们扩大美的领域,尤其是把它贯注在生命的律动以内,因为我们认为美是一种意义的展现,它渗透了整个内界与外界的真实。Plotinus 对于“宇宙美”曾加赞述,Pythagoras 听见了天体运行的和谐的音乐,而 Kant、Schiller 等对于“人性美”与“灵魂美”的阐述更留给我们以无限的启示。

至于,什么是美呢?

这一个平凡的问题却是最难答复的。远古的 Plato 严肃地说:美即是善;浪漫的诗人 Keats 却歌颂着:美即是真;Plotinus 认为“美”是神圣理念在宇宙中的展开;Hegel 又把美当作绝对精神与感觉世界之间契合的媒质;Spinoza 说“可欲之谓美”;Winckelmann 却以“美”是离开了物质的一种燃烧着的精神力量;Schiller 承继 Kant,把美认作知识主体与感性对象互相调和时一种合目的性的快感;Nietzsche 及其他进化论者都认为“美”可以用生物基础来解释;主观论者以美为感觉的事实;客观论者以美为客观的属性;Bosanguet 看重美的精神的内容;Croce 认美只是形象的直觉与表现;至于 Santayana 说“所谓美乃是客观化的快乐”;Stendnal 也谓,“所谓美,乃是愉悦的期望”……这一切似是而非的定义,充满了关于美学的著作。

我们认为:美既不仅是感觉经验的事实,也不全是事物客观的属性;性爱的升华与形象的直觉都各有所偏;精神的展现与形质的契合亦不能把握美的整全;我们简单的结论是:美是规范意识所觉识到的价值系统的一面,它是一种渗透在现实中的理想,是溶注在存在中的价值,由于它是普遍的价值意识所摄的对象,所以它贯彻了整个宇宙与人生。

William James 说:“如果我们宇宙间把神和星光灿烂的天空一概抹杀,仅仅有两个相爱的心灵蹲伏在一个岩石上,那其中便饶有一个道德的世界。”我们可进一步说:“只要有一个自觉的心灵观照着这个宇宙,那里便已有一个美的世界了。”

因此,我们可以正面答复什么是美的问题,美的意义就是实现了的和谐。和谐的一般含义是指对称、平衡,对立的调和与杂多的统一;而更主要的则是指“部分”与“整体”那种合乎目的性的依存关系。此种关系是价值理想的最高实现的形式,所以和谐的理想便成为规范意识所摄取的最高理想,当它具体体现在人生全部历程中乃获得更丰富的内容。

我们由此进一步把整个人生放置在这种价值意识中去观赏,则可以发现“美”在人生中体现出四个阶段,并可以分为两个不同的领域。

当感官的对象依照了规范理想的安排,部分与全体底关系恰恰表现出一种均衡而整谐的统一,我们立即觉察到一种和谐的意义,但是这是静态的观赏只觉察到“静的和谐”(Static Harmony)。在生命的领域,这只是形象的表现,一般只注意“感官美”的人对于“人生美”丰富内容却只能觉察“人体美”的一面;在艺术的领域内,则只是外表底形式美,把审美的感觉只归属于直觉,则所摄觉的对象只是形象的完整。这种具体形象所表现的美,我们称之为“形体美”(Bodily Beauty),而这种美的意义的实现仅是“静的和谐”。若干美学家与艺术批评家把自己限制在这种粗浅的阶段上,便满足了他的审美的价值意识,过去的美学原则大体只能应用于这人生美所体现的第一个阶段,因此也只获得“静的和谐”的了彻。

我们既认人生是一个整谐的统一体,而价值理念又渗透了整个人生,对于“人生美”的内容,我们应抉发得更深。因此我们认为,“美”在人生中体现的第二个阶段乃进入智慧的领域:当人类理性的法则全部控制和调协了思维的系统,观念与观念之间获得逻辑的自圆,思维的历程中部分与全体的关系形成有机的协动关系,澄明的观照泯去了一切内在冲突,这种希腊人所谓的“亚波罗”式的静穆,是若干哲学家所向往的理型世界,这种人生中纯思维的智慧境界所表现的和谐的意义,我们称之为“智慧美”(Intellectual Beauty)。更进一步,我们把人类情感活动的意义纳之于价值理想之中,则看出情绪的和谐也是一种“美”,我们称之为“情操美”(Emotional Beauty),例如宗教式的热忱,扩大和深蕴的爱,都是“情操美”的表现。其次,人生美的最后的体现乃表现为道德底完成,一个合理意志的内容获得了主从的和谐关系,因而表现出意志律令的完整与自由的尊严。当道德自我从一切混乱与矛盾中解放出来,达成“从心所欲不逾矩”的高度自由,这时人格的尊严表现了美的最高绝的境界,我们称这种意志的绝对自由与高度和谐为“道德美”或“人格美”(Moral Beauty, or Beauty of personality)。“人格美”即是道德自我的实现内容,它的形式可以表现为自我完成,也可以表现为自我牺牲,而自我完成与自我牺牲在“人格美”的实现历程里却复归于一。

由于人生是动进的、创化的,所以人生美表现在智慧、情操与道德的领域内也是动进的、创化的。这种精神生活的“美”的意义,我们称之为“动的和谐”(Dynamic Harmony)。

由“静的和谐”到“动的和谐”,形成人生美的发展阶段,那便是由“形体美”而“智慧美”而“情操美”到“人格美”的转化与递升。这在发展的历程上,“美”的意义不断地提高与充实。但这四阶段所表现的四种美,并不是互相排斥而是层层涵摄的,因为生命本身是创化的历程,是自我不断扩延的历程。

前述四种美既不能互相排斥,则必综合为一种更高的统一;如果彻底把握和谐这个活的价值理想,则我们追究到美的最高的含义,即是把四种人生美的观念交相融合又予以和谐化。那便是“和谐的和谐”,也即是“美的美”。这种最高的和谐与最高的美乃人性底最充实与最光辉的实现。

一幅画、一支乐曲或一首诗,如果不仅具备了形式的完整,而且蕴涵了澄澈的智慧,深挚的情操与庄严的人格,则它始能称实现了最高的美;而一个人如果能贯彻和谐的观念,灵魂与外表、内界与外界生活都获得究竟的调协与融合,则他把人生美的价值理想完全地实现了。但是动的和谐必须动地把握,所以,人生的意义在本质上应该是一种无穷的扩大与充实——创造!

〔为纪念两年前大渡河上的一个美丽的黄昏而作〕

(1948 年 8 月)

# 冷门杂忆

历史是割不断的。尤其文化代谢发展史的进程，总是“新故相资而新其故”，故重在“推故而别致其新”。

武大早有哲学系。新中国成立初期院系调整，中断了几年。1956年，李达老校长又重建武大哲学系。新、老哲学系之间，既有重大差别，又有某种联系。文化时空的连续，乃至某些人缘的关涉，是有形的；而深层的精神上的联系，往往是无形的，尤其是关于人品、学风以及哲思路数等方面的遗传基因，则有赖于后继者的察其隐显，辨其纯驳，知其短长，善于发掘和扬弃。故对于新中国成立前老哲学系教学实况的一些片断，略加回忆，即使浮光掠影，也可能由一显多，于象见意。

1943年秋，我以一个19岁的中学毕业生，半自觉地考入了武大当时号称“冷门”的哲学系。新中国成立前大学的哲学系，被公认为“冷门”。所谓“冷”，意指报考哲学系的人特少（当时报考经济系、外文系、工科名系的人数较多，被称作“热门”），在哲学系坚持读毕业的人更少（毕业后无业可就，故二年级后即纷纷转系），因此，全系师生人数最少（师生合计经常不到三十人），冷冷清清。

抗日时期，流亡到四川乐山的武汉大学，条件十分艰苦。文学院被设在乐山月儿塘一座破文庙内。文科各系课程全都在这所破文庙内临时改装的大小教室里完成的。物质生活条件的艰苦，好像并未影响当时师生的教学情绪和学术钻研精神；相反的，似乎国事的蜩螗、民族的苦难，反而激发起师生们内心深处的屈原式的忧患意识和费希特式的哲学热忱。

哲学系大一的学生,必须选修一门自然科学。我选了生物学,由当时留美博士、刚回国的青年教授高尚荫先生讲授。他从生命科学的基本原理和最新进展(他当时就讲到"病毒"的发现及其对研究生命起源的意义等),讲到他对大渡河中淡水水母的研究成果,同学们听得津津有味,并受到多方启发。

大一的文科生,还必修"国文"课,由周大璞先生主讲一些范文,间两三周一次课堂习作交周先生评改。有一次,周先生命题作文,题为《春游》,一大张试卷我只写了三行不到50字(临时就题意填了一首《浣溪沙》词),竟得了高分和赞扬。此事多年难忘,故1993年悲悼周先生时,我又作了首《浣溪沙》:"沫水苍茫画梦痴,月塘课业谱新词,先生眉笑许心知。彤管慇慇传朴学,幽兰默默塑人师。凄其暮雨不胜悲!""月塘课业",即忆及五十年前旧事。

大一时,必修"哲学英语"一课,由胡稼胎先生精心编选一厚本英文哲学名篇,并逐篇导读。胡先生读的英国音极准,对学生要求极严(常点名要学生起立朗读、口译或答问)。这门课把专业知识与外文训练相结合,效果很好,经一年学习,同学们英文阅读能力大大提高。胡先生同时另开一门"中国哲学"课,主要选读一些中国古代哲学文献,同学们一翻教材,大都早看过,也就不愿听讲,只好轮流缺课。大一、大二文法科还有其他公共课,如"哲学概论""形式逻辑"等,内容陈旧,落后于同学要求;而"三民主义"之类,更引起同学反感,大多数同学都逃课,抽出时间去图书馆(或去小茶馆)抓紧自学。在茶馆自学及社团活动中同学之间交流的知识,更是别有天地。古、今、中、外,左、中、右派的各种书刊都有,许多马克思主义的论著也在同学中流传。

当时武大的自由风气与实行学分制,允许同学选修外系课程,或自由旁听有关。我曾选修过朱光潜先生的"英诗选读"。朱先生讲英诗而常引中国诗词对照,对中外诗篇作精彩的美学分析;他朗吟英诗,特别是深情朗诵湖畔诗人华兹华斯诗的神态,至今令人难忘。我还选修过缪朗山先生的"俄国文学",彭迪先先生的"西方经济学说史",旁听过刘永济、梁园东、叶石荪、王恩洋诸先生的课。这样自由选听,虽仅浅尝,但已足以扩大眼界,从多方面获取精神养料。

二、三年级，渐渐进入专业领域。好几位同学转系走了，我们留下来的几位同学，却对哲学愈来愈着迷了。使我在思想上学业上深受教益、终生难忘的，是几位传道、授业的严师。

首先，当时哲学系系主任万卓恒老师，是同学们最为敬畏的严师之一。因为他特有的孤僻性格，平时不苟言笑，经常是一个人背着手，曳着一根手杖，孤独地散步在大渡河边，始终处于一种深不可测的沉思神态之中。同学们碰见向他行礼，他也只是点点头，不说一句话。万先生为我们开了“伦理学原理”“西方伦理学史”和“数理逻辑”三门课程。前两门是万先生综合大量研究成果而独立建构的一个伦理学的历史和逻辑体系，课前指定许多参考书，讲课时不用教材，上课时只带一支粉笔，以最条理化的板书和最清晰的论证，剖析一个个原理及一个个学派，全课讲完，逻辑井然，几乎没有一句多余的话，准时下课。“数理逻辑”一课，万先生指定的教材是罗素和怀特海合著的《数学原理》（*Principia Mathematica*），而每次上课仍是拿一支粉笔，从原理、公式到逻辑演算，边写板书边讲解，清清楚楚，天衣无缝。那时同学们把上万先生“数理逻辑”课，视为强迫自己接受严格的逻辑思维的训练。万先生所开课，正好涵摄了当时中国南北两大哲学学脉，即南方东南大学为代表的人文主义与北方清华大学为代表的新实在论。四年级时，我从万先生所讲“西方伦理学史”中得到启发，选定“康德之道德形上学”作为毕业论文题目，求得万先生指导。从定题到立纲，几次去见万先生。他住半山庐，独身居一斗室，1946 年秋冬他病了，有时斜躺在床上，我就坐在床前听他用低沉的声音讲说，话不多，但总是那么凝重。至今还记得他的主要叮咛：一定要根据康德的原著，第二、三手的解说材料，不足为据，只能作为参考；直接把握原意，切实弄懂以后，确有心得，才可发挥。论文初稿本应在 1947 年 5 月前交导师审阅，可是，当时在武大的反美蒋学生运动，由抗议沈崇事件正逐渐走向红五月高潮，我由于投身学运，不免荒废学业，虽也在间隙中赶写完论文草稿，而未能按时抄正交卷，不得已，最后去见万先生，请求缓交。万先生在半山庐宿舍，正重病卧床，我深感内疚，立在床前简述了论文草完情况，最后小心地就“结论”中观点请问了一个问题：康德“目的国”思想中实现个人自由（自律）的道德理想，太抽象，可否发挥一下，理解为一个人应为实现“目的国”中人人自由的伟大理想而具体奋斗？万先生默不表态，似乎知道我在想什么；从他的目光中，我感觉到，他对我们当时闹罢课、游行而未按时完成学业，显然能谅解，但又很惋惜，最后只低声说了一句：“按你自己的心得写吧！”从此，我再未去看过万先生。接着，在武大发生了震惊全国的“六一”屠杀大惨案。当时万先生以武大教授会主席的身份，病中带头签名，发表抗议声明。武大学运蓬勃高涨，组织抗议，扩大宣传，设立烈士灵堂，发动抬棺游行……，奔忙到7月底。最后，我为逃避国民党特务追捕而匆匆离校，只将论文草稿交好友余正名等代抄整替我送呈万先生，那已是1947年9、10月的事了。以后得知，万先生宽容了，审阅后还给了75分，评为乙等。可是不久，万先生就以贫病交加，在珞珈山凄然去世。去世前，为偿还医药欠债，不得已卖去了全部藏书……师德师恩，思之泫然！

张真如先生，是同学们衷心敬重的另一位严师。张先生是饮誉海内外的东方黑格尔专家，知名度很高。三年级时张先生新开“德国哲学”课，第一、二次上课，慕名来旁听的外系同学把教室和窗外走廊挤得爆满，但听到一半就走了不少，到第三次以后，课堂上就只剩下哲学系少数几个同学了。有次我向张先生谈到这一情况，他朗朗大笑说：“这是好事情，人多了，无法讲。”他同时开出的“西方哲学史”和“德国哲学”两门重课，受到专业同学的极大重视。张先生的“西方哲学史”课，指定文德尔班的《近代哲学史》(英译本)作教材，讲课时逐章讲解，对重点、难点，时加补充(援引其他著名哲学史家的论述作比较，或补证以最新研究成果)，内容极丰厚。至于“德国哲学”一课，则以康德、费希特、谢林、黑格尔四家为主要内容。每一家先讲一引论，然后解读重要原著。上课时，以德、英两种文本对照，逐句译解，一字不苟，常举出英译本不确切之处。我记得讲解黑格尔《小逻辑》一书时，他几次提到：“此处英译本有问题……那年我在牛津见到W. Wallace，已告诉了他。”当时，同学们对于他这样爽直而不夸张、又毫无自炫之意的平常口吻，对他的研究如此深细，论断如此权威，真是钦佩之至。张先生在课堂上非常严肃，取下常用眼镜、换上老光镜后就再不看下面的听众，完全沉浸在自己的深密的玄思逻辑之中，也把听众引入这一智慧境界。课后的张先生，则平易近人，至性率真。在乐山，生活枯寂，星期六下午或星期天常欢迎青年学生到他家（师母李碧芸也热情接待）去谈天、论学，甚至留饭。这时，张先生的爽朗笑声，常具有一种特殊的感染力，正如他的精湛学识和凝专学风具有特殊的吸引力一样，不可抗拒。乐山三年，因我常去张先生家求教，对此感受特深。

金克木先生是1946年武大迁返珞珈后才来武大的。作为新来的年轻教授，又特为哲学系四年级开出几门新课，"梵文""印度哲学史""印度文学史"，很快就把同学们吸引住了。而金先生特有的渊博、睿智和风趣，以及他曾是"五四"诗人和长期游学印度等不平凡经历，特别是他同情学运的政治倾向与时代敏感，更使他与同学们之间毫无隔阂。不仅课堂上讲课，他的思想活泼新颖，如原以为很枯燥的"梵文"课，也讲得妙趣横生；而且在课堂外的无拘束交谈，更是中外古今，谈到中、西、印文化精神各个方面的异同比较，谈及他在印度游学时的特殊见闻（如甘地、泰戈尔的光辉业绩和感人故事；又如森林中一些修行、讲道的老婆罗门的茅棚里，不仅有大量经书，还有康德、黑格尔的著作和马克思的著作等），谈及苏联科学院院士 Th. Stecherbatsky 的学术成就及所主编的《佛教文库》的重大贡献等，诸如此类，对我来说，都是闻所未闻，激发起广阔的研究兴趣。金先生多次公开表态支持当时的学运，"六一"惨案中又是被捕五教授之一，与同学们的感情更接近一层。我在8月秘密离校时，曾去金先生家告辞，他送我三本甘地著的书，依依握别；我回到成都后主编《西方日报·稷下副刊》，曾发表过《甘地论刀剑主义》等文，与金先生通过信，还得到他寄赐一篇关于梵文学的文章，发表于《稷下》。直到今天，每从《读书》等刊物上读到一篇金先生的近作，都会又一次唤起这些美好的记忆，并深深感激当年老师对学生的"润物细无声"的教诲和爱心。

我曾在一本书的《后记》中说："抚念生平，其所以走上学术道路，勉力驰骋古今，全赖从中学时起就受到几位启蒙老师言传身教的智慧哺育和人格熏陶。至于大学时代传道授业诸师，冷峻清晰如万卓恒师、朴厚凝专如张真如师、渊博嵚崎如金克木师，诲教谆谆，终身不忘。"这所说的，都是实情。

回顾1943—1947年间在旧武大的哲学系所受到的思想熏陶，我感到最难忘的是：在学风上提倡笃实专深，博约兼济；进而在哲思理路上注意综合南北两系学脉之长，兼容理论理性与价值理性、科学思潮与人文思潮；而更根本的在人品陶冶上强调学以美身，治学与做人不二。这一切，是老哲学系许多师友留下的精神遗产，经过马克思主义的熔铸和重新整合，事实上已经并将继续发挥其“承先以显其富有、启后以见其日新”的重要历史作用。

神州慧命，薪尽火传，於穆不已！

（1996 年 8 月）

# 让逻辑之光照亮历史

## ——《德国古典哲学逻辑进程》读后

武汉大学出版社作为“武汉大学学术丛书”之一推出的《德国古典哲学逻辑进程》一书，是杨祖陶教授长期深入研究德国古典哲学、慎思明辨的心得之作。作者坚持马克思主义哲学理论指导，经过对历史材料的精心筛选，系统地展现了从康德到费尔巴哈思维发展的逻辑进程，深刻地论证了德国古典哲学向马克思的实践唯物论发展的内在必然性，具有重要的理论意义和学术价值。

本书首先作为断代哲学史的专题研究，对德国古典哲学这一特定思潮产生的社会基础、文化背景与思想前提，作了具体论述；尤其是对西方近代哲学及其所提出的思维和存在的关系这一哲学基本问题的历史发展，作了极为独到的分析。这种分析，不是对当时思想材料和有关命题的罗列和汇集，而是一开始便展示出思想内在的逻辑矛盾及由此而激发的由浅入深、从低到高的螺旋进程，揭示了从近代经验论和唯理论一般意义上思维和存在的对立进到德国古典哲学纯粹意义上的主体(作为思维的思维)和客体(作为存在的存在)对立的内在必然性，读来不同凡响。

然后，作者从康德对主观能动性和客观制约性这对本质矛盾的深化入手，并以这对矛盾的思维逻辑为总纲，对德国古典哲学历史发展所呈现的五个层次及其内在的逻辑关系和矛盾运动，进行了历史与逻辑相统一的理论分析。如此清晰、简明、一贯而又深刻地展示这一段哲学思维的内在线索和本质规律，这在国内同类著作中尚属首次,充分体现了作者以高度的哲学思辨驾驭和处理纷繁复杂的思想材料的眼光和慧力,非一般简单引证、机械描述、就事论事之作可比。特别值得注意的是,作者在分析中突出了德国古典哲学从康德开始,怎样把实践能动性的观点一步深入一步地引进到认识论中来,为辩证地解决主体与客体的矛盾而在唯心主义的抽象形式下发展了主体的实践能动性思想,由此孕育了整个德国古典哲学向马克思主义实践唯物论发展的根本契机和动因。这是本书超越一般述评而最具吸引力的理论特色。人们常常有种错觉,认为将实践观引入认识论似乎是马克思、恩格斯凭个人天才一下子发现的观点,而忽略了从德国古典哲学的历史发展中,特别是从康德首次想到用这一观点来解决所面临的巨大矛盾这一事实中,来具体地、深刻地理解马克思主义实践观的深厚的历史内涵,深刻理解《关于费尔巴哈的论纲》的全部意蕴。本书的这一阐释,无疑给我们全面准确地理解马克思主义实践唯物论及其产生的必然性,提供了一个不可或缺的理解层面。由康德开创的这一诉诸实践来解决主客体矛盾的思路,虽然一开始只从唯心主义立场(道德和精神实践)被理解,但却不仅启发了唯物主义的实践论,而且本身以扬弃的形式包含在唯物主义实践论之中。马克思的实践观本身也包含道德、精神的层面。

本书在哲学史方法论上更具启发性意义的是,作者自觉地运用马克思关于真理是一个过程、这一过程是历史和逻辑的统一等方法论原则,在一些地方还作了可贵的创造性发挥。沿着恩格斯、列宁的思路,作者把德国古典哲学整个看成人的主观能动性如何克服主客体各种形式的对立而达到思维和存在一致的一个思想矛盾运动过程。在这个过程中,历史地出现的一系列范畴,由于其本身的内在矛盾而必然依次转化,正好形成一个不断回转的螺旋式上升的进程。例如,从康德提出排斥客体(物自体)的主体统觉(自我意识)的能动性以求得思维和存在(所与现象)的统一,到费希特以自我(主体)设立非我(客体)的能动活动来吞并物自体、克服主体与客体的对立,到谢林倒过来从绝对无差别的同一中推出主体凭能动的直观体验达到主客体统一的辩证运动,直到黑格尔将这一运动理解为绝对精神以逻辑的必然性能动地创造世界并认识自身,因而展示一系列不同层次的主客体关系的系统历史过程，最后到费尔巴哈反其道而行之，以感性的自然界为立足点，提出人本主义的唯物主义，从感性直观来说明人与自然、主体与客体的同一。这就为马克思以人的历史实践活动为出发点和最高原则，用来阐明主观能动性与客观必然性的现实的辩证统一关系，提供了历史的准备。这里所展示的哲学矛盾运动的思想圆圈，不再是抽象的，而是具体的；不再是推测的，而是实证的；不单是概念思辨的线索，而是包含着每个哲学家实际面临的矛盾、精神跋涉的艰辛以及内心深处的思维痛苦。这是本书运用历史和逻辑的统一等方法论原则所取得的突出成就，对目前国内外哲学史学界某些人否定历史的内在规律性和必然性、否认历史科学的存在价值的历史虚无主义倾向，是一服极好的解毒剂。

全书不仅逻辑谨严，思辨绵密，而且充分体现了古今贯通精神，使历史感与现实感紧密结合。如作者在“后记”中谈到写作动机时指出：审视近三十年来我国的哲学论争，特别是近十年来围绕主体性问题进行的激烈论辩表明，深入、全面、科学地认识和把握主观能动性和客观制约性的对立统一关系，仍然是一个“关键中的关键”“问题中的问题”。清理历史，为了现实。出于自觉的责任感，所以作者能够站在时代的高度，在本书的取向和选材上都注意突出那些与时代脉搏息息相关的问题。这是本书引古筹今的写作意图，引人入胜，发人深思。

总之，本书所取得的理论成就和所达到的思想水平，毫无疑问是近几年哲学及哲学史研究领域中不多见的优秀科研成果。刘禹锡诗云：“千淘万漉虽辛苦，吹尽狂沙始到金。”信然！

（1996 年 1 月）

# 哲学史研究的根本任务和方法问题

当前展开的哲学史方法论问题的争论，涉及许多原则问题。争论的开展，有助于问题的深入。仅就哲学史工作的根本任务和哲学史研究的根本方法两个问题，谈谈自己的看法，以就正于同志们。

## 一、关于哲学史工作的根本任务

哲学是社会意识形态之一，相对于整个社会运动及社会意识发展来说，是一个特殊领域。历史唯物主义所揭示的社会运动及社会意识发展的一般规律，是研究和阐明哲学运动的指导原则。离开了历史唯物主义的一般原理与哲学史的具体实际相结合，谈不到有另外的一套哲学史方法论。但是，历史唯物主义运用于哲学史研究，必须进一步具体化，做到从一般到特殊。不走这一步，就不可能把历史唯物主义原理贯彻到底，也就不可能揭示出哲学运动的特殊规律，以及这种特殊规律与社会运动的一般规律之间的内在联结。如果说哲学史研究中贯彻论史结合的第一步要求，是坚持历史唯物主义的理论前提，那么，贯彻论史结合的第二步要求，就是必须按照哲学史研究对象的特殊性，把历史唯物主义原理加以具体化。只走第一步，不走第二步，贯彻论史结合就会半途而废，就会取消哲学史研究的特殊任务，就会在哲学史研究领域内为唯心主义及形而上学留下地盘。要走这一步，会碰到一些困难。正如马克思说的："这些抽象（按指历史唯物主义基本原理)本身离开了现实的历史就没有任何价值。……这些抽象和哲学(按指唯心主义思辨哲学)不同,它们绝不提供适用于各个历史时代的药方或公式。相反,只是在人们着手考察和整理资料(不管是有关过去的还是有关现代的)的时候,在实际阐述资料的时候,困难才开始出现。"①

哲学史工作中经常遇到的一个困难,就是如何正确理解和处理哲学发展的相对独立性问题。哲学和其他意识形态一样,对于社会存在具有绝对的依存性,而其本身发展又具有相对的独立性。这是社会运动的一般规律。但哲学,作为思想上层建筑,是"高高凌驾于空中的思想部门","接近于纯粹抽象的思想领域",它对经济基础的依存性和本身产生、发展的相对独立性,具有一定的特点。这些特点,大体上可以概括为以下几个方面:

首先,哲学对经济基础的依存是间接的。其所以是间接的,因为,经济基础对哲学发展的决定作用,一方面它要通过政治、法权、道德等中介才能折射到哲学中来,另一方面它又是在哲学本身必须以继承先行思想资料为前提这一发展规律所限制的范围内才发生作用。因而,归根到底依存于经济的哲学发展的轴线,表现出很大的曲折性和不平衡性。在同一社会形态内经济上落后的国家,可以出现哲学上较高的水平,经济繁荣时期不一定就是哲学繁荣发展的时期。这种情况对比与物质生产直接相联系的自然科学以及其他文化思想,哲学便显示出很大的特点。

其次,哲学对政治的依存关系却较直接。哲学伴随阶级社会而出现,从它诞生第一天起,就被对抗的社会势力作为进行政治斗争的工具。哲学是世界观的理论表现。一方面,它以最集中的形式在理论上表达了不同的政治经济要求;另一方面,人们在实践上总是按照自己的哲学世界观来改造世界。因而,社会集团之间的矛盾在哲学领域中得到了最深刻的反映。虽然这种反映带有曲折性的特点,但哲学和政治、哲学斗争和政治斗争,彼此呼应,若合符节,互相依存、互相促进,使哲学这一特殊的意识形态,区别于自然科学,具有无可讳言的阶级性。

---

① 《马克思恩格斯全集》第3卷,人民出版社,1956年,第31页。

再次,哲学是以自然、社会及人类思维发展的最一般规律作为研究对象,它的内容乃是处于不同社会地位的思想家对人们的自然知识和社会知识的总结和概括,并反过来对这些知识领域发生极大的影响,起着提供世界观、方法论的作用。因而,哲学与广大人民群众的生产斗争、阶级斗争和科学实验的实践经验,是息息相通的。这些实践经验,在唯物主义、辩证法思想中得到了正确的总结和概括,在唯心主义、形而上学思想中则得到歪曲、颠倒的反映。所以,每一时代的先进的哲学思想,由于通过各种科学知识总结了人民群众的实践智慧,都是"自己时代精神的精华","人民最精致、最珍贵和看不见的精髓都集中在哲学思想里"①。哲学与其他意识形态和整个社会思潮,处于广泛联系和互相作用之中。它对经济基础的反映,经过了一系列的抽象;两者之间的联系,插入了许多中间环节。

最后,哲学的发展必须以前一代人已经达到的终点为起点,它以继承、综合或改造先行思想资料(乃至原始社会留下的迷信、神话、科学思维的萌芽等"史前内容")作为自己发展的前提,并具有着"独立发展"的外貌。恩格斯指出:"任何思想体系一经产生后,便和现有的全部观念相结合而发展起来,并把现存观念加以进一步的改造。不然,它便不成其为思想体系了,也就是说,它便不是把思想当作具有独立发展和仅仅服从自己规律的独立实体来处理了。人们的物质生活条件归根到底决定着人们头脑中发生的思想过程这一事实,在这些人们中间必然是没有意识到的,否则全部思想体系都要完结了。"②马克思主义以前的任何哲学家,都没有也不可能意识到自己思想的真正动力。尽管事实上他们作为本阶级的积极的、有概括能力的思想代表,对以往思想遗产进行加工改造,目的是在制造反映本阶级共同利益的理论体系;但他们不可能自觉到这一点。哲学思想的继承性及其在哲学家思维中"独立发展"的外貌,便在其他条件影响下形成了思想传统中的某些民族形式的外部特征(如中国和欧洲中世纪的传统思想形式便各具特色),形成了思想斗争发展中的某些学派性的渊源联系(如中国哲学

① 《马克思恩格斯全集》第1卷,人民出版社,1956年,第120—121页。
② 《费尔巴哈与德国古典哲学的终结》,第45页。

史上的儒家、道家等等，西方哲学史上的唯理论、经验论，等等）。思想传统的形式与时代的、阶级的内容之间的复杂联结，哲学思想的学派性和党派性之间的某些矛盾交错，成为哲学史研究中必须正确处理的难题之一。

上述这些特点表明，所谓哲学发展的相对独立性，主要是指经济对哲学的支配作用是间接的；这种间接的支配作用，要透过政治及其他社会意识对哲学的直接影响与哲学本身的思想继承性等才能表现出来。但是，通观历史的长河，从总体上仍可以清楚地看出哲学的发展，归根到底是和经济发展的轴线"平行而进"。社会发展的阶段性决定了哲学发展的阶段性，一定的社会经济形态产生与之相适应的哲学历史形态。因而哲学发展的独立性，只能是相对的。至于哲学对于政治、对于阶级斗争的依赖关系则是直接的。中国春秋战国时期的"百家争鸣"，恰好是当时尖锐、复杂的阶级斗争在思想战线上的强烈反映。欧洲中世纪阶级斗争发展不充分，哲学就停滞不进。

根源于社会经济矛盾的阶级斗争，是历史发展的驱动力。反映不同阶级要求的哲学家，在不随他们意志转移的阶级斗争规律的支配下，都是争先恐后地继承先行思想资料，进行理论思维加工，并按思维对存在的关系这一哲学世界观的基本问题分裂为互相对立的阵营，在互相斗争中竞长争高，在特定条件下又互相克服、互相转化，从而形成了哲学认识的前进运动。这是哲学具有相对独立性的这一特点所规定了的哲学运动的特殊本质、特殊矛盾和特殊规律。

显然，只有坚持历史唯物主义前提并在哲学史研究中把它具体化，才能正确理解哲学发展的相对独立性及其他特点，才能具体把握哲学发展的具体规律。恩格斯说：社会存在决定社会意识，"这个原理这样简单，在没有给历史唯心主义的欺骗迷住的人看来，是当然的道理"①。但他又指出："正是宪法、法权体系、任何特殊领域的思想观念的独立历史的这种外表，首先蒙蔽了大多数人。"②这说明迷于哲学思想的"独立发展"的外貌，把这种相对的独立性夸大为绝对的，是产生唯心主义历史观和哲学史观的认识根源。有人看到哲学史上某些哲学观念

① 《论马克思的"政治经济学批判"》，《政治经济学批判》，人民出版社，1955年，第176页。
② 《马克思恩格斯书信选集》，人民出版社，1962年，第509页。

陈陈相因,互相承袭,从孔子到谭嗣同都在讲"仁",从朱熹到王船山都在讲"理";这种思想的"独立发展",乃至以民族的、学派的形式特征,构成了一定的传统,发生过深远影响,于是乎便认为发现了什么"超时代""超阶级"的哲学思想或哲学命题;便认为以思想继承关系划分哲学学派,比用思想的阶级本质划分哲学党派,似乎更符合"传统说法";便认为"抽象继承法"似乎确有根据。于是孔子的"仁"成了"永恒不朽的真理","儒家传统"成了"中华民族的精神"……哲学史工作中的这股风,除了在我国当前社会存在中有其客观基础以外,曲解哲学发展的相对独立性,正是一个生风的"空穴"。

为了克服这种曲解,塞住这个"空穴",有的同志主张,在哲学史研究中可以撇开相对独立性、思想继承性、学派性等"现象"问题,直接抓问题的"本质"。这是一种"因噎废食"的想法,可能导致实际上背离历史唯物主义的前提和取消马克思主义的哲学史工作的任务。因为,就哲学史研究的特定任务来说,深入解剖和正确阐明哲学发展中具有一定特点的相对独立性等的实质和意义,正是要把历史唯物主义原理贯彻到底,具体化到现象的各个环节,通过直接面对的复杂现象来具体说明哲学矛盾发展的规律性。当一切都能得到合理的解释,当哲学运动这一特定对象的特殊本质、特殊矛盾和特殊规律能得到充分的揭露,利用哲学史研究的某些"空穴"来鼓吹伪科学的幻想才会伴随其已经消灭的经济基础而日趋破灭。当前马克思主义哲学史观所进行的有破有立的斗争,其意义正在于此。这件事情本身,也证明着哲学思想的矛盾发展确有其不容忽视的相对独立性。

以上只是就哲学发展的相对独立性问题这一特点来说明哲学史工作中贯彻论史结合的特殊要求,以及对哲学史方法论进行专门探讨的必要性。胡绳同志在其《关于哲学史的研究》一文中正确地指出过:"如果在哲学史研究中只简单地套用哲学教科书中的原理,而不能用活的血和肉来显示这些原理的丰富的表现形态,那在实际上是取消了哲学史研究的意义。"①按我的理解,深入地贯彻论史结合,也就是把历史唯物主义原理具体化到哲学史研究的各个环节中来。通过

---

① 胡绳:《枣下论丛》,人民出版社,1962年,第185页。

对于最终决定于经济而直接依存于政治的哲学斗争的历史进程，进行科学的分析和综合，揭示出由哲学的特殊本质所规定的哲学运动的特殊矛盾及其发展的特殊规律，揭示出根源于人民群众的历史实践的哲学认识主流思想由胚胎、萌芽、成长、发展的具体历史进程；同时，用马克思主义的哲学史观来战胜一切寄生在哲学史研究的某些“空穴”中的资产阶级伪科学，用科学的哲学史观来不断丰富马克思主义的科学世界观，服务于一切革命人民清算过去、改造世界、夺取未来的斗争。这就是哲学史工作的根本任务。这是一个需要多年冷静钻研的科学任务，同时也是一个与现实斗争息息相关的战斗任务。

## 二、关于哲学史研究的根本方法

阶级矛盾和阶级斗争是阶级社会生活中最本质的矛盾，贯穿于社会生活的各个领域。在哲学这一特殊领域中，阶级斗争的内容和作用的表现，既特别尖锐，又特别复杂；既特别深刻，又特别曲折。这可说是哲学斗争如何反映阶级斗争的重要特点。哲学的本质特点之一，就在于它对于社会政治生活的直接依赖。一般说，代表着社会进步势力的先进思想家，在革命的阶级斗争推动下，进行着哲学上推陈出新、破旧立新的顽强斗争，从而推进了哲学认识的前进发展。哲学革命总是成为政治革命的导言。从总体上看，阶级斗争制约着又推动着哲学的发展，这是十分鲜明的。

但是，思想领域内的哲学斗争不能等同于社会实践中的政治斗争，“批判的武器不能代替武器的批判”①。由于不同历史阶段社会生活的各种复杂条件，阶级斗争与哲学斗争、政治革命与哲学革命的本质联系，并不是以简单对称的等号而是以曲折复杂的形式表现出来。有的人用自己歪曲了的、庸俗化了的所谓“阶级分析”来随心所欲地划成分，贴标签，借以嘲弄历史，反诬马克思主义如何“粗陋”等；也有人主张用所谓“抽象分析”“学派分析”“家谱分析”等来附会和顶替阶

① 《马克思恩格斯全集》第1卷，人民出版社，1956年，第460页。

级分析。这都是唯心主义的哲学史观的表现。由于哲学史上具体的哲学斗争反映当时阶级斗争的形式,确具有某些曲折、复杂的特点,所以鼓吹“无党性”的哲学史观,还有它一席“寄生之地”。

正因如此,在哲学史研究中就必须深入地具体地贯彻阶级分析。这是一个复杂的任务。以下几个经常碰到的问题,我认为是需要解决的。

首先,关于哲学性质与阶级性格的关系问题。任何哲学都是一定阶级的世界观的理论表现,任何哲学思想与哲学思潮都以其最核心的理论内容表现了所代表的阶级要求和阶级性格。但是,一定阶级的哲学代表并不是也不能简单直接地表现本阶级的物质经济利益及实际生活要求,而是通过政治、法权、道德等已经集中化了的阶级意识,再利用先行思想资料,进行一系列的抽象加工,才创造出他的哲学原理、观念和范畴等并凝结成自己的体系的。这一系列的抽象过程,也就是哲学家作为本阶级最积极的、最有概括能力的代表为他本阶级提供理论和编造幻想的过程。这一抽象和编造的过程,使哲学对于阶级要求和阶级性格的反映,往往显得十分曲折。但思想的阶级烙印是任何抽象的哲学语言也掩饰不了的。当然,这里就需要在充分估计到哲学抽象的曲折性和“哲学语言的秘密”的条件下,善于具体地运用我们手中的解剖刀。抽象分析可以把孔子的“仁”吹胀为超阶级的“人道主义”“忘我无私的精神”,等等,阶级分析法却能够如实地把它还原为孔子所代表的已经开始没落的奴隶主阶级的阶级政策。阶级分析的“还原”方法,就是把哲学家的“自己的语言还原为它从中抽象出来的普通语言,就可以认清他们的语言是被歪曲了的现实世界的语言,就可以懂得,无论思想或语言都不能独自组成特殊的王国,它们只是现实生活的表现”[①]。还原,是阶级分析的基本要求。

还原,要按照哲学性质及其特点的分析,来还原它的阶级性格及其特点,否则哲学史就会放弃自己的特定任务而变为政治史或政治思想史的附庸。一般说,按哲学基本问题判定的哲学性质和划分的哲学营垒,同它们的政治倾向,基

① 《马克思恩格斯全集》第3卷,人民出版社,1960年,第525页。

本上是一致的;一个哲学家的哲学思想和他自觉不自觉的政治倾向,也基本上是一致的。但是,并不能因此简单地用政治标准来代替划分哲学营垒的固有标准,也不能单纯地按照哲学家自觉的政治倾向来确定他们的哲学的阶级性格。因为,哲学和政治尽管联系密切,但两者的社会职能并不相同。哲学史不同于政治史。作为阶级世界观的理论表现的哲学,它的社会作用必须从哲学本身的党派性及其理论实质来分析判定;哲学家个人的政治态度及其某些政治言论,是很难作为标准的。这不仅由于历史上哲学家的思想本身及其言行往往存在着各种不自觉的矛盾,而且,更根本地说,统治阶级的正宗思想家,以其特定的分工地位,乃是以维护整个阶级的根本利益为己任,他们与直接的统治者往往有所谓"长远之计"与"当务之急"的分歧,这种分歧甚至可以发展成为"某种程度上的对立和敌视"①。这种情况下,如果不从哲学家所提供的哲学本身的党性来分析,就会迷于某些历史的假象,而得不出正确的结论。至于历史上具有进步作用的、新兴阶级或阶层,都有一个发展、成熟的过程,发展不成熟的阶级,往往采取不成熟的、与它的政治倾向不相适应的哲学形态。历史上不少的不成熟的哲学家,他们的哲学思想与政治思想也常有自相矛盾的情形。这些都需要实事求是地进行阶级分析,分析这些矛盾现象的客观基础,按照他们的哲学性质及其特点来还原他们的阶级性格,而不能按他们的政治倾向来推论他们的哲学性质。

其次,关于哲学斗争和阶级斗争的关系问题。这是哲学史研究中运用阶级分析的重点所在。因为,一方面,确定哲学性质,绝不能孤立地单靠哲学家自己抽象出的一两个范畴。有人把中国哲学史上凡爱讲"气"的哲学家归为一个阵营,称之为"气化论的宇宙观",贸然判定这些哲学都是唯物主义性质。这至少是一种极端简单化的做法。哲学范畴,只能在哲学命题中、在与其他范畴发生一定的联结中,才能确定它们的质。但又有人把朱熹讲"心具众理",王船山也讲过"心具众理",王船山讲"理在气中",朱熹也讲过"理在气中",混为一谈,这显然也是错误的。即使最能代表哲学家的核心思想的哲学命题,也必须放在他的哲学

① 《马克思恩格斯全集》第3卷,人民出版社,1960年,第53页。

体系中、在与其他命题的互相联结中,才能真正了解它的含义。"现实的各环节的全部总和的展开=辩证认识的本质。"[①]孤立割裂、断章取义,是不能认识任何事物的本质的。至于判定哲学体系的性质,上面所说经过具体的阶级分析认真还原它的阶级性格的工作,又必须放在哲学斗争的全局中来进行,才能得出应有的结论。另一方面,分析和还原哲学的阶级属性,只能按其哲学体系的核心内容在阶级斗争的全局中所起的实际作用,才能得到最后说明。哲学产生和依存的阶级基础和哲学具有的现实的社会职能,基本是一致的。因而,分析哲学的阶级属性,主要的是分析它作为哲学的特殊职能在当时的阶级斗争中起了什么作用,对谁有利;也就是分析哲学家用他的哲学抽象的本领实际在为哪个阶级说话、辩护、立言。列宁指出:"要是一下子看不出哪些政治集团或者社会集团、势力和人物在为某种提议、措施等辩护时,那就应该提出'对谁有利'的问题。……直接为某些观点辩护的人是谁,这在政治上并不那么重要。重要的是这些观点、这些提议、这些措施对谁有利。"[②]列宁谈的是政治斗争,哲学斗争更应如此。在这里,哲学家的个人出身、社会遭遇乃至他的自觉的政治态度(如列宁所说的由于缺乏阶级自觉而"走错了房间")等,都不是判断他的哲学的阶级属性的决定因素,至多有些旁证作用。如果用划成分、续家谱的办法来贴阶级标签,显然是对阶级分析方法的漫画化的歪曲。哲学家主观上的自觉的政治态度及个人政治遭遇等,对认识他的哲学思想的阶级性格,从根本上说,也不起决定作用。王充家世是"细族孤门"或是"名门贵胄",他本人是"仕路隔绝"还是"宣汉"求荣,都不影响崛起于两汉哲学战线上的王充哲学,在对封建神学体系展开"两刃相割"的理论斗争中,具有唯物主义的鲜明党性,反映了东汉时期无特权的社会微贱阶层在两次农民革命高潮之间对封建统治的强烈反抗的阶级性格。总之,一个哲学家通过哲学斗争在当时阶级斗争的全局中所起的客观作用,才是判定他的哲学思想的阶级性格的基本准则。

阶级斗争的全局,在历史上情况是复杂的。只是到了资本主义时代才出现

---

① 《列宁全集》第38卷,第166页。
② 《列宁全集》第19卷,第33页。

了一个“使阶级矛盾简单化”的特点，即整个社会分裂为两大互相直接对立的阶级：资产阶级和无产阶级。其余中间阶层都在迅速分化瓦解中。[①] 至于奴隶社会和封建社会却具有另外的特点，即社会除了分裂为直接对抗的基本阶级：奴隶主和奴隶、或封建地主和农民以外，还存在某些中间阶层；并且按政治、法权地位又划分了各种社会“等级”。一个阶级内可分为几个等级，同一等级也可以包括不同阶级。阶级矛盾和等级矛盾，形成某些交错的复杂关系。例如在中国封建社会中，大体说来，在封建地主和农民的基本阶级对抗的基础上，存在着最高统治者的皇族集团，享有各种特权的门阀士族或官品贵族及僧侣贵族等豪族集团，不享有特权的寒门庶族或在野地主及商人等剥削者集团和自耕农民、手工业者等独立劳动者集团，广大被奴役、被剥削的农民或农奴。这些基本集团之间，互相都有矛盾，并在一定条件下激化为尖锐的对抗。农民革命战争是阶级对抗的最高形式，是历史运动的伟大动力。它不仅推翻了一个个腐朽反动王朝，并且也促使地主阶级内部因经济政治地位不同而发生不断的分化和冲突，形成各种政治集团；历代所谓“清议”“党争”“变法”，等等，便是这些集团之间的矛盾激化的表现。所有这些阶级对抗和等级、阶层、集团之间的矛盾斗争，在哲学战线上都有强烈的反映。对历代哲学斗争进行阶级分析，就有必要充分考虑到这种种复杂情况，着眼于阶级斗争的全局，透过当时政治斗争的主流，深入解剖当时哲学思想战线上斗争着的各方，“了解它们每一方面各占何等特定的地位，各用何种具体形式和对方发生互相依存又互相矛盾的关系，在互相依存又互相矛盾中，以及依存破裂后，又各用何种具体的方法和对方作斗争”[②]。只有这样，才能暴露中国封建社会中根源于基本的阶级对抗和依附于历代的政治斗争所展开的历代哲学战线上矛盾斗争的性质、特点、及其波浪式发展的特殊规律。如果把哲学斗争和阶级斗争的关系作简单化的了解，把哲学上的路线对立简单地归结为直接反映了基本的阶级对抗，或者简单地归结为只是反映了剥削阶级的内讧，或者只看到生产关系的变革时期新旧阶级的矛盾在哲学上的反映，而忽视了同一生

① 《马克思恩格斯全集》第4卷，人民出版社，1958年，第466、476—477页。
② 《毛泽东选集》第二卷，人民出版社，1952年，第778页。

产方式中生产关系的相对调整所引起新旧阶层的政治冲突也是哲学斗争发展的动力源泉,就会对历史上的复杂现象不作具体的分析,对哲学斗争透过政治等外衣来折射各种阶级关系、阶级矛盾的复杂形式不作深入的解剖,当然也就无从揭示哲学发展的规律性。

最后,关于哲学发展的规律性和阶级斗争的关系问题。在哲学史研究中,我们坚持历史唯物主义前提,运用阶级分析方法,其根本目的在于揭示哲学发展的规律性。哲学发展的规律性是客观存在的。在哲学史研究中,必须"尊重历史的辩证法的发展"①,并要"用马克思主义的方法给以批判的总结"②。对哲学发展的历史辩证法,进行马克思主义的批判的总结,不能是经验主义的事实罗列,也不能是教条主义的公式推演,而是对哲学发展的具体历程,进行"去粗取精、去伪存真、由此及彼、由表及里"的批判分析,"从其中引出其固有的而不是臆造的规律性"③。

关于哲学发展的规律性问题,黑格尔曾提出一个唯心主义的历史和逻辑、认识史和认识论相统一的原理,用以构造他的哲学史观。马克思主义经典作家揭露了黑格尔哲学史观根本颠倒历史和逻辑的关系的唯心主义谬论,而对他所提出的历史和逻辑、认识史和认识论的辩证统一的思想给予了批判的改造,并看作是研究哲学史及认识史的重要方法。恩格斯指出这一根本改造的实质,在于"黑格尔的方法……是从纯粹思想出发的,这里却要求从最顽强的事实出发"。就哲学史研究来说,运用马克思主义的历史和逻辑相统一的原理和方法,首先要求从阶级斗争的物质实践制约着哲学斗争、推动着哲学发展这一"最顽强的事实出发"。否则就会离开历史唯物主义的理论前提。

如前所述,确定哲学性质及其所曲折反映的阶级性格,分析哲学斗争及其与阶级斗争的复杂联系,都必须具体地运用阶级分析方法;同样的,在这一基础上进而要求对哲学发展的全过程进行"批判的总结",从"历史的东西"总结出"逻辑

① 《毛泽东选集》第二卷,人民出版社,1952年,第679页。
② 《毛泽东选集》第二卷,人民出版社,1952年,第496页。
③ 《毛泽东选集》第三卷,人民出版社,1953年,第821页。

的东西”,也并不能离开阶级分析的方法。问题只在于要善于在阶级分析的基础上正确地运用历史和逻辑的统一的原理,把阶级分析和历史分析、把阶级分析和逻辑分析统一起来。

所谓阶级分析与历史分析的统一,也就是要历史主义地进行阶级分析,用阶级分析来阐明哲学发展的历史辩证法。例如说,哲学斗争发展的阶段性问题,每一阶段哲学形态的历史特点问题,某一国家在一定历史阶段哲学发展的水平问题等等,就必须进行历史地考察。哲学发展的阶段,应该按照社会发展的阶段来划分。到马克思主义产生为止的哲学史,典型地说,就是三大剥削社会的哲学发展史。每一个社会形态中,哲学都具有由人们的社会实践水平所制约着的共同的历史特点。各个国家在三个历史阶段上哲学发展的水平可以相差很远。这一切,主要地应从当时当地的阶级斗争状况来得到说明。整个阶级社会的哲学虽然不断在发展,但由于剥削阶级的偏见、狭小的生产规模和人们的实践水平的限制,实际上处于人类哲学史的“史前期”,处于哲学发展的低级阶段,唯物主义与辩证法不可能真正结合起来,唯物主义自然观始终不可能推广运用于社会历史的研究,实践观、辩证法始终不可能真正引入认识论,因而,以往的哲学至多只说明了世界的某些现象和侧面,没有也不可能成为自觉改造世界的武器。直到适应无产阶级结束私有制社会的伟大革命实践的需要,由马克思创立了辩证唯物主义和历史唯物主义,才宣告了旧哲学的终结,开辟了哲学发展的新纪元。哲学发展的这一最重大的历史特点,决定了除了历史主义地进行阶级分析,不可能充分揭示出它的本质。

所谓阶级分析与逻辑分析的统一,就是要通过阶级分析找出人类哲学认识的逻辑秩序,以及形成这种逻辑秩序的普遍根据和特殊根据;也就是要“从最顽强的事实出发”,全面地、深刻地把组成哲学概念的矛盾运动的客观基础充分揭示出来。历史上相继出现、互相斗争的哲学体系,并不是哲学家们的天才创造,而是当时不同阶级的人们在社会实践的基础上对客观世界的不同反映(或浅或深,或对或错,或片面或比较全面)。哲学史的全过程,应该看作是人们通过社会实践对客观世界不断改造、因而不断加深认识的过程。这个过程充满着矛盾和斗争,因而有曲折和倒退。哲学史,就是真理和谬误相比较而存在、相斗争而发展的历史,也就是劳动人民和先进阶级在阶级斗争、生产斗争、科学实验的历史实践基础上不断克服谬误、认识真理、提高理论思维水平、逐步改造主观世界的历史。这个历史过程是有规律的。这个规律就是人类哲学认识通过概念的矛盾运动而由简到繁、由低到高、由浅入深、由偏到全的逻辑秩序。"人的概念的每一差异,都应看作是客观矛盾的反映。客观矛盾反映人主观的思想,组成了概念的矛盾运动,推动了思想的发展,不断地解决了人们的思想问题。"[①]个人在实践基础上形成的思维逻辑,与人类在历史实践基础上形成的思维发展史,都是客观矛盾的反映。哲学史的研究,应该从历史的角度来探索人类哲学认识这一矛盾运动的规律。

哲学史的研究要运用马克思主义的辩证逻辑,但区别于辩证逻辑本身的研究。哲学史的研究,首先要通过具体的历史分析,来探索人类哲学认识的逻辑秩序,把历史发展中的偶然性和辩证思维中的必然性统一起来研究。[②] 其次,它要通过具体的阶级分析,来揭示形成人类哲学认识的逻辑秩序,即发展规律的客观根据。一般说来,阶级斗争的实践,以及在阶级社会中只有通过阶级斗争才能开展的生产斗争实践,是推动哲学斗争从而促进哲学认识水平不断提高的普遍根据或根本动力。而这一普遍根据和根本动力在哲学运动这一特殊领域中的特殊表现,乃是直接推动哲学发展的唯物主义反对唯心主义、辩证法反对形而上学的斗争,以及在历史进程中按一定条件通过斗争而实现的两者之间的互相转化。这样,哲学内部的特殊矛盾的斗争、转化,就形成推动人类哲学认识合规律地向前发展的特殊根据或直接原因。社会阶级斗争是一个有规律的矛盾运动,它以曲折、复杂的形式反映为哲学发展的规律性。研究和阐明这个规律性,深刻揭露哲学发展的普遍根据和特殊根据的内在联结,就是哲学史工作的目的。毫无疑问,了解历史上哲学真理在斗争中发展的规律,是为了今天更好地在斗争中发展哲学的真理。

---

① 《毛泽东选集》第二卷,人民出版社,1952 年,第 772 页。
② 恩格斯:《自然辩证法》,第 184 页。

总起来，一句话，我们论史结合地研究哲学史，“一定要让死者去埋葬他们的死者，为的是要自己弄清自己的内容”①。

（1963 年 6 月）

① 马克思：《路易·波拿巴的雾月十八日》，人民出版社，1962 年。

# 中国现代哲学史第二届全国理论研讨会开幕式上的致辞

同志们：

中国现代哲学史研究会第二届全国性的理论研讨会，这次在风和日丽的琼岛举行，躬逢其盛，得以参加，感到非常高兴！

中国哲学史学会会长任继愈同志本答应来琼莅会，因临时有出国任务，未能参加。在这里，我和方克立同志谨代表中国哲学史学会，向大会表示热烈的祝贺！

中国现代哲学史研究会成立以来，卓有成效地组织和推动了一系列学术研讨活动，促进和带动了中国哲学史界把研究重点适当从古代转向近现代，转向“五四”以来的中国现代哲学思潮及其代表人物。几年来，不少学校开设了现代中国哲学方面的新课程，南北同时推出了多部论述中国现代哲学的通史、专史，不拘一格，各具特色；一批敢闯禁区的青年，写出了多篇评析中国现代哲学家思想体系的硕士论文与博士论文，大都达到较高质量，赶上和超越了台、港地区及国外出版的有关论著，尤为喜人；从中国哲学史角度展开的对西方哲学东渐史的系统论述，特别是对马克思主义哲学在中国传播、发展的胜利进程以及经验教训的深入研究，对许多非马克思主义学者的学术贡献和局限的历史评判，也都有新的开拓，取得不少成果。单是在这次会中赠发的、由李振霞同志主编的四大本论著，就其涵盖面之广阔、信息量之丰富、理论评析之深细而言，已粲然足以证明这些方面的进展。

记得五年前，中国现代哲学史研究会的成立大会和首届全国性的理论研讨会在北京举行，我因事未能参加，会前曾给李振霞同志写信，请她转致会议领导小组，信中主要表示个人对加强中国现代哲学研究的拥护和对研究会成立的祝贺之忱，也提了一点希望。当时主要希望：通过以马克思主义为指针的清“左”破旧，中国现代哲学史的研究能跳出简单化的两军对战模式（即把“五四”以后哲学史看作仅是马克思主义与反马克思主义的斗争史），能注意到在马克思主义与反马克思主义的对立营垒之间，还有一个广阔中间地带，其中尚有不少正直学者，对中国现代哲学的发展作出了特定的贡献，应当对他们作出公正的评价。这些年，许多同志对熊十力、马一浮、汤用彤、梁漱溟、金岳霖、冯友兰、贺麟诸先生及在海外的胡适、殷海光、唐君毅、方东美、钱宾四、徐复观等先生的思想著作的客观研究，方克立、李锦全同志领导的课题组对“现代新儒家思潮”的全面认真清理，已提供了充分的论据，论证了在半殖民地中国土地上生长的这一批非马克思主义的爱国学者，确有其学术上的独特贡献，不能抹杀，当然也没有必要加以溢美和夸张。总的说，经过这些年实事求是的研究，对上述好几位先生的从事学术研究工作50或60周年的纪念活动等，毛泽东早已批评过的形式主义向“左”发展的片面性问题可以说已基本解决。

当然，中国现代哲学史的研究中，也还有些复杂的现象，也还遇到一些挑战性的问题，有待进一步深入剖析，给予澄清。诸如，对“五四”新文化运动的评估问题，国外有所谓“五四”造成了中国传统文化的“断裂”说，又有所谓“五四”传入的马克思主义与中国儒家传统“一拍即合”说，貌似相反，实则相通，显然都是对历史事实的主观臆说。另如对《国粹学报》到《学衡》杂志所代表的文化“寻根”意识或“文化保守主义”的重新估价问题，以及对“问题与主义”论战、“科学与玄学”论战等的全面评判问题，还有“五四”以后的现代佛学思潮的客观作用问题等，确乎都值得重新研究和认真思考；至于从不同学术途径而归宗马克思主义的许多学者，如李达、瞿秋白、鲁迅、郭沫若乃至范文澜、吴承仕、杨度等，他们思想发展的脉络及各自的特点问题，还有待通过具体的历史的分析，作出符合实际的说明。

扩而大之,对现代中国哲学史的研究,似乎还有些重大的方法论问题值得探讨。诸如现代中国哲学史的研究范围和历史分期,所谓“现代”的历史跨度与上、下时限,显然尚未取得共识。特别是关于“五四”以来现代中国思想阵线的总体格局的把握问题,即中国现代哲学思潮的派别分疏问题,还有待确立具体的方法论原则。关于鸦片战争以后的近代思想史,长期惯用顽固派、改良派、革命派等政治派别来划分思想阵线,明知不切,但积习难返。“五四”以后的现代哲学史,曾受党史模式的影响,大体按阶级属性划分,分为封建地主阶级思想、买办资产阶级思想、民族资产阶级思想、小资产阶级思想和无产阶级思想。毛泽东在《新民主主义论》中,着眼于文化革命的斗争阵线,首先划分了新民主主义文化与帝国主义—封建主义反动文化同盟这两大营垒,然后对两大阵营内部又作了些具体分疏。曾有现代哲学史著作,或以“论战”为纲,简单地划分为马克思主义阵营与反马克思主义阵营;或按中西文化论争中的观点划线而分为“西化派”“国粹派”“中西融合派”……(如邓中夏、郭湛波的论著都各有分法)。海外学者史华慈及他的学生张灏等人,编书著文,提出“激进民主主义”“自由主义”“民族主义”“文化保守主义(褒义的)”等的分疏;日本学者还有其他分法。国内如方克立同志有“现代新儒学思潮”“自由主义思潮”与“马克思主义思潮”的三分法;另有“东方文化论”“全盘西化论”“中国本位文化论”与“新民主主义文化论”的四分法;也有青年同志把20世纪中国现代形态的哲学分为“科学主义”“人文主义”“马克思主义”三大思潮,互相激荡,马克思主义的发展前景乃在于吸收前两者的合理成分而扬弃其不合理部分。以上各种说法,虽都言之成理,而显然分歧很大,颇难达到一致。怎样通过总结分析,熔裁取舍,依照马克思主义哲学史观或文化史观来处理好这个问题,似乎还是我们的一项迫切的研究任务。

最后,我想提一个对于中国现代哲学史的研究者似乎更有责任正视的问题,即“跨世纪哲学思考”的问题。中国现代哲学史,一般说,即指本世纪初“五四”新文化运动以来,实即20世纪中国的哲学发展史。现已到20世纪末,还有最后几年,即将迎来21世纪。我们正处在世纪之交。

谢朝花于已披，启夕秀于未振，

观古今于须臾，抚四海于一瞬。

陆机《文赋》中这几句话，似乎可以借来表达一个处在历史转折时期的思想家瞻前顾后的文化心态。回顾20世纪中国哲学是怎样走过来的，这个文化历程，既是如此坎坷曲折，又是如此辉煌壮丽。1940年毛泽东在《新民主主义论》中指出："一切新的东西都是从艰苦斗争中锻炼出来的。新文化也是这样，二十年中有三个曲折，走了一个'之'字。"又说："二十年来，这个文化新军的锋芒所向，从思想到形式（文字等），无不起了极大的革命作用，其声势之浩大，威力之猛烈，简直是所向无敌的。"至于在这个文化历程中这样或那样的失误和教训，也只有经过严肃的反思，才能作出科学的总结。尤其今天，面对国际风云变化的新形势，回顾20世纪中国新文化运动的风雨历程，必须从新的思想高度，才能找到新的起点，展望21世纪，迎接未来中国哲学的新发展。这个中国哲学，应当是以中国化了的马克思主义哲学为主体的新哲学；这个中国哲学的新发展，也必将是21世纪马克思主义哲学的新凯旋。

当然，这是跨世纪年代我们集体思考的大课题，只有靠集体思考、集体创造，才能推进这一历史大课题的解决。最近读了一本张岱年先生和程宜山同志合著的讨论文化论争的书，书的最后一句说："我们坚定地相信，拥有十亿个聪明的头脑和勤奋的双手的中华民族，绝不会长久地居于下游，一定能完成这个综合创造的伟大文化工程，一定能通过综合创造实现中华民族文化的伟大复兴。"我非常赞同这句话。我想，跨世纪哲学思考，也正是这伟大文化工程的一部分，因而借用这句话来结束我的发言。

谨祝这次研讨会取得圆满成功！

（1992年3月）

# 伟大的政治战略与文化战略

## ——《新民主主义论》发表50周年

《新民主主义论》这部光辉著作的首次发表，迄今已整整五十年。半个世纪过去了，中国新民主主义革命在中国共产党的领导下已取得了辉煌的胜利。中国历史、中国社会、中国文化都已发生了巨大的变化。今天，我们正开始社会主义现代化建设的新的长征，却又面临着国际风云变幻的新形势和国内通过改革开放以巩固并发展社会主义制度的艰巨任务。尽管时移势易，但是《新民主主义论》一书，并没有失去它的理论价值，而且经过千百万群众历史实践的检验和正反两方面历史经验的证明，更加显示出它的科学真理的光芒，它不仅具有划时代的历史意义，而且具有不可忽视的现实意义。

《新民主主义论》诞生于20世纪30年代末、40年代初，有其深厚的历史文化背景，有其反映时代要求而不得不发的必然性。身历其境的人，都曾深切感受到它在当时发挥的历史定向作用。该书连同《中国革命和中国共产党》等传到国统区，曾在思想文化界产生了多么巨大的理论威力。

20世纪30年代末、40年代初，正当抗日战争的相持阶段，中国革命处于最艰苦的岁月，正如《新民主主义论》的首页所述："……近来的妥协空气，反共声浪，忽又甚嚣尘上，又把全国人民打入闷葫芦里了。特别是文化人和青年学生，感觉锐敏，首当其冲。于是怎么办，中国向何处去，又成为问题了。”[①]当时，初读《新民主主义论》的人，大都注意到，正当“中国向何处去，又成为问题”的关键时刻，这书却以所向披靡的革命激情，大声宣告：“封建主义的思想体系和社会制度，是进了历史博物馆的东西了。资本主义的思想体系和社会制度，已有一部分进了博物馆……其余部分，也已‘日薄西山，气息奄奄，人命危浅，朝不虑夕’，快进博物馆了。唯独共产主义的思想体系和社会制度，正以排山倒海之势，雷霆万钧之力，磅薄于全世界，而葆其美妙之青春。”[②]这声音在当时具有多么大的震撼力！当然，《新民主主义论》之所以能震撼并征服人心，根本上还在于其理论的逻辑力量和论证的系统周密，在于书中针对国内外各种思潮，进行了马克思主义的理论与实际相结合、历史与逻辑相统一的分析，有破有立，令人信服；尤其对广大人民心目中真正的疑问和长期的论争，不回避，不含糊，作出了空前明朗的回答和结论。例如，关于中国的前途，当时一般群众和青年学生中流行着各种混乱的议论和迷糊观念，有的崇拜美国式的“民主”，有的醉心于苏联的“平等”，有的鼓吹各式各样的“第三条道路”，……正是在这一片莫衷一是的纷纭议论中，《新民主主义论》的发表起到了破雾燃犀的思想廓清作用。

前事不忘，后事之师。今天，国际形势的新动荡，似乎又引起了人们的各种议论。我们重温《新民主主义论》，体会其中的政治战略和文化战略思想，似乎并非无的放矢，而恰好可以温故知新。

《新民主主义论》原名《新民主主义的政治与新民主主义的文化》，发表于1940年2月延安《中国文化》创刊号，同年4月，《群众》还发表了毛泽东的一篇讲话：《新的民主主义的政治和新的民主主义的文化》。这是在边区文化协会成立大会上的讲话稿，实为《新民主主义论》的一个组成部分。新民主主义思想的形成和《新民主主义论》的发表，可以说是自1930年毛泽东发表《反对本本主义》、走上创造性的马克思主义道路以来，经过十年理论准备，尤其是哲学方面的理论准备（1937年发表了《实践论》和《矛盾论》），所得到的马克思主义理论中国

① 毛泽东：《新民主主义论》，新版《毛泽东选集》第二卷，第662页。

② 毛泽东：《新民主主义论》，新版《毛泽东选集》第二卷，第686页。以下括引此文，不再注出，见该书第662—711页。

化的最伟大成果之一,是毛泽东思想体系最终形成的标志。它为中国人民提供的是建立一个新中国的伟大的政治战略和文化战略及其理论基础。

就政治战略而言——它提供了系统完备的新民主主义理论。它基于对旧中国社会经济结构和阶级关系的深刻分析,基于对不断革命论和革命发展阶段论的灵活运用,制定了新民主主义革命和新民主主义共和国的纲领,找到了一条中国式的特殊的新式的民主主义的道路。这条道路,与旧民主主义是既相联系(如与孙中山的新三民主义的衔接)又相区别(不是"少数人所得而私"的英美式的旧民主),与社会主义也是既相联系(它是世界无产阶级社会主义革命的一部分)又有区别(不是苏联式的社会主义);同时,也不同于印度式或基马尔式的道路。书中着眼于历史的全局,具体地分析阐明了中国为什么不可能走欧美式的资本主义道路,建立资本主义社会;同时,也驳斥了"左"倾空谈主义。当时,对"左"的空谈的驳斥包括两层:一是驳斥恶意的、别有用心的所谓"一切革命都已包括在三民主义中"的反共叫嚣(如 1938 年张君劢发表的《致毛泽东先生的公开信》等);另一层驳斥"左"倾教条主义"混淆革命的步骤,降低对于当前任务的努力"。书中深刻指出,如果认为"民主革命没有自己的一定任务,没有自己的一定时间",而"把社会主义的任务合并在民主主义任务上面去完成","那就是空想,而是真正的革命者所不取的"(回顾 1953 年后的某些经济决策的失误,在理论上似乎正是违背了这些论断所致)。从当时对中国式的革命道路的选择和对马克思主义理论的创造性发展的角度看,毛泽东的新民主主义理论,比马克思晚年对于东方革命的特殊道路的思考(见马克思晚年的人类学笔记、《给查苏利奇的信稿》等),比列宁晚年通过新经济政策向社会主义迂回过渡的道路的探索(包括布哈林的经济理论),都更完整、更明确,更具有中国人民的辩证智慧。

经过新中国成立后的发展、曲折和十年"文革"的灾难,在近十多年的改革实践中,我们似乎又常遇到奔向现代化的道路选择问题。当年,人们面临着多样化的民主主义道路的选择;今天,我们又面对各式各样的现代化模式,有西欧北美式的,北欧小国式的,东方日本式的,印度等殖民地式的,第二次世界大战后特殊条件下“东亚四小龙”式的,苏联、东欧式的,等等。我们应当走哪条道路?选择哪种模式?显然,上列各种都不足为法,不能照搬,而只能根据国情走自己的路。实际上我们已经作出了抉择。党的十一届三中全会以来已经提出了“社会主义初级阶段”的理论和“一个中心、两个基本点”的总路线,已经制定并实践了建设具有中国特色的社会主义现代化的精神文明与物质文明的具体方针,一方面扬弃了“左”的单一计划经济的僵化模式,另一方面又防止了“右”的西方化、私有化的道路。十分显然,“社会主义初级阶段”理论的提出与论证,同《新民主主义论》的战略思想是具有历史衔接性的;而具有中国特色的社会主义现代化建设道路的设计,更是马克思主义的科学社会主义理论在进一步中国化中取得的重大发展。

就文化战略而言——《新民主主义论》全面总结了自鸦片战争以来中西古今新旧文化的论争,从而制定了新民主主义文化革命和文化建设的战略,并为之作了充分的论证。

一方面,它宏观地考察了鸦片战争以来中国近代新文化产生的客观根据及其与帝国主义的奴化思想和封建主义的复古思想的反动同盟的斗争性质,从而确定了中国文化革命的历史特点。

另一方面,它又具体分析了“五四”以来革命文化统一战线的形成和发展,进而肯定“五四”以后兴起的民族新文化,既不是以欧美资本主义文化为蓝本的旧民主主义文化,又不是苏联式的社会主义文化,而是具有民族特点的、中国式的新民主主义文化。此后,在延安整风中,还着重分析批判了引进外来文化的两种形式主义倾向①。其一是形式主义地向“右”发展,即全盘西化思想,崇拜欧美文化模式而导致文化心态上的奴化;其二是形式主义地向“左”的发展,即“左”倾教条主义及其延伸为全盘苏化,照搬苏联的文化模式而导致文化思想的僵化。

---

① 毛泽东:《反对党八股》,新版《毛泽东选集》第三卷,第 833 页。

从一百多年中西文化汇合、碰撞的历史视角考察,《新民主主义论》的历史定位,就在于经过一百多年的文化争论,已经出现过各种思想范式,终于以马克思主义的批判总结而进到一个新的阶段。这一百多年,人们对中西文化异同的认识轨迹大体是:(一)晚清时期的浮浅地认同;(二)"五四"时期的笼统地辨异,(三)发展到抗日民族解放战争时期的察异观同而力求会通,从而形成具有民族特色的融合中西的新的文化思想体系。[①] 在这一过程中,一些非马克思主义学者的学术创获,标志着中国近代资产阶级哲学诸形态的成熟,如当时熊十力、金岳霖、冯友兰、贺麟等的论著,各有其学术理论上的贡献和局限。同时,马克思主义理论的中国化,更取得了重大的成就。20 世纪 30 年代以来,人文科学研究,由于运用马克思主义的理论和方法,取得了许多突破性的进展。马克思主义作为西方文化的最新成果,"五四"以后传入中国,首先与中国革命实践日益深入地结合起来,为人民革命事业的胜利发展,提供了理论保证;同时,也为总结中西文化比较研究中的一系列论争,提供了方法论指南。在这方面,毛泽东作出了重大贡献,《新民主主义论》以及与之相呼应的其他一些著作,以它们的理论深度和政治优势,对于晚清以来中西古今新旧文化问题的长期争论,作出了里程碑式的历史总结,标志着百余年来中西新旧文化的异同之辨,经过了"认同—辨异—会通"等阶段,以马克思主义的总结而达到了一个螺旋发展的终点。通过总结,中国新文化的主体思想已开始形成,因而能够真正批判继承民族文化遗产和批判吸收外来文化精华,在人类文化发展大道上吞吐百家,综合创造,以建立中华民族新文化为宏伟任务。

新民主主义的文化战略思想,既为批判地总结以往的文化论争提供了崭新的视角和方法论原则,更为建设未来的民族新文化制定了指导思想。

首先,《新民主主义论》全面综合"五四"以来先进的文化主张。诸如李大钊"融合""调和"东西方文明以创造"第三新文明"的主张[②];蔡元培"必以科学方法揭国粹之真相",对于外来文化"吸收而消化之,尽为我之一部,而不为其所同化"

---

① 参拙文《中西文化异同辨》,见《吹沙集》。
② 见李大钊:《东西文明根本之异点》,《言治月刊》,1918 年 7 月。

的主张[1];杨昌济运用“新时代之眼光”来研究国学,“合东西洋文明于一炉而冶之”的主张[2];鲁迅的“拿来”主义,“外之不后于世界之思潮,内之仍弗失固有之血脉,取今复古,别立新宗”的主张以及当时所提“民族革命战争的大众文学”的口号等[3],进而把未来民族新文化的内容,明确地概括为“民族的科学的大众的文化”,并指明其社会性质为“无产阶级领导的人民大众的反帝反封建的文化”,因而,既区别于旧民主主义的文化,也不同于单一的社会主义文化,而是新民主主义性质的文化。关于新文化性质的这一规定,既揭示了新民主主义文化的过渡性,它以共产主义思想为指导,包含着一切反帝反封建的进步文化和不断增长的社会主义文化的因素,即正向社会主义文化过渡,又注意到文化性质内涵的多样性。所谓文化性质内涵的多样性,在上述有关新民主主义文化的表述中,凸显了新民主主义文化是“大众的”,即是“民主的”,为广大“工农劳苦民众服务并逐渐成为他们的文化”,成为他们的“革命武器”,这就揭示了这一文化所依存的社会基础和具有的阶级性;同时,又指明这一文化是“民族的”,即具有民族主体意识和民族特点的,是中华民族独立发展的历史文化的继续,必须提高民族自尊心和自信心,“尊重历史的辩证法的发展,决不能割断历史”,吸收外来文化必须强化民族主体的消化机制,这就充分肯定了新民主主义文化的民族性;更强调这一文化是“科学的”,即反对一切蒙昧和迷信,坚持以马克思主义的客观真理为指针和准绳,以科学的态度和方法清理中外文化遗产,并吸收其科学成果,这就表明新民主主义文化的时代性。至于“民族的、科学的、大众的”或“民族性、时代性、阶级性”两者之间的经纬关系或相涵互动的关系,在民族新文化的建设实践中,还有许多意蕴值得发掘和研讨。

其次,关于批判吸收外来文化和批判继承古代文化中的主体性原则,即以“我”为主的原则,是《新民主主义论》的文化战略思想的重要一环。一方面强调

---

① 蔡元培:《北京大学月刊发刊词》《在清华学校高等科演说词》(《蔡孑民先生言行录》,1934年浙江图书馆印行所)。

② 杨昌济:《杨昌济文集》,湖南人民出版社,1980年,第203页。

③ 鲁迅:《拿来主义》(《且介亭杂文》)、《文化偏至论》、《论现在我们的文学运动》(《且介亭杂文末编》)。

要大量吸收外国文化,不仅外国进步文化,还有外国的古代文化和近代启蒙文化,“凡属我们今天用得着的东西,都应当吸收”;但同时着重指出,必须经过文化主体的咀嚼和消化,弃其糟粕,取其精华,“决不能无批判地兼收并蓄”,即使对于马克思主义的运用,也必须“和民族特点相结合”,使马克思主义中国化。另一方面强调“必须尊重自己的历史”,继承自己的民族文化传统,但目的在发展民族的新文化,引导人们向前看。这两个方面,都以提高民族自信心、树立民族文化的主体性为前提。所谓民族文化的主体性,即指在民族文化绵延发展中形成的独立自主意识,是一个民族能够涵化外来文化、更新传统文化的能动的创造精神。只有确立了这样的主体性,才能有选择地引进和消化外来文化而实现“洋为中用”的目标,也才能有分析地继承和弘扬民族传统而实现“古为今用”的目标。百年来,中西古今文化的论争中,不少人在西化狂潮和复古逆流的汹涌夹击之下,目眩神移,无所归依,正是由于在文化心态上失去了民族主体意识,以致陷入了种种误区。这是重要的历史教训。

再次,《新民主主义论》在具体总结“五四”以来二十年的新文化发展的“四个时期”时,深刻地揭示了革命的文化运动虽经曲折而不可逆转的规律。“五四”为开端的新民主主义文化革命,虽仅二十年,但经历了“四个时期”。第一、二个时期以“五四”运动和中国共产党成立后掀起的“五卅”运动、北伐战争为标志,伴随着中国革命运动和文化统一战线的发展,革命文化运动得到迅猛发展。到1927—1937年的第三个时期,革命营垒分化,内外黑暗势力猖獗,“这时有两种反革命的围剿:军事‘围剿’和文化‘围剿’。也有两种革命深入:农村革命深入和文化革命深入”。到第四个时期,即抗日战争时期,开始阶段,全国动员,革命文化欣欣向荣;武汉失陷后,降日反共声浪又甚嚣尘上,“又把全国人民打入闷葫芦里了”。面对当时资产阶级顽固派大搞文化专制主义的险恶形势,《新民主主义论》回顾历史,总结出新文化的发展“二十年中有三个曲折,走了一个‘之’字”的规律;同时,又展望未来,肯定内外黑暗势力的猖獗,实际上“表示了它们的最后挣扎,表示了人民大众逐渐接近了胜利”。这一科学的预见,已被20世纪40年代中国人民革命胜利发展的历史巨变所证实。

“一切新的东西都是从艰苦斗争中锻炼出来的。”新文化的发展，必经艰难曲折而又必然不可逆转。这一规律，具有普遍意义。

（1990 年 1 月）

# 学思积靡

# 船山人格美颂

## ——为纪念王船山逝世三百周年作

### 一

船山一生，风骨嶙峋。时代的风涛，个人的经历，传统文化的教养，学术道路的选择，都促使并激励着他始终执着追求“壁立万仞，只争一线”的理想人格美。

青年船山，倜傥不羁。十六岁学诗，“读古今诗十万首”；十九岁读史，“日成博议几千行”；二十四岁乡试，以《春秋》第一中试。诗与史，培育出一个忧时志士的倔强灵魂。

中年船山，出入险阻，投身时代激流，经受了各种复杂矛盾的严峻考验，终于在明清之际“海徙山移”的变局中，“寸心孤往”，“退伏幽栖”。三年多湘南流亡生活，所见民间疾苦，化为笔底波涛，从《易》《老》两大原典中汲取哲学智慧，披麻衣，拾破纸，在“厨无隔夕之粟”的艰苦条件下，写出了反映时代精神美的光辉著作。

晚年船山，潜隐著书，瓮牖孤灯，绝笔峥嵘。在学术上自辟蹊径，精研易理，熔铸老、庄，出入相、禅，扬弃程、朱、陆、王而复归张载，“推故致新”，“破块启蒙”，别开生面；同时，搔首问天，以诗达志，续梦观生，“内极才情”，充分表露其“胸次”“性灵”“独至之微”，直至辛未深秋绝笔之作《船山记》中“赏心”“遥感”的顽石之美。

船山自我鉴定一生的政治实践和学术活动为“抱刘越石之孤愤”,“希张横渠之正学”,这是理性的选择;而“芜绿湘西一草堂”的艺境诗心,却与“芷香沅水三闾国”的楚骚传统一脉相承。

## 二

船山哲学,首重“人极”,依人建极,主持天地。所谓“人极”,指人类的特性或文明人类的本质特征。故严于“人禽之辨”“夷夏之辨”“君子小人之辨”,认为人的道德自觉和人格塑造有一个由禽到人,由夷到夏,即由野到文,乃至继善成性而超迈流俗的漫长过程。

由此,在天人关系上,反对“任天而无为”,而力主“竭天成能”“与天争胜”“以人道率天道”,成为天地的主人;在理欲关系上,反对“灭欲”“禁欲”乃至“薄于欲”,而主张“人欲之各得即天理之大同”,更强调“入天下之声色而研其理”,“与万物交而尽性”,才算是“立人道之常”;在群己、公私关系上,冲破迷雾,否定“无我”,肯定“有我之非私”,且强调“我者,大公之理所凝也”。有了独立的主体或道德自我,才可能体现出“大公之理”的价值尺度。

因此,在人性论上,船山独树一帜,反对“复性”说,坚持“成性”论,且主张“习与性成”,“继善成性”,“性者生也,日生而日成之也”,依靠主观努力与实践锻炼,人的道德、智慧、才情都在发展中日趋完美。“学成于聚,思得于永”,“新故相推,日生不滞”,“取精用物而性以成焉,人之几也”。船山的“成性”论,为其超越流俗,充分实现自我的人格美追求,提供了绵密的理论依据。

## 三

船山多梦,并都予以诗化。诗中梦境,凝聚了他的理想追求和内蕴情结。

“抱刘越石之孤愤”而又“思芳春兮迢遥”,乃船山心中最大情结。故甲申(1644)之后,仍以“续梦”名庵,且举兵衡山,奔驰岭表;庚子(1660)以后,“哀其所败，原其所剧”，居“败叶庐”，写《落花诗》：“旧梦已难续，无如新梦惊。”船山始终在寻觅着“新梦”。

船山特叮咛，“梦未圆时莫浪猜”，足见他确有欲圆而未圆之“梦”，企待后人理解。他曾“抛卷小窗寻蚁梦”，正当此时，写成《噩梦》一书，表明所寻之“梦”，并非虚无缥缈，乃是“苏人之死，解人之狂”的改革设计，并寄希望于未来。但“中原未死看今日，天地无情唤奈何”。有时“拔地雷声惊笋梦”，有时却“蝶魂入梦不惊霜”；有时“雨雨风风，消受残春一梦中”，有时又“青天如梦，倩取百啭啼莺唤”；还梦过“昨夜喧雷雨，一枕血潮奔”的奇景，更有过“眼不稳，梅花梦也无凭准”的迷茫。这纷至重叠的梦影，在船山诗中织成瑰丽的“情中景”。

船山诗境中最突出的还有一个“蟠藕修罗”的梦影。此典出于《观佛三昧海经》，谓阿修罗反抗帝释天，战败，暂时蟠身在污泥藕孔之中。船山早年自比修罗，“铁网罩空飞不得，修罗一丝蟠泥藕”，“扯断藕丝无住处，弥天元不罥修罗”，把反抗者虽战败而不屈的意志引为同调。晚年对镜，仍以修罗的坚贞自慰：“……别有一线霏微，轻丝飘忽，系蟠泥秋藕。一饫败荷凋叶尽，自有玉香灵透。眉下双岩，电光犹射，独运枯杨肘。无情日月，也须如此消受。”更有为二如长老所题“别峰庵”一联，妙契佛理，仍寄梦想于“藕丝香孔里”的修罗，说他终于会“慑尽万缘，神威自振，不教钓艇空归”。

船山诗化了的“梦”，乃其人格美的艺术升华。

## 四

船山之学，以史为归。“史”在船山，非记诵之学，而是可资能动取鉴的镜子。“善取资者，变通以成乎可久”。“史”的作用在于，发现自我的历史存在，感受民族文化慧命的绵延，“鉴之也明，通之也广，资之也深”，可能唤起和培育巨大的历史感。

船山早年“韶华读史过”，晚年“云中读史千秋泪”，衰病余年，奋力写出史论千余篇，全都是读史养志，“引归身心”的自觉实践。

船山善引庄子的“参万岁而一成纯”一语而为之别解:“言万岁,亦荒远矣,虽圣人有所不知,而何以参之?乃数千年以内,见闻可及者,天运之变,物理之不齐,升降污隆治乱之数,质文风尚之殊,自当参其变而知其常,以立一成纯之局,而酌所以自处者,历乎无穷之险阻而皆不丧其所依,则不为世所颠倒而可与立矣!”这样不随风倒的独立人格,“是以笃实光辉,如泰山乔岳屹立群峰之表,当世之是非、毁誉、去就、恩怨漠然于己无与,而后俯临乎流俗污世而物莫能撄”。这是基于历史教养而自觉形成的理想人格的崇高美。

至于这样的人格风貌所观照的祖国的山河大地、族类、历史、声教文物之美,及其所预见的“尽中区之智力,治轩辕之天下”的光辉未来,则《黄书》七篇俱在,璀璨夺目。

## 五

关于人格美的自我塑造,船山首重立志和养志。“人苟有志,生死以之,性亦自定。”立志,就是确立坚定的、恒一的价值取向。强调要“仁礼存心”,超越流俗物质生活,超越个人得失祸福,卓立道德自我,纯化精神境界,实现真正的人的价值。“壁立万仞,只争一线,可弗惧哉!”思想上界限分明,实践中长期磨炼,经得起各种考验。“袗衣、鼓琴而居之自得,夏台、羑里而处之不忧。”养志,就是要始终坚持贞一不渝的志向,并不断地“荡涤其浊心,震其暮气”,“恕艾以牖其聪明而神智日益,退抑以守其坚忍而魄骨日强”,就可以做到“堂堂巍巍,壁立万仞,心气自尔和平”,“孤月之明,炳于长夜”。

“在志者其量亦远。”“量”,是具有一定历史自觉的承担胸怀。持其志,又充其量,就能够“定体于恒”,“出入于险阻而自靖”,面对“生死、死生、成败、败成,流转于时势,而皆有量以受之”。不惶惑,不动摇,不迷乱,“历忧患而不穷,处生死而不乱”,达到对执着理想的坚贞,在存在的缺陷中自我充实,在必然的境遇中自我超越。“此心一定,羲皇怀葛,凝目即在,明珠良玉,万年不改其光辉。”对这一内在人格美的赞颂及其不朽价值的评判,船山曾以韵语托出,字字珠玑:

立志之始，在脱习气……

潇洒安康，天君无系。

亭亭鼎鼎，风光月霁。

以之读书，得古人意。

以之立身，踞豪杰地。

以之事亲，所养惟志。

以之交友，所合惟义。

惟其超越，是以和易。

光芒烛天，芳菲匝地。

深潭映碧，春山凝翠。

对此，我们也只能神交心悟，目击道存，如船山所云："言不能及，眉笑而已。"

（1992 年 10 月）

# 《纪念李达诞辰一百周年文集》序

1990年10月2日，是鹤鸣师李达百年诞辰。为了缅怀李达，学习李达，宣传李达，广州、冷水滩、北京、长沙、武汉先后举行了一系列纪念活动，就李达哲学思想开展了学术讨论，与会学人提供论文数十篇，现通过整理，将这批纪念文献和学术论文汇编为专辑，交湖南出版社编辑出版。这既是对这位20世纪中国的马克思主义前驱的隆重纪念，又是新近对他的研究的可喜成果。躬逢其盛，谨奉编者之嘱欣然序之。

李达的政治实践和学术活动，几乎跨越了整个20世纪。本世纪初，他留日归来，佼然成为“五四”新文化运动中的启蒙思想家；接着自觉地选择科学社会主义而成为中国共产党的主要创始人之一；此后，他在思想文化战线上奋战终生而成为国内外公认的马克思主义的理论家、著作家和无产阶级教育家。从“五四”时期到70年代，他始终如一地宣传马克思主义真理，著述宏富，影响深广，在中国革命史和现代思想史上具有崇高的地位。正如我国革命前辈所赞誉的那样：他是“一位普罗米修斯式的播火者”（侯外庐语），“伟大的马克思主义启蒙大师”（吕振羽语），我国“理论界的鲁迅”（毛泽东语）。

在半个多世纪的理论活动中，李达筚路蓝缕，奋力开拓，对马克思主义在中国的传播、运用和发展作出了多方面的卓越贡献。其所耕耘的范围极为广阔，包括了马克思主义的哲学、政治经济学和科学社会主义以及马克思主义的史学、文艺学、法理学、社会学、货币学等，其中，对马克思主义哲学在中国的系统研究和阐释，贡献尤大。他在20年代出版的《现代社会学》，代表了当时中国历史唯物主义的理论水平；30年代出版的《社会学大纲》，则标志着中文表达的马克思主义哲学理论体系的形成；50年代的《〈实践论〉〈矛盾论〉解说》是对毛泽东哲学思想研究的科学成果；60年代的《唯物辩证法大纲》，则标志着当时辩证唯物主义在中国系统化所达到的新水平。他以自己对真理的执着追求，对著作的精审勤奋，成为众望所归的新中国的首届中国哲学学会会长，马克思主义哲学界的泰斗。

应当指出的是，李达并非纯书斋中的学者，他卷帙浩繁的著作，不仅全面系统而又严整准确地传播了马克思主义，而且充溢着爱国激情、政治敏感和革命的批判精神。他的主要理论著作不仅教育了一代又一代革命者和学术工作者，影响了包括毛泽东、刘少奇、张闻天等革命领袖和魏文伯、冯玉祥、侯外庐、吕振羽等知名人士及大批民族精英，并经得起时间的检验，至今仍继续产生着重要影响。

李达一生，不愧为坚贞的马克思主义者，为真理而斗争的战士。他虽然在1923年因故脱党，大革命失败后也有过短暂的徘徊，但是正如毛泽东所评定的：他始终没有脱离马克思主义阵地，是我国理论界的"黑旋风李逵"。在"五四"新文化启蒙中，他已是思想理论战线上的一员猛将，二三十年代反文化"围剿"中他更是坚毅不屈、享誉南北的红色教授。在中国革命的思想和理论斗争中，他始终是一位勇猛进击和所向披靡的战士、一面马克思主义的旗帜。新中国成立后，他虽然也受过"左"的思潮的影响，卷入过错误的批判斗争，但是，他很快有所反思，继续坚持马克思主义的原则立场，自觉地抵制错误的理论批判和政治斗争，并且襟怀坦白、无私无畏、刚正不阿、敢于直谏，直至最后为坚持唯物辩证法，反对"顶峰论"而去世。

李达的学术成就和理论贡献，他的政治鉴别力和人格风骨，表明他是真正的马克思主义者，是我国学术理论界德业双修、言行一致的楷模。李达一生行迹的各个侧面，在本书中都有翔实和鲜明的反映。

本书虽然属于论文结集，但是它不仅内容丰富，而且各篇的视角与侧重点不尽相同，对于李达这位伟大的历史人物，既有宏观的总体评价，又有微观层面的论析,文章编选充分体现了求实、存真与不拘一格、提倡争鸣的编辑方针。读者从中不仅可以获得对于李达的深入和全面的了解,也能从一个侧面了解中国现代哲学和文化思潮特别是中国马克思主义的发展风貌。而李达正是在中国现代哲学与文化思潮及马克思主义主流中的一位主要的和卓越的代表。

我们高兴地看到,经过"十年浩劫"之后的痛定思痛,经过党的十一届三中全会以来思想上理论上的拨乱反正,不仅李达在"文化大革命"中被诬陷的冤案得到彻底平反昭雪,而且真、假马克思主义的界限也日益分明,广大群众和青年的马克思主义的觉悟水平空前提高。李达作为一位中国马克思主义理论的旗手,他留下的理论遗产和人格光芒必将产生更大的影响。在纪念他诞辰一百周年的时候,我们应当继承和发扬 20 世纪中国这位理论先驱的业绩和风范,严肃认真地作跨世纪的哲学思考,迎接 21 世纪马克思主义理论的新发展。

在纪念李老诞辰一百周年的时候,为缅怀仪型,我曾赋诗一首,兹录之于此,以作为这篇序言的结语。

湘皋鸣鹤振金声,莽莽神州播火人①。
墨海旋风泣巫鬼,赤旗板斧启山林②。
百年龙种经忧患,四卷犀芒烛道真③。
桃李天涯同颂念,默燃心炬继长征④。

(1991 年 3 月序于东湖荒斋,此序与王炯华合作)

---

① 鹤鸣师李达同志"五四"后由日本返国,在上海参加建党活动,在长沙主持自修大学,努力宣传马克思主义的革命理论,成为我国第一批普罗米修斯式的播火者之一。

② 党成立后,李达同志任党中央宣传局主任,主编《共产党》等刊物,成为党在思想理论战线上的旗手。当时,他对无政府主义思潮、改良主义思潮及各种反社会主义思潮的批判,锋芒所向,无不披靡,筚路蓝缕,以启山林。毛泽东曾赞扬他是"黑旋风李逵","不只两板斧,还有三板斧",又称他为中国"理论界的鲁迅"。

③ 百年来,马克思主义理论和国际共产主义运动的发展,由于左、右倾机会主义思潮的干扰而屡遭挫折,忧患重重。《李达文集》四卷中有不少精辟论述,对马克思主义真理的阐扬,至今保持着犀利的科学锋芒。

④ "心炬",用高尔基所述俄罗斯童话中丹柯燃心为炬的故事。

# 神思慧境两嵚崎

## ——读《智慧的探索》，缅怀冯契同志

冯契同志未尽天年而遽然长逝，离开我们已经一个多月了。3月初，在北海突闻冯契同志遽逝的噩耗，野祭怆怀，曾给华东师大传去一唁电：

> 惊闻冯契同志倏然弃世，震悼不已！
>
> 冯契同志一生追求真理，耿介不阿，立德立言，有为有守。佩纫秋兰，襟怀霁月，传道育人，教泽广远。他长期瘁力于学术耕耘，辨章新旧，融贯中西；而智慧探索，更独辟蹊径，妙启玄门。晚年会心之作《智慧》三书，自成体系，巍然卓立，实神州慧命之绵延，当代学林之楷模。惜书尚未刊，而哲人其萎，玄圃星沉，曷胜悲惋！谨此致唁，并祈代致候冯师母及家属，伏望节哀保重是祷！

旋返汉皋，再次捧读不久前为庆祝冯契同志八十诞辰而新出的论文集《智慧的探索》一书，许多文章，以往曾断续读过，一些思路，曾当面听他娓娓谈过。捧读中，边体会边回忆，浮想联翩，冯契同志的音容笑貌，宛在目前，可是，一些读后的感发和疑点，已无法再向他问难请教了。

## 一

去年3月，我因赴东南大学一会过沪，住华东师大，特去看望冯契同志和师母。一见面，他就高兴地送我新发表在《学术月刊》上一篇关于“超名言之域”问题的文章，并郑重表示，这是专为纪念金岳霖先生百年诞辰而写的，其中凭记忆演述了金先生于20世纪40年代在昆明的一次讲演和一篇题为“名言世界与非名言世界”的重要论文。由于金先生论文已佚，故只能靠记忆和参照金先生已发表的其他著作写成此文，简要论述了金先生关于哲学领域“说不得的东西如何能说”的深刻思想和他对金先生思想的发挥；他又说，这是他接着金先生思路，几十年来一直在探索着的哲学理论问题，并因而简述了他正整理定稿的三部书稿(即《智慧说三篇》)的书名和大体结构。当晚，我认真读了这篇理邃情真的文章，深受启发，使我略窥冯契同志多次谈到的他关于知识向智慧发展的认识辩证法以及重新诠释“转识成智”的用心和理论建构的系统性，因而感到一种“闻风坐相悦”的衷心高兴。次日，冯契同志来招待所，我向他表示了心中激起的这种“法喜”，他也莞尔一笑；接着苏渊雷老先生、王元化、邓伟志同志和师大哲学系几位师友同来招待所一聚。当日饮谈甚欢。我在纪行诗中遂有“三年华盖终无悔，此日清歌有解人。海上欢呼蜃雾散，东南淑气正氤氲”之句。但却未想到，此次沪上行，竟是与冯契同志最后的一次握晤。

去年冬，冯契同志八十诞辰，闻华东师大及沪上师友相知将集会庆祝，我曾寄去颂诗一首，略表微忱：

劫后深吟一笑通，探珠蓄艾此心同。
圆圈逻辑灵台史，霁月襟怀长者风。
慧境含弘真善美，神思融贯印西中。
芳林争羡楩柟秀，愿鼓幽兰祝寿翁。

并附一《后记》：

> 20世纪60年代与冯契同志初识于北京；旋经“浩劫”，华盖略同。80年代，幸得重逢，多次握晤于学术讨论会中，探珠有志，蓄艾多情，目击道存，率多心契。每向他请教学术疑难问题，都得到言简意赅的深刻启示；他每有论著，辄先惠寄，俾得早读。教泽学风，濡染良深。至于他的会心新作，融会中、西、印思想之菁华，证成真、善、美统一之理想，胜义时闻，仰慕久矣。近年几次被召赴沪参加研究生论文答辩，亲见冯门学脉，英才辈出，桃李芬芳，梗楠挺秀，令人感奋。欣值冯契同志八十华诞，汉皋飞觥，衷心遥祝。《幽兰操》，古琴曲，颂君子之德也。甲戌初冬，祝于汉皋。

颂诗及后记中，我试图对冯契同志的为人治学风范表示个人敬慕之情，力求对他的丰美学术成就作出诗意的概括，如“慧境含弘……神思融贯……”等，虽颇费沉吟，实际词难达意。因为我还停留在耳食肤受的知性理解，未能达到深入慧境的思辨综合和切身体证。后来，收到华东师大同志寄来《智慧的探索》一书，曾先选读了最后一篇未发表过的《智慧说三篇·导论》，自己似乎被提升到一个新的思想境界，急向周围同志推荐此文。直到最近，在对冯契同志的深切悼念中，重新细读全书，并回溯以往读《中国古代哲学的逻辑发展》《中国近代哲学的革命进程》时的许多感受，才似乎憬然有悟，才觉识到他有关哲学史的大量论著，仅是他从事哲学智慧创作的某种准备——知识积累与历史铺垫的准备，而他晚年琢磨出的《智慧》三书，乃是作为思想家个人独创的会心之作，以其哲学视野的深广程度和反映时代脉搏的真切程度。可以历史地说，这样的哲学智慧创作乃是神州慧命的延续。正如冯契同志自述的，他从王国维、金岳霖的心中发现了“可爱与可信”的哲学矛盾，他把这种矛盾诠释为正是近代哲学史上“科学主义与人文主义、实证论与非理性主义的对立，是近代西方科学与人生脱节，理智和情感不相协调的集中表现”，反映在中国，“五四”时期的中西文化论战、科学与玄学论战也正是这两种时代思潮的冲突。他自觉到，只要沿着实践唯物主义辩证法的道路前进，正确发扬中国哲学的民族特色，进而会通中西，从理论上阐明知识和智慧的关系，解决科学主义与人文主义的对立以及“可信与可爱”的矛盾等，就能反映时代精神而达到一种新的哲理境界。他努力这样做了，并取得某种成功。可以说，他的《智慧说三篇》，作为神州慧命之绵延，实现了哲理境界上一个大的飞跃。

## 二

如何正确估计和恰当评价冯契同志的学术成就，还需具体研究他尚未刊印的《智慧》三书，尚需经过历史的过滤，经过纵向和横向的比较，才会得出准确结论。但缅怀冯契同志一生，至少可以体会到，他已取得的学术成就绝非偶然，而有其实践的基础，有其内在的动力。从青年时代投身革命激流而坚持理论探讨的《智慧》一文(于 1947 年发表于《哲学评论》)，到近年完成的《智慧》三书，中经半个多世纪的风雨征程，而他追求真理的初心不改，勇攀高峰的志向不移，无论什么样的处境(包括“十年浩劫”中的种种遭遇)，他都能不断檃括自己，“磨而不磷，涅而不缁”，“出入于险阻而自靖”，始终保持着心灵的自由思考，始终保持着耿介不阿的独立人格。神思慧境，磊落嵚崎。这中间，起支撑作用的是一种内在的“至诚无息”的精神力量。他自订座右铭，“化理论为方法与化理论为德性”，这成为他自觉自愿遵循的律令，在这双重实践的磨炼中，他真正把为学与做人、敬业与修德、穷理与尽性两方面统一起来，真正做到学用一致，言行相掩，心口如一。特别是他身体力行地把哲学理论化为个人德性的实践，执着追求真善美统一的自由理想，对于独立人格的自我塑造，对于社会异化现象的高度警惕，具有一种非凡的自觉性。这是他留给我们最珍贵的精神遗产。

这种自觉性，表现为具有历史感的理性自觉，如他明确指出的：

> 德性的自证首要的是真诚。这也是中国哲学史上儒学和道家所贡献的重要思想。儒家着重讲“诚”……道家崇尚自然，着重讲“真”。儒道两家说

法虽不同，但都以为真正的德性出自真诚，而最后要复归于真诚。对从事哲学的人来说，从真诚出发，拒斥异化，警惕虚伪，解蔽去私，提高学养，与人为善，在心口如一、言行一致的活动中保持自己独立的人格、坚定的操守，也就是凝道而成德、显性以弘道的过程。……"德性之智"就是在德性的自证中体认了道（天道、人道、认识过程之道），这种自证，是精神的"自明、自主、自得"，即主体在返观中自知其明觉的理性，同时有自主的坚定意志，而且还因情感的升华而有自得的情操。这样便有了知、情、意等本质力量的全面发展，在一定程度上达到了真、善、美的统一，这就是自由的德性。①

这些话，掷地有声，只有亲身体悟，才能如此鞭辟入里，笃实可信。中国传统哲学讲"希贤希圣""知性知天"之类的道德体验或理想人格追求，往往失之空泛迂阔或高不可攀，而他把"理想人格如何培养"等价值论问题，也纳入"广义认识论"的范畴，认定"认识的辩证法贯彻于价值论领域，表现为在使理想成为现实以创造真、善、美的活动中，培养了自由人格的德性。"（第648页）。"我们讲的理想人格不是高不可攀的圣人，而是平民化的，是多数人经过努力可以达到的。"（第652页）他一再强调"平民化的自由人格"具有时代特征，在当代"出于自由意志，积极投身人民的事业"，坚定地为实现"个性解放与大同团结相统一的理想而奋斗"，"就是当前便能达到的自由人格"；引用鲁迅的话来说，这种自由人格，"内心有理想的光"，"既有清新的理智，又有坚毅的意志"，完全清除了"寇盗心"和"奴才气"，既自尊，又尊重别人，始终是大众中的一员。在论证中，他一方面从正面阐明了个性解放和大同团结相统一的新时代的价值观和平民化的自由人格理想形成和实现的机制；另一方面，联系"十年浩劫"及社会现实中某些阴影，又从负面揭露在中国文化中还有天命论、独断论与怀疑论、虚无主义等互补而成的腐朽传统，在现实生活还有流毒。他极为深刻地指出：

---

① 冯契：《智慧的探索》，华东师范大学出版社，1994年，第638—639页，下引此书，只注页码。

> 由于数千年封建统治中儒学独尊,经学独断论和权威主义根深蒂固。……这些东西似乎已成为死鬼,但由于理论上的盲目性,死鬼又披着革命的外衣出来作祟。“十年动乱”中,变相的权威主义和经学独断论泛滥全国,造成前所未有的巨大灾难。而一旦个人迷信冷却下来,那些“居阴而为阳”的野心家面目被揭穿,独断论和权威主义就走向反面,怀疑论和虚无主义俘虏了人们,造成严重的信仰危机。近十多年作出了改革开放的战略决策,经济上取得较快的发展。但就思维方式和价值观念来说,盲目性仍然很大。……鲁迅所痛斥的“做戏的虚无党”仍然很活跃。(第624—625页)
>
> 要保持真诚就要警惕异化现象。自然经济条件下人对人的依赖不可避免,商品经济条件下人对物的依赖不可避免,在这种依赖关系基础上,因人的无知而产生权力迷信和拜金主义,以致权力、金钱成了异化力量反过来支配了人,人成了奴隶,甚至成了“奴才”。而且在中国,这种异化力量还特别善于伪装,披上了正人君子的外衣,成了鲁迅所痛斥的“做戏的虚无党”。要保持真诚,必须警惕这种异化力量,警惕伪君子假道学的欺骗。(第638页)

具有理论深度的解剖刀,锋芒所向,入木三分。冯契同志平时淡泊自甘,宁静致远,对于朋友、学生更是薰然慈仁的长者,待人接物,和颜悦色,使人如坐春风。但他真诚地把哲理内化为德性,内化为有血有肉的人格,则性格上必然有光风霁月的一面,又有“金刚怒目式”的一面。他在著作中一再引述陶渊明的“精卫衔微木,将以填沧海,刑天舞干戚,猛志固常在”诗句,并一再赞扬“不平则鸣”的“风雷之文”。他的这些对腐朽传统与现实社会阴影的揭露批判,正是“风雷之文”。语重心长,燃犀烛怪,发人深省!

## 三

冯契同志真诚地实践了做人和做学问的统一,又不断地开展以智慧问题为中心的多层面探索,堪称自觉的“爱智者”、名实相符的哲学家。他明确声称他的学术兴趣主要在哲学理论的本身,而不仅在哲学发展的历史,并清楚地认定"哲学是哲学史的总结,哲学史是哲学的展开",两者密不可分。因而,在大学读书时,就已博览群书,广泛涉足于中、西、印三系的哲学史籍,时而随金岳霖先生精读休谟,时而自学《庄子》和斯宾诺莎而着了迷,时而在汤用彤先生指导下阅读龙树《三论》和《大般若经》……与此同时,他又在投身革命洪流的实践基础上,消化着马克思主义理论。经过长期反复琢磨,经过心灵的自由思考,他对实践唯物主义的辩证法的哲学路线和理论取向,作了自觉自愿的肯定选择;并进一步思考着这一哲学理论的中国化形态,在新的时代条件下如何得到丰富、发展,如何进一步"会通古今中西,推陈出新,达到一个新的理论高度"。

冯契同志沿着他自己自由选择的学术道路,奋力开拓,在哲学和哲学史的创造性研究方面,已经作出了流誉海内外学林的许多卓越贡献。其中我感到最突出、最具有个性特征的理论贡献,似乎可以列举如下,略见一斑:

首先,冯契同志在其把理论化为方法、由一般回到特殊的中国古代哲学史的研究中,着力于一系列哲学史方法论原则的阐述和运用。诸如,运用哲学发展既有其"普遍根据"与又有其"特殊根据"的两重根据的观点,较全面地阐明了哲学发展的特殊矛盾和客观动力,坚持历史和逻辑一致的方法论原则,通过去粗取精的剖析,较准确地把握了中国古代哲学发展圆圈的逻辑起点和终点;运用分析与综合相结合的方法,对比中西哲学史,辨同异,别共殊,重新诠释中国传统哲学的特点,澄清了关于中国哲学只重伦理学、缺乏认识论的流行观点,从而充分揭示了中国传统哲学中辩证逻辑思想及各门自然科学方法论的丰富和自由人格理想学说的高明。至于"广义认识论"的提出,把"感觉能否给予客观实在"、"思维能否达到科学真理"、"逻辑思维能否把握具体真理"(世界统一原理和宇宙发展法则)、"人能否获得自由"(或"理想人格如何培养")等问题,都纳入认识论范畴,把认识全过程看作是从不知到知、从知识到智慧的辩证发展。这正是从中西哲学史的比较研究中得出的理论成果,突破了西方近代实证论思潮的狭隘观点,并提供了解除、沟通理性主义与非理性主义两极对立的致思途径,这就具有了更重大的时代意义。

其次,冯契同志十分重视中国近现代的哲学运动,注意总结其革命进程和积极成果,同时揭露其局限性和理论思维教训。其目的都在于确切地认识和把握中国近代哲学是如何从古代传统蜕变而来,中国现代哲学如何在进一步会通中外古今中找到自己的生长点而得以继续发展。他一再强调"通古今之变",而把历史、文化、哲学都看作是"不断推陈出新,不断变通而持续发展的运动"(第550页)。他对厚今薄古,别有会心,认为:

> 古代文化中那些在当代仍然有生命力的东西,大多是经过近代历史的筛选,并发生了不同程度的变形了的东西。所以,批判继承民族文化传统的问题,首先应注意的是自1840年以来一百多年间(主要是20世纪)形成的近代传统。(第557页)

他写了《中国近代哲学的革命进程》专著,并深情表示:"我的前半生是在民主革命时期度过的,在那如火如荼的革命岁月中,许多进步思想家用鲜血、用生命写下了哲学的诗篇,曾使我深受感动和鼓舞。在这时期从事哲学的知名学者中,还包括有我曾亲聆教诲的老师。我对这一逝去的历史时代的思想家们是精神相通、血脉相连,有着特别的亲密关系和亲切之感的。"[①]正因如此,他对近现代哲学传统的清理,用心深细,创见尤多。

对于以西学东渐为杠杆的中国近代哲学,特重逻辑和方法论方面的探索和进展,这是冯契同志的独见。他认为,"只有找到中西哲学在逻辑方法上的交接点,才能促进中国哲学的近代化,才可能进而使中国哲学成为统一的世界哲学的重要组成部分"(第254页)。他把严复引进培根的经验归纳法;章太炎对比《墨经》、印度因明和亚里士多德的三段式,又推崇演绎法;胡适提倡"科学实验的态度"和"历史的态度",偏向归纳法而忽视数学方法;金岳霖引进罗素的数理逻辑,对科学方法的认识论基础和逻辑根据作了深层次的探讨;都作为重要的环节,而

---

① 冯契:《中国近代哲学的革命进程》,上海人民出版社,1991年,第599页。

归结到马克思主义者介绍和发挥的辩证逻辑，注意到了分析与综合的结合以及归纳与演绎、历史与逻辑的结合，这是重大成就，并指出对阶级分析方法绝对化和对传统经学方法清算不力，及对近代方法论成果未加以系统总结，则又是重要教训。

同时，他也认真清理了近代中国自由学说和价值观的变革发展，突出从谭嗣同的“冲决网罗”、梁启超的“道德革命”到鲁迅的“国民性”改造等为挣脱封建主义“囚缚”的批判意义，又把李大钊提出的“理想的自由社会”即“科学的社会主义和人道主义的统一”“个性解放与大同团结的统一”，和鲁迅提出的“理想的自由人格”即自觉与自愿相统一的“平民化的自由人格”，视为最新成果；但又认为，“在这个问题上，比较和会通中西的工作并未成功”，“‘五四’为哲学革命提出的任务——反对天命论、独断论与虚无主义互相补充的腐朽传统，用科学思维取代经学方法，用自由原则取代权威主义——至今尚没有完成。”(第354页)他还饶有兴趣地清理了中国近代美学方面的历史成果，对王国维、梁启超、朱光潜、宗白华、鲁迅的艺术意境理论等，一一作了析论(第265—280页)。

这一切，都旨在找到中国近代哲学在中西汇合、古今通变中形成了什么新成果、新特点，和现代哲学得以进一步发展的新起点、生长点。如他所肯定的：“到了中国近代，哲学家很重视逻辑和方法论的探索，特别是从西方学到的形成逻辑、实验科学方法，需要在中国传统哲学中找到结合点，才能生根发育，……所谓找到结合点，那就是经过中西比较而达到会通，有了生长点了。”(第526—527页)他在这方面，身体力行，锲而不舍，为西方传入的逻辑学和科学方法论在中国传统哲学中找寻生根发芽的结合点，作出了很大的成绩。

## 四

冯契同志以其特殊的因缘走向学术道路。他在抗日战争的风雷中投身时代洪流而自觉接受了马克思主义的理想启蒙；同时，他又曾在清华研究所亲受金岳霖、汤用彤、冯友兰等先生的长期学术熏陶，通过他自己德业日新的奋发努力，终于找到一条弘扬学脉、重道尊师、在学术承转上继往以开来、推故而致新的特殊途径,为马克思主义理论的中国化形态对哲学遗产的总结、继承和发展,并在其近代传统中找到直接的结合点、生长点,提供了可贵的实践经验。

在《智慧的探索》文集中,有多篇文章深情而生动地叙述了他与金岳霖、汤用彤先生等的亲密关系,尤其是他与金先生的学术交往和心灵感通,数十年如一日,师生的友情那么纯、那么真,讨论的哲学问题那么细、那么深,读后特别感人。冯契同志以半个多世纪的实践所完成的学术任务,给我们留下的是可资广泛借鉴的典型经验。

就这些实践经验的典型性而言,至少以下数端,具有普遍的启迪意义:

必须具有充分的同情和理解,这是尊师、重道、求学的前提。冯契同志说:"我早就认为金先生是热爱祖国、热爱真理的学者,在感情上和他比较接近。"金先生为他这一个学生单独开课,严格要求;他也对金先生衷心敬佩,无话不谈。这样,才可能真从学术思想上进入师门。

必须"能入、能出"。冯契同志回忆在汤用彤先生指导下读《大般若经》和《肇论》时,如何经汤先生指点而体会到学习哲学家名著,不能浅尝辄止,必须"能入、能出"。"能入"难,"能出"更难。后来,他读金先生的巨著《知识论》的手稿时,逐章做笔记,决心钻进去;又经与金先生不断讨论,而能够向金先生深入提问,终于触摸到了金先生内心深处的哲学矛盾,并敢于对《论道·绪论》把"知识论的态度"与"元学(形而上学)的态度"区分为二提出质疑,得到金先生的鼓励"循着自己的思路去探索"。因此,20世纪40年代在昆明,他能够听懂金先生关于"名言世界与非名言世界"或"说不得的东西如何能说"的讲演,给予高度评价,但又跳出来,试图突破金先生认识理论的某些局限,开始了来自金先生而又超越金先生的关于智慧问题的深入探索。

必须从前辈哲学体系中找到哲学进一步发展的生长点,即把前代哲人"先我而得者已竭其思"所达到的终点或极限,当作自己哲学致思的起点或突破口。冯契同志经过博学、慎思,作出明断:

> 金先生无疑是中国近代最有成就的专业哲学家之一，他会通中西，建立了自己独特的博大精深的哲学体系，在认识论、本体论、逻辑哲学等领域都作出了创造性贡献。诚如金先生所说："哲学既不会终止，也不会至当不移。哲学总是继续地尝试，继续地探讨。"但后继者只有通过对先行者的认真研究，才可能作出真正的新的尝试。金岳霖哲学不自封为"至当不移"，它期待着后继者将通过它来超过它，所以是富有生命力的。金先生在哲学上作出的贡献和对若干重大问题的探讨（如本文所说的超名言之域问题），将如薪传火，随着后继者将不断增多而产生深远的影响。（第583—584页）

这些论断如此精审，表明他确实在金岳霖哲学体系中找到了自己哲学致思的突破口和生长点。只有对先行者认真研究，才可能作出真正的新的探索，才可能"通过它来超过它"，"如薪传火"，这是承先启后的发展规律。冯契同志20世纪50年代写《怎样认识世界》一书时，已明确运用金先生的一些认识论观点而加以引申；1958年赴京专访金先生，就如何研究和发展辩证唯物主义认识论问题作了长夜之谈，他事后回忆："正是那次讨论，使我明确了一点，为要把认识论的研讨引向深入，我应该从老师自己肯定为'讲对了'的地方出发，沿着辩证唯物主义的路子前进。所以我后来对金先生的某些论点又作了进一步的引申和发挥。这些发挥当然不一定是金先生自己的主张，但我以为，如果我的发挥中有某些合理成分，那便可以说明金先生著作是富于生命力的。"（第233页）具体地说，金先生"用概念具有摹写和规范双重作用来说明知识经验就是以得自所与（经过抽象）来还治所与，便克服了休谟、康德的缺点，比较辩证地解决了感觉和概念的关系问题，这在认识论上是个重要贡献"，但这也就是金先生哲学的终点和极限，所以他"只承认抽象概念，不承认具体概念，不承认科学可以而且应该把握具体真理，而认为具体（全体与个体）非名言所能表达，非抽象概念所能把握。他看不到科学的抽象是一个不断深化、不断扩展而趋于具体的辩证运动"（第224—225页）。这也就是金先生哲学视野的局限或其内蕴的不能自解的科玄矛盾。冯契同志正是从这里出发，把金先生的静态分析引申到动态考察，把金先生的抽象概念引申到具体概念(即“由抽象再上升为具体”的“理性具体”),并全面总结中国哲学的优秀传统,高扬从《易传》、荀子直到王夫之的辩证逻辑和从庄子、中国化的佛学直到宋明儒学的理性直觉、转识成智与德性自证等,以实践唯物主义辩证法为主臬,来阐明从无知到知、从知到智慧的辩证发展的全过程,从而构建为自成体系的《智慧说三篇》。

冯契同志一生笃实光辉的学术实践,提供了这些具体的经验,不是很值得我们咀嚼吗?

## 五

在完成了《智慧》三书之后,近年冯契同志一再语重心长地提醒人们:“在本世纪中,中国进步确实很大,自作孽的事也干了不少。社会经历了巨大动荡,一次又一次的狂热浪潮席卷全国,使得人们难以定下心来对历史进程作反思和自我批判。”由于缺乏自我批判和系统反思,理论上的盲目性曾在实践上造成民族的巨大劫难。为了克服理论上的盲目性,必须进行自我批判和反思,这种反思包括两个方面:“一是对客观的历史过程的反思,即对 20 世纪中国社会的演变,包括经济、政治、文化等各方面作批判的总结;二是对反映现实生活的社会意识、理论认识等各个领域包括 20 世纪中国哲学的演变作批判的总结。”他预期,“到世纪之交,中国可能进入一个自我批判阶段”。而“中国哲学能达到自我批判阶段,进行系统的反思,克服种种盲目性,那就可能在总体上经过‘批判、会通、创新’的环节而取得崭新的面貌,成为当代世界哲学的重要组成部分”(第 561 页)。

同时,他又高瞻远瞩,一再强调:“从世界范围看,我们正处于东西文化互相影响、趋于合流的时代。为此需要全面系统地了解西方文化和哲学,也需全面系统地了解东方文化和哲学,并深入地作比较研究,以求融会贯通。这种研究和会通当然会见仁见智,产生不同学说,形成不同学派。所以,应该说,我们正面临着世界性的百家争鸣。海内外中国哲学各学派,都将在国际范围的百家争鸣中接受考验。为了参与争鸣和自由讨论,那就需要有民主作风和宽容精神。”(第 562

页）“要以平等的自由讨论的态度，而不能以定于一尊的态度来对待各家，……通过争鸣、自由讨论，必然会促进唯物辩证法的发展。这是马克思主义应有的自信。”①

冯契同志这些呼唤和期待，反映了不少人的心声。我相信，他的预期，在即将到来的世纪之交，定能变为现实。

（1995 年 4 月）

① 冯契：《中国近代哲学的革命进程》，上海人民出版社，1991 年，第 598 页。

# 刘鉴泉先生的学思成就及其时代意义

**蜀学奇葩**　蜀学渊渊，源远流长，积健为雄。仅自晚清以来张之洞、王闿运、刘申叔、廖季平等讲学蜀中，倡导博通学风，影响所及，曾涌现出一代代卓有思想风骨的人文知识分子群，乘时代风涛，借外缘内因，代有通人硕学应运而生。其中，刘鉴泉先生玄思独运，驰骋古今，所取得的学术成就最为突出，堪称近世蜀学中的一朵奇葩。

**生平、著作**　先生名咸炘（1896—1932），字鉴泉，别号宥斋。祖籍双流，出生成都。家世业儒，祖父刘沅（1768—1855），中举后退隐成都讲学，融合心性道术，自成一家之言，有《槐轩全书》传世，被列传《清史稿·儒林传》；父、兄亦讲学、论道为务，流誉蜀中。鉴泉于刘沅孙辈年最幼，亦最聪颖，家学熏陶，五岁能属文，九岁能自学，稍长入家塾习文史，得章学诚书而特好之，弱冠后多有撰著。22岁被任为塾师，执教殷勤，后又被敬业学院、成都大学、四川大学等聘为教授。矻矻一生，不离教席，淡泊自甘，以“寂寥抱冬心”的“忍冬花”自喻，直至1932年不幸遽逝，享年仅36岁。

先生任塾师后，勤敏异常，自藏古今书二万余册，俱有批识，十余年中，学思并进而大有成，虽因早逝，壮志未酬，而已成书231种，计1169篇，475卷。短促一生，竟留下如此丰厚遗著，近世作者，实罕其匹。先生著作，不仅卷帙浩繁，而且粲成条贯。总名《推十书》，取《说文》解“士”为“推十合一”之意，亦表明其致思取向，旨在明统知类，以合御分。故《推十书》依自立“学纲”，序目井然：首列《中书》《两纪》之类属之，兼综儒道，总标纲旨；次《左书》，“知言”之类属之，评论先秦子学以来历代思想义理之是非；次《右书》，“论世”之类属之，通现史籍所反映时风、土俗、政术等的古今南北之变异；次《内书》，多心得之作，辨天人义理之微；次《外书》，乃博观所见，析中西学术之异；《认经论》《先河录》等，自明学术渊源；《续校雠通义》《校雠述林》等，论定校雠真义；而《子疏定本》《道教征略》《清学者谱》等，乃学术史论著；此外，论艺文书画，讲治学门径之专论尚多。其自述《学纲》，自订《推十书类录》等，皆附简表，以示纲维，虽尚未最后定型，而由博返约，自立系统，使传统学术现代化，已具一定自觉。

**学脉源流** 鉴泉先生之学基于勤勉自修，但仍渊源有自。首先先生受薰于家学，屡称引槐轩遗说，但绝非拘守局限，而是自觉到“槐轩明先天而略于后天”，故“槐轩言一，吾言两；槐轩言本，吾言末……”继志述事，别有开拓。另撰《蜀学论》《蜀诵》等，高扬蜀学传统，而旨在推陈出新。其次，明确宣称私淑章学诚，承继浙东“通史家风”，其独特贡献，在清理浙东史学之学脉，“文献之传”在吕氏（东莱），而“史识之圆大”，“实以阳明之说为骨”；并以“明统”之说补足章氏的“知类”，以“贯通之识”补足章氏的“撰述”，更以经、子皆史的“广义史学”（或“人事学”）来发展章氏六经皆史思想，探索到具有现代性的人文思想与浙东启蒙学术思潮的内在接合，堪称独见。至于“五四”以来大量涌入的西方各种思潮，被其广纳兼收，细心咀嚼，《外书》多篇，足见深度，实已内化为思想酵母之一。

**哲　思** 鉴泉先生强调蜀学有“深玄之风”，认为“蜀学复兴，必收兹广博以辅深玄”，故特重哲学思辨。《一事论》《两纪》，乃《推十书》中两篇奇文。宏观立纲，文简义深，评及中西古今各家得失而直示其一系列哲学独见。如认为哲学之首要目的，在于学“何以为人”（“当为真人，勿流于非人”），“千万言，千万年，千万人，惟此一事”。因为，“宇宙万物以人为中心，人又以心为中心”。“治心”之学，不能专主“知”而应重“情、意”,所追求的“真善美”三统一,应“以善为主,真美次之”。衡论诸说,自持圭臬,倾向灼然。所谓“两纪”,乃以“两”为纪纲,贯通一切事物与学理,即在一切事理相待、相对、相反、相因的“两端”中,以道家法“观变”,以儒家法“用中”,辨其同异,观其会通。认为宇宙万象以“两”观之,就能“豁然知庄生所谓‘天地之纯,古人之大体’”,因而宣称:《两纪》一篇,“乃八年用功,得此一果——惟一之形而上学”。后在《左右》等文中,对“两一”关系及“中”“公”“容”“全”“两不”“两有”及“包多则归于全”,“超多则归于无”等的疏理诠释,足见其对传统的“两一”学说与现代辩证矛盾观相契合而得以哲理化为某种系统,确已具有相当的理论自觉。

基于这样的自觉,一方面先生在《内书·理要》等专论中,着力于中西哲学范畴的异同比较和认真清理,已初步琢磨出一个融贯中西的范畴体系;另一方面,又注意引进和研究“论理考证法”,即逻辑分析方法,遍及当时有关方法学的最新译本。同时,对中国传统哲学的历史发展,从文献考订,义理诠释,范畴衍化与思潮离合的疏理,到固有血脉价值的体悟,都作了“新故相资而新其故”的探究,撰著宏富,创获甚多。

**史　识**　或称先生“于学无所不通,尤专力于史”。而《推十书》中史纂、史考之作并不多,除《蜀诵》等为方志力作,《重修宋史述意》乃修史规画之外,其余史学论著多为史论或论史之作。就其对浙东“通史家风”学脉的继承,对章学诚“六经皆史”义理的发挥,理论上的独特贡献乃在于把“史学”扩大为“论世”“观变”的“人事学”。《治史绪论》《道家史观说》等文中所论“广义之史”,括举整个人文世界,颇近于现代与自然科学相对峙的“价值学”或“人文学”。而强调以道家方法治史,即以“执两”“御变”之法研究历史发展进程,“疏通知远”,“藏往知来”,“通古今之变”。具体化到史实,则特重以“贯通之识”“察势观风”,即以天人一贯、道器不二、体用相涵的观点,通观一时代或一地区之“风势”(时风、土俗、民情、政势等),纵观“时风”,横观“土风”,势有大小,风有主从,互相促动,互为因果。纵横两观,既能洞察大势,以大包小,又能因小见大,不遗细微。故张尔田赞之为“目光四射,如珠走盘,自成一家之学”。蒙文通赞之为“精深宏卓,六通四辟,近世之言史学者未有能过之者也”。信然!

**文　心**　《推十书》中文艺学论著颇多,《文学述林》等多层面地论及文心、文体、文风变革、文学派别。乃至专题论陆机、袁宏道、魏伯子、魏叔子等人的文论,出入诸家,时有创见。除文论外,更广泛涉及诗论、词论、曲论、骈文、八股、小说、寓言、谜语、弹词、话本以及通俗文学如《增广贤文》等;还有专论书法、画旨之作。在某些领域,由于深造有得,直与并世专家相切磋而进到前沿(如与卢冀野论曲),惜拟著中国文学史(存纲目)而未果愿。

**时代意义**　鉴泉先生之学,自是时代产物。只缘珠沉大泽,光华未显。他生当晚清,面对“五四”新潮及正向“后五四”过渡的新时期。中西文化在中国汇合激荡,正经历着由肤浅认同到笼统辨异,再向察异观同而求其会通的新阶段发展。《推十书》中主要论著,大都反映了这一主流文化趋势,且慎思明辨,不随波逐流,通过中西古今文化的异同对比,力求探索其深层义理的会通,找到中西哲理范畴可能交融互补的契合处,“外之既不后于世界之思潮,内之仍弗失固有之血脉,取今复古,别立新宗”(鲁迅语)。“五四”以来,西化狂潮与复古逆流的交相冲击下,确有部分学者,独立不阿,既深研国学传统,又敏求域外新知,自觉地做过这样的努力,力求会通中西,熔铸古今,缔造出具有现代性的中国化的新思想体系。这应当是“后五四”时期新文化主潮之一。鉴泉先生僻处西蜀,独立探索,虽志业未竟,而心路历然。其学思成就(幸有《推十书》传世)的理论价值与时代意义,必将得到海内外学林应有的重视。

(1998年1月)

# 《推十书》成都影印本序

《推十书》，乃英年夭逝的天才学者刘鉴泉先生之重要遗著，是其所撰哲学纲旨、诸子学、史志学、文艺学、校雠目录学及其他杂著之总集，共231种475卷。先生以“推十”名其书斋及著作，盖有取于许君解《说文》“士”字为“推十合一”之意，亦借以显示其一生笃学精思，明统知类，志在由博趋约，以合御分之微旨。

刘先生字鉴泉，讳咸炘，别号宥斋，四川双流人。家世业儒，誉流蜀中。其曾祖父刘汝钦，字敬五（1742—1789），精研易学，内外交修；其祖父刘沅，字止唐（1768—1855），道、咸间以举人退隐成都讲学，融合心性道术，自成一家之言，有《槐轩全书》等传世，被列入《清史稿·儒林传》；其父刘桢文，字子维（1842—1914），继槐轩讲学，门徒益聚，为蜀人所敬重。清光绪丙申（1896）冬，鉴泉生于成都“儒林第”祖宅，于止唐孙辈最为年幼，家学熏陶，也最为聪颖；五岁能属文，九岁能自学，日览书数十册；稍长就学于家塾，习古文，读四史，得章学诚《文史通义》而细研之，晓然于治学方法与著述体例，遂终身私淑章氏。从此，每读书必考辨源流，初作札记，积久乃综合为单篇论文，然后逐步归类而集成专书。弱冠后已多有撰著。1918年，从兄刘咸俊创办尚友书塾，先生二十二岁以德业兼优，被任为塾师；执教十余年，育才无数，后又与友人唐迪风、彭云生、蒙文通等创办敬业学院，曾任哲学系主任；继又被成都大学、四川大学聘为教授，乐群善诱，深受学生爱戴，直至1932年，不幸遽逝，年仅三十六岁，闻者莫不痛惋。他矻矻一生，不离教席，瘁力于讲学授徒，淡泊自甘，绝意仕进，以“寂寥抱冬心”的“忍冬”花自喻(见《内书·冷热》)。直系军酋吴佩孚、川督刘湘等曾先后慕名礼聘,均被先生冷然谢绝。学优不仕,萧然自得。

先生任塾师后,醉心于教学与国学研究,遍览四部群书,博涉旧闻,敏求新知,自谓:"初得实斋法读史,继乃推于子,又以推及西洋之说,而自为两纪以御之。" (《三十自述》)又说:"原理方法,得之章先生实斋,首以六艺统群书,以道统学,以公统私,其识之广大圆通,皆从浙东学术而来。"(《校雠余论》)堂庑广大,识见圆通,也正是先生治学运思的特点。所谓"两纪以御之",乃以"两"为纪纲,通贯一切事物、学理,于史"论世",通古今之变;于子"知言",明左右之异。即在一切事理之相对、相待、相反、相因的"两端"中,以道家法"观变",以儒家法"用中",辨其同异,察其纯驳,定其是非。他自藏古今书二万三千余册,遍及国学各领域与当时新学书刊及诸译本,而每册书的扉页、书眉上均有评注批语,足见其勤敏异常。自谓:"学如谳狱,论世者审其情,知言者析其辞。读书二法,曰入曰出,审其情者入也,虚无委蛇,道家持静之术也;析其辞者出也,我心如枰,儒者精义之功也。"(《中书·学纲》)十余年中,用志不分,学思并进而大有成。虽因早逝,壮志未酬,而成书已达二百余种,无论宏观立论,还是微观考史,皆精核宏通,深造有得,就其所留下学术遗产之丰厚,一些识见之高远,真不愧为"一世之雄",而堪称20世纪中国卓立不苟的国学大师。

鉴泉先生之学,渊源有自。首先,他受薰于家学,屡称引祖考槐轩遗说,但绝非拘守局限,而朗然自白:"槐轩明先天而略于后天,……故槐轩言同,吾言异;槐轩言一,吾言两,槐轩言先天,吾言后天,槐轩言本,吾言末;……"继志述事,别有开拓。其次,他特重乡土风教,盛赞蜀学传统,但旨在推陈以出新。如充分肯定"蜀学崇实,玄而不虚","统观蜀学,大在文史"(《推十文集》卷一《蜀学论》);"蜀学复兴,必收兹广博以辅深玄"。认为苌弘、扬雄之后,蜀学有"深玄之风";唐宋以来,"文则常开天下之先";自明以来,北方朴质,南方华采,"蜀介南北之间,兼山川之美,宁知后世不大光于华夏乎"(《蜀诵·绪论》)。并畅论华夏学风,系于土风遗传,"蜀之北多山,其风刚质,谓之半秦;东多水,其风柔文,谓之半楚。而中部平原,介其间,故吾论学兼宽严,不偏于北之粗而方板,亦不偏于南之琐而流动,……”又反省:“蜀中学者,多秉山水险阻之气,能深不能广,弊则穿凿而不通达。吾则反之。专门不足,大方有余。殆平原之性欤!”(见《三十自述》)论虽尚粗,然仅而立之年,其自立、自信、自重乃如此!

但衡论先生之学思成就及其历史动力,似宜更深一层,将其纳入当时整个时代思潮而观其动向,与并世同列相较而察其异同。他生当晚清,面对“五四”新潮及开始向“后五四”过渡的新时期。中西文化在中国的汇合激荡,正经历着由肤浅认同到笼统辨异,再向察异观同求其会通的新阶段发展。其重要论著已有多处反映了这一主流文化思潮的发展趋势;通过对比中西思想文化的异同,先生力求探索其深层义理的会通,找到中西哲理范畴的契合点。例如,在《内书·理要》一文中,论及“理学之题繁矣,而要以绝对与相对为纲。希腊哲学家首提一与多、动与静、常与变之辨,中国亦然。道家更推及无与有,名家则详论同与异,其后西洋学重治物,故详于量与质,中国学重治心,故详于本与末,是皆总题也。至于散题,则西洋心物之辨盛,而以物理时空之论为基;中国理气之辨盛,而以道德理势之辨为重。凡此诸题,参差错出,各有其准。……今贯而论之,甄明中国所传,旨在通一之理。……通一者无差别也,其表即为‘两即’之说,是为中国之大理。西洋名理以拒中律为根,非甲即乙,长于‘分’;东方则不然,印度好用‘两不’之法,长于‘超’;中国则好用‘两即’,长于‘合’。‘超’乃‘合’之负面。西人今日亦觉‘分’之非,而趋于‘合’矣”。以下广引诸家,详论一与多、一与两、同与异、合与分、动与静等,一切事理之相对“两端”,都是通一而不可分(即“两即”)。如论及“时、空”曰:“昔者西人言绝对时间、空间,自《相对论》出,乃知空与时亦皆无绝对;无绝对者,正通一之象也。”又论及王伯安言知即行,即本体即工夫,朱派多非王说,未达此意也。今意大利哲学者克罗齐论文学,谓形式与内容不可分,直觉与表现亦不必分,其说颇似阳明。又例如,在《内书·撰德论》一文中,首谓“西方之学,精于物质,而略于心灵,彼亦有道德学,而多主‘义外’,罕能近里,浏览其书,得一二精论,足与先圣之言相证发,爰撰录而引其义”。全文杂引西方学者及时人论著,计有斯宾诺莎、康德、费希特、亚里士多德、詹姆士、柏格森、托尔斯泰、彭甲登(注:现译鲍姆加登)、利勃斯、帕尔生、傅铜、胡适等十余人。如论及“真、善、美”关系时，有云：“德人彭甲登分‘真、善、美’为三，其说甚确；特未分出高下宾主，西人遂以求‘真’为主。其敢偶言主‘善’者，托翁（托尔斯泰）一人而已，较之詹姆士之言‘用’，更进一层矣。吾国先儒无非主‘善’，自考据学兴，乃重求‘真’。托氏之言，固不独矫西方之偏也。特托氏乃主宗教者，不免偏于绝情，排斥彭甲登亦为过当。希腊哲人合‘善’‘美’为一，其说虽未周密，然彼所谓‘美’固指合理而非指纵欲。托翁必谓‘美’全与‘善’反，必绝欲而后得理，则又未通性在情中，理在欲中。离情欲而言性理，此宗教家之所以受攻，而不能自立也。要之，‘真’者事实判断也，‘善、美’则价值判断也，故‘真’之去‘善’远而‘美’则近。”又引帕尔生论“伦理学者位乎诸术之上，广言之直可包诸术”之言，而评曰：“伦理学者，价值之学也。西人之学，以哲学为最高，而其义本为爱知，起于惊疑，流为诡辩，其后虽蕃衍诸科，无所不究，然大抵重外而忽内，重物理而轻人事。故求真之学则精，而求善之学则浅，伦理一科，仅分哲学一席，其弊然也。”（《内书·撰德论》）此类议论，《推十书》中逐处可见，论虽不完备，但宗旨灼然，对于中西各家学说，博采兼综，既于同见异，又于异观同，旨在扬榷古今，会通中西，“外之不后于世界之思潮，内之弗失固有之血脉，取今复古，别立新宗”（鲁迅语），有选择地吸纳和借助西学、新学，用以促进和优化中华固有学术之发展。这正是“后五四”时期文化主流思潮的总趋向。先生所谓“采西方专科中系统之说，以助吾发明整理也。昔印度之学传入中华，南朝赵宋诸公，皆取资焉，以明理学，增加名词，绪正本末。以今况古，势正相同。此非求攻凿于他山，乃是取釜铁于陶冶”（《浅书·塾课详说》）。这表明他确已意识到中华学人所面临的第二次文化引进，正如当初取资印度佛学以发展理学一样，必须系统地消化西学，通过陶冶的方式，自求国学的发展与创新。

作为时代思潮的产物，总是无独而必有偶。当时蜀中著名青年诗人吴芳吉（1896—1932，字碧柳，江津人），恰与先生为同列，同年生、卒，同任教职，且同气相求，以“国士”相许，结为知交。于先生自称为“半友生半私淑之弟”。吴为“后五四”时期中国新体诗的开路者之一，其大量诗作及诗论反映了民间疾苦、时代呼声，并自觉到“旧诗之运已穷，穷则必变”。“乃决意孤行，自立法度，以旧文明的种子，入新时代的园地，不背国情，尽量欧化，以为吾诗之准则。”(《白屋吴生诗稿·自订年表》)刘则属国学研究者中资深积厚的一员，在新旧文化汇合激荡中，也自觉到应当弘扬优秀传统，涵化西学新知，力求加以整合，“拥彗清道”，开出新路。他说：“求知之学，近三百年可谓大盛。然多徵实而少发挥，多发现而少整理。……今则其时矣！为圣道足其条目，为前人整其散乱。为后人开其途径，以合御分，以浅持博，未之逮也，而有志焉！”(《三十自述》)二人心声，自相应和。二人之德业，又璀璨交辉，同为“天地英灵气，古今卓异才”(吴宓诗：《怀碧柳》)。把他们称作近世蜀学史上的双子星座，似不为过。

《推十书》中，史学论著颇多。论者或以为先生“于学无所不通，尤专力于史”(徐国光：《推十书系年录序》)。但先生“史纂”“史考”之作并不多。为落实其特重时风、土俗的方志学观点，特撰《蜀诵》四卷、《双流足徵录》八卷，是为方志之力作；又因友人劝其重修《宋史》，遂撰《重修宋史述意》等文，是为拟修国史之规划。其余成书如《四史知意》《史学述林》《治史绪论》等，多为史学理论及史学史、历代史学述评之作，往往涉及史志学、文化学、社会学、民俗学等一些深层理论与方法学问题。蒙文通曾赞其“持论每出人意表，为治汉学者所不及知”。(《经史抉原·评〈学史散篇〉》)

至于先生对浙东“通史家风”学脉的继承，对章实斋“六经皆史”义理之阐发，更是其史学思想的独特贡献。明确宣称：“吾于性理，不主朱，亦不主王，顾独服膺浙东之史学。浙东史学，文献之传，固本于吕氏；而其史识之圆大，则实以阴阳之说为骨。”(《阳明先生传外录》)又申言：“吾之学，其对象一言以蔽之，曰史；其方法，可一言以蔽之，曰道家。……此学以明事理为的，观事理必于史，此史是广义，非仅指纪传编年，经亦在内；子之言理，乃从史出，周秦诸子，无非史学而已。横说则谓之‘社会科学’，纵说则谓之‘史学’，质说、括说则谓之‘人事学’可也。”(《中书·道家史观说》)又谓“‘人事’二字，范围至广”(《三十自述》)，“群学、史学，本不当分”。(《中书·一事论》)足见其所谓“人事学”，实近于今日通用的“人文学”(Humanities)；而所谓“广义”之史学，括举各种人文现象，则颇近于“价值之学”或德国西南学派所谓与自然科学相对峙的“文化或历史”科学。总之，以传统国学为根基，以上继浙东史学学脉为具体的历史接合点，从而发展出具有现代性的人文学或人本思想，乃是先生史学思想中所具有时代精神的人文内涵。至其所谓道家方法治史，即以“执两”“御变”之法研究历史发展进程。他说：“《七略》曰，道家者流，出于史官，秉要执本，以御物变。此语人多不解，不知‘疏通知远’，‘藏往知来’，皆是御变。太史迁所谓‘通古今之变’，即是史之要旨。……黑格尔‘正反合’三观念，颇似道家，然因而推论云，‘现实即合理’，‘合理即现实’，是即‘势’忘‘理’，为道家之弊。然不得谓道家必流为乡愿，果能执两，则多算一筹，当矫正极端，安得以‘当时为是’而同流合污哉！”（《中书·道家史观说》）这番议论，亦颇恢奇，触及历史辩证法及经世史学否定“当时为是”的批判性；评及黑格尔哲学近道家，而又谓黑氏肯定“现实即合理”乃易流于乡愿。论虽尚疏浅，但其贵两、尚变、揄扬道家、力斥乡愿，与“五四”新潮中的西化派、崇儒派均有所不同，似颇涵深意。

《推十书》中所展示鉴泉先生学思成就，还有一个突出特点，即他力图用一定的哲学纲旨（普遍原理或根本范畴），贯通“天、地、生（生物界以‘人’为中心）”的各种事理，以及古今东西的一些学理，拟形成一个系统化的理论体系。他自视颇重的《两纪》《左右》《一事论》等文，均表白了这一宏愿。《一事论》以“宇宙万物以人为中心，人又以心为中心”为纲旨，论到“真善美”次第与古今学术分类目录的中西之异，明确意识到，“夫目录者，所以辨章学术，考镜源流，今四部乃以体分，岂不宜遭笼统之讥”，“中国旧籍，诸科杂陈，不详事物，遭系统不明、专门不精之讥”。故主张改弦更张，力求明统知类，“纵之古今，横之东西”，重建“学纲”（《中书·学纲》）。而在《两纪》中，则更进一层，自谓：“力学以来，发悟日多，议论日繁，积久通贯。视囊所得，皆满屋散钱，一鳞一爪也。”这一“通贯”的原则，即所谓“凡有形者皆偶，故万事万物皆有两端”，以“两”观之，也就能够“豁然知庄生所谓‘天地之纯，古人之大体’”，他在《两纪》中所展开并列出的一系列相对、相待之“两端”达百余项，并称：“八年用功，得此一果——惟一之形而上学。”足见其确具有较深广的哲学矛盾观。他在《左右》等文中对“两一”关系以及对“中”“公”“容”“全”“两有”“两不”及“包多则归于全，超多则归于无”等的诠释，足证其对“两”为纲,并使传统“两一”观得以哲理化为某种理论体系,确有一定的自觉。他说:“今大道将明,……故近世东西学人皆求简求合,统系明则繁归简,纳子史于‘两’,纳‘两’于‘性’,易简而天下之理得,即各分尽专长,又同合归大体,区区此心,窃愿此耳!”(《中书·学纲》)

基于这种自觉,他开始注意“论理考证法”(即逻辑分析法)的研究,旁参西学,引荐枯雷顿《逻辑概论》、杜威《思维术》、耶方斯《名学浅说》、王星拱《科学方法论》等,进而以《析名粗例》为题,“杂用中文及西洋、印度书译名期达所指之实”,初步疏理了“体与用”“构造与机能”“实与德与业”“形式与内容”“数量与质量”“空间与时间”“能与所”“自与他”“主观与客观”“目的与手段”“因与果”“善与真与美”“具体与抽象”“自相与共相”等一系列名词及其用法。接着在《理要》(又名《中夏“通一”“两即”论》)等文中,更对传统哲学中一系列范畴,试图在绝对超乎相对则“通而为一”(“两即”或“两不”)的原理指导下,以“一与多”为纲,“同与异”次之,再展开为“动与静”“无与有”“量与质”“本与末”之诸关系;而又旁衍出“一与两”“分与合”“常与变”“体与用”“虚与实”的关系等。《善纲》《纲缀》中,亦对传统伦理学、道德学中“散无统纪”的诸范畴,“为之统贯”,作了疏理。这样,他着力于清理、琢磨诸范畴,旨在从哲学上、逻辑上对此类范畴分出层次,判其主从,给以规定,使传统学术“不致如晋宋以降之杂驳无主”,而得以理论化、系统化。“五四”时期在西化狂潮与复古逆流的冲击下,仍有部分学人确有此清醒认识,并作过自觉的努力,只是各人的成就大小、作用隐显不同而已。先生僻处西蜀,独立探索,虽志业未竟,其会通中西、熔铸古今的体系尚不成熟,而志之所求,心路历然。有些独得之见,发前人之所未发,值得珍视。如要认真审视“五四”以来中华学术多维衍变的思想轨迹,则先生之上述论著,显然是不可忽视的理论成果和承启环节。

至于先生以自己编订之个人著作所建构的“学纲”,则《中书》《两纪》以总标宗旨,《左书》知言,评论诸子;《右书》论世,深研史学;《内书》多心得之作,明辨天人义理之微;《外书》乃博观所见,评析中西学术之异。《认经论》《道家史观说》《文史通义识语》《先河录》等自明学术渊源;而《续校雠通义》等论定校雠真义;

《子疏定本》《道教徵略》《清学者谱》等乃学术史著作。其他论文心、述诗风、评书法、原画旨、讲说治学门径的著述尚多。即此，已体用兼备，粲成格局，合乎传统学术规范，俨然成一家言。凡读其书者，无不惊其富有日新，而哀其中途早夭。若天假之年以尽其才，其学思成就岂仅如是耶!

鉴泉先生学隐于成都，一生寡交游，足不出川，仅一至剑门题“直、方、大”三字而还，淡泊宁静，知之者希。《推十书》虽曾陆续刊印，见者亦少。然真知之者，无不叹美。浙江张孟劬见其书而赞之曰:“目光四射，如珠走盘，自成一家之学者也。”广西梁漱溟称:“余至成都，唯欲至武侯祠及鉴泉先生读书处。”偶得先生《外书》，赞曰:“读之惊喜，以为未尝有。”并将其中《动与植》一文载入《中国民族自救运动之最后觉悟》中作为附录，以广流传。修水陈寅恪抗日战争时期至成都，四处访求先生著作，认为先生乃四川最有成就的学者。盐亭蒙文通与先生为知交，赞其“博学笃志”，“搜讨之勤，是固言中国学术史者一绝大贡献也”(《评〈学史散篇〉》)。又在《四川方志序》中总评先生之学行曰:“其识已骎骎度骅骝前，为一代之雄，数百年来一人而已!”

黄宗羲为其师刘蕺山有关《孟子》一书之说湮没不显，曾叹曰:“明月之珠，尚沉于大泽。”今亦类比。《推十书》虽有日本、德国学者孜孜入蜀访求，而早已绝版无闻。珠沉大泽，徒增浩叹! 今幸由伯谷世兄等整理其遗著，得成都古籍书店影印出版，终于使鉴泉先生之主要论著，得依《推十书》原刻重显书林，用以纪念先生百年寿诞，幽光重显，慧命无涯，翘首岷峨，喜为之序。

(1996 年 9 月)

# 中华书局《熊十力论著集》弁言

熊十力(1885—1968)先生是中国现代的著名哲学家和爱国民主人士。原名继智、升恒,字子真,湖北省黄冈县人。幼年家境贫寒,勤学自奋。青年时代奔走于反清革命,曾投身湖北新军,组织秘密社团,并参加日知会的活动。辛亥革命时出任都督府参议,以后又追随孙中山先生,积极参加护法运动。三十五岁后,慨然脱离政界,转而从事理论学术的研究和著述。曾入南京支那内学院从欧阳竟无先生学习佛法;后应蔡元培先生之聘任教于北京大学,主讲其《新唯识论》,以其博学精思,蜚声海内外。抗日战争时期入蜀,曾讲学于复性书院、勉仁书院等处。抗战胜利后复回北京大学任教授。新中国成立以后,历任中国人民政治协商会议特邀代表及第二、三、四届全国政协委员。1954 年后定居上海,从容著述。1968 年辞世,享年八十四岁。

熊先生学无常师,堂庑甚广,对印度佛教各宗和我国传统哲学儒道诸家均有很深的研究;且不囿陈说,驰骋古今,独契心于阳明、船山之学,着力于融会贯通,自创"新唯识论"这一独特的积极辩证法体系;其哲学思想,以"体用不二""翕辟成变""反求自识"为纲宗,强调迭故趋新,自强不息,高扬认识论中的主体性原则。他的哲学体系,以其内容的深邃和论证的严密,在我国近现代哲学论坛上自成一家之言,对海内外学术界产生了深远影响。

熊先生一生勤于著述,共写出专著二十多部,发表论文、札记等一百余篇,计约三百万言。除 20 世纪 20 至 40 年代曾刊印专著十多种外,中华人民共和国成立后新印行了七种，有的在我国台湾地区和海外也曾重印或影印出版。但过去已刊著作印数不多，早已难于找到；而生前未刊的遗稿，更亟待搜集整理。为保存这份珍贵文化遗产，满足国内外学者特别是青年一代了解和研究熊十力哲学思想的需要，我们在许多师友的热忱支持和赞助下，经过搜集整理，重新校点，编印这部多卷本的《熊十力论著集》，由中华书局惠予排印出版。

这部论著集，收入熊先生的已刊和未刊的主要学术论著。卷首选刊熊先生的遗像、手迹等照片数帧，末卷附录熊先生年谱及论著总目索引。

我们希望，这部论著集的出版，对于近现代中国哲学史、佛学史、思想史和文化史的研究将起到某些促进作用；而在海内外专家和广大读者的帮助下，这部论著集在编校方面的缺失将在再版时得到认真的补正。

（1984 年 11 月，此文与汤一介合作）

# 《熊十力全集》编者序

熊十力先生是20世纪中国著名的哲学家和坚贞的爱国民主志士。原名继智、升恒,字子真,曾化名周定中,晚年自号漆园老人、逸翁,湖北黄冈人。幼年家贫,勤读自奋;青年投身于推翻帝制的反清、反袁革命;中年慨然脱离政界,潜心研究哲学。1918年发表第一部论著《心书》,蔡元培为之序,许其"贯通百家,融会儒佛"。稍后由梁漱溟推荐入南京支那内学院从欧阳竟无深研佛法,首尾三年,逐步越迈旧说,发挥新义,博学精思,以建构其"新唯识论"的独特体系,成为"五四"以后卓立不苟、流誉海内外学林的一代哲人。

熊先生生于清末光绪十一年即1885年(甲午战争前十年),卒于1968年(新中国成立后二十年)。他的一生,正值我们民族经历着空前苦难,在苦难中觉醒奋起而屡遭挫折,又勉力克服艰危险阻而赢得进步的年代;同时,在文化领域,中西新旧各种思潮的汇合激荡也空前剧烈。正是这种特殊的历史条件和文化背景,诞生了熊十力这样充满忧患意识的爱国者和民主斗士,培育出熊十力哲学这样独具民族特色的辩证思维体系。这是我们民族的哲学智慧在苦难历程中的升华,是我国近现代的哲学文化遗产中的珍品。

熊十力的学术创造,具有反映时代脉搏的深沉思想动力。他戎马青春,投身于辛亥革命。辛亥之后,亲见洪宪改元、张勋复辟,民主革命成果被封建军阀所篡夺,而曾经革命的人绝少在身心上用功夫者,忧时之思深,愤世之情急。如他自言:"吾年十六七,便以革命从戎……三十左右,因奔走西南。念党人竞权争利,革命终无善果;又目击万里朱殷,时或独自登高,苍茫望天,泪盈盈雨下,以为祸乱起于众昏无知,欲专力于学术,导人群以正见。自是不作革命行动,而虚心探中印两方之学。”(《尊闻录》)他以如此深挚的忧国情怀,弃政从学,转入学术理论的钻研,其内在动力,绝非消极的“逃世”“孤往”,而是满怀悲愿所激发的高度自觉的历史责任感。如他晚年追述:“余伤清季革命失败,又自度非事功才,誓研究中国哲学思想,欲明了过去群俗,认清中国何由停滞不进。故余研古学,用心深细,不敢苟且。”(《乾坤衍》)熊先生作为在辛亥失败的痛苦中觉醒之一员,他深研中国传统学术,进行严肃的历史反思,其明确的目的,就在于总结“中国何由停滞不进”“革命终无善果”的历史原因和思维教训。他主要从两方面着眼:一方面着眼于对中国封建专制主义传统遗毒的清理,对此他观察敏锐,爱憎分明,认定“两千年专制之毒”,乃至《儒林外史》等所揭露的“一切人及我身之千丑百怪”,都需要大力清除;尤其历代统治者标榜的“以孝治天下”“移孝作忠”等宗法伦理政治信条,“支持帝制,奴化斯民”,更必须彻底清算。新中国建立后,他仍反复叮咛:“吾国帝制久,奴性深,不可不知。”(《熊十力与刘静窗论学书简》)另一方面,区别于一般非薄固有文化,漠视优秀传统的崇洋论者,熊先生又深入总结出辛亥革命失败的原因之一,在于“清季革命思潮自外方输入,自己没有根芽”(《原儒》),即民主革命的理论在中国缺乏应有的根基和思想土壤。因而,他上下求索,试图在传统文化中去“掘发固有之宝藏”,竭力为他心目中的民主革命理想——诸如否定神权,反对帝制,“树立人权”“宏大人道”“荡平阶级”“实行民主”“同于大公”“协于至平”等,找到自己民族传统中的“根芽”,赋予它们以民族化的理论形态和现代化的时代内容,借用古代的语言和传统思维模式来表达新的时代精神。他对《周易》《春秋》《周礼》《礼运》等儒家经传的独特解释,以及对历代政治学术的评论,几乎全是围绕民主革命和自由平等社会的理想设计这一主题。他采取这种“引古筹今”“六经注我”的方式所表达的思想内容,实际是对封建专制主义和封建蒙昧主义的尖锐批判,是对东方近代化的理想价值和特殊道路的探索和追求,力图使西方输入的“自由、平等、人权”等民主革命理论得到系统的中国化,从而对先天不足的辛亥革命进行理论补课。尽管他对自己从儒经中发掘的所谓“革命”“自由”“民主”乃至“社会主义”等意蕴的阐释,往往是托古论今,不免穿凿,但跳动在熊先生说经评史论著中的文化寻根意识却是时代的脉搏,深刻地表露了他对民主革命理想的忠贞,对社会主义的向往,对中华文化慧命和祖国前途的信心。细读熊先生书,无不有此感受,并自会得到崇高的精神激励。

熊十力先生的学术创造,具有熔铸百家、敢破敢立的思想特征。他生活于20世纪前半叶风雨如磐的半殖民地旧中国,西化惊涛,复古逆流,相反相因,交互激荡,使不少人迷惘不知所归。熊先生正当此时进入学界,他没有随波逐流,而是以异乎寻常的苦学精思,自循中国哲学启蒙的特殊道路,自觉地把王阳明、王船山视为自己的哲学先驱,把明清之际的启蒙思潮视为中西新旧文化递嬗的枢纽,更广博地扬榷古今,另开一条承先启后、推陈出新的学术途径。论者或把熊先生的学术道路简括为初由儒转佛,出入空有二宗,旋又由佛返孔而归宗于大易。这也并非无据。但熊先生治学立言的根本特点,不在学脉数变,而在于自有主宰,不囿成说,力破门户,强调“夏虫井蛙,学者宜戒”,而主张博采兼综,“以平等心究观古今各大学派”,“析其异而观其通,舍其短而融其长”,因而与当时的崇洋论者和复古论者都异其趣,与拉杂比附而浪言融通者亦卓尔不同。他虽自谦对现代科学与西方哲学了解不多,而就其博涉所及,确能以高一层次的哲学思络,通贯古今,平章华梵,衡论中西,出入于儒、佛、老、庄及宋明诸子,自立权衡,自创体系。其以“新唯识”或“体用论”为名所自创的独特的哲学体系,有人称之为“新佛学”或“新法相宗”,又有人称之为“新儒家”或“新陆王学”或“新易学”等。其实,作为开拓性的哲学家,自当熔铸丰富的先行思想资料,故其论著中,逐处遮破佛法,睥睨西学,痛斥奴儒,且明确自称:“吾惟以真理为归,本不拘家派……然吾毕竟游乎佛与儒之间,亦佛亦儒,非佛非儒,吾亦只是吾而已矣。”(《新唯识论》语体本)这就难于以某种固有的学派范式去加以评定,或诃其乖违佛理,或赞其不坠儒宗,或美其归宗大易,或疵其抨击宋儒,似皆持论有据而与熊氏思想全貌未必相应。熊先生的哲学思想,虽有其自为经纬的严整系统,在其境论(本体论)、量论(认识论)、人生论、价值论中也各有其理性思辨的范畴体系,但熊氏哲学的根本精神,在于以“体用不二”为致思途径所展开的“本体与主体合一”“德慧与知识并重”“内圣与外王一贯”的思想，尊生主动，自强不息，高扬在文化创造、道德实践中的主体性原则和“不为物化”的“人道之尊”。不仅在“后五四”时期的中国哲学论坛上独树一帜，卓然成家，而且以其所达到的现代思维水平，以其所阐扬的人文精神与人文价值，既与20世纪世界哲学思潮相汇通，又保持了“东方哲学的骨髓与形貌”，故得以蜚声海内外，在中国和世界文化思想史上都据有一定的地位。熊氏哲学不免有其固有的理论矛盾和时代局限，但其博大体系中的人格光辉、智慧探索和多方面的学术贡献，则是在我国近现代哲学领域中极为珍贵的思想遗产。

熊先生一生贫困坎坷，长年衰病流离，而以极深挚而悲苦的忧患意识与文化责任感，勤奋讲学，著述不倦，共写出专著近三十种，发表论文、札记近百篇，与人论学书简更不计其数，共三百余万言。除自成体系的哲学巨著以外，尚有经学、史学、子学、佛学等多方面的学术成果。20世纪20至40年代曾刊印专著数十种，新中国成立后新印行八种，60年代以后有的在我国台湾、香港地区及海外也曾重排或影印出版。但过去海内外已刊著作，印数既不多，编校又失之零散而不够精善；至于熊先生生前未刊之遗稿、书札、流传不广的讲义及散见于报刊上的文字更亟待搜集整理。1985年北京中华书局开始出版的《熊十力论著集》，稍经辑校，但仍属选集而非完璧。为了保存这一份珍贵的文化遗产，为了提供研究现代中国思潮及熊十力思想全貌的完整资料，我们在海内外许多师友和熊先生亲属的热情支持下，决定广搜穷索，重新序目编校，辑成《熊十力全集》，共分九卷，约计三百五十万字，幸得湖北教育出版社慨然以保存乡邦文献自任，惠予排印出版。

这部《熊十力全集》，先专著，后论文、书札，大体按年代顺排，足以展示熊先生思想的衍变、发展；收入已刊和未刊的全部论著及其原载的诸家序跋与附录，特别可贵的是已搜集到的熊先生自存校订本上的笺条、夹注、眉批等，将全面反映在校注或校记之中，力求完整和存真，旨在巨细无遗地向读者展示熊先生学术思想的全貌。至于散见于报刊的论文札记和大量未刊的书信、题词等，亦大体按年编辑，无论宏篇或是片语，均收录在卷，以备检索。当然，全集之“全”，只能是相对的,虽力求网罗无余,总难免沧海遗珠。我们恳望熊先生生前友好、门人及其家属、海内外专家和广大读者,能将所收藏的熊先生的佚文、书札、照片、手迹等,提供给我们,以便纳入本集的后出诸卷,使这部全集能够日趋完善,不胜企望。

(1990 年 10 月)

# 旧邦新命　真火无疆

## ——冯友兰先生学思历程片论

冯友兰先生是20世纪中国对传统哲学文化的现代化作出了重要贡献的哲学家。他锲而不舍的学术活动，几乎跨越了整个世纪。20世纪初，当新文化运动在神州大地崛起之时（陈独秀主编的《新青年》创刊于1915年），冯先生正踏入了北京大学的中国哲学之门。从此，他在中国哲学这片丰饶而荒芜的田野上辛勤耕耘了七十五个春秋。七十多年心血，浇出的一批又一批优秀学术成果，不仅以其会通中西、融贯新旧的独特理论贡献，在中国现代文化思想史上享有特定的地位，并且以其扎根于传统文化土壤，具有强烈民族性格因而得以蜚声海外，对世界哲学论坛产生一定的影响。

年届耄耋后，冯先生对于祖国的前途，民族文化的命运，仍然魂萦梦绕，以一个中华哲人特有的忧患意识和历史责任感进行着深沉的哲学思考。如陈来同志默观所记："冯先生虽年至九旬，哲学思维却一天也没有停止过。正古人所谓'志道精思，未始须臾息，亦未始须臾忘也'。他常常语出惊人，提出与时论有所不同的种种'新意'，他每戏称之为，'非常可怪之论'……"（《读书》1990年第1期）当我们正努力作跨世纪的哲学思考的时刻，研探冯先生哲学活动的历程，对于审视和总结20世纪中国哲学进程及其成果，展望21世纪中国哲学发展的前景，都会有一定的意义。

冯先生从事哲学耕耘的七十多年间，中国大地上风雨如磐，中国社会的革命代谢几经曲折，是什么力量推动冯先生与时偕行，无视坎坷，著述不倦？是什么精神促使冯先生不断地吐故纳新，推陈出新，常葆学术生命的青春？冯先生曾在三松堂题联自勉，“开旧邦以辅新命，极高明而道中庸”，从中我们似乎可以探得某些解答问题的信息。

冯先生生活于中西文化在中国汇聚——冲突、矛盾——融合的时代，曾充分自觉道：“我生活在不同的文化矛盾冲突的时代，我所要回答的问题是如何理解这种矛盾冲突的性质；如何适当地处理这种冲突，解决这种矛盾，又如何在这种矛盾冲突中使自己与之相适应。”[①]追求对中西文化矛盾的理解，探寻解决中西文化矛盾的方向道路，这本是近世中国知识分子，乃至全体中国人民所承担的共同的历史使命。但在崇洋与复古两种思潮迭相煽惑之下，不少人陷入迷途，或失所归依。冯先生却体贴出“旧邦新命”四字，并以“开旧邦以辅新命”自勉，表明了他对于这种历史使命的深刻理解和高度自觉，体现了一个经历过“五四”风雨的知识分子深沉的民族意识和炽热的爱国情怀；同时，这也表明了冯先生作为优秀的中国知识分子群体的一员，对于改造旧中国、建设新中国的伟大实践的强烈参与意识。应当说，民族意识和爱国情怀是造就冯先生“造次必于是，颠沛必于是”的学术生命韧性的重要基因；或者说，是近代中国知识分子在深重民族苦难中唤起的文化觉醒，为冯先生常葆学术生命的青春提供了活水源头。

促使冯先生数十年如一日学思健动不息的另一个重要因素，当是冯先生充分自觉到哲学活动的要求，不是“索隐行怪”或概念游戏，而是“极高明而道中庸”。冯先生虽以哲学史家名世，但冯先生首先是真正的哲学家。他把哲学看作是人们对于宇宙全体的看法，是对人生的反思，是对生活的理解；认为从理性的层面看，哲学的思考体现了最高层面的“思想”，他要求尽力达到“极高明”；从功能价值的角度看，哲学是要通过自身而让人们了解人生，在现实中追求理想的生活，提高人们的精神境界，这又要求哲学所讲的内容近人情，或说是“道中庸”，要求哲学家建构符合时代要求的哲学理论。冯先生曾说：“真正的时代哲学，系将

---

① 冯友兰：《三松堂全集》第一卷，河南人民出版社，1985年，第338页。

过去的思想与当时的事实问题接近，把活的事实问题与思想打成一片”，并认为“这才是哲学家应有的责任，也就是新哲学的正鹄”①。在冯先生看来，这种既“极高明”又“道中庸”的新哲学，体用兼备，本末一贯，是中国哲学固有的最优秀传统的继承和发扬。这样继往开来的哲学，不可能一蹴而就，其建构需要一个漫长的历史行程。对哲学工作性质及其正鹄的这种理解，使得冯先生对哲学真理执着追求，仰高钻深，终生不渝。

同时，冯先生对于我们民族的哲学智慧终将孕育出全新的系统，抱着无比坚定的信念。他认为在中国历史上，每经过一个大朝代，政治统一了，民族融合了，以后就会出现一个包容广泛的伟大哲学体系。现在我们已经有了马列主义在中国的胜利，不过马列主义还要进一步中国化，毛泽东思想还要向前发展，建构新的哲学体系的工作尚没有完结；从19世纪开始的中国社会的大转变，还只是“开始的终结”，而不是“终结的开始”，新的中国和新的中国文化的发展路程还长。因此，他对“旧邦新命”的信念，老而弥笃，心之所系，意之所在，始终是为新的中国哲学的诞生培育土壤，增添营养。如冯先生深情自白，“智山慧海传真火，愿随前薪作后薪”，他愿用自己的生命，用自己的“呕出心肝”的学思创造，来充作燃料，以传这团“真火”！由此看来，冯先生对哲学性质的理解，对哲学真理的追求，是他学术生命常盛不衰的重要原因；而这种理解和追求的背后是燃烧着的一颗炽热的爱国心。他对民族文化复兴，国家发展前途的眷恋如此真挚，像丹柯燃心为炬的圣火一样，任何风雨也不可能使之熄灭。读冯先生书，其中有冯先生其人，正是爱国主义意识和丰厚文化传统所培育出的中国知识分子之一员。

冯先生治学的途径方法，也值得体察和借鉴。大体说来，冯先生治学，是由论入史，而又因史成论，由“通古今之变”而“成一家之言”；换言之，是本哲学以论哲学史，即哲学史以论哲学。

冯先生成名著作是他20世纪30年代写作的《中国哲学史》。冯先生的这部哲学史之所以被海内外学人所称道，认为足以在中国哲学史的学科史上区划一

① 冯友兰：《三松堂学术文集》，北京大学出版社，1984年，第297页。

个时代,其重要原因之一,是冯先生在"五四"时期的文化选择——本于当时流行的新实在论观点,借以诠释传统的中国哲学——他对先秦名家、魏晋玄学、宋明理学的论析,令人耳目一新。但是,冯先生撰写这部中国哲学史,目的并非仅为考史,实是为了立论。冯先生曾说:"研究哲学须一方面研究哲学史,以观各大哲学系统对于世界及人生所立之道理;一方面须直接观察实际的世界及人生,以期自立道理。故哲学史对于研究哲学者更为重要。"(《中国哲学史》上册)冯先生因史立论,实际上又并非自《中国哲学史》始。早在20世纪20年代,他因研究中西文化问题而写成的《人生哲学比较研究》(又名《天人损益论》)就是一部贯通中外的哲学思想史著作。在这部著作中,他以比较中西人生哲学异同的方式,表达了自己对中西文化异同优劣的看法;基于自己对中西人生哲学异同优劣的理解,才有他后来的《一种人生观》的系统立论。从比较中西文化,到《人生哲学比较研究》,是由论入史;从《人生哲学比较研究》到《一种人生观》的确立,则是因史成论。冯先生在讲到自己的《一种人生观》时,曾经认为,一种人生观,需要有一种宇宙观以为根据,他写作《中国哲学史》,实是建构这种宇宙观工作的一部分,这在冯先生的学术活动中,是从一个更高层面上由论入史了。当他的《中国哲学史》完成之后,随即建构更庞大的新理学体系时,则又是另一个层面的因史成论。在冯先生的学术成果中,论和史当然有别,但就其致思经纬而言,则是浑然一体,交相渗透。他的《新原道》《新知言》《中国哲学简史》,是在释古考史,还是在阐释自己的哲学?应当说两者兼而有之。由论入史,依一定的理论原则,辨析历史传统;因史成论,从传统出发建构起自己的理论体系。冯先生治学,从来不曾放弃这样的方法和原则。新中国成立后,冯先生经过严肃思考和自觉选择,力图依据马克思主义哲学的原则和方法,重新清理中国哲学传统,曾两度着手《中国哲学史》的新编工作,终于在20世纪80年代末,以惊人的智慧和毅力完成了七卷本《中国哲学史新编》的著述。在《新编》中,最终以对事物的共相和殊相关系的理解探讨为主线,来清理中国哲学发展线索,新议新论,令人惊叹不已。王国维讲治学三境:"昨夜西风凋碧树,独上高楼,望尽天涯路";"衣带渐宽终不悔,为伊消得人憔悴";"众里寻他千百度,蓦然回首,那人却在灯火阑珊处"。冯先生的治学实践和成果，正是对王氏之说的具体印证。冯先生笃学精思一生，实际上已经历了“论—史—论”的三次循环，而最后一次循环，尚未达到逻辑的终点。如果不是自然规律的限制，谁能料定他在《中国哲学史新编》七卷之后，不能再建构一个自己的全新的哲学体系，从一个更高的层面上因史成论，为新中国哲学的发展添加更多的营养呢？

从冯先生的治学方法和成就中，似乎可以得到这样的启示：马克思主义的哲学工作者，治学也须注意论与史的结合，也应该具有哲学家和哲学史家的双重素质。在我们的工作中，如果没有哲学史家的恢宏博大，就谈不上了解民族的文化传统，谈不上熟知人类文化发展中的精品和走向；如果缺乏哲学家的敏感和睿智，则不可能“推故而别致其新”，超越历史的成说和地域的局限，作出创发性理论贡献。唯有善于把两者有机地结合起来，才有可能多少承担起时代要求于我们的哲学工作任务。

冯先生把自己的学术活动，看作“开旧邦以辅新命”；把自己学术工作的特点，看作是“极高明而道中庸”，这不仅表达了冯先生的学术追求，实际上也反映了冯先生学术活动所达到的一种境界。

冯先生是主张人生境界体现人生价值的。他所推崇的人生境界是“天地境界”，以为在这种境界中的人，已经对宇宙全体，人在宇宙中的地位有所觉解。具有天地境界的人，已经经过思议，达到了对不可思议者的思议；已经经过了解，达到了对不可了解者的了解。我们难以衡断冯先生是否达到了他自己主张的这种人生最高的境界。但从冯先生七十多年的学术生涯和他对自己学术活动性质的概括中，我们强烈地感受到冯先生治学，在努力追求一种“超越”，即不断地超越自我，力图在自己的学术活动中，把“有我”同“无我”统一起来。当他肯定自己的工作是“开旧邦以辅新命”时，意识到了自己学术活动的价值，是“有我”；当他主张“极高明而道中庸”时，强调的是必须“经虚涉旷”，无所沾滞，可以看作是“无我”。冯先生超越“自我”，更多地体现在他实际的学术活动本身，这就是工作中的个人得失可以不计，环境顺逆可以不计，荣辱褒贬可以不计，自觉其对者，则坚定不移；自觉其谬者，则敢于自我否定，把自己的学术活动自觉地纳入民族文化建设,把自己的真理追求看作是人类智慧之薪火相传。愈到晚年,冯先生的这种思想境界,似乎愈见明朗。时论以冯先生在新儒家之列,其实就冯先生学术活动体现的思想境界看,儒、道、玄、禅,早已打通了。可以说,在冯先生学术活动中,超越“自我”的意识所表明的,乃是他对历史文化中多维传统的统摄和融合。

陶行知先生当年说过:“捧着一颗心来,不带半根草去。”这似乎不单指陶先生自己,而是概括了中国优秀知识分子不求私利、乐于奉献的美德和精神境界。在现实的理论工作中,如冯先生晚年这种超越“自我”的境界,是值得赞扬的。哲学工作旨在求真,只有无“我”,才能“去囿”,才能真正具备对真理的热情和信念,才能够促进哲学的繁荣和发展。

冯先生九十寿辰时,曾自称“何止于米,相期以茶;心怀四化,意寄三松”,表达了他的乐生心态和坦荡襟怀。本来学术界同人都企盼冯先生能在新的生命历程中,絪缊生化出更多的逸想妙谛,为中国哲学发展的未来,播下更多的新的慧种,殊不料先生竟于 1990 年 11 月 26 日与世长辞了。哲人其萎,哀祭无仪。谨以本文,表示我们对冯先生的崇敬和悼念。

(1990 年 12 月改定,此文与田文军合作)

# 富有之谓大业

## ——1995年8月在宜宾唐君毅思想国际研讨会上的发言

### 一

金沙浪涌峨眉秀，几代灵根育大家。

铁笔义风泣魑魅，精思慧业粲云霞。

心通九境堂庑广，智摄三环去路赊。

世纪桥头试凝望，神州春色漫天涯。

昨天赴宜宾县柏溪乡参观唐先生故居时偶得此律，借以题壁，词难达意。但所说“几代灵根”，确非虚拟，而是实有所指。四川拥有深厚的蜀学传统。晚清以来，曾涌现出一代代志业相承、卓有思想风骨的人文知识分子群。他们生活、出没在时代的风雨波涛之中，无论是进或退、语或默，均严于操守，耿介不阿。在晚清时期，他们往往得风气之先，忧念时艰，冲决网罗，出面倡导维新，或投身反清革命。“愿将热血浇黄土，化作啼鹃唤国魂！”他们中的许多烈士在刑场上留下了如此壮丽的诗篇。而在辛亥革命失败之后，他们中许多志士又往往愤世嫉俗，鄙弃权位，为洁身自好而退隐民间，继承中国知识分子“学而优却不仕”的优良传统，淡泊自甘，笔耕为生，瘁力于乡邦文教事业。

唐君毅先生之父唐迪风(原名“铁风”)先生,就是这一代人文知识分子群中佼佼的一员。他17岁为晚清末科秀才,后就学于成都叙属联中及政法专门学校。民国成立,任成都《国民公报》主笔,揭露军阀,力持正论,义声震蜀中。报馆被查封后,转而从事教育和学术研究,曾继章太炎作《广新方言》,又赴南京问学于欧阳竟无,后返川任教于重庆,又与好友彭云生、吴芳吉、蒙文通、刘鉴泉等创办“敬业学院”,被推为院长。学院旨在上继晚清以来张之洞、王闿运、刘申叔、廖季平等相继讲学蜀中所倡导的博通学风。迪风先生又曾任教成都各大学,与声气相投的蜀中学人,如龚向农、林山腴、赵少咸、李培甫、祝屺怀、萧中仑、庞石帚、夏斧私、杨叔明等相友善,互相砥砺学行,以其狂狷性格,深得朋辈敬重,被推许为“蜀学之正”,赞其“学近象山”“行类二曲”,并被友好们昵呼之为“唐风子”。他博览古今书,颇好道家言,晚著《诸子论释》《志学谀闻》《孟子大义》等书,又拟著《人学》一书,未果愿。一生忧道不忧贫,“有钱买书,无钱买米”,困处乱世,竟赍志以殁,年仅46岁。

迪风先生和夫人陈大任女史(著名女诗人,有《思复堂遗诗》传世),以及他们所交往的蜀中学者群,乃是君毅自幼得以涵泳其中的乡土人文风教,也是使君毅童心中人格与智慧得以完美发育的多系灵根。他幼承家学,自小就不寻常,10岁前,已读过《诗经》《易经》《论语》《孟子》及《说文解字》等,且常听父母讲述历史故事、科幻小说,并能背诵《陶渊明集》及许多古诗;10岁在成都入小学,所遇启蒙老师萧中仑即以《庄子》中的《逍遥游》《养生主》等篇作为国文教材,使其幼小心灵深受启发;12岁入重庆联中,由迪风先生与好友彭云生、蒙文通、杨叔明、李幼椿等任文史教员,君毅慧力大增,遂有中学时首篇五千余字哲学论文《荀子的性论》之作。君毅回忆,童年时所受到这些思想熏陶,对他尔后人生道路的选择,哲学智慧的开发,影响巨大,终生难忘。他曾说:“我对中国之乡土与固有之人文风教之怀念,此实为推动我之谈一切世界中国文化问题之根本动力所在。”(《中华人文与当今世界》)

君毅所说作为思想动力的“乡土人文风教”,绝非仅是从父母及父挚辈所承袭的文史哲学知识,而是更根本的养志立身、治学为人的道德准则和人格风范。

他 17 岁中学毕业之后即出川求学，先北京，后南京，所遇接引皆南北当代名师，得以出入于中西各派哲学文化思潮，以后独立讲学，浚求博证，更是驰骋古今，学殖日广，采获益丰，著作日益渊富，规模日益弘远。但他对乡土人文风教的德化浸润，对启蒙、授业、传道诸师的言教身教，始终拳拳于心，眷念不忘。特别是君毅先生一生行事特点，悲智同运，德业双修，侧身浊世，志洁行廉，不事王侯，高尚其事，毕生从事教育，瘁力学术，蔑弃权位，决不做官，这正是承袭了迪风先生的耿介不阿的性格，也正体现了蜀学的优秀传统学风。君毅先生“充实而有光辉”的学思成就，既是历史的产物，又与近世蜀中几代细缊相继的人风和学风的哺育，密切攸关。“几代灵根”才哺育出一个大家，信然！

## 二

对于君毅先生的学思成就的学派归属与历史定位问题，论者多有，各抒所见，言人人殊。君毅思想早熟，30 岁前已卓然有立，确立了“道德自我”或“仁体本心”作为自己哲学系统的中心一环。此后，即此中心一环从纵向和横向加以拓展，蔚为“生命心灵活动”的“三观九境”的庞大体系，涉及中西印哲学的各个理论层面。因此，有的论者，就其哲学立论之基本点而言，称他为“道德的理想主义者”“超越的唯心论者”“心本体论者”或“本体的唯心论者”等；有的论者，就其特重人文价值，并对人文主义理论有较完整论述，称他为“人文价值至上论者”“现代新人文主义者”或“中国人文主义大师”等；也有论者，突出其在文化问题研究上倾注心血最多，成就最大，称之为“现代文化哲学家”“文化至上论者”“文化意识宇宙中的巨人”；近些年，更有不少论者，就其思想最后归宗儒学，服膺宋明道学，且参与了台港四教授于 1958 年发表的《为中国文化敬告世界人士宣言》，因而称他为“现代大儒”“现代新儒家的巨擘、典型代表”或“现代新儒家的第二代宗师”，等等。如此众多的称谓或美谥，似皆各有所据，也可能互相融通，且与君毅哲学致思历程似乎也有其相应处；但这四个方面的各种称谓，既各有侧重，就不免互相参差，很难与其思想全貌和客观地位相符。或太空泛，或太狭隘，未能显示其学术思想上的个性特征,都难免以偏概全,不足视为定论。

一位思想大家,往往熔铸各种先行思想资料,出入古今各大学派,不会拘守一家之言,而必自有其新的创获,故既不能单凭其一时的自道,或时流的褒贬,或后代的赞词来草率论定。

时下流行的说法,是把君毅归入“现代新儒家”群,形式上看,似乎无可争议。但,即使如此判定,也应充分重视其思想学脉的多源性、兼容性。这一点,或许正是他区别于“现代新儒家”中的“道统”论者而自成一家的重要思想特征。他尊崇孔门儒学,但并不贬斥“异端”诸家,论及先秦学术,总是在叙述了老、孔之后,并举“墨、孟、庄、荀”诸大家,而重在深观其推移流变。尤其“即哲学史以言哲学”的论著中,系统剖析“道”“理”“心”“性”等主要哲学范畴,全力打破传统的学派界限和外在的名言歧异,着重从哲学义理上来通观这些范畴的历史衍变和逻辑进程。这方面有关的论析,构成了君毅哲学思想的重要内容,也是他“本哲学以言哲学史”的理论贡献。至于他作为一代哲人的致思的思辨模式,就其时代性特征说,无疑是更多综摄吸纳了西方近代哲学特别是德国古典哲学在理论和方法上所取得的总结性成就,同时对西方现代哲学思潮所提出的问题也不忽视;就其民族性特征说,则显然较多地承继了道家和佛家的理论思辨成果及其“齐物”“两行”或“判教”方法等。同时对中国哲学从宋明至清的历史发展的“终始相生,如一圆之象”,也高度重视。凡此,都表明君毅在学术思想的继开、承启的大方向上,跳出了儒为正宗、余皆异端的狭隘界限,否定了“道统心传”的单维独进的思路,而是按“殊途百虑”的学术发展观,自觉地走上多源头、多根系、多向度的致思道路,超越传统的今古文学、儒佛道三教、汉宋两家以及宋学诸流派的“异学相纠”,而“求其可并行不悖而相融无碍之处”[①]。这种学术文化心态,似与某些新儒家仍然迷恋传统门户与道统偏见,已迥然有别。

中国近代哲学诸形态的成熟,经历了漫长的历史道路。17世纪的萌芽,18、19世纪的曲折发展,直到20世纪中叶,才通过中西思想文化的异同之辨而逐步

---

① 《中国哲学原论·原性篇》:《自序》。

走向成熟，形成了各家独立的理论思想体系。这一逐步成熟的过程，大体说，在近百年中西文化的汇聚冲突中，经过了晚清时期肤浅地认同西学、到“五四”时期笼统地中西辨异这样的思想发展阶段，到20世纪中叶，通过对中西哲学文化的察异观同、求其会通，终于涌现出一批标志中国近代哲学走向成熟的理论体系。诸如熊十力、梁漱溟、马一浮、金岳霖、冯友兰、贺麟、朱光潜、张东荪、方东美以及同代而稍晚的唐君毅等，他们堪称“后五四”时期中国卓立不苟的一代思想家。他们诞生在20世纪中国的时代风涛中，不同程度地实践着融通儒佛道、涵化印西中的学术途径，稍异于专精之学而独运玄思，真积力久而达到成熟，终于形成了中国近代哲学成熟发展的诸形态。唐君毅是这样一代哲人中的自觉的一员。

从这一视角来评判君毅思想的历史定位，似乎更符合客观实际。如果局限于中国传统的学派范式来加以界定，无论是褒义地或是贬义地称之为“现代新儒家”的“代表”“传人”等，均难以概举。就君毅哲学思想特有的包容性、开放性而言，就其贯注始终的圆融会通精神与建构自己哲学体系的方法论自觉而言，其思想体系正像他自己所形容，“以‘圆而神’之枢，运转吐纳诸‘方以智’之义”，“如九爪之神龙之游于九天，而气象万千”①。这样的规模气象，很难被纳入传统学派的某一范式，无论道家“玄圃”，还是儒家“杏坛”，似乎都容他不下。

## 三

关于君毅思想的包容性与开放性，研究者多有论及。或谓“周流融贯的会通精神”，乃其学术上的主要特点；或谓其“冶中西哲学于一炉”“立论之高明博大，得未曾有”；或谓“综摄会通”“消解矛盾”，乃其治学的主要方法。似乎可以进一步指明，即异以观同，于歧以见通，由多以显一，乃君毅基于深厚学养所阐明的真理发展的辩证法，不仅是他的治学方法，而且是他整个哲学体系的理论基石和灵魂。

---

① 《生命存在与心灵境界》：《导论》。

君毅这种圆融会通、两行并育的思维范式,既继承中国儒、道、佛传统哲学思辨的精华,又与西方近代哲学思潮特别是与康德、黑格尔的哲学成就遥相接轨,并有他自己慧心独创的哲学观和哲学史观作为理论依据,从一个侧面反映了20世纪中国各种文化思潮在冲突中融合的时代精神。因而,这是君毅思想体系中最具有活力的组成部分。

基于对哲学本性的深刻理解,君毅阐述了他独特的哲学观及哲学史观。他认为,哲学是生命心灵活动的智慧表现,是人之心灵对真、善、美的人生理想境界不同深度的追求。在人类文化史上各种哲学思潮的兴起,竞长争高,互相对立,乃是出于人之心灵活动的深度与方向的不同。如果人心自我局限于某一层面的义理,而不能体会其他层面之义理亦有其合理性,遂不免矛盾冲突,捍格难通。但如果善于突破自我局限,则古今中西哲人之不同的乃至矛盾、对反的义理,均可在心灵活动的不同层位上各得其所,归于统一和融合。"一切真实不虚之义理,其宛然之冲突矛盾,皆只是宛然而暂有,无不可终归于消解,以交光互映一义理世界中。"①思想史中相异相反之说,均可融贯而成一哲学慧命之延,这一奇妙现象,被君毅视为宇宙间最深之秘密。由此,引出他的"即哲学史以论哲学,本哲学以言哲学史"的深刻思想。他提出了"略迹原心""于歧见通"的方法论原则,认定"吾于昔贤之言,亦常略迹原心,于诸家言之异义者,乐推原其本旨之所在,以求其可并行不悖而相融无碍之处……异说相纠,而思想之途乃壅塞而难进,然若能一一探异说之义理之原,如其所歧而知其所以歧,则歧者未尝非道,道未尝不并行,即皆可通之于大道,而歧者亦不歧矣"②。其所开拓的"本哲学以论哲学史"的新境界,乃在于对历史上各家所陈之义理"明其衍生之迹,观其会通之途"③,"于同观异,于异观同,方得其通,然后得于此哲学义理之流行,见古今慧命之相续"④。这样通观古今的结果,自会发现哲学义理的史的发展,"或分而合,或合而分,处处山穷水尽,处处柳暗花明,而黄河九曲,依旧朝东,又有不期其

① 《中国哲学原论·导论篇》:《自序》。
② 《中国哲学原论·原性篇》:《自序》。
③ 《中国哲学原论·原教篇》:《自序》。
④ 《中国哲学原论·导论篇》:《自序》。

然而自然者”(《生命存在与心灵境界》),这是哲学发展的规律性。至于“即哲学史以言哲学”,君毅更独标新义,强调历史上古今东西各家之哲学(包括他自己的哲学),实非一个个“堡垒”,而实为一道道“桥梁”,皆非一座座“山岳”,而实为一条条“道路”。喻为“桥”和“路”,乃指任何哲学都不是终极的定论、最后的顶峰,而是能够启迪人们的智慧,由此达彼,由浅入深,由低到高,由偏至全。而且,既为“桥梁道路”,未至者望之显然是有,行人经过,则隐于后而若无,“凡彼造桥梁道路者,亦正欲人经过之,而任之隐,任之无”(《中国哲学原论·原教篇》第十九章)。这样的哲学观,把古今各家学说均看作在哲学义理世界中“原有之千门万户,可容人各自出入”,“一一皆示人以登升之路,而共趣于一境”(《中国人文精神之发展》)。显然是基于多元开放的文化心态,君毅才可能有如此灵动的哲学观和海纳百川的包容精神。

独特的宗教观及有关宗教的系统理论,是君毅学术思想的重要组成部分,也典型地表现了他的文化包容意识和宗教创新观念。他认为,宗教是人文意识的一个独立领域,与哲学科学追求“真”、文学艺术追求“美”、道德伦理追求“善”相并列,而它所追求的乃是人从个体自然生命欲望中解脱的一种超越精神。宗教意识与人类追求真善美的其他文化意识有矛盾、冲突的一面;但宗教意识是一种更高的超越精神,它能够助成和补足人类求真求善求美的人文意识,使之得到充量的实现。所以,他认为把宗教意识与哲学、科学、文艺、道德等人文意识绝对对立起来,是极为片面的。他所强调的是宗教与其他人文价值与文化意识的交涵互动的关系。进一步,他把宗教意识的超越精神的高低层次,细分为十种类型,并对世界各大宗教的特点和彼此矛盾冲突的原因,作了系统分析,而肯定各种宗教都有其存在的理由和不容代换的价值,都应得到尊重和赞叹。因而,各种宗教之间也就存在着互相涵容、互相贯通的可能性,关键在于透过一些表面的形式上的具体分歧,洞察各种宗教固有的内在的宗教精神。君毅综摄了道家“齐物”、荀况“解蔽”,《易传》《中庸》“殊途百虑”“并育并行”之旨,更着重改铸和发挥了中国化佛教的“判教”理论及方法,试图对世界各大宗教,特别是儒家(儒教)、佛教与基督教,进行判教式的比较论析;认定各大宗教各有特定的价值和地位,不可互相代替,但各当有位,又在体现宗教精神上有层位高低之分,故可以判别其层位而消除其对立。据他分析:佛家宗密等贬儒、道两教为“人天教”,处于较低层位;西方一神教利玛窦等又把儒家定为“自然神教”,贬得很低;而传统正宗儒学,则以儒家排佛道、非宗教为荣。他一反这些旧说,申论在儒学中天德流行、尽性立命等思想,祭天地、祭祖先、祭圣贤的“三祭”之义及礼乐精神等,乃是超乎佛教、基督教等之上的最高层次的宗教境界,力图以此为认同的基础,消解儒学、佛教、道教和基督教之间的分歧、矛盾和对立。

君毅认为,中国古代虽有过儒佛道三教之间的论争,却从未发生过宗教战争,各种宗教在社会生活中往往并行不悖、和平共处。但到了近代,西方基督教精神传入以后,就发生了太平天国、义和团等宗教战争和多次大小不同的宗教冲突。基于这样的历史经验和现实教训的总结,他别有会心地提出立足儒学、参照佛教,以创建不同于基督教等的新宗教。这种新宗教,虽然异于过去的各种宗教,而又不排斥人类以往一切宗教教义和宗教圣人,并使各种宗教的真精神融通合一,“以成其道并行而不悖之大教”(《中国文化之精神价值》)。“吾人所向往的宗教精神,包涵对人文世界人格世界之崇敬,即包涵对人文世界中已成一切宗教精神之崇敬,即包涵对一切宗教圣哲之崇敬。吾人正当聚孔子、释迦、耶稣、穆罕默德与无数圣哲于一堂,以相揖让,而供之于中国之新庙宇。”(《中国哲学原论·原教篇》:《自序》)他试图发扬真正的宗教精神来建立一种新的宗教,借以呼唤各种宗教的平等共存,消解各种宗教之间的误解、互黜和冲突。这种观点,不免带有幻想成分,但却充分反映出君毅在宗教理论上的研究深度和研究中指导思想的博大宽容。

上述哲学观与宗教观的系统理论形态,体现于君毅最后完成的《生命存在与心灵境界》的巨著,其所阐述的“心有三向”“心通九境”的哲学系统,力图囊括人类文化的各种价值形态,对古今哲学的各种义理,进行“略迹原心”的遍观和通观,冶中、西、印及儒、释、道于一炉,按他的人文哲学的圭臬,重新予以历史的与逻辑的定位。尽管这一系统,以心本体论为核心,以心的感通开出九境为框架,把人类文化创造和哲学义理分别定位于其九境中而加以评判,其中一些理论环节，一些具体论断，或许大有可以商榷之处。但君毅构建的这一系统，一方面包容至广，具有巨大的历史感和涵盖性；另一方面，又指向未来，心感通境的方式是多向度的，其九境之间又有互相转易、进退、开阖与博约的多种关系，其动态发展是无穷尽的。因而，他在整个体系中虽把中国传统文化的天人合德、尽性立命之境作为最高精神境界，但他并不讳言中国传统文化固有之弱点和缺点，而寄希望于中国传统人文精神的未来发展，真能回到中国文化的精神本原上，立定脚跟，迎接挑战，在“花果飘零”之后“灵根自植”，真能自作主宰，择善而从，融摄吸收西方文化一切向上之科学、民主与宗教的精神精华，以创建一理想的人文世界，并展示未来人类文化的光辉前景。他的“反本开新”，具有一定的前瞻性。

《易传》有言：“富有之谓大业，日新之谓盛德，生生之谓易。”唐君毅先生在论著中一再引述此语，并满怀悲愿地指出：“以吾人之心思，遥通古人之心思，而会及其义理，更为之说，以示后人”，“使人对此中国的绿野神州上下数千年哲学的慧命相续，自古至今未尝断，有如实之观解”（《中国哲学原论·原教篇》：《自序》），“可见中国思想的慧命之流，自上古以至于今日，由今日以至来世，其道皆承先以成其富有，启后以成其日新，而‘於穆不已’！”（《中国哲学原论·原教篇》第二十六章）

“承先”以“启后”，“富有”而“日新”。这是君毅思想的根本特征。

（1995 年 8 月）

# 徐复观学思成就的时代意义

## ——1995 年 8 月在武汉“徐复观思想与现代新儒学发展学术讨论会”开幕式上的发言

### 一

浠水徐复观先生(1903—1982 年),是现代中国卓有建树的学者,耿介不阿的思想家。他生活在“后五四”时期的时代风涛中,始终跋涉于学术与政治之间;学术层面又长期涵泳于中学与西学、旧学与新学之间,历史与现实、传统与现代化之间,儒门与道家之间,道德与艺术之间……以深沉的忧患意识,从事坚贞的学术研究,严肃思考,引古筹今,上下求索,左右探源;在对立两极之间自觉地保持张力,在双向扬弃中渴求新的进展。因而,对晚清以来一直困扰着人们的时代课题,诸如历史形成的悠久传统能否向现代化转换的问题,对传统文化的二重性、正负面作用如何分疏的问题,从古老传统文化中如何剥离、发掘出现代化的人文价值的问题等,作出了一系列独具卓识的创造性诠释,被海内外学界誉为“创新的传统主义者”,“献身于民主的斗士”,“敢于向权势挑战的人文自由主义者”。

徐先生著作宏富,学风凝重,其代表作《两汉思想史》《中国人性论史·先秦篇》及《中国思想史论集》《中国艺术精神》及《中国文学论集》等,大体从政治文化、道德学说、艺术精神三个方面对中国传统文化进行了有破有立的疏释,着力阐扬在传统文化中被窒压、被曲解的人文主义精神。读徐先生书，有一种特殊的感受，即书中跳动着的是一颗赤子之心对神州大地山川草木、故乡风土人情的强烈的爱，是他对饱经磨难而仍然活着的中华文化精神的一片热忱；同时，也充溢着他对两千年来专制主义的黑暗统治和传统社会、传统士人的痼疾和流弊的无情抉发，横眉冷对，深刻剖判，爱憎分明，入木三分。至于他大量的时论杂文所流露的忧患意识和批判精神，更是披肝沥胆，充分表现了他决不奄然媚世的狂狷性格。徐先生可说是洗尽了乡愿庸人气习、襟怀坦白的性情中人。

徐先生的学术研究和文化剖判的总方向，似可概括为以破显立，去芜存菁，即通过对传统思想的负面的揭露批判以凸显其正面的价值，勇于剔除古老民族文化中污秽及僵化的成分，从而复活并弘扬其不朽的真精神。

首先，在政治文化的剖判方面，他把重点放在反专制、反奴性方面，显然有所承继于熊十力先生。熊先生一再强调："吾国帝制久，奴性深，此不可不知"，"二千年专制之毒"，及至《儒林外史》等所揭露的"一切人及我身之千丑百怪"，都需大力清除。如果说熊先生言简意赅，宏观立论，则徐先生微观考史，予以实证。他的代表作《两汉思想史》一至三卷，系统深入地考察了从先秦到两汉中国社会和学术的巨变，特别是关于西周政治社会的结构及其崩解和秦汉典型的专制政治制度的成立问题，关于汉代君主一人专制政治下的分封问题，官制演变、君相矛盾，以及外戚、宦官势力的形成等问题，关于两汉知识分子在专制治下的压力感及卑怯心理、言行游离等问题，关于中国姓氏演变与社会结构的形成问题，关于从《吕氏春秋》到董仲舒的思想转折及哲学大系统的建立问题，关于扬雄、王充、韩婴、刘向等及《盐铁论》反映的社会政治文化思想，《史记》《汉书》所反映的由宗教通向人文的史学思想等问题，探微索隐，仔细爬梳，发人之所未发。他从社会史与思想史结合的角度，剖析从西周到秦汉政治体制的诸方面，尤其是专制政治的基本性格及其所造成的专制主义的心理状态；在此背景下对于中国知识分子的艰难处境和软弱性格，中国学术文化依附于政治的畸形发展等，其透视之深切，论析之绵密，为以往史学论著所罕见。

徐先生痛切指出中国古代学术文化发展的艰难性：由于学术文化依附于专

制政治,“很难打开一条顺应学术文化的自律性所要求的康庄坦途,因而一直走的是崎岖曲折而艰险的小径。中国历史中的知识分子,常常是在生死之间的选择来考验自己的良心,进行自己的学术活动。所以两千多年来中国的学术情况,除了极少数的突出人物以外,思想的夹杂性,言行的游离性,成为一个最大的特色。逻辑的不能发达,此亦为重要原因之一。而知识分子自身,由先秦两汉的任气敢死,因在长期专制磨折之下逐渐变为软懦卑怯”①。“知识分子没有自由活动的社会平面,文化即失掉其自律与自主的伸展。……一般士人,为了做官而谈政治,绝不能构成政治学;为了争宠而说有谈无,绝不能构成哲学。于是中国历史上的大多数士大夫,总是自觉或不自觉地挟带着满身的政治污秽,而中国文化的真精神,也不免和这些政治污秽夹杂在一起。”②这一无情揭露,摧枯拉朽,但并非声称中国文化全是一片“污秽”。他反驳好友钱穆美化专制政治的国史观,惋惜地称之为“良知的迷惘”,同时极为深刻地指出:“我所发掘的乃是以各种方式反抗专制、缓和专制,在专制中注入若干开明因素、在专制下如何保持一线民族生机的圣贤之心、隐逸之节,伟大史学家文学家所面对的人民的呜咽呻吟,以及志士仁人忠臣义士在专制中所流的血和泪。……血河泪海,不激荡出民主自由来,便永不会停止!”③这类血泪文字,典型地表现了他对中国传统文化的真精神的爱深言切。他反对把中国传统文化的真精神与封建专制主义混同起来的两极观点(一极是全盘否定传统文化,将其笼统地等同于封建专制主义;一极是全盘肯定中国专制主义,将其美化为体现了传统文化精神),而坚持从中国历史中把与种种政治污秽夹杂在一起的中国文化真精神剥离开来,即把中国文化中原有的反抗专制的自由民主精神以及“贬天子,退诸侯,讨大夫”和“从道不从君”“忧道不忧贫”等优秀思想传统,认真发掘出来,并使之与现代民主意识相沟通,以推进中国现代化进程。经过徐先生的“复古开新”的学术工作,儒家、道家思想传统中的“圣贤之心”“隐逸之节”,以及渗透于人文史学与忧时文艺中的与广大

---

① 《两汉思想史》卷一,台北学生书局,1982年,第199页。
② 《徐复观文录选粹》,台北学生书局,1980年,第10页。
③ 《良知的迷惘——钱穆先生的史学》,《华冈学报》1979年第8期。

劳苦百姓的"呜咽呻吟"痛痒相关、血肉相连的思想感情，和历代志士仁人"以德抗权""以道抑尊"的浩然正气与抗议精神等。中华文化中这样一些不朽的真精神，经他梳理，得以重新显豁，光辉人间。这是徐先生针对许多知识分子蔑弃传统文化的自暴自弃态度而发愤著述所作出的重要贡献。

## 二

其次，徐先生通过中国思想史特别是中国人性论史的研究，着重梳理了传统道德学说的诸层面，主要在发掘儒、道两家学说中的忧患意识和自由意识。

徐先生独有会心地阐发《易》道中的"忧患意识"，旨在凸显人文价值所依存的主体性。他认为，殷周之际产生的"忧患意识"，是古代文化由宗教向人文演进的重要标志，集中反映了中国古代的以道德理性为核心的人文觉醒。原始宗教虔敬天神，唯天命是听，周初人提出"敬慎""敬德"，朝乾夕惕，自强不息，精神专一，认真负责，由信赖神、把一切责任交给神，转化为信赖人、"吉凶与民同患"，对一切人间苦难、社会祸福勇于自我承担。这就是"忧患意识"。这不是听天由命，抹杀人的主体性；而是在历经忧患的反省中，唤起主体的能动作用的人文精神。这种人文精神，以"敬"为动力，以"德"为目标，以"成己成人"的社会义务作为自己的行为准则和应尽之责，因而是一种自觉的道德理性。徐先生从原始宗教向人文转化，来阐释儒家的人性论，认为孔子的"畏天命"，实是"对自己内在的人格世界中无限的道德要求、责任而来的敬畏。性与天道的融合，是一个内在的人格世界的完成，即是人的完成"①。因而孔子的"仁"，乃是一个人的自觉的精神状态，它至少包括"成己、成人"两个方面：一是对自己的人格的建立及知识的追求发生无限的要求，一是对他人无条件地感到有应尽的无限的责任。他说："个体的生命与群体的生命，永远是连结在一起的，这是中国文化最大的特性。""孔子对仁的开辟，不仅奠定了尔后正统人性论的方向，并且又由此而奠定了中国正统

---

① 《中国人性论史》(先秦篇)，台北商务印书馆，1969年，第89—90页。

文化的基本性格。”[①]至于孟子的“性善说”乃是“人对于自身惊天动地的伟大发现”，“可以透过一个人的性，一个人的心，以看出人类的命运，掌握人类的命运，解决人的命运。每一个人即在他的性、心的自觉中，得到无待于外的圆满自足的安顿”[②]。即认定性善说是通向人的终极价值和安身立命的桥梁，是确定人的尊严和人与人相互信赖的根据。故由“性善”说可以推广为“仁政”说，确定人民的好恶为指导政治的最高准绳，即中国思想史中以道德主体性为基础的最高的民主政治精神，只是缺乏民主制度的构想。

徐先生把道家的人性论思想，也纳入了他的思想史理论以发掘人性论的道德主体的自由意识的系统。他着重剖析了庄子反对人性异化的自由观，提出庄子面对沉浊的现实，却怀有“无限的悲情”，又从“无待”的自我逍遥的精神境界中，探索人性从各种异化中得以复归的途径，“欲使众生的性命，从政治、教义的压迫阻害中放出来；欲使每一人、每一物，皆能自由地生长。一方面好像是超脱于世俗尘滓之上，但同时又无时无刻不沉浸于众生万物之中，以众生万物的呼吸为个人精神的吸呼，以众生万物的自由为个人的自由，此即他所说‘独与天地精神往来，而不傲睨于万物’。他所欲构建的，和儒家是一样的‘万物并育而不相害，道并行而不相悖’的自由平等世界”[③]。这样对庄子自由观的阐释和肯定，表现了徐先生以平等心对待儒、道两家的文化包容心态。他还深刻指出，历史上的正宗儒家，“过于信赖现实，最容易为统治者所藉口，乃至甘心供统治者的利用，以加强统治者的惨酷之毒，真是值得庄子加以棒喝涤荡的。他(庄子)在抨击仁义之上，实显现其仁心于另一形态之中。……这是我们古代以仁心为基底的伟大自由主义者另一思想形态”[④]。对于庄子反抗政治伦理异化的自由理想给予如此高度的评价，对儒道两家的真精神如此巧妙地加以融通，这是徐先生的独得之见，值得我们认真咀嚼。

---

① 《中国人性论史》(先秦篇)，台北商务印书馆，1969 年，第 100、152 页。
② 《中国人性论史》(先秦篇)，台北商务印书馆，1969 年，第 412 页。
③ 《中国人性论史》(先秦篇)，台北商务印书馆，1969 年，第 412 页。
④ 《中国人性论史》(先秦篇)，台北商务印书馆，1969 年，第 412 页。

再次，徐先生通过对中国艺术史，特别是对中国传统绘画及历代画论的研究，着重发掘中国艺术精神中的主体意识和艺术境界中所实现的人格自由。

徐先生从原始宗教向人文精神的转化，展示了他的中国人性论的研究；再从中国人性论的研究，拓展到中国艺术精神的阐扬。他认为，中国文化的主流，“走的是人与自然过分亲和的方向，征服自然以为己用的意识不强”，故自然科学不发展，只产生了一些“前科学”的成就，只有历史意义。但他认为中国文化中的人性研究从人的具体生命的心、性中，发掘出道德的根源和人生价值的根源，不假外力而靠道德自觉之力，即可解决人类自身的矛盾和危机。中国文化还有一个层面，即从人的具体生命的心、性中，发掘出艺术的根源，在艺术中把握到精神自由解放的关键，并由此产生了许多伟大的文艺家、画家和他们的不朽的作品。这两个方面的成就，“不仅有历史意义，并且也有现代的、将来的意义”①。他将中国文化中的艺术的精神概括为两个典型。一是由孔子所显出的“仁与音乐合一”的典型，是道德与艺术的最后统一；另一是由庄子所显出的典型，乃是纯艺术精神。庄子所说的“道”，落实到具体人生，作为人生的体验来把握，乃是纯粹的崇高的艺术精神。庄子由“心斋”“坐忘”等工夫所自觉到的“心”，乃是艺术精神的主体。道家由老、庄演变为玄学，它的真实内容乃是艺术化的生活和艺术上的成就。历史上的大画家、大画论家所达到的精神境界，常不期而然的都是庄学——玄学的境界。所谓“玄”，乃是一种心灵状态、精神境界；而中国艺术中的绘画，正是这种“玄”的心灵状态所产生、所成就的。“心斋”“坐忘”，正是美的观照得以成立的精神主体，也是艺术得以成立的最后根据。达到“心斋”“坐忘”的精神境界的历程，一是必须消解由生理而来的物欲，使物欲不能奴役心灵，心灵得以从物欲的支配下解放出来。二是让心灵不受认知活动的烦扰，而从“生也有涯而知也无涯”等无穷追逐中得到解放，以增进人的自由。心灵摆脱了“欲望”和“知见”的遮蔽，心的虚静的本性便会呈现出来。从老子的“致虚极、守静笃”发展到庄子的“无己”“丧我”“心斋”“坐忘”，都以虚静作为体道即把握人生本质的工夫，也就是

---

① 《中国艺术精神》，台北学生书局，1984 年，第 1—2 页。

一种主客两忘、物我合一、超越时空而了无间隔的审美境界。“心与物冥”的心，即审美观照的主体之心；所冥之物，即作为审美对象之物。中国艺术精神不同于西方，最根本的一点是强调艺术美是从人格根源上涌现出来，是主体精神的自由表现。在主体呈现时，既是个人人格的完成，又是主体与客体宇宙万有的融合；“天地与我并生，万物与我为一”。所以中国文化的根源之地，无主客的对立，无个体与群体的对立，“成己”与“成物”是一而非二。这是中国文化最不同于西方文化的基调之一。

徐先生对中国文化主流学派的道德哲学和艺术精神的诠释，其理论重心集中在阐发人的主体性和精神自由。他在孔孟儒学中发掘出道德自律与人格独立的主体性原则，他在庄学、玄学中又发掘出审美观照与艺术自由的主体性原则。他既肯定人不仅是道德主体，而且是艺术主体，也就承认了主体的多元化，人还可以作为独立的认知活动的主体、政治与经济活动的主体、科技与宗教活动的主体等。徐先生在学术上通观儒道，扬榷诸家，对道家思想多方面的认同，同样也可推衍出学术思想上综摄融贯的多元化。体用多元，一本万殊，大德敦化，殊途百虑。徐先生留给我们的不是“断港绝潢”，而是广阔的康庄大道。

综上所述，徐复观先生对古代中国社会特别是政治文化的反思，对中国人性论及道德哲学的剖析，对中国艺术精神的阐扬，无不具有引古筹今的历史感和现实感。而其中一以贯之的思想，是他力求发掘中国传统文化中的人文精神，亦即主体自由的精神，高度自觉的忧患意识，不为物化的人道之尊。这是现代化价值的生长点，是传统与现代化的接合处。徐先生留给我们的思想遗产和学术成就，无疑地，具有重要的时代意义。

（1995 年 8 月）

# 序评余瀋

# 方任安《诗评中国著名哲学家》序

伟哉中华！诗的国度，诗的海洋！微波巨浪，浩瀚无疆！

在中国，古今知名及无名的诗人之多，历代传世及失传的诗作之富，诗作中的体裁、律式、风格、流派之繁，诗，对民族精神生活各个层面浸润、影响之广且深，均可说是举世无匹。诗魂，成为中华传统文化中最灵动、最具有渗透力的精神文化基因。

诗的渗透力，表现在它弥漫于民族生活的方方面面。无论是庙堂雅颂，军旅铙歌，折冲樽俎之间的应对，男女怨慕之情的表白，直到山村民谣，野老踏歌，市井俚曲，小红低唱，无处非诗。而在文化深层则突显在两个方面。一方面，表现在"诗教"对社会政治生活的全面渗入。儒学正宗一贯宣扬诗教的重要性和现实性，强调诗的政治化、伦理化。如孔子把"诗"的价值意义归结为"思无邪"，可以"兴、观、群、怨"，"事父、事君"；以后《毛诗序》等更提出"发乎情，止乎礼义"或"温柔敦厚"的原则，强调诗具有"正得失，动天地，感鬼神"的特殊功能，可以发挥出"经夫妇，成孝敬，厚人伦，美教化，移风俗"的巨大的社会作用。由此，奠定了诗作为政治伦理教化工具的价值取向。中国历代许多诗人，无不以强烈的政治责任感和社会参与意识，感时议政，忧国忧民，化民间疾苦为笔底波涛。诗，在现实政治参与中，实现着人类理想的美和善的统一。这是中国诗美学传统中一个显著的特点。另一方面，诗心也渗入到哲学文化中。许多哲人认定哲理与诗心的合一更能达到形而上学的内在超越，因而强调哲学的诗化与诗的哲学化。这两者又几乎是同一的心路历程。“万物静观皆自得,四时佳兴与人同”,“我来问道无余说,云在青天水在瓶”。在情与理的冲突中求和谐,在形象思维与逻辑思维的互斥中求互补,在诗与哲学的差异中求统一,乃是中华哲人和诗人们共同缔造的优秀传统。他们在这一心灵创造活动中实现着美和真的合一,使中国哲学走上一条独特的追求最高价值理想的形而上学思维的道路,既避免把哲学最后引向宗教迷狂,又避免了哲学最后仅局促于科学实证,而是把哲学所追求的终极目标归结为一种诗化的人生境界,即审美与契真合而为一的境界。中国哲学的致思取向,从总体上乃是诗化的哲学。且不说《周易》《诗经》《尚书》及《逸周书》等古文献中已存有不少富有哲理的古歌谣,中国第一部哲学专著《老子》,竟是精心琢磨出的全可韵读的哲学诗篇;《庄》《列》《文》等道家诸子,多用诗的文辞或充满诗意的卮言、寓言等来展示他们的哲学智慧。至于儒门,孔叹“逝者如斯,不舍昼夜”,孟称“观水有术,必观其澜”,乃至王阳明的“铿然舍瑟春风里,点也虽狂得我情”……凡此都饶有诗趣。荀况更有《成相》《赋》篇,以民歌和赋体来诗化自己的哲学。屈原问天,贾谊哭鹏,司马迁以“无韵之离骚”合而传之。从此,形成中国哲学中一个追求诗化的优秀传统,陶、谢、嵇、阮,各有名篇,李、杜、王、孟,异彩纷呈,直到晦翁的“源头活水”,阳明的“海涛天风”,梨洲的“此意无穷,海怒鹏骞”,船山的“光芒烛天,芳菲匝地”……春兰秋菊,葳蕤不绝,神思慧命,绵延至今。

诗化哲学,形貌繁多。就作者的文化背景与创作旨趣之不同,似乎可以区别两大类型:一类是哲学家或其他作者所创作的哲理诗,即用诗的形式及诗的语言来表达某一哲学义理或哲学境界。中华哲人,大都能诗,大都乐于在散文论著之余,用诗心及诗语来对其哲学思想核心作出艺术概括,程伊川用“数点梅花天地心”来绎解他所悟得的《周易》“复卦”义理,即是显例。在中国文化心理结构中,诗处于崇高神奇的地位。《诗纬》云:“诗者,天地之心。”而中国哲学所追求的人生最高境界,正是“赞天地之化育”,“为天地立心”。所以,古今哲人大都精心创作过若干哲理诗。历代的哲理诗(诸如玄言诗、步虚词、禅门诗、道学诗等以及言志、咏怀、山水、游仙等其他诗体中也有不少含有哲理的篇什),在中国诗坛占有相当比重,如果裒辑起来,会有很大的数量。但蔚为茂林,必多枯枝。这类哲理诗，易流于仅注意排比一些“理语”入诗，而缺乏“理趣”的涵泳。真能做到哲理与诗心互相凑泊，浑融无间，“如水中盐，蜜中花，体匿性存，无痕有味，观相无相，立说无说，所谓冥合圆显者”，乃上乘之作，实不多见。故虽邵尧夫、陈白沙等大家，其许多哲理诗作，也难免“徒为理语”“难入诗格”之讥。

另一类乃是诗人们用韵语所写的对历代哲人的精神风貌、思想精华等进行述评的诗哲学，实为诗化的哲学评论。中国诗人既长于抒情、言志，也善于评史、论学，并在评史、论学中，更能深入到哲学思辨领域，以简驭繁，由一显多，为历代圣哲的灵魂“画像”，寥寥数语，往往传神。例如，陶渊明的《咏贫士》《读史述九章》中，论及荣启期、原宪等高士和伯夷、叔齐、箕子、七十二弟子、屈原、贾谊、韩非、鲁二儒等哲人，着眼于诸人的人格风神，语约而意深。陈子昂《感遇》中的“吾爱鬼谷子”（咏鬼谷），王维《偶然作》中的“楚国有狂夫”（咏楚狂接舆），李太白《古风》中的“庄周梦蝴蝶”，“君平既弃世”（咏庄周、严遵），唐玄宗《经鲁祭孔子而叹之》“夫子何为者，栖栖一代中”（咏孔丘）等，均论及思想史上的专人，托事显理，体察入微，真如《诗品》所言“超以象外，得其环中”，故成为诗史上的名篇。至于正史中系统的《史赞》，间有涉及思想家者，类多浅近；以《史赞》形式专门论述历史上哲人者，则有朱晦翁之《六先生画像赞》，分别赞述了濂溪（周敦颐）、明道（程颢）、伊川（程颐）、康节（邵雍）、横渠（张载）、涑水（司马光）等六位哲学家，要言不烦，颇中肯綮。今人苏渊雷先生有《风流人物无双谱》之作，以窅窕诗心，尚友古贤，其所敬慕的“风流人物”共三十六位，半属哲学家，半属文学家，人系一绝，简注点睛。如赞司马迁云：“龙门史笔发奇文，独擅千秋一席尊，读到伤心铭骨处，始知血泪铸精魂。”简注除录《报任少卿书》一段外，只从《人间词话》转引了尼采的“一切文字，吾爱以血书者”一语。引而不发，堪称妙笔。但专门以历代哲学家的哲思及行迹为对象的系统诗作，即系统的诗化哲学评论，纵观哲坛，索诸诗史，尚付阙如。

方任安先生，桐城诗人，坎坷求索之奇士也。顷慨然将其新著《诗评中国著名哲学家》一书书稿寄示，临风展读，击节神移，不胜钦佩！深感他老骥伏枥，停云浩歌，洪钟一诺，奋笔十年，终于写成古近体诗六百六十五首，系统地评论了中华古今哲学巨匠八十七人，每人系一小传，诗后缀以必要的史迹和绎注，既便省览，更有意将哲理、诗心、史感三者融为一体。继志前修，踵事增华；神交先哲，招魂玄圃。就其全书体制的一贯性，评及古今哲学家思想的系统性和涵盖性，乃前之所未尝有，实为拓荒补白之力作。

通读《诗评中国著名哲学家》全书，不难发现作者力图对古人思想成果作出平实的概述、公允的评价，不溢美，不苛求；而对一些作者所特别心仪感通的对象，则往往语出自然，意在言外，成为诗化哲学评论的传神之笔。例如，评老子云，“自然为法高层美，艺术人生亘古今”；评商鞅云，“纵然车裂为秦死，灭旧生新一产婆”；评司马迁云，“百家思想同扬弃，一史风骚共月明”；评仲长统云，“仲长不失其中杰，疑是长沙去复来”；评柳宗元云，“遭逢不幸长沙似，何处招魂岭外天”。又如，化哲学思辨为诗意语言，论二程云，“仁者浑然与物同，消融内外更从容”；论叶适云，“道原于一成于两，两物相摩变易源”；论方以智云，“东西总合终成体，今古纷陈尽是诗”，“错综三五如妙叶，代错无妨变异呈”……凡此，虽尚未完全摆脱“理语”筌蹄，但已力求取精用宏，抉发其中的“理趣”，读之引人入胜。

《诗评中国著名哲学家》中对历代哲人的述评的又一重要特点，是既注意到历史的客观性，历史述评应力求如实和公允，又毫不隐讳作者倾注其中的主观情思和历史爱憎。因而书中对不同人物及其思想的诗化述评，详略、精粗，抑扬、取舍，各具特色，实际上体现了作者鉴古筹今的价值取向和历史感情。书中，对破旧趋新的改革家和批判思潮的旗手，总赋予更多的表彰和同情。如对管仲、商鞅、庄周、屈原、贾谊、王充、柳宗元、刘禹锡、张载、王安石、陈亮、叶适等，诗与注俱较绵密，且语多褒扬。尤其对明清之际的大批启蒙学者，更是作者纵观历史之后的别具慧解，一往情深，如称以王艮为首的泰州学派为具有启蒙意义的“时代新潮”，肯定何心隐“卓尔新思自古稀，不为名教所拘羁”，而李贽更是“发聩振聋”的一面“大旗”；对方以智、黄宗羲、王夫之、戴震、龚自珍、魏源直到章太炎，尤为重视，赞扬他们是“绝世才”，是“哲海奇珍”“民主先河”，认为他们的学术贡献是“一代哲人集大成”，“擘开门户拓新天”，不愧为“高空传木铎”，“人寰一大师”。如此带感情的启蒙讴歌，反映了作者的中国哲学史观和反思传统价值的评判意识，与当前某些论者所持的弘扬国粹、反本开新的观点有所不同，读之也足以发人深思。

至于本书的其他特点和优点，读者品味自知，毋庸赘述。

方任安先生与我神交不久，秋水伊人，尚未握晤。我仅从他惠寄的《求索斋诗词》中，略知他的坎坷经历与坦荡襟怀，风雨征途，感慨略同。今又得读他的会心之作《诗评中国著名哲学家》一书，启迪实多。遵嘱草序，期符雅意。言之不足，再缀一律：

耕烟锄玉忒殷勤，种得瑶花灿烂春。
赤水珠还劳象网，兰陵赋就颂蚕云。
庄狂屈狷缘殊性，孔乐佛悲有共因。
一卷高吟入玄圃，契真融美见精神。

（1995年10月）

# 岛田虔次先生《熊十力与新儒家哲学》中译本序

20世纪80年代初，正当中国学术界经过拨乱反正迎来了学术繁荣的春天，岛田虔次先生欣然来华访问，曾经驻杖汉皋，从容讲学，多次来往于桂子山与珞珈山之间，我因得接几杖，坐领春风。岛田先生以其渊深的学养、谦朴的风范、薰然慈仁的醇儒气象，赢得广大师生的衷心敬重，乐与论道切磋，结下深厚友情。犹记在一次学术座谈中，李德永教授当场赋诗一首赠之："天水相连本一家，喜听名教讲中华，从来影响无边界，各领千秋自在花。"先生为之莞尔，举坐亦为之抚掌，当时融乐情景，迄今难忘。

此后，岛田先生与我时有鱼雁往来，他寄赠我之《朱子学与阳明学》一书，由我室研究生蒋国保君译为汉文，译稿寄去日本，先生以朱笔详加校改，细楷密批，字字不苟，见者莫不感佩；继又赐序，奖掖后进，师德尤为可钦。此书在中国出版后，先生关于宋明儒学发展之精审评析，遂为中国学人所知悉。近十年，中国学术界对阳明心学及其所引发的泰州学派的重新评价，虽有其自身的发展逻辑，但与中日学术文化之广泛交流及先生论著之译传影响等，不能说没有关系。历史上异质文化的交汇或同源分流的文化互相涵化，往往会产生文化代谢的重要促进作用。

1985年冬，为纪念熊十力先生诞辰百周年而有湖北黄州国际学术讨论会。岛田先生为少数被邀请的国际知名学者之一，因传闻先生正注目于熊氏哲学，但以冬寒路远,行旅不便,未能莅会。逾年,先生有笺来,对会中分赠的中华书局新辑印的《熊十力论著集》卷一中“心书”等篇的句读,校正了若干条,裁断至为精审;又逾年,跨海邮至,则先生之新著《熊十力与新儒家哲学》一书,粲然在目,粗阅已感到这是深造有得之作,非仅评论熊氏哲学,实为旷观“五四”时代思潮而别具慧解。我室博士研究生徐水生君读后,愿为译成汉文,期能流播国中。徐君译成一半而有游学日本之行,继在京都同志社大学片山寿昭教授指导下得以译完该书并核校定稿。徐君复持译稿走京都木幡御藏山趋访岛田先生,先生以七十四高龄而乐于接待和鼓励后生。这样,使徐君所译的本书能以较高的质量呈现于中国读者面前。

十年来,岛田先生来华讲学所播下的友谊和慧业的种子,已经发芽抽条,上述先生两本学术著作中译本的相继出版经过,足以作证。这既是中日两国人民交往中两朵友谊的浪花,也是中日现代民间学术交流中的一段佳话,必将传之子孙,永志难忘。

熊十力哲学是现代中国哲学中一个独特的体系。其根本的理论趋向,是力图在中国传统文化中去“掘发固有之宝藏”,竭力为他心目中的现代人文理想找到自己民族传统中的“根芽”,赋予这些人文理想以民族化的理论形态和现代化的时代内容。这种文化寻根意识,既否定了崇洋论者的浅薄,又并非复古论者的保守,而是在“五四”运动中另一种新时代的文化觉醒。所以,熊十力的哲学创造中,最值得注意的是他对传统的抉择和扬弃的批判态度。他自称“余研古学,用心深细,不敢苟且”,故能自觉探寻中国哲学启蒙的特殊道路,绝非偶然地把王阳明、王船山视为自己的哲学先驱,把明清之际的启蒙思潮视为中西新旧文化交会嬗变的枢纽,自辟一条承先启后、推陈出新的学术途径。熊氏哲学其所以在“后五四”时期的中国乃至东方哲学论坛上独树一帜,卓然成家,正由于它所阐扬的人文精神与人文价值,既与20世纪世界哲学思潮相会通,又保持了“东方哲学的骨髓与形貌”,是对中华优秀传统文化的创造性发展、转化和继承。

岛田先生这本论著,开宗明义从“五四”新文化运动中新儒家的出现这一事实出发,展开了对他所谓现代中国哲学家中的“双璧”——冯友兰与熊十力的对比研究和对熊十力哲学体系诸环节的系统阐述,而归结到对熊氏哲学的历史地位的评定。书中许多论析,文约而义丰,新意递出。诸如,超越旧说而强调对“五四”运动的“历史总和的全面把握”,即不仅注意“五四”运动中破除封建礼教的反传统思潮的启蒙作用,同时也应看到另一种“顺应时代并创造性地继承民族传统”的动向也具有重要意义,也同样属于“五四”新文化思潮。基于这一观点,他对照并重新评价了日本明治初期针对欧化主义而出现的国粹主义(如三宅雪岭、陆羯南、志贺重昂等)的意义,如所引证的鹿野政直的观点:“各国有各自的近代化方式”,“亚洲有亚洲的近代化方式,这种方式须采取与抵抗欧洲有关的方式,因而必须重视作为抵抗因素的传统、国粹”。这与中国学者近些年对“五四”及“后五四”时期新思潮研究的结论不谋而合,对于中国现代文化思潮的重新评估无疑具有重要意义。其次,与这一史评观点相联系,书中通过对新儒家哲学的研究,确认了中国哲学传统,特别是作为主流的儒家传统具有向现代化转换的可能。作者引据幸德秋水、堺利彦等“社会主义者”“对儒学似乎具有特别的感情”的言行的生动论述,显然对于中国读者会是饶有兴味的。再次,书中对熊十力哲学思想的早期形态——“新唯识论”的系统,按“明宗”“唯识”“转变”“功能”“内圣外王”等理论环节,作了忠实而具体的评述,更把熊氏哲学纳入中国乃至远东儒教圈的思想文化变动的全局,给以历史定位的评析。作者联系熊氏的晚年定论(“明心篇”“体用论”等),肯定其“平生之学,研究大乘并将之与‘易’融通。尊生、不溺寂,彰有、不耽空,健动、不颓废,率性、不绝欲”,乃是“全面改造传统哲学、积极创造新哲学的尝试”。并指出:“这种尝试在中国、日本、朝鲜及整个远东儒教圈是非常显著而独特的形态。”作者进一步论定“中国是一个伟大的哲学之国”,经过清代停滞期之后,出现了熊氏哲学这样综合熔铸儒、佛各家的理论创造,才是“对传统发展式继承的模式”。这一深刻论断,实获我心。我曾粗论:熊先生生活在20世纪前半叶风雨如磐的半殖民地旧中国,西化惊涛,复古逆流,相反相因,交互激荡,而熊先生确能以高一层次的哲学思络,通贯古今,平章华梵,衡论中西,出入于儒、佛、老、庄及宋明诸子,自立权衡,自创体系。有人称之为“新佛家”或“新法相宗”,又有人称之为“新儒家”“新陆王学”或“新易学”等。其实,作为开拓性的哲学家，自当熔铸丰富的先行思想资料，故其论著中，逐处遮破佛法，睥睨西学，痛斥奴儒，且明确自称："吾惟以真理为归，本不拘家派，……非佛非儒，吾亦只是吾而已矣。"这就难于以某种固有的学派范式去加以评定，或诃其乖违佛理，或赞其不坠儒宗，或美其归宗大易，或疵其抨击宋儒，似皆持论有据而与熊氏思想全貌未必相应（见拙撰：《熊十力全集》编者序）。今读岛田虔次先生书，所论诸端，更有同声相应之感。

徐水生君勤恳好学，归自扶桑，以所译之岛田先生书稿见示，并述及在京都趋访岛田先生时，先生尚忆得十年前的汉皋之行。临风怀想十年来一衣带水之间的学术交往因缘，庆幸岛田先生的又一新著得以译播神州，故欣然命笔，乐为之序。

（1991 年 12 月）

# 沟口雄三先生《中国前近代思想之曲折与开展》中译本序

沟口雄三先生是日本东京大学文学部中国哲学科主任教授，是现今日本研究中国思想史的最具代表性的人物之一。

沟口先生所著《中国前近代思想之曲折与展开》一书，着眼于中国独特的自生性以及内发性的近代历程，根据极为周密的方法论上的考察，就明清时期的政治观、君主观、公私观、人性观等的演变，厘清了明清思想史的一贯真髓，从而深刻地揭示了中国近代历史与文化的前近代渊源。

沟口先生此书所论，乃东方近代史留下之时代课题，我曾参酌诸家，有所论析。今读此书，多有契合，盖一衣带水，心同理同。从世界文化的现代化历史进程来看，东方世界普遍存在着传统文化与西洋文化的矛盾与冲突，如何吸纳先进的西洋学术与发扬民族的优秀文化传统，这是东方世界在新文化创建过程中整合民族文化的一大难题。

近代以来，就中国而言，多次掀起了触及思想、价值等文化深层结构的中西文化的比较和论争，其中仅中西文化的同异之辨这一个问题，也经过复杂的思想历程，反复探讨多年，有些问题有所澄清，但并未得到解决或并未完全解决，如当前人们乐道的“文化寻根”、在中国文化中重建“奇理斯玛”（Charisma）等，似乎都与晚清时期人们为“认同”西学而激起的“西学中源”的思潮至今余波未息有关。问题是如何寻“根”？“根”在何处？如何探寻中国文化现代化的内在历史根据，找到传统文化与现代化的历史接合点？这就是历史留给我们有待认真研讨和回答的问题。

沟口先生的明清思想史研究，一反视西方价值观为放之四海而皆准的旧来研治东方文化的方式，又以其对明清思想史的深度关怀与高深造诣，突破了旧来的理气论、人性论等狭隘的纯哲学式的中国哲学思想的研治框架，以更广阔的视野，开拓出覆盖史学、政治学、经济学、社会学的哲学思想研治新途。因而，沟口先生的这部研究具体问题的学术专著，又极具方法论的意义。

耀文同志淬砺自学，穷数年之功，译出此书。将沟口先生学术介绍给中国，定会嘉惠学林，大有裨益于深化和活跃中国思想史的研究。念及耀文同志译书经过及与沟口先生学术交流因缘，乃中日人民友好之一环，故乐意向读者推荐本书，是为序。

（1992 年 3 月）

# 李维武著《二十世纪中国哲学本体论问题》序

谢朝花于已披，启夕秀于未振。

观古今于须臾，抚四海于一瞬。

陆机《文赋》中此数语，似可借以表达在特定历史转折关头人们伫立旷观、谢故趋新的文化心态。人类社会发展的合规律进程，无论是经济的进化，还是文化的衍变，都在连续性中又有其一定的阶段性。哲学运动，也是如此。无论哲学认识的矛盾发展，还是哲学思潮的分合起伏，都依存于社会运动的一定发展阶段而自有其思想承转的阶段性；每一阶段的哲学，作为人们理性的探索，总经历着艰难和曲折、冲突和融合、肯定和否定，由偏到全，由浅入深，历史地具有逻辑意义的发展进程。每当发展中出现新旧代谢的转折关头，总会激发起人们回顾既往，展望将来，进行必要的文化审视和抉择，作跨越一定历史时空的总括思考。

在黑格尔的哲学史观中有一个被马克思主义充分肯定和发扬的观点，即以巨大的历史感为基础，认定真理及其展示是一个过程，哲学真理的历史发展近似于一串小圆圈所组成的大圆圈，哲学发展的大、小圆圈自有其起点和终点，而终点向起点复归，又恰好成为新的起点。黑格尔这些灵动的思想，经过马克思主义的唯物史观和辩证方法的熔炼改铸，更加深刻地成为哲学史研究的科学指南。马克思在一开始触及哲学史研究领域时便指出："哲学史应该找出每个体系的规定的动因和贯穿整个体系的真正的精华，并把它们同那些以对话形式出现的证明和论证区别开来，同哲学家们对它们的阐述区别开来……哲学史应该把那种像田鼠一样不声不响地前进的真正的哲学认识同那种滔滔不绝的、公开的、具有多种形式的现象学的主体意识区别开来。……在把这种意识区别开来时应该彻底研究的正是它的统一性，相互制约性。"[①]列宁也指出，黑格尔"把哲学史比作圆圈"是"一个非常深刻而确切的比喻！每一种思想 = 整个人类思想发展的大圆圈（螺旋）上的一个圆圈"[②]。在《谈谈辩证法问题》一文中，列宁按历史和逻辑统一的原则，对西欧哲学发展中的"古代""文艺复兴时代""近代"等几个阶段的"圆圈"，曾勾画其轮廓，确定其矛盾发展的起落点，具有极其深广的方法论意义。

中国传统哲学有所谓"贞元之会"或"贞下起元"的说法，源于对《周易》的《乾·彖辞》与《乾·文言》中"元、亨、利、贞"四字的诠释。汉唐人注疏，多以"仁、礼、义、信"四德或"春、夏、秋、冬"四时附会解释；而到宋代，理学家们则别有发挥，把"元、亨、利、贞"释为"始、长、遂、成"四个发展阶段的周期，如朱熹所推衍："元者物之始生，亨者物之畅茂，利则向于实也，贞则实已成也。实之既成，则其根蒂脱落，可复种而生矣。此四德之所以循环无端也。"[③]这似乎是以农作物生长收获为喻，借以说明事物发展的周期性（螺旋形式）；而到明清之际，时代思潮的异动，唤起人们对"贞元之会"的觉识，一些启蒙学者更从学术思潮的变局着眼，如刘宗周注意到晚明学风的变异，曾惊叹："贞下起元，是天道人心至妙至妙处！"[④]黄宗羲继之，曾朦胧地臆测学术思想的发展通过某种连续否定的环节而形成一定的"圆圈"；在所谓"贞元之会"，往往会出现继往开来的思想家。按"贞下起元"的周期模式，黄宗羲认为，宋明时期的哲学思想，"周（敦颐）、程（颢、颐），其元也；朱（熹）、陆（九渊），其亨也；姚江（王守仁），其利也；蕺山（刘宗周），其贞也"[⑤]。在朦胧的臆测中大体勾画出宋明哲学发展"圆圈"的轮廓。尤为可贵的

① 马克思：《关于伊壁鸠鲁哲学的笔记》，《马克思恩格斯全集》第40卷，人民出版社，1982年，第170页。

② 《列宁全集》第38卷，第271页。

③ 朱熹：《周易本义》卷一。

④ 《子刘子学言》卷二，《黄宗羲全集》第一册。

⑤ 《孟子师说》卷七，《黄宗羲全集》第一册。

是，黄宗羲伫立在17世纪末的历史转折点上，曾以一个早期启蒙者的胸怀，面向未来，热情呼唤："孰为贞下之元乎?!"①

黄宗羲的呼唤并未落空。18世纪有颜元、戴震，19世纪有龚自珍、魏源等，相继奋起，召唤风雷。但历史在沉重的苦难中蹒跚了两个世纪，直到20世纪初才迎来了"五四"新文化运动——真正的民族觉醒的"贞下之元"。

20世纪中国，成为东方诸矛盾之焦点，经历着深重的苦难。中国人民在苦难中觉醒奋起，却又屡遭挫折，终于在马克思主义指引下克服各种艰危险阻而赢得解放和进步。在这样的历史背景下，中西古今各种文化思潮也展开了剧烈的冲突和在冲突中融合。从20世纪初，以《新青年》创刊为标志所开展的文化大论争，这一论争在"后五四"时期的时起时伏，直到80年代中期掀起的文化讨论热潮，至今余波未息；绵亘近一个世纪的文化论争，其表现形态是中西古今新旧文化价值的评判之争，是中国现代化道路的选择和探寻，而贯穿、蕴含其中的乃是一系列哲学问题，既有哲学认识论、方法论问题的种种分歧，更有哲学本体论问题的艰苦曲折的探索。这是一个极为复杂的思想历程，给人们留下了极为宝贵的文化选择的理论探研的历史经验教训。毫无疑义，20世纪中国哲学思潮，既与世界哲学思潮声息互通，又与中国传统哲学血脉相因，对中华未来腾飞自有其文化酵母作用，因而是值得充分重视的研究课题。

李维武同志在攻读中国哲学博士学位过程中，德业双修，学思并重，毅然选择了"二十世纪中国哲学思潮"作为研究课题，并首先集中在久被忽视的哲学本体论方面，经过认真钻研，奋力完成了博士学位论文，在答辩中，颇得海内专家和师友的好评。而他从善如流，锲而不舍，继续将学位论文修订充实，琢磨成这部专著。

我是这部专著书稿的最早读者之一，深深感到本书是学有心得之作，无论宏观立论，微观考史，都确乎具有一些详人之所略、发人之未发的独得之见。

首先，作者立言有仪，选此课题，自觉地站在世纪之交的转折点上，既回顾哲

① 《孟子师说》卷七，《黄宗羲全集》第一册。

学本体论为主线，对20世纪中国哲学三大思潮的不同精神取向和互相激荡联结作整体考察，又力图引出前瞻性的结论，预示21世纪中国哲学特别是马克思主义哲学的未来发展。这样一种运思方式和历史自觉，是很有启发意义的。而作者更具体认定，在20世纪中国，哲学本体论问题的理论展开正是新的时代精神和民族觉醒的抽象而深刻的反映。这样一个学术论断，也颇有理论深度而耐人咀嚼。

其次，作者不囿成说，敢标新义，把20世纪中国哲学划分为三大主要思潮，即① 科学主义思潮，② 人文主义思潮，③ 马克思主义哲学。这一对哲学思潮的划分方法，超越和扬弃了以往或按不同政派、或按不同学派、或按对东西新旧文化评判的不同观点等所采取的种种分法，而是另辟视角，以本体论上不同理论取向作为划分的内在根据，又以20世纪世界哲学思潮的大趋势作为划分的重要参照，使这一对现代中国哲学主潮的三分法基本符合历史实际，更具有较深刻的理论意义。书中，以三大思潮为主要线索，运用历史与逻辑相统一的分析方法，系统展开了对20世纪中国哲学的纵横论述。一方面，就三大思潮的代表人物分别进行了个案剖析，并揭示其历时性的层层递进的逻辑含义；另一方面，就三大思潮之间的相互影响与矛盾联结，进行了深入阐述，并凸显了马克思主义哲学及其中国化以其最能反映时代新精神与民族新觉醒的理论优势而据有的主流地位。作者对严复以来科学主义思潮的贡献和局限的评判，对科学与玄学论战的主题的深入分析，对贺麟哲学在人文主义本体论发展中的承转作用的论定等，均引据翔实，诠释合度，虽新意迭出，而言之成理，具有较强的说服力。

作者在书中通过对20世纪中国哲学的发展的全面反思，引出了具有前瞻性的结论。全书最后指出，马克思主义哲学必须重视本体论问题的研究，必须对中国哲学论坛和世界哲学论坛上的科学主义思潮和人文主义思潮实行双向扬弃，发展自己的哲学本体论；并强调通过马克思主义的实践精神的阐扬，马克思主义哲学本体论必将迎来发展的光辉前景。作者这些跨世纪的哲学思考和具有预测性的独得之见，无疑会给读者以多方面的启发。

李维武同志曾耕读天门，学工汉上，20世纪80年代初考取硕士研究生以来,深自檠括,不务浮名,博涉浚求,积学精思,矻矻十年,成此专著。晴空鹤唳,不负所期,乐观其成,喜为之序。至于面向未来,任重道远,心炬之传,愿共勉焉。

(1991 年 6 月)

# 评许苏民《李光地传论》

厦门大学出版社推出的许苏民同志的新作《李光地传论》，是一部既具有较高学术质量，又富于开拓创新精神的史论专著。

作者在本书中采取的研究方法，是宏观立论、微观考史、宏微兼济、史论结合。一方面运用马克思主义的望远镜，善于从整体上把握中国封建社会发展到“明清之际”出现的新动向和时代脉搏，从理论上确立全面评价历史人物应当遵循的原则和价值尺度；另一方面，依靠马克思主义的显微镜，对李光地的一生行迹、学术思想、与康熙朝政密切联系的诸环节、诸层面，以及李光地被诬“三案”的诸细节，进行系统周密的个案调研，剖析入微。宏观与微观、理论与历史的深相结合，使这本传论不同于一般性的个人评传而具有了知人论世的史论特色和因小见大的方法论意义。

李光地是一个长期被贬斥的历史人物。从全祖望写《答诸生问榕村学术帖子》到章太炎写《许、二魏、汤、李别录》，前者反映了清初遗民抗清意识，故直斥其为“榕村大节为当时所共指，万无可逃者”；后者代表了晚清种族革命的反清意识，故把李光地力主康熙统一台湾的主张判为“思不义以覆宗国”的大罪。由于全、章的学术权威地位，李光地被流行的政治意识戴上了“万无可逃”的政治大帽子，再加以“卖友”“夺情”“外妇”等“三案”的诬蔑攻击，遂受谤蒙冤近三百年，几成定案，永难昭雪。只有马克思主义的历史观，才能真正辨明是非，洞察曲折，使历史事变得到合理的诠释。本书的一个突出贡献，就在于坚持科学的历史观及其方法论,敢于一反旧说,冲破各种流行的偏见,尤其是在特定历史条件下形成的政治偏见,从而把前人强加给李光地的各项罪名、诬斥和误断,一一加以重新审视,作者发掘和占有大量的第一手史料,详加考订分析,终于据实地复原了李光地在清初政治史和学术史上的地位。这一研究成果使李光地被诬的这一历史沉冤得以昭雪,形成这一冤案的历史因缘得到清理,尤其康熙帝与李光地之间的所谓"君臣际会"关系的政治历史含义被赋予了全新的富有深意的说明。这一切表明了作者积学求真的理论勇气,也证明了这本传论在史学研究中破旧立新的科学价值。

方法是科学研究的灵魂。作者在书中明确阐述并认真贯彻了自己所提出的评价历史人物的方法论原则,即"必须把他放在所处的特定的时代、特定的历史范围内去进行考察,必须以他所处的时代以及和他同时代的人们的'良知'为尺度"。必须如此,才能坚持历史研究的客观性,防止把古人现代化或用现代的尺度去苛求古人。关于明清之际的历史走向及其时代矛盾,作者综合已有的研究成果也作出了自己的明确论断。正因为作者准确把握了李光地生活和活动的时代,把李光地和康熙帝都算作时代造就的人物,从而能够从多方面深刻地阐明李光地的历史活动是适合时代需要的,对于康熙时代的经济恢复和发展、社会的安定、国家的统一、文化的繁荣等作出了不可磨灭的贡献,当然也必有其不可避免的历史局限。这些论证和阐释令人信服。当我国史学界早为康熙帝定了位,但又把康熙时代的文治武功,政治、经济、文化的成就归功于皇帝个人,这就又违反了历史的真实。本书作者进一步强调康熙帝与李光地"君臣际合"的历史意义,强调李光地是"昌时柱石"、一代名相的历史功勋。这样总结历史经验更有启发意义。

本书作李光地的传记,有补白之功,而书中对李氏宗族的传统,李光地的少年厄运、求学活动、师友交游,以后仕宦生涯的曲折历程和言行建树,学术著作与学术主张,与康熙帝及康熙朝野"朋党"的多角关系,以及在政治、学术活动中表现的个性特征,均作了翔实而生动的描述,由于作者下大功夫细读《榕村全集》《榕村语录》、所编丛书及有关文献,详细占有了第一手资料,因而能够娓娓道来,言必有征，文字流畅，结构井然，夹叙夹议，不仅慧解迭出，而且风趣横生，大大增加了本书的丰富性和可读性。

作者许苏民同志曾耕读襄樊，求学汉皋，英年好学，不务浮名，博涉旧闻，敏求新知，十余年来潜心学术，自甘寂寞，好作深沉绵邈之思，正因为长期的笃学精思的扎实功夫，故能在短时间内撰成这一部文情并茂的优秀专著。薪火相传，慧命无穷，我乐于向广大读者推荐这部优秀读物，相信这样的精神劳动成果必能受到珍重和欢迎。

（1993 年 2 月）

# 评杨国荣《善的历程》

杨国荣著《善的历程——儒家价值体系的历史衍化及其现代转换》一书，是近年来儒学研究领域里一部不可多得的力作。

文化的深层是价值观。儒学作为治国安邦、修己安人的理论形态，其价值观特色更为明显，它通过对天与人、义与利、理与欲、群与己、经与权等范畴之间的关系的分析，建构了社会和人生的价值目标。《历程》紧紧抓住儒家文化的这一理论特色，运用历史和逻辑相统一的方法，科学地把握了天人之辨、义利之辨、理欲之辨、群己之辨、经权之辨等的内在逻辑联系，并将它们置于历史发展的长河中，考察其内容的衍化及其在每一时代的理论特色，既展示了儒学发展的全貌，又有别于一般的儒学史论著。全面而不支离，这是本书的一个重要特点。

作为传统文化的主体，儒学曾统治中国思想领域上千年，它所倡导的价值观念已积淀为民族心理，深深地渗透在人们的日常生活和行为方式中。由于儒家在天与人、义与利、理与欲、群与己、经与权等关系上片面突出天、义、理、群、经的价值取向，因而造成了一种缺乏开拓精神、平等意识的保守的文化心态，形成了中国社会在近代化过程中传统与现代化的紧张。如何处理儒家文化和现代化之间的关系是中国社会所面临的迫切课题。该书立足于当代中国的历史需要，检讨了儒家文化中不适应现代化的成分。同时，作者有见于以工业化为标志的现代化所造成的技术专制、主体失落、工具理性压倒价值理性以及由此而来的人际紧张等弊端，肯定了儒学在重建合理性过程中的积极意义，把儒家文化的积极意义奠定在价值目标这一层次上而加以弘扬。这样既有别于现代新儒家的儒学本位论，亦有别于时人仅仅在工具理性这一层面（如儒家文化在现代工商管理中的运用）肯定儒家文化的积极因素的观点。这是本书的又一个重要特点。

儒家价值系统有其发展过程。本书坚持历史与逻辑相统一的方法论原则，在细剖这一发展的过程中，既避免了“五四”学人笼统否定的偏激，又超越了现代新儒家过于袒护的心态，而是有分析地揭示了儒家价值体系的历史二重性，特别是对明清之际儒学的自我批判运动的精神实质及其历史定位，作出了富有新意的说明，具体论析了儒家价值观在近现代多次重演着挫折与复兴的悲喜剧的历史命运，较深刻地展示了传统价值体系的复杂内涵及其与现代化契合的可能，也就是通过向现代化的转换而重建合理性的可能。该书引出的结论是具有前瞻性的。宏观立论，微观考史，清理过去，旨在预示未来。这是本书的又一个突出的特点和优点。

虽然本书尚有些不足之处，例如对儒家功利主义（南宋的陈亮、叶适，明代的丘濬等）似有所忽视，但瑕不掩瑜，本书无论就选题之新颖、史料之翔实、论析之绵密、阐述之明晰，均已达到优秀水平，是一部具有学术质量、理论深度、史论结合、古今贯通的上乘之作，为儒学研究作出了可贵的贡献。

（1996 年 2 月）

# 评冯天瑜《中国文化史断想》

华中理工大学出版社继《明清文化史散论》之后又推出了冯天瑜教授的新著《中国文化史断想》。前一书经老专家邱汉生先生之揄扬，早已流誉学林；新出的后一书也属于20世纪80年代文化讨论热潮中涌现的优秀之作。该书虽由十七篇论文辑成，作者也谦称为“断想”，实际上表达了作者近几年对文化及文化史研究中一系列重要问题的系统思考，以中国文化的特质为中心，以中国文化走向近代的曲折历程为重点，宏观立论，微观考史，自为经纬，成一家言。我粗读后认为该书有如下突出的特点：

该书在学术路线上，博涉旧闻，敏求新知，以开放的心态吸取海内外研究成果，而始终坚持了马克思主义的理论指导和批判锋芒。书中对西方文化学诸流派的评述、对文化的本质及其结构层次的剖析、对儒家传统和当代西方晚清史研究成果（如《剑桥晚清史》等）的评判等，都能以马克思主义理论为圭臬，入其堂奥，论其短长，表现了科学的批判精神。

该书对文化史研究的领域，详人之所略，有新的开拓。诸如，关于传统智力论及其特色，关于儒学经世传统及其历史形态，关于传统的童蒙读物及其文化功能，关于小说《李自成》中所反映的国内民族战争的文化意义等，这样一些新颖的课题，一般文化史论著颇少涉及，而本书特给以充分重视和系统论述。

值得特别重视的是，本书突出论述了明清之际早期启蒙文化与近代新学的历史联系问题，强调指出“新学”并非全等于“西学”，而有其民族文化传统的深厚土壤;由明清之际的启蒙思潮,到道咸间的经世实学,再到晚清勃起的新学,其间有着内在联系的历史逻辑。为证实这些精辟论断,作者对近代文化史上的人物有选择地作了精心解剖:龚自珍、魏源的个案考究,深化了对道咸间经世实学的历史地位的具体了解;《劝学篇》(张之洞)与《劝学篇书后》(何启、胡礼垣)的对比研讨,有助于认清洋务派与改良派之间的联系和区别;而辜鸿铭与鲁迅的鲜明对照,更足以表明近代中国古今、中西的文化冲突,新旧两种文化观的对立斗争,何等离奇、何等尖锐!这些微观剖视,使本书区别于某些架空浮论而达到了历史科学应有的深度和密度。

至于本书体现的作者的学风和文风,注意论史结合,力求古今贯通,敢破敢立,能约能博;特别是引证翔实,文笔流畅,使这一学术专著,具有较强的可读性。因而,我乐于推荐本书,相信它必将受到广大读者的欢迎。

(1992年3月)

# 李亚宁《明清之际的科学文化与社会》序

明清之际——从明嘉靖、万历至清乾隆、嘉庆时期(即公元16世纪中至19世纪初)在我国社会发展史、思想发展史,以及中西文化交流史上,都是一个特殊的历史阶段。

鸦片战争以前的中国史,独立发展,从未中断,无论疆土的开发、民族的融合、经济的进化、文化的演进,都走着自己的独特道路,创建着人类文明发展一般进程的东方典型。得到充分发展的典型的中国封建社会,到明中叶已经完全烂熟而进入它的末期,新的经济关系及与之相伴随的新的文化思潮合规律地开始萌芽生长;尽管衰朽的封建制及其强固的上层建筑,多方摧抑着新生产力的滋长,使社会诸矛盾空前激化,而明清易代的政治变局,更使旧制度得以延续并强化,形成清初一段"死的拖住了活的"的历史洄流。但这两个多世纪的社会矛盾运动所促进的科学文化思潮的发展,却鲜明地表现出"新的突破了旧的"的特色。特别是在中西文化早期交流中涌现出的一大群科学精英,奋力探索着中国科技文化怎样通过融会西学而得以推陈出新的发展的道路。在探索过程中,知识分子群体还形成了具有不同学术倾向的派别,但从文化思潮的总体上,都是在孕育着突破传统思维,迈向近代世界的新动向,这构成中国文化代谢发展中一个极为重要的阶段。

这一阶段最重要的历史现象之一,是以利玛窦等耶稣会士为媒介的西学东传。当时传入中国的西学，内容涉及许多方面，但最能引起中国知识界注意的则是西方科学技术知识，这是因为，当时中国的自然科学研究热潮作为启蒙思潮的一个重要侧面，正蓬勃兴起，恰与西方传教士带来作为学术传教工具的西方天文历算知识、欧几里得几何及其演绎推理思维方式、拓宽视野的环球地圈以及水利、火器、望远镜等“远西奇器”，可以说是声气相投，易于契合。李约瑟博士在论到东西方科学的融合点时，曾经指出：“东西方的数学、天文学和物理学一拍即合，到明朝末年的 1644 年，中国和欧洲的数学、天文学和物理学已经没有显著差别，它们已完全融合，浑然一体了。”(《李约瑟文集》第 196 页)这一历史估计，似乎过于乐观，东西方科学初步接触时，只是天文数理学科因大体发展到同一思维水平，因而易于交流和对话而已，至于融合为一普遍性的近代天文数理科学，恐怕是 19 世纪下半叶以后的事，至今尚未完成。17 世纪以来整个中西文化以数理科学为先导的汇聚、冲突、矛盾、融合，是一个复杂的历程；由于当时汇合的中西方文化中都有新旧交错、真伪混杂的情况以及各种因缘所造成的文化功能的历史错位，更增加了这种复杂性。即以当时中国学术主流中代表人文主义觉醒的启蒙思潮而言，在文艺美学、史学、哲学以及经世之学诸领域均有鲜明的反映，但以其具有典型的中国特色，既区别于中国古代的异端，又与西方文艺复兴以来的人文主义意识不同，利玛窦、汤若望等西方传教士自认为深入中国学术堂奥，且与李贽、方以智等均有交往，然而对于这一思想新动向却毫不理解。当时在所谓耶、儒之争或耶、佛之争的争论中，几乎全未涉及这一时代主题；而晚明到清初的这些论争，究竟反映了中西文化冲突中什么性质的思想矛盾，这些复杂的思想矛盾对当时西方科学文化的引进和中国科学的近代化走向有什么影响，还是有待进一步探究的课题。

如果仅就中西科学的早期汇合而言，明清之际确属于特殊的历史阶段，因当时双方大体处于平等地位，从事和平的文化交流，易于显示出各自的优势和弱点；当时传入的西方科学既有古代的、中世纪的积极成果，也有一些近代化的新进展，而彼时中国科学从总体上也基本达到这一水平，这就易于比较双方的异同包括同中之异与异中之同，易于比较中西双方的科学传统。通过如实的比较，我们就能更深入地理解 17 世纪中国科学发展的动向,向近代化演变的可能性,以及往后却急剧逆转和落后的内外原因。这无疑是很有意义的研究课题。

李亚宁同志长期从事科学史的研究,当他对人类科学发展的一般进程有了较全面的理解之后,在 20 世纪 80 年代中国的文化问题讨论热潮的引发下,他沉静地把研究的视点集聚在明清之际这一特定历史阶段中西科学文化的关系史上,这是很有见地的抉择。他自述研究这一课题的主旨,"正是要通过明清之际中西文化关系的剖析,还原、透视出作为历史概念和文化概念的'明清之际'的近代性意义,以及传教士学术传教对中国科学传统的影响,从而揭示社会、文化与科学的内在关联"。由于立足点高,涵盖面广,目的性强,作者积数年之力就撰成了这部系统的断代科学史专著。

这部专著的一个重要特点,是把宏观立论与微观考史两方面结合起来,宏观上力图运用马克思主义历史观对整个中国史发展到明清之际的新动向从整体上加以把握,并善于吸取现代历史学、现代文化学、现代社会学的积极成果,立足于中西比较而把历时性的纵剖与共时性的横剖相结合,坚持历史、文化与逻辑的统一,从而论定中国的"明清之际"已经诞生了中国自己的人文主义思潮,"揭开了中国文化向近代化转化的大幕"。可是,历史的道路竟如此坎坷曲折,光芒四射的启蒙文化随即陷入万马齐喑的历史悲剧。作者对这一历史的曲折,从科学史的角度,作了一系列的微观解剖和有关专人、专题的个案研究,诸如对徐光启的西学研究水平及其《度数旁通十事》的重要意义的剖析,以及把徐光启等的科学思想与康熙帝的科学兴趣相对比并就其价值取向与社会意义所作的详细分析;又如对在中西科学早期接触中出现的实学派、西学派、启蒙派、会通派的科学思想的异同及其演变所作的分疏、论析和评判,等等,大都持论有据,言之成理,以其史料翔实,评断公允,因而具有较强的说服力。

作者由论入史,因史成论,坚持历史分析与逻辑分析相统一的方法以考察科学史,旨在通过具体的科学史研究,揭示出社会、文化与科学的内在关系,特别是经济、政治、教育、民主等与科学进展及科学社会化的互动关系。作者从科学作为观念形态怎样体现社会精神或文化传统和社会的价值取向怎样评价科学并促使其得到社会承认两个方面，详细论证并强调了“科学社会化”的重要意义；又从社会结构、文化传统与科学的关系着力评论了中国传统的科学价值观及其在明清之际的近代化演变，表明中国科学的发展存在着继承传统、引进西学和自我创新而迈向近代化的契机，但社会结构和传统价值观却使中国科学的近代化遭到“难产”。作者这些论述，以及对中西两种科学传统、两种社会文化生活“范式”的多层面的比较和两者互补关系的论证等，都不乏新意，给人以富有历史感和现实感的启发，启发人们思考许多过去的教训、现在的选择和未来的设计问题。

作者从科学史的断代研究，引出一些前瞻性的结论，诸如对当代人严肃讨论的“不经过牛顿力学行吗”的问题，经过深思，作出了自己的回应；同时，又按自己的思路把中国科学传统思维归结为“整体论”，把西方传统归结为“原子论”，进而论定现代自然科学的新进展正促使中西科学传统两极相通、必然融合。尽管这些结论还较粗略，带有预测性，但不仅在当今中外学者中足以引起共鸣或争论，而且由于本书的论析较为详备，势必启迪更多的人思考中西科学能否合流的前景而把这一问题的研究引向深入。

亚宁同志乃蜀学新秀，博涉旧闻，敏求新知，采山之铜、自立矩矱，成此专著。我作为书稿的首批读者，深受教益，故乐于向广大读者推荐亚宁同志这部力作，并愿与读者、作者一道继续思考亚宁同志在书中所提出的一系列问题。是为序。

（1993 年元月）

# 邓红蕾《从混沌到和谐——儒道理想及文化流变》序

20世纪80年代，改革开放的浩荡春风吹绿了神州大地，全国城乡一派生机。从经济到文化都出现了空前活跃的景象，继真理标准问题、人道主义问题的哲学大论争之后，又掀起了以传统与现代化关系为中心的文化问题研讨热潮，席卷全国，波及海外，被人们看作是中华经济腾飞的文化思想先导。20世纪90年代以来，表面上文化研讨热潮渐趋沉寂，而事实上，一些有志之士，笃学精思，潜入深流，正把文化问题的研讨引向纵深发展，大有创获。诸如，关于文化学及文化哲学诸流派的理论和方法，不仅有大量的译介、引进的国际研究成果，而且经过系统消化，国内学界也进入独立探索，并有了新的创造和综合；又如，关于文化史及文化思潮等的专题研究，也开始分门别类，钩沉发微，并不断深化拓展；再如，对一些作为传统文化源头的重要典籍文本，也开始有了以现代文化人类学、民俗神话学等为依据的解读或破译，且卓有成绩。近些年陆续涌现的这方面的科研成果，超越了以往较多的浅尝泛观，往往令人耳目一新。邓君红蕾所撰的《从混沌到和谐——儒道理想及文化流变》一书，就是这类优秀科研成果中的一种。

邓君红蕾曾来珞珈问学，勤读慎思，德业双修，矻矻三年，灵根自植；以“先秦儒家中庸观”为题完成的硕士学位论文，饶有新意，颇得师友好评。此后，她执教中南民族大学，教课之余，潜心研究，经过十年的积累与琢磨，终于写成《从混沌到和谐》这一部别开生面的学术史论专著。全书除“引论”外，分为六章，近二十万言；总体上围绕儒、道两家的文化思想的分合这一中心议题，对于儒、道两家文化理想的内涵、历史演变、思维特征、互斥互补的态势以及儒化教育和道化教育的不同走向及“层次效应”等，展开了论史结合的探讨，进行了哲学、文化学的诠释，试图揭示其中“文化流变”的某些规律。在中国学术史的研究中，此书不失为一本富有探索精神的创新之作，在宏观立论和微观考史两个方面，都有新的创获。

就宏观立论而言，全书“引论”，首标新义。除了对“文化”“文化理想”这类普遍习用而歧解甚多的概念进行了义理分疏和明确界定以外，更从研究自然界物质流动和形变的现代物理学科——“流变学”中，借用了“流变”这一科学概念和研究方法，创立了“文化流变”等具有特定内涵的新概念，借以对人类文化主流的“流变”总趋势和一般轨迹进行宏观审视，并作出规律性的概括。根据作者最简要的概括：人类文化从原始“混沌”到主客分离，从多元并进到两端对立，从互斥互补到和谐兼容的模式，乃是文化流变的基本模式，或称作“文化流变的圆圈模式”，而这一模式是以人类价值全面实现这一人类普遍的即“类”的理想追求为前提，所以它体现了人类文化的“类本质”(或“类特性”)；至于各民族文化理想的建构及其流变，则既具有“人类文化的类本质”的共通性，又表现了各民族的文化历史发展的殊异性。按作者分析，中国传统文化也有其史前的原始“混沌”阶段，经过“绝地天通”的人神分化、“天人相分”的主客分离，然后经过诸子百家的争鸣而呈现出多元并进的局面，再经过儒、道文化分别对主体自身内在两端性因素各持一端的逆向的理想追求，终于形成统一文化中的对峙态势，势必走向儒、道文化的和谐互补。作者据此而提出儒、道两家的对峙实际上表现了“人生理想的张力效应”；而儒、道两家的文化理想经历了从“混沌”到分化、对立的过程，再历史地走向更高层面上的和谐、统一，正是体现了“文化流变的完形规律”。

作者在本书中所提出和运用的上述这些新概念、新方法、新视角，大都基于多学科交叉的切实研究，基于对大量史料与已有成果的认真消化，基于别出心裁的独立思考，因而能够在理论观点上有所树立，触类旁通，以虚带实，给读者以

“疏通知远”的思想启发。这是本书的突出特点和主要贡献。当然,人文学科诸范畴及方法论原理的更新,对错综繁复的史实的规律性概括,绝非轻而易举之事。本书作者既有志于此,并已卓然起步,有所弋获,切望能继续努力,锲而不舍,深体黄梨洲之言:“盖道,非一家之私,圣贤之血路,散殊于百家,求之愈艰,则得之愈真。”

至于微观考史方面,本书虽属史论之作,亦有新的开拓。如关于“儒化教育的层次效应”的问题,作者认为儒家文化理想及儒家经典原则是通过若干中间环节向民间传播:首先经过蒙学教材的文字通俗化处理后,变成了日用常行的规范;再经过戏曲等的艺术形象化处理后,使日用常行的道理通过典型环境、典型人物表现出来,具有强烈的艺术感染力;然后通过故事形式的民间口头化处理,寓教于乐,达到家喻户晓;最后经过祠堂、贞节牌坊等乡土建筑的无言的渲染和强化,使儒化教育最终取得深入人心的社会效应。如此层层剖析,持论铮铮有据。作者更提出并论证了“道化教育的层次效应”的结构系统,似乎是由俗到雅,由浅入深,立足于从形而下的修炼成仙向形而上的修悟合道的递进与升华,与“儒化教育的层次效应”的自上而下,由雅到俗,恰成对应,形成所谓“顺逆金字塔层次效应”即走向不同的两个模型,具体而深刻地揭示出儒、道两家文化理想的对峙格局及其走向互补融合的必然趋势。这一巧妙构思,经过历史的逻辑的严密论证而具有较强的说服力。又如,书中关于道家文化理想的内涵分析及“道化中庸观”的提出和论证均有一定的史实根据;特别是为了阐明“道化理想”本由道家的思辨理性与道教的宗教实践所组成,两者缺一不可,相得益彰。作者除涵泳《老》《庄》之外,深入《道藏》,采山之铜,对宋元时期著名道教学者及流行道教典籍,如《云笈七签》《悟真篇》《太上感应篇》和李道纯、雷思齐、陈景元、丘处机等的思想,进行了典型解剖的个案研究,揭示出其中起主导作用的是“道化中庸观”的思维方法,从而为全书导出的理论结论,奠下了坚实的史料基础。

蒙文通先生尝引孟子“观水有术,必观其澜”一语,借以说明,“观史亦然,须从波澜壮阔处着眼。浩浩长江,波涛万里,须能把握它的几个大转折处,就能把长江说个大概。读史也必须把握历史的变化处,才能把历史发展说个大概”(《治学杂语》,见《蒙文通学记》)。邓红蕾君治史多年,有此志趣,在实践中自己探索出一条宏观立论与微观考史相结合的治学途径,以观其“流变”为思想重心,注意到对文化发展中的分合、转折的动态把握,颇与前修指点相契。《从混沌到和谐》一书,是其笃学慎思的初步成果,乐观其成,喜为之序。

(1997 年 9 月)

# 《诸子百家大辞典》序

中华文化思想史，绵延五千年，源广而流长，富有而日新，细缊化生，从未中绝，且在总体趋向上始终呈现为多源发生、多极并立、多维互动的发展态势。

中国的新石器文化遗址已发现7 000多个，遍布南北；经过斗争、融合，早汇成“海岱”“河洛”“江汉”三大史前文化区；再经炎、黄肇基，夏、殷、周三代拓展，又分化为燕齐、邹鲁、三晋、辽阳、秦陇、荆楚、巴蜀、吴越以及西域等各具特色的地区性文化。到了春秋战国时代，伴随着社会转型中的“诸侯异政”，各地区文化交相激荡，先后形成了“百家异说”的不同流派，“各引一端，崇其所善”，诸子蜂起，百家争鸣，蔚为人类文化史中所谓“轴心时代”的东方奇观。

先秦诸子，号称百家。庄、荀、尸佼各有分疏。司马谈乃括为“阴阳”“儒”“墨”“名”“法”“道德”六家，各标宗旨，自成体系，是为显学；班固依刘向扩及“纵横”“农”“杂”，并称九流，再增“小说”，乃为十家；实际上，当时还有“兵”“医”“方技”“神仙”等专门知识的学派。它们既独立发展，又时有分合，既交相攻难，又互为采获，并行不悖，相灭相生，同归殊途，一致百虑，为尔后中华文化思想的发展，展示了尚杂、主和的模式，提供了永不枯竭的活水源头。

秦皇、汉武，略输文采。一依韩非、李斯计，下令“焚书”，“禁杂反之学”；一采董仲舒献策，“罢黜百家，独尊儒术”。实皆愚妄之举，毫无改于文化发展的客观进程，且恰好证明了“百家”“杂反之学”的富有活力的顽强存在。秦焚书，秦博士及民间学者论道、传经、授徒……从未中绝。汉尊儒，实乃阳儒阴法的汉家法度，而被尊的官方儒学，曲学阿世，奔竞利禄，日益陷入章句烦琐，失去了理论上的创造力。当时一再被黜的道家学者群，或兼采儒、墨、阴阳之长，或撮取名、法、农、医之要，居于异端地位从事学术创造和批判活动，反而在历史上留下了光辉的文化业绩。

汉代形式上儒术独尊，而实际上儒法政治合流，儒道思想互黜，儒门中的异端如“三家诗义”等，亦甚活跃，但学术争论往往激化为政治诛杀，而墨侠、阴阳、形名、神仙、医、农等流行民间，多有创获，是乃当时多维互动的文化格局。这样多维互动的重要文化成果之一，即东汉时道教的兴起(其他重要成果，还有“儒道兼综”的玄学思潮的启动等)。道家与道教，原本殊途，后乃同归。道教，初源于“太平道”“五斗米道”等民间宗教，因神化老子而依托道家，并吸取阴阳、儒、墨的一些思想及神仙、方术等综合而成，经南北朝至隋唐不少学术精英的充实、改造和理论化建设，从道家人天同构的自然生态思想深入到人体科学及生命哲学的研讨，创获尤多，终于成为中华传统文化中一支主流。与此大体同时，印度佛教传入中国，经过长时期的译介、消化，隋唐时涌现出中国化了的佛教诸宗，此后更有大的发展，终于成为中国人民精神空间中与儒、道并列的三教之一。

儒、道、佛三教鼎立，竞长争高而又互相涵化；三教各自内部更派别林立，此消彼长，霞蔚云蒸，是乃汉以后中国文化多维互动、异彩纷呈的绚丽画卷。这样多维互动的思想成果，是试图融合三教的宋明道学各派的勃兴。宋明时期，学术繁荣，既有道学多派内部分化的多极化展开，又有陈亮、叶适等的事功之学和郑樵、马端临等的通史家风，终于酝酿出中国历史上又一次基于社会转型的文化蜕变时期——明清之际启蒙学术思潮的崛起。虽经历史道路的坎坷曲折，直到20世纪初的新文化运动，仍是这一启蒙思潮的历史延续。

明清以来，启蒙思潮的旗手们，无不全力呼唤冲破“囚缚”的精神解放，无不主张尊重“一偏之见”，承认“相反之论”，坚持“殊途百虑”的学术史观。他们一再强调:“杂因纯起，积杂以成纯”，“分惟其殊，人之所以必珍其独”(王夫之语)，“盖道，非一家之私，圣贤之血路，散殊于百家”(黄宗羲语)。

因此，把中国传统文化单维化、狭隘化，或把传统文化的发展归结为某一家的“道统心传”,甚至认为儒家文化就可以代表或代替中国文化,显然是违反历史实际的历史偏见。只有着眼于“殊途百虑之学”,把诸子百家的智慧创造都看作是传统文化中不可缺少的精神基因,坚持多元开放的文化心态,才能以符合历史真实的观点去如实把握历史上真理发展的客观辩证法,也才能与黑格尔—马克思所总结出的学术史观遥相契合。我想,这部《诸子百家大辞典》的编者们编纂此书的指导思想,其深层意蕴似应在此。

蜀学渊渊,积健为雄。周史苌弘已博通阴阳数度之学;西汉严君平、扬子云皆兼通《易》《老》,出入儒、道,博采阴阳、象数而又特重玄思,影响深远;直至晚清张之洞、王闿运、廖季平、刘申叔等讲学蜀中,亦倡博通学风,讲坛上各抒己见,矛盾互攻,听讲者始若可惊,兼听则明,故能突破汉宋,超越今古,流风所及,通人辈出。今《诸子百家大辞典》由蜀中出版社首先推出,亦非偶然。

黄开国、李刚、陈兵、舒大刚、黄小石诸君,皆学林新秀,业有专精,分别在儒学、道论、佛法、诸子学等诸领域的研究中取得了令人瞩目的成绩,各有专门论著名世;而又能相观而善,同心协力,合编出这部“杂而不越”的《诸子百家大辞典》,为学林贡献了一部有用的工具书。我想,这正是多维互动的文化发展观的具体体现,是蜀学学风衍生的重要成果。主编者在《前言》中所申说的观点,令人信服,先得我心,故乐于向广大读者推荐此书。

集腋成裘,垒丸不坠。今书将出版,乐为之序。

(1998 年 4 月)

# 域外零篇

# The Rough Road of China's Philosophical Enlightenment

The Rough Road Of China's Philosophical Enlightenment, through a historical review and theoretical analysis determines that China has had its own philosophical enlightenment. However, it did not originate in Song Neo-Confucianism, but began with the anti-Neo-Confucian thought which abruptly appeared during the Ming and Qing dynasties. China, Russia and Germany, in entering the modern age, had many points in common. All experienced conditions where development was difficult because "the new broke through the old " but "the dead still controlled the living". One of the reasons for the rough road of the Chinese philosophical enlightenment was the shackle of Song-Ming Neo-Confucianism. Thus, the essay stresses, only the Marxist philosophical movement which sprang up after the May 4$^{th}$ Movement could usher in the new epoch of modern philosophical revolution. Today, when socialist spiritual civilization is being built, attention should be paid to the task of making up lessons left behind by history, the countercurrents of certain historical movements should be consciously avoided, and the glorious cause of philosophical revolution already started by these pioneers should be advanced.

Was there ever a philosophical enlightenment or renaissance in China? If so, when did it start? What particular path did its development follow? This topic has been discussed often since the May 4th Movement in 1919. After "the ten years of chaos of the Cultural Revolution", these questions are again being explored in order to synthesize the historical experiences, fix the path China follows as it constructs its socialist spiritual civilization, and predict the future development of Chinese philosophy.

Comrades who studied a theory of some Chinese and foreign scholars on this point have come up with a new interpretation. They believe that already in ancient times there were a "Confucian idea of democracy" and a "Confucian humanism", and that modern philosophical humanism originated in Song Neo-Confucianism. Those philosophers in this Song renaissance of Confucianism advocated "recovering human nature by eliminating alienation", spoke of the "unity of Heaven and humanity"(*tian ren he yi*)and believed that "people are my blood brothers and sisters, creatures are my own kind"(*min bao wu yu*). These concepts affirmed the central position of human beings within the universe and the value of the ethics and spiritual civilization which they had created. This affirmation expressed a national awakening and rational spirit, and constituted a second philosophical golden age in comparison to that of the late Zhou. From this perspective, feudal Neo-Confucianism was a rationalism in rebellion against the obscurantism of the feudal era. However, this implies a denial of the fact that China produced a philosophical enlightenment. This line of argument ends in the classification of Wang Fuzhi and Tan Sitong within the Neo-Confucian system, mere inheritors and refashioners of Song-Ming Neo-Confucianism. It even seems to imply that today's socialist spiritual civilization can only be grafted onto a living Neo-Confucianism.

Some comrades start from the opposite extreme. They consider China's long-enduring feudal society to have been an exceedingly stable system which experienced periodic peasant wars and dynastic transformations without undergoing any basic structural changes. The Confucian orthodoxy (including Neo-Confucianism) stifled all incipient ideas. It has only been in the past hundred years or so under the sweeping impact of Western capitalist civilization that the highly stable structure of Chinese society has begun to break down. Some of these comrades decided after an analysis of modern world history that Eastern society could not have given rise to capitalist relations and their mental products. There are also some young people who sigh regretfully over the heavy burden of their country's history, and consider themselves like those Renaissance figures who appeared, as G.F.W. Hegel put it, like sudden flares. These young people believe that the torch of the modern Western Enlightenment is still required to dispel the shadow of feudalism. This approach does not recognize that China itself produced a philosophical enlightenment, a renaissance, and of course those who share it would not study the question of what lessons can be drawn from the particular path followed by the Chinese philosophical enlightenment.

These various reflections on history are the diverse conclusions which naturally grow out of historical analyses and factual comparisons. Georgi Plekhanov, in the preface to his well-known work — History of Russian Social Thought encourages historians not to react emotionally to their data, but to seek profound understanding. We must look back at history explore the numerous theories, and trace the tortuous path which Chinese philosophical enlightenment has travelled.

## I

Terms like "intellectual enlightenment" and "cultural Renaissance" can be used quite generally, but they ought to have a particular meaning when used in the context of Marxist historical science. Speaking in the narrow sense, the Crusades (which lead to large-scale discoveries of Greek and Roman manuscripts and art treasures) and the smooth development of incipient capitalism after the $14^{th}$ century in towns and cities along the Mediterranean facilitated and unprecedented flourishing of the arts and literature in Italy and other areas. It seemed that ancient times lived again, but actually the predecessors of modern thought were drawing on the ghosts of ancient times to praise the new, breaking beyond the limits of theology and setting off the wave of humanist thought. "A new world was revealed to the astonished West", vanquishing the "ghosts of the Middle Ages." In this sense, the Renaissance can be broadly understood as the intellectual enlightenment which both reflected the early development of capitalism and rebelled against the obscurantism of the Middle Ages. Karl Marx considered Italy as the "land of classicism", the site of the "dawn of modern times." He judged Dante Alighieri (1265—1321) that "at one and the same time, the last poet of the Middle Ages and the first poet of modern times", "a colossal figure" whose work signaled "the close of the feudal Middle Ages and the dawn of the modern capitalist era." F. Engels also termed this "a time which called for and produced giants — giants in power of thought, passion and character, in universality and learning." From the $14^{th}$ to the $16^{th}$ centuries a large number of cultural heroes and intellectual giants emerged across Italy, France, Spain, Holland and England. In the field of philosophy, the Italians Giordano Bruno (1548—1600) and Julius Caeser Vanini (1586—1619), praised by G.F.W. Hegel as "philosophy's martyrs", were burned at the stake by the Church. Yet this "kindled the strife between so-called revelation and reason" in which the latter emerged independently and the former was separated from it. At the same time theology's dominant position came under intense attack in the German Reformation and the peasant wars and uprisings led by the lower nobility which it incited. "The dictatorship of the Church over men's minds was shattered... Among the Latins a kind of cheerful spirit of free thought taken over from the Arabs and nourished by the newly-discovered Greek philosophy took root more and more and prepared the way for the materialism of the eighteenth century."

This is the enlightening nature of "philosophy which then awoke from its slumber," which a Marxist analysis of Western history discovers in the motion of society and thought of the Renaissance era.

Philosophical enlightenment in this specific sense must be distinguished from the heterodox thought of the Middle Ages which can be traced back before the scholastic Nominalism of the $12^{th}$ and $13^{th}$ centuries to the heterodox mysticism of "the revolutionary opposition during the Middle Ages." Furthermore, philosophical enlightenment developed differently from that prelude to political revolution, the theorizing related to the European capitalist philosophical revolution of later times. The usage of the term "philosophical enlightenment" must be clearly specified, limited to the context of the development of capitalism and its sense as forerunner of the new intellectual systems and harbinger of the collapse of the old feudal system. Perhaps we can indicate the essence of the term by quoting Karl Marx, in history, "only rarely and under quite special conditions is a society able to adopt a critical attitude towards itself" and "we are not of course discussing historical periods which themselves believe they are periods of decline." During a society's disintegration, revolution will take the place of critiques; criticism will no longer be a lancet for analysis but a weapon for running one's enemies through. A society's critical self-evaluation invariably occurs when the society itself has not yet collapsed but its contradictions have become glaring. The Renaissance and enlightenment of the 14th through 16th centuries were exactly such critical self-evaluations of Western Europe's feudal society, developing in a time when the society was quite vigorous. There are many terms for this period, for example Reformation, Renaissance, Cinquecento and so forth, but this type of internal, critical evaluation was historically necessary in order for the world's leading nationalities to find their way out of the Middle Ages. To say that a renaissance or philosophical enlightenment took place in China simply means that out of China's feudal society with its particular conditions there emerged this type of internally generated and self-directed criticism. The appearance of new philosophical trends accompanying the development of the beginnings of capitalism in the mid-sixteenth century embodied this critical evaluation. The ramification of the Taizhou school marked this development. This division and the new trends in the arts and sciences of the times echoed each other. By the 17th century this critical evaluation was expressed in strong attacks on Song-Ming Neo-Confucianism. Later, what had begun as a typical philosophical enlightenment followed an extremely tortuous historical path.

People enjoy indulging themselves in simple comparisons of Chinese with Western philosophy. But development in the West involved several patterns. The Renaissance of Italy, France and the other Mediterranean countries soon bore splendid intellectual fruit. England, with its special historical conditions, led the industrial revolution and the advance of modern materialism. And the singularity of the modern intellectual enlightenments in Germany and Russia, two countries with a heavier burden of feudalism, laid in their initiation by "aristocrat revolutionaries" or "aristocratic nationalist movements", and their reliance upon the massive power supplied by the peasant struggles against feudalism.

In very general terms, if one examines China after the appearance of nascent capitalism in the context of these Western European countries, one easily discovers that China differs from Italy, France and England, but is similar in some respects with Germany and Russia. Firstly, in all the three countries the economy developed slowly in the process of modernization, and the historical vestiges of clan relationships enabled feudal power to grow strong and vigorous despite its corruption. In addition, due to the inadequate development of the internal factors of capitalism in the feudal system, modern society evolved only with difficulty over a long span of time. Secondly, in these countries there were numerous peasant wars and the peasantry became the revolutionary motive force opposing feudalism. The peasantry could not triumph, but directly and indirectly it furnished the historical force behind the abrupt surge of enlightened thought. Thirdly, the new and thriving urban population, including the bourgeoisie, appeared late and matured early. Due to their relative weakness, and varying degrees of a tendency both towards compromise and vacillation, the urban classes lacked the strength to completely take on the task of overthrowing feudalism. The unforeseen result was that the working class had to unite with the peasantry to shoulder the burden. Fourthly, reform movements materialized several times due to the slow and difficult development of modern society. These failed just as often as they appeared, and class relationships and social contradictions present a particularly complicated picture. Historical movement was often diverted from its proper course, like eddies in a stream, for the living was breaking down the dead but the dead clung heavily to the living.

These four points seem to be common features of the societies of Germany, Russia and China after nascent capitalism appeared and before the rise of the revolution led by the working class. In sum then, as Marx pointed out in his description of Germany,

> *We suffer not only from the development of capitalist production, but also from the incompleteness of that development. Alongside the modern evils, we are oppressed by a whole series of inherited evils, arising from the passive survival of archaic and outmoded modes of production, with their accompanying train of anachronistic social and political relations. We suffer not only from the living, but from the dead.*

However, it was precisely in this complex situation where the old and new commingled that the tide of enlightened thought, reflecting incipient capitalism and opposing feudal obscurantism, ultimately developed and broke past the diverse obstructing forces. The philosophical enlightenments of these nations met with reverses and their historical tasks were left incomplete; still, they aroused later generations. During this period many intellectual giants in China, Germany and Russia made great contributions to humanity's spiritual civilization. In Germany these included Martin Luther, Thomas Münzer, J. W. von Goethe, J.C.F. von Schiller and Ludwig van Beethoven; G.W. Leibniz, Immanuel Kant, G.F.W. Hegel and Ludwig Feuerbach, who were the direct predecessors of Karl Marx and Frederick Engels. In Russia there appeared Stepan Razin, Emelian Pugachev, Alexander Raishchev, the Decembrists, Alexander Pushkin, Alexander Herzen, V. G. Belinsky, N. G. Chernishevsky, Georgi Plekhanov and V. I. Lenin.

Conditions in China were quite similar in some respects to those in the Russian Empire: feudal oppression was harsh, the economy and culture backward, the struggle of progressive people for the nation's revitalization unstinting and their search for revolutionary truth ceaseless. China however was a large Eastern nation and in some respects was even more backward than either Russia or Germany. V. I. Lenin distinguished three generations of progressive figures in the movement to liberate Russia. Progressive Chinese, whose road was even more tortuous, can be divided into five generations. In the field of philosophy, the first generation of the early philosophical enlightenment included humanist thinkers Huang Zongxi. Gu Yanwu, Fang Yizhi, and Wang Fuzhi of the Ming-Qing transition era, and Yan Yuan, Dai Zhen and Jiao Xun of the early Qing. The second generation was landlord reformers who were the first to adopt a worldwide perspective, including Ruan Yuan, Gong Zizhen, Wei Yuan, and Lin Zexu, Yan Fu, Tan Sitong, Kang Youwei and other bourgeois modernizers who strove to use Western learning to strengthen the nation are the third generation. The bourgeois revolutionary democrats, represented by Sun Zhongshan (Sun-Yat-sen) and Zhang Taiyan, and bourgeois scholars, like Liang Qichao, Wang Guowei and Cai Yuanpei who tried to amalgamate Western and Chinese learning into an independent intellectual system, comprise a fourth generation. For three hundred years wave after wave of ancient and modern, Chinese and foreign tides of thought surged and converged. Eventually the Chinese philosophical enlightenment advanced to a completely new stage of philosophical revolution: In the May 4th Movement intellectuals like Li Dazhao, Chen Duxiu, Mao Zedong, Cai Hesen and others emerged who turned from revolutionary democracy to Marxism.

## Ⅱ

This brief analysis makes it clear that in Germany, China and Russia development towards modernity had much in common. In each nation the process included critical evaluations of the nation's feudal inheritance. At the same time one can also see that the trials encountered in this process left the peoples simply deeply-etched memories not only of humiliations but also of brilliant achievements won through heroic struggle. In 1850, F. Engels, reflecting on the German people's tradition, noted that the German people have historically manifested a persistent and dauntless spirit, that the ideals and plans of the German peasantry and commoners were usually capable of frightening their descendants. Engels also made a factual analysis, pointing out that the essence of the special theological theories of the $16^{th}$ century German revolution was their over-whelming orientation towards transcendent objects. Abstractions which came out of a bleak reality were the source of the superiority of the theories of Germans from Leibniz to Hegel. In 1914 Lenin wrote, "To us it is most painful to see and feel the outrages, the oppression and the humiliation our fair country suffers at the hands of the tsar's butchers, the nobles and the capitalists…" But Russians ought to be filled with national pride, he continued, for "having produced Raishchev, the Decembrists and the revolutionary commoners of the seventies." A working class political party also materialized which "has proved capable of providing mankind with great models of the struggle for freedom and socialism." In Lenin's historical evaluation of Alexander Herzen, N. G. Chernishevsky and Leo Tolstoy, and his analysis of the contradictions in their world views, he displays an even higher scientific standard. From the exemplary discussions of these classical authors, readers can learn what sort of sense of history and scientific methods should be used to summarize a people's historical tradition, to analyze the particular progress of a people's philosophical enlightenment and philosophical revolution, and from this to derive historical lessons.

Apparently a special intellectual stage which prepared the way for modern Chinese philosophy, the philosophical enlightenment of the $17^{th}$ and $18^{th}$

centuries should also be regarded as a product of the special historical conditions of the late Ming-early Qing period.

During the late Ming-early Qing, a large number of economic and political crises broke out: nascent capitalism began to develop, a vigorous movement sprang up to study natural science. Art and literature which expressed the demands of urban inhabitants flourished. These conditions demonstrate that China's feudal society and its ruling ideas had already reached that historical stage to which Marx had pointed, not of collapse but of possible critical self-evaluation. Enfeebled patriarchal clan and feudal relationships and their solid superstructure blocked the development of all new things. In the blood spilled during the defeat of the great peasant uprisings, the Qing dynasty managed to supplant the Ming. These factors enabled the old system to continue, trapping China for a period of time in a historical eddy. Nevertheless, the new tendency of the feudal system to move towards destruction on the scale of "the sky falling and the earth splitting" (Huang Zongxi) could not be changed, and this nourished a new movement towards modern philosophical thought which Wang Fuzhi termed "a breaking through and an enlightenment." Below are listed several examples.

1. The early period of the enlightenment conforms to the regular pattern of an "Enlightenment." The twists and turns of its intellectual trends reflect the urban population's rebellion against special feudal privilege which was directly influenced by the storm of peasant revolutions, their intellectual products reflect an early stage of democratic consciousness. For example, Wang Fuzhi advocated "the necessity of acting in accordance with the general welfare"(必循天下之公) and "not considering the state the private property of one person." Huang Zongxi demanded that "institutions of the world" be substituted for the feudal and autocratic "institutions of one family." He

declared that "those who have done the greatest harm to the world are none other than the rulers." Tang Zhen went so far as to denounce all emperors since the Qin as thieves.

Under the impact of the slogan, "Equal land to rich and poor" of the peasants in revolt, some of these philosophers suggested ways to equalize land rights. Huang Zongxi advocated public ownership of the land and the equal allotment of public land to those who were to farm it. Wang Fuzhi advocated that "those who cultivate should manage the land," and wrote that "pacification of the world involves only the equalization of land holdings." Li Kong proposed, "Those who own land must till it themselves," and Yan Yuan supported "speedily confiscating the excess land of prosperous commoners." While these reform proposals differed in essence from the ideals of the peasant revolutions of the era, they were vaguely connected to the demands of the early development of capitalism. These writers opposed "reverencing the root and curbing the branch" (i. e. encouraging and stressing the importance of agriculture while restricting and playing down the value of commerce-transl. note), arguing that "handicrafts and commerce are both fundamental." They also assailed the imperial examination system, advocated the establishment of schools and demanded the development of scientific technology and popular arts and literature of the people. These proposals contained the distinctive essence of an enlightenment.

2. With special sensitivity, scholars of this early period of enlightenment took note of and valued the newly-risen "studies of substance" (*zhice zhixue*).[①] They absorbed the new methods of "investigating things and probing their principles" and the new results of scientific development. These enriched

---

① Zhice zhixue (质测之学) refers in fact to Western natural science of that time.

their philosophizing. Fang Yizhi proposed that "studying the substance encompasses understanding the incipient (*zhice ji chang tongji*)."[①]Wang Fuzhi esteemed "specialized study" and believed that "setting out from material things to exhaust principle — this can be achieved only through studying substance." Ancient Greek and modern European scientific treatises, blended with religious propaganda and introduced by the group of Western missionaries who came to China during the sixteenth century, were warmly received by the enlightened scholars of that time. The scholars stressed using an objective attitude to deal with foreign culture — "If one wants to strive to surpass their achievements one must first thoroughly understand them" (Xu Guangqi) — and called for people to "enter deeply into the-profundities of Western methods and correct their omissions and shortcomings" (Mei Wending). Scholars also realized that although the Western scientific knowledge disseminated by the missionaries was useful, the theological world view was worthless. Fang Yizhi noted that "Westerners' studies of substance are quite refined, but they have not yet begun to understand the incipient." During the Ming-Qing transition era the study of natural sciences suddenly drew a good deal of attention and an early exchange took place between Eastern and Western science, giving a new character to the contents and methods of the era's enlightened philosophy. For example, in his *Small Insights into the Principles of Things* (*Wuli Xiaoshi*) Fan Yizhi set new standards for philosophy in his demonstration that matter and movement cannot be separated, and his argument came out of his assimilation of scientific results. On the same basis, Wang Fuzhi also reached a higher level of philosophy by concretely demonstrating the fundamental principle of the conservation of

① Tongji. Wing — tait Chan defines ji (机) as "subtle, incipient, activating force," and notes that A. C. Graham's translations, "inward spring of movement" and "incipient movement not yet visible outside," are both accurate. (A Source Book in Chinese Philosophy. p. 784) Tong (通) means to grasp, understand.

energy and the indestructibility of matter in *Zhang Zi Zheng Meng Zhu* (《张子正蒙注》) *and Si Jie* (《俟解》).

3. Scholars of this early enlightenment initiated a new style of study, which stressed actuality, concrete proof and practice. They bitterly attacked all the bombast of the scholarly world of Song-Ming Neo-Confucianism with its "empty talk of mind and human nature." They blamed Neo-Confucianism for the intellectual world's preoccupation with idealist approaches. Gu Yanwu wrote that the scholars of his time "never stepped out of their own doors"; they carried on "insubstantial discussions which had no basis" and "did not care at all about the world's distress and poverty, but spent their whole day discussing *wei wei jing yi*."① Huang Zongxi criticized scholars of his day for declaiming on extremely general theories and spending most of their time discussing how to "establish standards for the people, testify to the mind of Heaven and Earth and inaugurate a peaceful world for all generations." As soon as a national crisis came however they sat "stupefied, with jaws dropped, as if in a heavy fog." This "pursuit of the empty" and "meaningless talk" was considered the basis of the subsequent calamities that befell the nation and the people. Without exception, the enlightenment scholars particularly stressed " practical statecraft", and introduced the notion that one must "trace back the problems that bear on the people's livelihood and the fate of the dynasty to their source, and discuss the reasons why things are as they are." They felt scholars of the day "should thoroughly discard the subtle and abstract theories of ancient and contemporary times and return to reality." These scholars promoted matter-of-fact, extensive study of society, history and natural science, with the focus on concrete demonstration. For example, in order to write his *Tian Xia Junguo*

① "危微精一": "the human mind is precarious, the mind of the Way subtle; be meticutions and single — minded and sincerely hold fast the mean." — Tr.

*Libing Shu* (《天下郡国利病书》) Gu Yanwu "left his tracks across half the China." When he "arrived at a pass, he talked with old or demobilized soldiers, asking about the details. If what he heard did not conform to what he had heard before, he would immediately go to the books in a local bookstore and check the information." In compiling his books *Tong Ya* (《通雅》) and *Wu Li Xiao Shi* (《物理小识》), Fang Yizhi "kept notes under different headings of whatever he happened to learn," and "gathered what people commonly said." "Sometimes such knowledge had no evidence to support it, sometimes one could not check it by tests; he pointed these instances out. This method prized studying the substance and seeking out the reliable…… he turned to Western Europe the way Confucius had turned to the scholar Tan, in order to substantiate the institutions of the Duke of Zhou and Yu, founder of the Xia Dynasty. More keenly still, he investigated the past forms and transformations of the institutions so as to study the matter thoroughly". Wang Fuzhi "had enjoyed personally asking people about all kinds of matters since he was young, and was quite intent on studying strategically located mountains and rivers, local troops, economy and finance, laws and institutions and their changes and development." "In studying history and commentaries, in using the official writings of authors, monographs and chronologies, he verified or refuted contradictory points. He felt that what people had previously neglected must be carefully and cautiously gone over, and proved or disproved on the basis of what one learned." The new methods of study of these enlightenment figures went beyond those of the Han and Song schools and approached those reflective of increasingly modern modes of thought.

The discussion above should have made it clear that in terms of scholarly and political trends of thought, the early enlightenment of the $17^{th}$ century differed sharply from traditional feudal thought in that it critically evaluated the autocracy and obscurantism of feudal society. The social situation which had made possible, even inevitable, this sort of critical evaluation was the internal political differentiation of the landlord class under the impact of contemporary peasant and urban anti-feudal up-risings. The political struggles revolving around opposition to the corruption of late Ming government and the oppression of the Han race during the early Qing swept up some of the enlightened landlord intellectuals who were not in office. Shocked at the political convolutions and precarious position of the Han race during the era of dynastic transition, these scholars felt the humiliations and defeats which the Han people had brought on themselves to be deeply painful lessons. "We mourn the defeats and look into the reasons behind the intensity with which they occurred." From within the cultural tradition, these scholars criticized the feudal obscurantism and autocracy which they believed are responsible for the debilitation of the race, the corruption of society and the degeneration of the scholarly world. All of them took aim at Song-Ming Confucian idealism which as the feudal orthodoxy dominated intellectual life for some 500 years. Individual degrees of consciousness and critical emphases differed, and each intellectual trend contained contradictions; still, the objective requirements of society's development were reflected in this (critique) in a quite complicated but thoroughly rational way.

These complicated reflections in philosophical development movements after the mid-sixteenth century of the objective requirements of social progress had both a lively historical content and their own logical course of development which conformed to the rules of thought.

The philosophical consciousness of China's "Middle Ages" reached its apogee in the school of mind (*xin xue* 心学) of Wang Yangming. The completeness of the idealism of Wang Yangming's *xin xue* engendered within itself factors which were self-negating. This resulted in the unavoidable ramification of the Taizhou school, and the necessary appearance during that process of heterodox thinkers who "could not be restrained by morals and institutions" and "turned Heaven and Earth upside-down". In his opposition to the attitude which "takes what Confucius said was or was not right to be what actually is or is not right" and his "theory about the childlike mind", that "extreme heretic" Li Zhi symbolizes the start of critical evaluation of feudal society by its own members. The political practice of the Donglin and Fushe partisans — "students of one school, who faced a cold wind with ardent hearts, desiring to wash clean Heaven and Earth" — pushed Fang Yizhi, Huang Zongxi and others to go beyond various aspects of traditional modes of thought. They opened up new paths for seeking truth and new fields of knowledge such as natural philosophy ("studying substance includes understanding the incipient") and historical philosophy ("understanding the orthodoxy requires the study of history.") At the same time, there appeared quite a number of thinkers like Chen Que, Zhu Zhiyu, Fu Shan, Li Yong and Sun Qifeng who, while isolated and preoccupied with their particular analyses, still shared ideas and concerns. With a certain historical consciousness, Wang Fuzhi summed up the legacy of their work: "Scholarly achievements come from accumulation, with the old and the new supplementing each other, and the old is renovated." These scholars critically summarized Song-Ming Neo-Confucianism, elaborating and improving the useful and discarding the rest in the works of the Cheng brothers, Zhu Xi, Lu Jiuyuan and Wang Yangming. They also studied the *Zhou Yi* (*The Book of Changes*) with great skills; recast Laozi, Zhuangzi and Buddhist and Daoist teachings; caused the "study of substance to flourish; particularly relied on the principle of establishing standards on the basis of the human," stressing study from the perspective of human history; brought the theoretical form of simple materialist dialectics to its highest form. Distinctly humanist ideas were also embedded in these scholars' discussions of the relationships between Heaven and humanity and principle and desire, presaging the new philosophical system which already moved restlessly in its womb and would later emerge into the world. "I am the congelation of perfectly disinterested and impartial principle."(我者,大公之理所凝也)"I have lived until today, and during this period many people have become ghosts in Heaven or on Earth. Those whose *qi* (气) has already dispersed are ghosts; those who are in the process of agglomeration are certainly spirits who will live in the future. Although I have not yet become my 'self of tomorrow', that state is not remote." China's Middle Ages "preserved old objects and could not renew itself," and its body, "although not yet decomposed," was "withered and dead." A "self of tomorrow," a new "self", "the congelation of impartial and disinterested principle" was yet to be born. Wang Fuzhi's philosophy logically marks the final stage of the developmental cycle of Chinese feudal society's philosophy.

Later, Yan Yuan and Dai Zhen continued to expose the alienation of human nature stressed by Song-Ming Neo-Confucian ethics in the opposition they perceived between the principle of Heaven and human desires. Yan and Dai criticized this opposition as "using principle to murder what is human." Dai Zhen stressed "Intellectual insight" and emphasized "Dividing principle." Yan Yuan stressed "practice" and advocated "real study". These two scholars embodied the philosophical trends of materialist empiricism and materialist rationalism respectively. Their work prefigured the inevitable replacement of the simple form of materialist dialectics by a new philosophical form whose special feature was its metaphysical approach. However, owing to the adverse political currents of the early Qing, the new economic and intellectual situation did not develop as it should have. Although Jiao Xun and Yan Yuan worked strenuously after Dai Zhen, this new form of philosophy did not actually emerge. The achievements of these Ming-Qing transition era scholars were forgotten for nearly sixty years in the troubled situation which followed on the heels of the Opium War. These scholars' works found another audience only during the bourgeois reform movement of 1898 and the anti-Manchu revolutionary movement of the late $19^{th}$ century, when they acted as a kind of yeast to the period.

## Ⅲ

China did indeed undergo its own philosophical enlightenment and renaissance, but this did not originate in Song Neo-Confucianism. On the contrary, it came out of criticism which negated the entire body of Song-Ming Neo-Confucianism, including both Zhu Xi's *li xue* (school of principle) and Wang Yangming's *xin xue* (school of mind) This early humanist awakening could occur only because the fetters of Song-Ming Neo-Confucianism were shattered.

It should be said that China produced cultural giants in the social upheaval and the turmoil of the racial and class struggles of the Ming-Qing transition. China has its Dantes in Tang Xianzu and Cao Xueqin whose songs, however, were humanistic and not "divine". It has its Da Vincis and Michelangelos in Zheng Xie, Shi Tao and Chen Hongshou, whose paintings embodied a strong and abruptly surfacing heterodox character. China's "philosophical martyrs" were men like He Xinyin and Li Zhi, men who had the courage to turn their backs on the Classics and forsake the Confucian "Way", and who died without regret. More noticeably, China had Francis Bacons in Xu Guangqi, Fang Yizhi and Mei Wending. These people were thoroughly versed in Chinese and Western knowledge, and began the enterprise of casting "new tools". And Huang Zongxi and Wang Fuzhi, those erudite and profound thinkers, are without peers in that historical stage of world culture. During the early Qing these thinkers faced "swords and prison one after the other and yet abandoned neither the chords nor the song." Still, all they could manage was to "use the old and new firewood, and light a cold stove." "Thinking of fragrant spring, now so distant, who rejoices with me today?" These scholars looked towards a future unborn yet alive in their imagination and felt isolated. Their ideas could not fuse in a "stream of fire" to illuminate the night. On the contrary, their works became the objects of the Qing court's literary inquisition. These scholars wanted to establish a "court of rationality" and exposed traditional religious theology and the fallacies which "oppressed the minds of the people," but in actuality the Qing literary inquisition put rationality and freedom itself on severe trial.

What accounts for this? Simply the first historical deviation of the long and difficult birth of modern Chinese society in which the Chinese philosophical enlightenment shuddered to an abrupt standstill. With the recovery of society and the economy from the devastation they had suffered and the fusion of the Han with the backward race which had subjected it, feudal autocracy temporarily stabilized, giving off a last radiance before collapse; accompanying this, Cheng-Zhu Confucianism thrived again under the imperial patronage represented in the phrases "issued under the imperial authority" and "by order of the Emperor." This cultural policy, which the Qing rulers adopted to meet the needs of their feudal rule, increased the inertia of feudal tradition. As Comrade Hou Wailu wrote:

*On the one hand a tremendous literary persecution was launched; the Siku Guan was established to collect and edit books with an order to burn those books which violated certain taboos, while a series of policies stressing Confucianism and reverencing Confucian scholars were adopted to hoodwink society. On the other hand, after Yongzheng 1 (1723), the Qing court's policies towards the outside world temporarily cut off the Chinese scholarly world from Western science. These two royal blockades, the one against science from without and the other against any thoughts opposed to Neo-Confucianism from within, complemented each other and contributed to the formation of the so-called Han school of the Jiaqing-Qianlong period which studied the ancient for its own sake and dominated the contemporary scholarly world.*

These policies not only obscured the brilliance of 17th century enlightenment philosophy, resulting in its neglect and near end, but also retarded the process of Chinese history in general. In the end this lead to the mid-nineteenth century invasion by Western capitalism which further disrupted China's historical development.

After the Opium War China entered a very distorted modern age. In the face of unprecedented national crises, the Chinese people awoke. Group after group of progressive figures appeared in anti-imperialist and anti-feudal struggles looking towards the West to find the truth that would save the country and the people. They left a revolutionary tradition to be celebrated and mourned. In the intellectual and cultural struggles between "new learning" and "old learning", the late-born, early-maturing and thoroughly feeble capitalist class, with a dim historical self-consciousness, looked back to the Ming-Qing enlightenment philosophers as their forerunners and hoped to proceed with their unfinished work. However, these late 19th century bourgeoisie were engrossed in "Western learning" and had no time to sort through and further develop their inheritance. In assimilating "Western learning," Chinese took notice of ① the relationship between the philosophies of John Locke, Francis Bacon and Rene Descartes and the flourishing state of science, ② the relationship between the philosophies of Denis Diderot and Julien Offroy de la Mettrie and the French Revolution, ③ and of the progressive significance of Kantian and Hegelian philosophies. The bourgeois scholars hoped to absorb what could "open up the people's intelligence" and "renovate the people's morality." Driven to meet the political crises, however, they hastily constructed philosophical systems which were eclectic, disorderly and extremely immature. They tried to insert new concepts and results of contemporary Western science directly into their philosophies, using them to negate the traditional Song and Han schools and go beyond ancient materialism's simplicity and dependence on direct perception. But since they passed over crucial links in the process of reasoning, they sank into simple comparisons; thus their work became mired in superstition and some was completely valueless. Political weakness and cultural backwardness prevented China's bourgeoisie from completing their social revolutionary tasks; still less did they have the vigor to fulfill their task of philosophical revolution. In the short period of a few decades, China's movement into philosophical modernity sped along the historical course which had been marked out by Western European philosophy over several hundred years; but the awakening and maturation of reason and the formulation of rational, internally-derived critiques of the society which this historical stage demanded were left undone.

## Ⅳ

The "difficult birth" of China's modernity as a historical phenomenon refers to the entanglement of new and old, the contradictory situation in which the dead still clung about the living as the living broke through the dead. This occurred several times in intellectual and social movements in China.

Archeologists have demonstrated that China's transition from a primitive society to slave society required nearly two thousand years, spanning the time from the patriarchal society of the Yellow Emperor to that of the founder of the Xia when "succession to the throne was based on heredity." If we accept the point of view of some scholars that the Spring and Autumn-Warring States period was a moment of great transformation in the feudalization, then the transition from the slave to feudal system also took several hundred years. The long "difficult birth" of ancient society actually proceeded along the channel of reformation, so a good deal of sediment accumulated the patriarchal clan system, primitive religion and concepts of clan morality. The transformation from a slave system characterized by the prevalence of patriarchal clans to a feudal system also characterized by the prevalence of patriarchal clans happened gradually: Old systems were followed and changed to varying degrees at different times, the calendars promulgated by the Xia, Shang and Zhou replaced each other in their turn. Eventually a complete set of moral obligations and principles which can be regarded as the alienation of human nature reflected in its externalization in religious and political spheres and which centered around "reverencing Heaven and following the ancestors' institutions," "respecting one's superiors and parents" and so forth, took the more concentrated form of the traditional concepts "Heaven," "the rites" and so on. To later observers it seems as if a nightmare engulfed people's minds. These concepts became important objects of study for generations of orthodox philosophers. Problems concerning the relationship between Heaven and humanity, and that between laws and the rituals often touched off philosophical debate; yet the concepts of Heaven and the rites invariably endured as sacred and inviolable emblems of an external, suppressive power. The huge edifice of the dominant, feudal orthodoxy was constructed upon this foundation. This orthodoxy could do no less than attack and expel as heterodox all humanist ideas which dealt with institutions or "transcended the rectification of names and trusted in the natural." In other words, it rejected any form of thought which rebelled against human alienation and demanded a restoration of human nature.

During the early stage, the orthodoxy had taken form of theological formulations which displayed humanity's self-alienation in the religious sphere. These doctrines included "the source of the three bonds (between sovereign and minister, husband and wife and father and son) can be sought in Heaven", "the origin of the Confucian ethical code lies in the natural," and "prosperity and poverty are decided by the principle of karmic retribution." Later, after refashioning at the hands of the Song-Ming Neo-Confucians, orthodoxy further displayed the condition of human alienation in the form of philosophically formulated moral principles. That is, in their hands the clan-oriented moral principles which had been explained as "rooted in the human heart" were objectified into a cosmic consciousness which "filled Heaven and Earth," and they transformed the stratified feudal order into a thing-in-itself, the "self evident principle of Heaven." Song-Ming Neo-Confucians interpreted the subject's cognitive activities morally, as "preserving the original mind, nurturing the human nature, and retiring and examining one's conduct" (chu yang sheng cha). Thus these philosophers often discussed the concepts "the unity of Heaven and humanity,""people are my brothers and sisters, creatures are my own kind," "distinguishing and defining principle in its various moments," and "people's positions in life are fixed and do not change." They summarized the conflicts between the "principle of Heaven" and "human desires" and between "the mind of the Way" and the "mind of humanity". They expounded the doctrine that the "three bonds and the five constant virtues 〔humanity（仁）, righteousness（义）, propriety（礼）, wisdom（智）, and sincerity（信）〕" are "the ultimate of human ethical morals and the principle of Heaven, and nowhere in the world can they be evaded." This so-called "ethical idealism" led people to try to eradicate human desires on account of the "principle of Heaven," to suppress the "mind of humanity" on account of the "mind of the Way," to consciously submit to "fate" and their "allotted share in life," to be engulfed in an ever more decadent and ruthless feudal system, and to consciously choose not to struggle, not to be angry. Nor did Neo-Confucian concepts of the "recovery of human nature" and the "recovery of principle" involve any actual restoration of human nature, but on the contrary, led to its utter alienation and the slave-like consciousness described above. This theoretical system which manifested the alienation of human nature in the political and ethical realms was said to be "based in the human feelings and the principle of things." As to the system's adherents, "their desire to plan for the welfare of the people was thorough, their implements for regulating them complete, their measures for guarding against them comprehensive, and their guidance of the people on the Way sincere." This obscurantist intellectual system had tremendous an esthetic power and dominated Chinese intellectual life for several hundred years, thoroughly permeating the superstructure. It served the autocratic rule over later feudal society as cords which bound fast the intelligence of the nation and its spirit of historical progress. In addition to socio-economic and political factors, the spiritual shackles forged by the Song-Ming Neo-Confucians over a long period of time were an important factor underlying the arduousness of the progress of the Chinese philosophical enlightenment and the "difficult birth" of the modern philosophical transformation.

Clearly those who were locked in these shackles were bound to rebel. Progressives within modern China's bourgeoisie were usually receptive to "new learning" because they opposed the tradition. These thinkers' political practice was intimately connected with the philosophical transformation which used "new learning" to oppose "old learning" and summarized the positive intellectual achievements obtained in the midst of social change. Initially, these progressive figures contrasted the characteristics of Chinese and Western scholarship, then they proceeded to extensively absorb the West's modern progressive philosophy, particularly the great discoveries of nineteenth century Western natural science which had supplied the scientific basis of Marxist philosophy and comprised the great breakthroughs beyond bourgeois metaphysics. These bourgeois progressives boldly inserted new scientific concepts such as "ether" "nebula" "matter" and "force" into their philosophical systems. In addition, they took the first steps towards synthesizing various aspects of China's ancient philosophical tradition, including the simple materialist dialectics of the theories about the transformations of *qi* (气, or psycho — physical substance), the concept of contradiction, the theory on the unity of knowledge and action, and so on. The bourgeois progressives' work helped to prepare the soil into which Marxist philosophy could be planted and strike root. Some bourgeois scholars studied the history of Chinese philosophy and were keenly interested in the distinctive contributions of Ming-Qing transition era thinkers. Other scholars translated and introduced a continuous stream of the works of various Western philosophical schools, particularly those of German classical philosophy, until after May 4$^{th}$ (1919). All this played an important role in laying the foundation for the development of the modern Chinese philosophical revolution.

Nevertheless, it should be evident that due to abnormalities in modern Chinese society, the rapidity of change in the revolutionary situation, the long-term sluggishness of the social forces of production and the tremendous backwardness of science and culture in general, China's bourgeoisie did not and could not have assembled an effective theoretical arsenal. The "new learning" and "Western learning" in which they so deeply believed did not have the strength to defeat feudalism nor its cultural alliance with imperialism. Many progressive intellectuals had at one point struggled against, perhaps gone beyond, feudal thought only to be tripped up later. Scene after scene of this tragedy was played out. Gong Zizhen and Wei Yuan started by posing challenges; they ended up valuing the Buddhist sutras. Tan Sitong himself exclaimed that although he had a mind to eliminate the traitors, he had no power to reverse the situation. Kang Youwei went from a reformer of purpose and high moral principle to a royalist, and finally became an imperial restorationist. Zhang Taiyan's life is also a fairly typical example. For a time he was considered a heroic person, a revolutionary who swept away all obstacles before him. Yet he was limited by a peasant consciousness. He opposed the establishment of a republic and the development of a capitalist economy. Ultimately Zhang withdrew from politics and became a "Confucian scholar respected by the scholarly world." In his early works, such as *On Bacteria* (*Jun Shuo*《菌说》) and *Public Addresses* (*Gong Yan*《公言》) he upheld a fresh materialist theory. Towards the end of his life he was "upright in behavior and profoundly thoughtful. He wrote an explication of the *Qi Wu* (entitled《齐物论释》) and came to combine his philosophy with that of the Consciousness-Only and Huayan schools of Buddhism." He had turned from rationalism to anti-rational mysticism. After May $4^{th}$ a variety of philosophical trends followed one after the other , such as "Neo-Consciousness-Only Buddhism,""Neo-Cheng-Zhu

Confucianism," and "Neo-Lu — Wang Confucianism." Modern Chinese intellectual history is replete with contradictory people and intellectual systems and reversions to the traditional. This is not a matter of individual natures and interests but reflects the contradictions of the period of China at the end of the nineteenth century when the bourgeoisie could complete neither the political nor philosophical tasks of the bourgeois democratic revolution.

The years of extreme intellectual confusion which followed the 1911 Revolution issued directly from the long and difficult birth of modern China and its philosophical revolution. A few of the bourgeois revolutionaries such as Sun Zhongshan (Sun Yetsen) and Zhu Zhixin were aware of this. After 1917 Sun Zhongshan made great efforts to study philosophy and wrote *Sun Wen Xue Shuo* (《孙文学说》), the centerpiece of which is the "theory that knowledge is hard, action is easy." This clearly reflected the pressing demands being made of theory at the time. The petty bourgeois revolutionaries were even more sensitive to this matter. The flourishing development of the "New Culture Movement" after the founding in 1915 of *New Youth* (*Xin Qing Nian*) energetically attacked the contemporary intellectual countercurrents reverencing Confucius and tradition. Those involved in the movement wanted to use "democracy" and "science" to "dispel the darkness in China's politics, morals, scholarly world and thoughts." They were unwilling to compromise and fiercely opposed the old ideas and culture of feudalism. However, in terms of theory, the results of the New Culture Movement were meager. The New Culture Movement proved incapable of fundamentally transforming the situation and bringing China's modern philosophical revolution to birth.

After May $4^{th}$, Marxism was introduced into China. In that era's furious conflict between old and new culture and thoughts. a new Marxist cultural army was born. Li Dazhao was the earliest important figure and the most profound and farsighted intellectual to appear in the new enlightenment. The reports of the guns fired in the October Revolution roused Li to the fact only the truths of Marxism and the road of the October Revolution could bring about the transformation of China and its vigorous development. Li was the first to analyze Chinese history and the history of Chinese philosophy from the historical-materialist perspective. He firmly believed that "Confucius is just dried bones left over from several thousand years ago" and that the reason "Confucius' doctrines could dominate the minds of Chinese for more than two thousand years" was that these doctrines "comprised a layer on the surface or the Chinese clan system which in turn had its own economic foundation." As a result of this, "ravaged, the land has sunk into deep gloom and bleakness, with bones and corpses everywhere, and the spirit and bravery of the nation has totally disappeared." Li Dazhao appealed to the youth to make their "basis reason, and add to that hard work," to "burst past the restraints of history and destroy the prison of out-worn doctrines." "What we must announce and vow repeatedly to the world is that we will not use specious arguments to prove that a snowy-haired China still lingers, but urgently assist the birth of a new China." A generation of youth awoke to reason in response to this call. In a series of debates that followed, the decayed intellectual system was dissected from the historical-materialist perspective with its irresistible scientific approach, and the philosophical revolution of modern China began. In the New Culture Movement after May Fourth, Lu Xun made significant contributions in many fields with his characteristic profundity and militant tenacity. One of the contributions was his penetrating historical analysis of the reasons underlying the difficulties with which the Chinese philosophical enlightenment had met since the seventeenth century. He saw that spiritually China carried a "burdensome legacy" and a fearsome "hereditary disease." Lu Xun pointed out that in China's past there "have been two sorts of special phenomena: repetition, involving the return of the old long after the new has arrived, and interpolation, which occurs when the new has long since arrived and old has not been discarded." With intense sorrow he exposed the ferocity of the "ethical codes," the self-blinding "optimistic outlook of the corpse," and the shortcomings of the "old tunes" about "venerating Confucius," "reverencing Confucian scholars," and the "profound and far-reaching beneficence of Confucian scholars." Lu Xun advocated a continued unfolding of the "intellectual revolution" and raised the question of "reforming the national character." He believed that the poison of the long feudal period's traditional consciousness had brought about psychological and social deformities in the Chinese national character, and felt that onlookers should "not pity its dissolution in the slightest." His purpose in writing the "Diary of a Madman" and "The True Story of Ah Q" was to "expose the sickness and draw attention to its treatment." Lu Xun was a democratic revolutionary who later became a Marxist, and he worked to reform the national character, to bury feudalism, and to awaken the nation spiritually. Comrade Mao Zedong affirmed *in On New Democracy* that "the road he took was the very road of China's new national culture." He also noted that since May 4$^{th}$:

> *There had been great strides in the domain of the social sciences, and of the arts and letters, whether of philosophy, economics, political science, military science, history, literature or art… For the last twenty years, wherever this new cultural force has directed its attack, a great revolution has taken place both in ideological content and in form (for example, in the written language).*

The 1930s and 1940s saw the first triumph and development of Marxist philosophy in China and inaugurated a new era in Chinese history — one of philosophical revolutions. The appearance of philosophical works by such people as Mao Zedong, Liu Shaoqi, Li Da, Ai Siqi and Guo Moruo make this much clear. The triumph of Marxism marked the historical conclusion of the three-hundred-year development of the Chinese philosophical enlightenment.

## V

The historical review sketched out above calls up "feelings like the dim twilight before dawn, overflowing with increasing brightness."

1. In using a scientific attitude to compare and contrast Chinese and Western philosophy and in analyzing China's historical circumstances, Chinese should value their own intrinsically outstanding intellectual tradition and consider the basic question they face to be one of how they can continue the Chinese philosophical revolution begun by their predecessors. Due to the difficult development of the Chinese philosophical enlightenment, China's special characteristics and the objective logic of its historical evolution are embodied in the past preservation and dissemination of its philosophical achievements, the connection between the links in the chain of its philosophical development and the ramification and confluence of philosophical trends. Stymied in the $18^{th}$ century, the $17^{th}$ century enlightenment philosophy nevertheless shone brilliantly during the reform movement at the end of the nineteenth century and the New Culture Movement of the twentieth century. The fundamentally scientific methods of the $18^{th}$ century Han school scholars, surviving the political storms of the $19^{th}$ century, played an important role in the revolution in historical studies which occurred in the early $20^{th}$ century. Even dyads like the Way — instrument, substance-function, constancy-variability,

one-many, name-actuality and knowledge-action — about which seventeenth century thinkers had thought deeply and to which they had given new categories of meaning — underwent a refracted development, maintaining their vitality and living on in the intellectual world until today. We should take the movement of Chinese philosophical contradictions from the mid-Ming to May 4th as one historical process. We should devote more study to the entire operation and bring out its pattern both in historical and logical terms. This will help us understand the historically-shaped, logical starting points of Marxist philosophy in China and the intellectual surroundings in which it took hold.

2. In the past few years some comrades in philosophical circles have been extremely interested in studying Confucian thought, particularly Song-Ming Neo-Confucianism, which they value highly. There has been quite a bit of discussion about its essence, position and function and many new ideas have been raised. This sort of discussion and research adds vigor to the scholarly world. Analysis and evaluation from different perspectives and over differently defined fields can produce widely variant results. However, history is a unified process. One can fix an object's position unambiguously only after it has been fit into the context of that unified developmental process. The science of history has its Marxist and Party character, and this is naturally based on the objective nature of the task of restoring the full face of history. Historical study involves the passing of judgements. Whether or not those judgements are correct can only be measured against the criterion of degree of innate progressiveness of the historical movement. If we place Song-Ming Confucian idealism in the context of the development process of later feudal society, paying particular attention to the social and economic transformations of the Ming-Qing transition era and the intellectual conflicts aroused by these, we have to affirm that Neo-Confucian idealism was a spiritual force which impeded the forward motion of

history. Should the analysis of Song-Ming Neo-confucianism simply involve skipping over the entire historical stage of China's philosophical enlightenment and a return to the making of commentaries, or should it follow the historical trajectory and carry forward the critiques which had been a "breaking-through and enlightenment" in the $16^{th}$ and $17^{th}$ centuries? This question is worth thinking over.

This is simply another way of pointing out that appraisal in Marxist historical studies should correspond to the direction of a society's self-generated and self-oriented criticism as it appears in history itself. Yet our critiques must continually break beyond the criticism of earlier times. Of course we continue to follow the lead of Li Dazhao and Lu Xun, and Mao Zedong, who correctly summed up the intellectual advances. At the same time we need to go beyond the limit on historical evaluation imposed by "ultra-leftism" since May $4^{th}$ of formalism, nihilism, simplification, use of stereotypes and so on. True criticism and exposure can only consist of scientific analysis, picking the pearls out of the dung and restoring the true historical picture. Due to the "difficult birth" of modern China and its revolutionary philosophy, the two thousand years old traditional feudal consciousness, especially the burdensome Song-Ming Neo-Confucianism, still play a role today, are still appreciated and prettified as things which can "become a source of socialist spiritual culture." This makes it even clearer that we must systematically integrate a glowing intellectual tradition, a continuing philosophical revolution and an ongoing critique of the baneful influence of feudalism on the basis of actual historical connections.

3. China's modern philosophical movement had two special, concrete consequences. On the one hand, philosophical world view of China's bourgeoisie was hurriedly formed in the midst of converging streams of Chinese

and Western, ancient and modern intellectual trends. This world view developed swiftly and declined procipitiously; this smoothed the path to the speedy victory of Marxist philosophy in China. On the other hand, Chinese bourgeois culture was backward, its theoretical contributions were few and the bourgeoisie was unable to complete the historical tasks in the field of philosophy which it ought to have completed. This made the development of Marxist philosophy in China more difficult. Many facts demonstrate that history has left to us numerous problems which still await resolution. The pressing tasks facing us are, under the guidance of Marxism-Leninism, to raise the scientific and cultural level of the entire nation, to construct a socialist spiritual culture whose heart is Communist thought and to bravely reach for the forefront of modern science, technology and materialism. In order to realize these tasks we must study new problems in philosophy and pay attention to finishing the residual historical tasks. After the October Revolution, V. I. Lenin repeatedly stressed, "Only a precise knowledge and transformation of the culture created by the entire development of mankind will enable us to create a proletarian culture." "You can become a Communist only when you have enriched your mind with a knowledge of all the treasures created by mankind." "If a Communist took it into his head to boast about his communism because of the cut-and-dried conclusions he had acquired, without putting in a great deal of serious and hard work and without understanding facts he should examine critically, he would be a deplorable Communist indeed." Lenin's lecture to the Russian Youth League raised just this task we face, of studying and making up missed lessons. In terms of philosophy itself, Lenin also mentioned the tasks of copious translation and broad dissemination of 18$^{th}$ century militant atheist works, and discussed the organization of systematic study of Hegel's dialectics and the formation of a "Society of Marxist Friends of Hegelian" among other things. According to the direction of Lenin's thought, on the basis of the objective logic of the history of human knowledge, Marxist philosophy must take root in a particular soil if it is to grow and mature in a healthy way. We must rely on the special characteristics of the indigenous cultural traditions of each nation and consciously enrich and prepare this soil. In China, ancient philosophy developed fully while the modern philosophical revolution encountered great difficulty, and this special characteristic conditions the composition of the "intellectual soil" history could supply. From the perspective of the general developmental process of theoretical reflection, in the construction of socialist spiritual civilization we ought to pay attention to the conscious enrichment of the bases of theoretical thinking. This will result in Marxist philosophy — the developing system of scientific truth — striking stronger roots, blossoming and bearing fruit in China. We believe that with the leadership of Marxism-Leninism and Mao Zedong Thought we will certainly be able to adhere to the objective logic of philosophical progress, consciously avoid historical the cul-de-sac and advance the work of philosophical revolution which our predecessors began.

# The Open Policy in Historical Retrospect

Two principles of a comprehensive nature in China's ongoing reform are domestic revitalization and opening to the world. The latter can be viewed from the perspective of cultural history in order to raise our historical awareness.

We can be proud of the fact that China is an ancient nation with a long history and that China's glorious cultural creativity has followed an uninterrupted and independent course of development. Yet the independence of this course of development does not mean that China has developed in isolation. On the contrary, a major reason why the Chinese people and culture have been able to pursue an independent course of development in the world context for several millennia is that China has been the willing recipient of the fruits of foreign cultures, which she has successfully assimilated.

In reviewing several thousand years of history, we find that the Chinese nation, in its independent course of development, has on two occasions received and assimilated foreign culture on a large scale. This in turn has stimulated a more rapid development of Chinese culture.

The first phase of Sino-foreign cultural interaction was the period from the 1st to the 8th centuries, when Buddhist thought was introduced from India. Countless prominent Buddhist monks and scholars, such as Kumarajiva, Bodhidharma, Fa Xian and Xuan Zang, worked diligently at introduction, translation, collation, interpretation, research and assimilation during the seven centuries after the Yougping period (58—75) of the Eastern Han dynasty. The fruits of foreign culture were eventually translated and blended with many aspects of China's spiritual life. These cultural introductions were subsequently reworked and disseminated to various countries of east Asia, thereby enriching world culture.

Leaving aside for now such cultural imports as Indian logic, grammar, phonetics, medicine, astronomy, mathematics, calendrical science, dance, painting, sculpture and architecture, as well as central and western Asian cultural products, and confining ourselves to Buddhism, we find that in the Three Kingdoms and Western Jin periods (220—316) there was a continuous stream of eminent monks who brought to China Mahayana and Hinayana sutras, which were translated in large quantities. To use the words of Dao'an (314—385), this is because "the old interpretations of meaning were based for the most part on Chinese concepts far removed from the philosophical principles of Buddhism," it was only among the newly translated works of China's Panruo (Prajna) school that intellectual debate and differences of interpretation emerged among what are termed the "Six Schools and the Seven Sects." At the end of the 4th century, Fu Jian of the Former Qin dynasty and Yao Xing of the Later Qin dynasty on two separate occasions launched large scale military offensives into the Western Regions, and one of the major motives for these military actions was to capture Kumarajiva, the Indian philosopher then resident there, in order to bring him back to China. After a series of unanticipated rebuffs, the aim of the expeditions was finally achieved.

In 401 Kumarajiva was brought to the capital. Chang'an (present day Xi'an), and honored with the title of State Instructor (Guoshi). In the capital he oversaw the establishment of the Caotang, a large translation center, which attracted scholars from the Guanzhong area around the capital. At the height of its activities, the Caotang attracted some 3,000 scholars. In the short space of 12 years before Kumarajica's death in 413, over 70 high quality translations and re-translations of major Buddhist sutras and treatises totalling more than 300 volumes were produced. Among the finest of these translations were Nagarjuna's Madhyamikasastra, Shi'ermen Lun, and Mahaprajnaparamitasastra, Satasastra. Through these works the complete philosophical systems of these two thinkers were brought to China. Exposition of and research into the Madhyamika theories of the Panruo school were raised to a new level, and a number of highly original scholars, such as Seng Zhao, Seng Rui and Zhu Daosheng, emerged. They were to contribute much to the development and spread of Mahayana Buddhist philosophy in China. Later the Southern and Northern schools of Buddhism began to proliferate and a vast array of sects emerged, to which each religious teacher brought his own unique and refined interpretation of doctrinal matters. When China was re-unified by the short-lived Sui and subsequent Tang dynasties, the enhanced prestige of state power resulted in an even greater traffic of scholars between China and India. Xuan Zang (Tripitaka) was among them. He remained in India for some sixteen years and there became acquainted with various schools of scholarship, before returning to Chang'an and great acclaim. He produced fine translations of more than 1,300 major Buddhist sutras. Of particular significance are the faithful translations he produced, together with his disciple Kuiji, of the Yogacara school's classics and his introduction into China of the systems of scholarship of Asanga and Vasubandhu. At the time of China's reunification, Indian

Buddhism had been in decline since the 7th century, while Chinese Buddhism had flourished. Sinified Buddhist sects with their own unique theoretical systems had been established by an earlier generation of religious thinkers, such as Zhiyi and Jizang, and a later generation which included such names as Fazang, Shandao and Hongren, together with his disciples Shenxiu and Huineng.

During the reign of Empress Wu (Wu Zhao, 690—705), the index of Buddhist canonical works in print ran to more than 3,600 titles in more than 4, 800 volumes, and by the closing years of the Tang dynasty the number of Buddhist scriptural works in circulation had increased to over 8,400 volumes , exceeding the number of Confucian classics and expositions thereof many times over. Because Buddhist philosophy was systematically sinified, which made great advances. Its theoretical breakthroughs and new ideological features were enthusiastically received in other countries of east Asia, from where it would be spread gradually around the world. to become eventually one of the world's three major religions, although it may also be regarded as a religious philosophy endowed with a high degree of intellectual analysis and a unique consciousness.

The absorption of Buddhist philosophical thought generally helped to refine the thought systems of indigenous Chinese philosophies. The introduction of Buddhism provided the stimulus for the formation of Taoism, and the later emergence of Neo-Confucianism, which was a synthesis of Buddhism, Taoism and Confucianism, in the Song and Ming dynasties. The criticism and sublation of Song and Ming Neo-Confucianism nevertheless hinged upon an ongoing assimilation of Buddhism and a careful consideration of specific Buddhist concepts, and was a factor in the emergence of the new enlightenment movement of the late Ming and early Qing dynasties. It seems undeniable that only through the synthesis and assimilation of foreign Buddhist culture was the philosophy and culture of China's feudal society able to enhance its creativity and, as a result, make a significant contribution to world culture.

The second period of assimilation of foreign culture began in the $17^{th}$ century when China came into contact with Western culture. After the Renaissance, "Western studies" slowly began to move east, and Chinese and Western culture and thought began to converge in China. The history of the subsequent four centuries is complex and tortuous, and to the present day China is still engaged in this difficult and complex process of cultural synthesis and assimilation. After the May Fourth Movement of 1919, Marxism, which represented the latest attainment of Western culture, was introduced to China, where it lent to the process of synthesis and assimilation a new international significance.

In retrospect, the four centuries of cultural history since the $17^{th}$ century may be divided into two phases in retrospection, with 1919 being the line of demarcation between the two.

## Ⅰ. Stage One: Wanli Period (1573—1619) to the May Fourth Movement (1919)

This phase, which covers three centuries and takes in two dynasties, if viewed from the perspective of actual advances in economics and culture, formed a unified historical period, in which Chinese capitalism and the intellectual enlightenment emerged, suffered setbacks, revived and developed. In the end, however, their development was delayed. If one regards this stage of history as ancient China's emergence from the middle ages and entry into the modern period, processes accompanied by the end to earlier restrictions placed on maritime enterprise and by a new trend to looking out on the world beyond, and if one further regards the eastward flow of Western learning as a catalyst throughout this process, then it would appear that the development of culture throughout these three centuries peaked and troughed several times in what we might call a "saddle shape" pattern.

In the first century of this period, the $17^{th}$ marks the transition from the Ming to the Qing dynasties. China's long-enduring feudal society was in decline. At the same time new social phenomena were making their appearance in tandem with the development of a commodity economy and the sprouting of capitalism. Social customs were changing. There were new trends in culture and intellectual thought, and new criteria for determining value. All these new social phenomena were manifested as a flourishing of research in the field of the natural sciences and the burgeoning of literature and the arts among China's urban population. The newly flourishing experimental studies, which had as their purpose the "investigation and exploration of the innate laws of things," stressed the "experimental method." The scientists Fang Yizhi and Fang Zhongtong characterized their endeavors as "seeking essential causes and researching their successive transformations," a field of study which they maintained should be kept independent from the "control" of those who "argue solely in terms of government and education." These endeavors marked the beginning of a break with traditional patterns of thought. The newly burgeoning urban culture rocked tradition in many other ways: concepts of value, human ideals, aesthetic tastes, and patterns of love and marriage. When reflected in the philosophical thought of the period, urban culture saw the rise of a new generation of enlightened thinkers in both north and south China. These thinkers arose independently yet were united in their exposure and critique of Neo-Confucianism of the Song and Ming dynasties and of China's traditional academic style. Through their advocacy of "studying the classics for practical purposes"(i.e. statecraft, *jingshi zhiyong*), "the investigation of things with a view to determining their underlying principles"(*hewu jiuli*) and "making man himself the ultimate principle"(*yiren jianji*), they were moving in the direction of a humanistic awakening. It was at just this time that Western scholarship made its entry into China through the medium of Matteo Ricci, and we can observe the regularized beginnings of the history of Sino-foreign cultural interaction.

Matteo Ricci came to China in 1582, and entered the capital, Beijing, in 1602, where he established relationships among the upper echelons of the academic world. With him he brought his missionary's tools of trade, a knowledge of Western astronomical calculations, Euclidian geometry, deductive reasoning, terrestrial globes which for the first time enabled the Chinese to see the earth in the round, and other "unusual instruments from the distant West," such as telescopes, and instruments with applications in hydraulics and warfare. For China, fermenting with intellectual enlightenment and major change, the things he brought with him served as a timely initiation with implications far beyond what Ricci himself ever imagined. After his death Ricci was eulogized as one who "had an esoteric knowledge of the mysteries of metaphysics, had made an exhaustive study of the saints, was familiar with the technical and theoretical aspects of music and sound, understood the methodology which encompassed all shapes (i. e. algebra), rectified the calendar so that it was useful to farmers, and provided hydraulic instruments which benefited the people." After Ricci, the missionaries Nicolas Trigault, Francois Furtado and Johann Adam Schall von Bell came to China in 1620 from Europe bringing with them on the one occasion more than seven thousand Western books. Li Zhizao (1565—1630) wrote in praise of this: "Strange books from strange lands have been brought here by ship over ninety thousand li. In the entire span of history to the present day, this is a wonderful event." The "academic evangelism" of Ricci and other Western missionaries was given an honored reception by the Chinese government and a warm welcome by academic circles.

This reception of Western studies, being brought East, among China's advanced scholars was not based on an attitude of blind curiosity in the exotic, but showed their awareness of the historical significance of Western studies. Xu Guangqi (1562—1633), for example, perspicaciously noted that Euclid's *Elements* was "the source for calculation and measurement, and on the basis of its exhaustive treatment of geometric shapes, all practical measurement may be carried out." Furthermore, he regarded the work's mathematical methods as "seemingly non-practical, but in fact forming the basis for all practical applications." In other words mathematics formed the foundation for the theories and practical technologies of all modern sciences. "Truly it can be described as the garden of shapes for all phenomena, and the ocean of knowledge for all philosophies." Xu's contemporary, Li Zhizao, made a similarly incisive appraisal of Aristotelian logic which he termed "the ancestor of all studies." The conscientious efforts of these two contemporaries to translate and introduce Euclidean geometry and Aristotelian logic showed an understanding that these works represented the quintessence of Western studies then being brought to China and the essential path for the development of scientific theories and methodologies. Xu Guangqi unequivocally acknowledged that the introduction of the main contents of Western scientific culture must be carried out in an open-minded way, so that from the cultural inheritance which has been expanded and refined over three thousand years we can acquire its attainments within a short space of time. With regard to cultures which are different in nature, he was, moreover, of the view that if "one wishes to surpass them, one must first achieve mastery through a comprehensive study of them, and if one is to master them, one must first translate from them." Fang Yizhi stressed that "one can use Western(things) as an instrument, with which to elucidate classical Chinese (culture)." In other words, China's indigenous scientific traditions can be developed with the aid of the "Western studies" coming to China. He made an incisive assessment of Western studies being introduced to China then. He said that they had a "precise knowledge of sciences, but lacked any understanding of philosophy," and added that "knowledgeable scholars held that Western sciences still are not perfect." Mei Wending vigorously stressed the need for a mastery of both Chinese and Western learning, and in his important specialist work on mathematics entitled *Zhong Xi suanxue tong* (Comprehensive Treatise on Chinese and Western Mathematics) he emphasized more strongly the need "to penetrate the mysteries of Western techniques, to assess any shortcomings." Such unbiased views, which were not simply fortuitous, and the consummate intellectual achievements of these academics indicate the level of Chinese scholarship of their time. The Kangxi Emperor (r. 1662—1722) of the subsequent Qing dynasty also encouraged certain intellectual enterprises which continued this tradition of enlightenment, as for example in the controversy surrounding the institution of a new calendar for the recently established Qing dynasty when he insisted that a scientific attitude be adhered to. In 1693, based on the model provided by the Academie Francaise (itself only set up in 1666) China's first mathematics institute, a prototype of the Imperial Academy of Sciences, was founded inside the Hall of Education (Mengyang-zhai) within the Garden of Refulgent Spring (Changchun-yuan). A number of French missionaries, including Joachim Bouvet and Jean Francois Gerbillon, were invited to lecture there on such subjects as astronomy, mathematics, surveying and dissection. They also organized an unprecedentedly large land survey, and in 1718 completed the *Huangyu quantu* (The Complete Map of the Empire), which embodied the internationally advanced cartographic principles of its time. A number of outstanding young scientists, such as Mei Juecheng, Chen Houyao, and Ming Antu, and a series of excellent scientific works, such as *Lixiang kaocheng* (Results of Research into Calendrical Phenomena), *Shuli jingyun* (The Essence of Mathematical principles) and *Shoushi tongkao* (Comprehensive Research into the Determination of Time), emerged from this mathematics academy supported by the Kangxi Emperor. These examples serve to demonstrate that in 17th century China even feudal monarchs could not simply indulge their subjective will, and were already beginning to respond to the objective demands of contemporary social development. Reflecting the demands of the age in the Ming-Qing transition period, all over China a generation of thinkers who stimulated each other intellectually emerged. They included such men as Gu Yanwu, Fu Shan, Huang Zongxi, Wang Fuzhi, Fang Yizhi, Li Yong, Tang Zhen and Yan Yuan. They individually formulated their own summational critiques of traditional scholarship and initiated a wave of early enlightened thought. Like the "intellectual giants" of the European Renaissance, they were "dispassionately passionate as they sifted through the things of this universe"(Huang Zongxi). They "sat before the wisdom of the ages and acted as arbiters"(Fang Yizhi). They rejected "the specious and obscurantist theories of both present and past, and countered these with truth" (Wang Yu). Yan Yuan, moreover, commented that "we have broken out of the situation which has puzzled men for millennia, so our generation should also arouse with our foresight those who still remain unaware." Most of these thinkers were either consciously or unconsciously influenced by the "Western studies" coming to China at this time and, in the critiques they wrote, we can read of their appreciation. There was only a minority of men, such as Yang

Guangxian, active in the controversy regarding calendrical methods, who obstinately rejected foreign culture. In the $17^{th}$ century, when the burgeoning new economy and new culture were in an extremely weak position under feudal chains and when the "Western studies" being introduced by Jesuit priests were still extremely limited, China nevertheless managed to use "Western studies" as a catalyst to commence its journey out of the middle ages into the modern era of national awakening and intellectual enlightenment. By the $18^{th}$ century , because of profound economic reasons and a complicated grouping of forces in society, the cultural interflow between China and the West was interrupted and China's development in the direction of modern culture was reversed. In the final years of the Kangxi period and in the Yongzheng period (1723—1735) power struggles in the palace developed to the point where the foreign missionaries were driven out *en masse* and a closed door policy of cultural isolation was implemented. Yet what seemed to have occurred by chance in fact had far-reaching historical antecedents. In the early years of the Qing dynasty the restoration of the natural economic base caused the court to rely on the historical prestige of the renovated feudal system, to close China to the outside world, and strengthen its feudal cultural dictatorship through the institution of a largescale literary inquisition (*wenzi yu*). The authority of Song and Ming dynasty Neo-Confucianism of the "School of Principles "①was again held to be paramount and all free thought was stifled. The intellectual flames of the enlightened thought of the early part of the $17^{th}$ century were almost entirely extinguished through the strengthening of the imperial examination system and the literary inquisition. Chinese culture was washed into a backwater, in which it would remain for an entire century. The so-called "flourishing" of the

---

① The "School of Principles"(Lixue) was the Neo-Confucian orthodoxy as first expounded by the philosopher Zhu Xi (1130—1200).

Yongzheng and Qianlong periods was an "Indian summer." It was at this juncture that modern Western economies and cultures were beginning to develop rapidly, the center of social revolution moved from England to France, and the modern enlightenment movement began to flourish and spread all over Europe. China, meanwhile, began to fall behind in a state of cultural isolation.

As "Western studies" gradually penetrated East and Chinese and Western cultures began to blend, it was of course an unavoidable historical necessity that China's ancient culture must pursue its own unique path to modernization. Although China in the 19$^{th}$ century pursued a cultural closed door policy, the intellectual movement of "pure scholarship" (*pu xue*), which was taking shape in the Qianlong and Jiaqing periods, whether applied to textual research, textual verification or the textual reconstruction of ancient writings or to the systematization and collation (editing) of historical materials relevant to such natural sciences as ancient mathematics, astronomy, geography, medicine, or agriculture, demonstrated in every aspect the influence of Western logical methodology and scientific thought. The most eminent intellectuals of the "pure scholarship" movement, such as Dai Zhen (1723—1777), devised their own unique methods to attack Neo-Confucianism, thereby responding to the trend of their times. Dai Zhen proposed a modern scientific methodology which he termed "stressing the analysis of principles" (Zhong fenli), and in the middle Qing period this had the effect of creating new streams of development in mathematics and other natural sciences. Within the strict confines of the feudal cultural dictatorship, when men "feared even hearing of the inquisition," many excellent scientists and inventors nevertheless emerged from the ranks of the common people. The tragedy of the period is that many scientific writings and inventions were lost in the backwater of the time and that the scientific and philosophical intelligence of the entire Chinese people was stifled in what Gong

Zizhen(1792—1841) termed "the collective silence of ten thousand horses." The consequences of the Qing court's obscurantist policy of cultural blockade were dire. For example, while Song Yingxing's *Tiangong kaiwu* (Everything Under Heaven) (first published in 1637) was being translated into Japanese, French and English, in China it was banned after the 18th century and was not mentioned in the *Siku quanshu zongmu* (Complete Catalogue of the Four Repositories' Collection). Lost in China for three centuries, *Tiangong kaiwu* would eventually be reintroduced to China from Japan. Another example is furnished by the French missionary, who came to China, Michel Benoist (1715—1774). In 1760 he wrote *Ditu xinshuo* (A New Theory of Terrestrial Maps) which formally introduced the heliocentric theories of Copernicus and the three fundamental laws of planetary motion of Kepler, but was repudiated by the Qian-long Emperor and all his officials as "heresy." There are many painful lessons in the maelstrom of 18th century Chinese history.

In the 19th century capitalism's world markets began to take shape. As world powers, Western nations became belligerently aggressive, with the result that China's entry into the modern age was accompanied by national suffering. The modern history of China, which begins with the Opium War, can be said to be spattered with blood and tears. Yet if viewed from the standpoint of Sino-Western cultural interaction, advanced Chinese who fought for national progress against all diversities once again began to acknowledge and examine "Western studies." We might say that in the 17th century Western culture was delivered to China's doorstep and that cultural interaction was conducted on the basis of equality, whereas in the 18th century the door was closed, and complacency and conservatism had set in, but after the middle of the 19th century, the door was opening again, except that this time the Western powers were breaking it down. Arousing themselves to catch up in order to save the nation from extinction, the Chinese people were forced to meet the challenge. When progressive Chinese began to look beyond China at the outside world, they stressed the need "to learn the barbarians' strengths in order to control them." This reveals an awareness of the necessity to consciously acquire Western scientific culture in order to gain independence and salvation, and to keep pace with the times. These progressives participated in rapid succession in cultural revolutionary movements which stressed either using "Western studies" to dissect "Chinese studies" or using "new studies" to oppose "old studies." These progressives moreover hoped in the shortest time possible and with the greatest possible speed to catch up with the West and make good the cultural hiatus of the previous two centuries and more. With a hazy understanding of history, they regarded the early enlightened scholars of the $17^{th}$ century as their predecessors, and planned to complete their unfinished work, in order to find a unique path for the philosophical enlightenment of China. Yet, because of their preoccupation with the introduction of the new "Western studies" which continued to flow in, they were unable to assess the legacy left to them and to disentangle what was new and worth developing from what was by then cliched. Their ideal was to acquire a comprehensive knowledge of both Chinese and Western thought, but they hastily included many new and current concepts from Western philosophy and science in their roughly formulated systems, with the result that much was undigested. Even the "comprehensive knowledge of Chinese and Western thought" which they spoke of and their creative "mastery" of new and old theoretical principles often resulted in superficiality or confusion. Nevertheless, their efforts clearly demonstrate that in the course of development of $19^{th}$ century Chinese modern culture, when the new was replacing the old, the penetration of Western culture served as an instrument initiating the movement. Even though this change might appear to be a rapid assault by the new on the old, the dead past invariably dragged back the living present, and the cultural transformation and philosophical revolution ancillary to China's modernization were for a long time "stillborn." The cultural trends in the three centuries from the Wanli period to May Fourth may be graphed as a saddle-like shape, in which history proceeded along a zigzag path, demonstrating that the objective demands of history are manifested through complex historical events.

## Ⅱ. Stage Two: From May Fourth to the Present

In the May Fourth era, Marxism, then the latest achievement of Western culture, was introduced to China, where cultural development was apparently entering a new phase. The historical tasks of this new age were to continue on a higher level the post-17$^{th}$ century path of cultural development, to assimilate more comprehensively Western culture and the latest results of its development, and, through a genuine digestion of "Western studies" to achieve a new synthesis of these with the best traditions of Chinese culture, so that a new culture would be created in China. This necessitated a clear assessment of both the nature of cultural change in modern China and of the "stillbirth" of the philosophical revolution. On one hand, China's bourgeoisie emerged late, yet matured too quickly, and the hasty formation of its philosophical system in the swift currents of revolution and in the process of the eastward flow of "Western studies" provided the objective conditions for the spread and rapid victory of Marxism in China. On the other hand, because of the "still-birth" of China's modern philosophical revolution, the Chinese bourgeoisie was politically weak and culturally backward, and far from able to fulfil its historical task of eliminating feudal traditional consciousness and introducing Western cultural achievements. This resulted in special limitations on and difficulties for the development of Marxism and modern scientific thinking in China.

Reflecting on the history of China's cultural development since May Fourth, we can see, from the standpoint of cultural openness to outside influences, that the spread, development and sinification of Marxism formed the mainstream of development in this period. However, because of the traditional inertia in the deep structure of Chinese culture, which called for a return to the past and rejects foreign cultures, history would undergo many twists and turns.

In the first thirty years after May Fourth the long-suffering Chinese people awoke from the pain and confusion in the wake of the defeat of the 1911 Revolution, determined to smash the confines of all forms of servile ideology, of restorationist hankerings, and of a fascistic cultural dictatorship. Li Dazhao, Chen Duxiu, Mao Zedong, Qu Qiubai, Lu Xun and Guo Moruo represent this new generation. In order to advance the Chinese cultural revolution, these men first welcomed progressive thought which had "democracy" and "science" at its core, then later embraced Marxism-Leninism, which they used to summarize modern intellectual debates concerning the clash between ancient and modern cultures, between Chinese and Western cultures. Thus the major component of the ideology of what is termed the "new democratic cultural revolution" took shape. The inexorable trend of the times was to liberation. The main component in the ideology of the new democratic cultural revolution was a sinified Marxism, and the cultural thought of this ideology upheld the principles of nationalism, science, and mass participation, so that it was able to encompass all anti-imperialist and anti-feudal cultural forces, and actively absorb the best of ancient, modern, Chinese and foreign cultures, in order to form a comprehensive cultural front, which finally won for it a glorious victory in 1949.

After Liberation, because of the peculiar international situation and for various other reasons, China was compelled to construct an economy and culture with the doors to the outside world closed, and in this China had a measure of success. Yet the historical inertia produced by the established pattern of a self-sufficient and semi-self-sufficient natural economy progressively led to a narrowing of cultural ideology. A series of criticism movements, which laid emphasis on destroying everything old, aided the growth of "a metaphysics above truth". Complacency, conservatism, blindness and arrogance served all the more to make us dogmatize Marxism, which was and is our guiding philosophy, so that it became divorced from the mainstream of human cultural development, and lost its ability to examine other philosophies or to summarize and refine any of the achievements of science and culture. We were isolated and trapped in a web of our own making. The final outcome was the "ten years of chaos" during the so-called "Cultural Revolution".

Over the past decade, people initially learned a bitter lesson from their sufferings as they reflected on history. Then in order to disentangle truth from the obscurity in which it had become shrouded, people began to discuss keenly such topics as the criterion of truth, artistic freedom, the value of knowledge and cultural types. The break from the situation, in which metaphysics obscured truth and cultural development had been forced into a monistic model, was initiated. Topics such as Sino-Western comparative culture, the synthesis and clash of differing cultures, the relationships between traditional and modern cultures, and the subjective ideology required for the construction of a new socialist culture were broached and examined with a gathering measure of profundity. The significant policy decision to open China up to the outside world presented people with broader spiritual horizons. The ability to look at the outside world and towards the future should raise people's awareness of history, so that people realize more particularly that the opening to the West holds for us important and significant tasks and historical responsibilities as our national culture is stimulated. If we break with old formulat of the period of modern history which begins in 1840 such as "Chinese studies as the substance and Western studies as the function"(*zhongti xiyong*), "total Westernization"(*quanpan xihua*) and "Chinese culture as the basis"(*benwei wenhua*), we can also discard the self-deprecatory ideology in which we lose sight of ourselves. A sound subjective ideology emerges from historically creative activities and from a genuine understanding of the emergence and development of culture as it is shaped by history. We Chinese have our own ancient and long-enduring cultural tradition, and, historically, we have already successfully assimilated foreign cultural elements. In the historical age in which we now find ourselves consciously opening to the outside world we can say that we are continuing a historical stage which began in the $17^{th}$ century, except that now we are more aware, comprehensive, and selective in what new cultural achievements from the West we draw upon and assimilate. If we are able to institute a sound subjective ideology and are able to assimilate with a thorough understanding, we will be able to take the cultural information created by mankind into the "storehouse" of China and re-create and re-transmit it to the world, then, China will make an important contribution to the fresh development of human culture. In the history of the modern world the nations which have been most successful in drawing foreign cultures into their "storehouses" in order to stimulate their own peoples and which at the same time have succeeded in contributing to mankind, are the USA and Japan. Their experience and preeminence in this, without a doubt, warrant examination. Yet we should be even more aware of the special responsibility which history has conferred on our nation and to which generations will need to contribute their labors. Historical retrospect can make us aware of the noble nature of the present policy of opening up to foreign countries and realize the profound significance of our current policy.

# A Historical Recollection of Reform[①]

Marxist historical science demands that when observing present reality, one should have a sense of history; when studying history, one should have a sense of reality. To comprehend the present and the imminent reality, one must trace its history. At the same time, the purpose of our clearing up the past is to open up the future. This is the approach that we ought to take toward the reform that is taking place right now.

At the present moment, as you stand atop Mount Luojia (the location of Wuhan University) and cast your eyes abroad, what you will see is no longer a "dark and brooding ocean of mist and rain," but a vast sea of vitality and activity enveloping this precious land of ours. The steam of enthusiasm is rising from every corner of our motherland, China. A tidal wave of reform that is sweeping through the entire country is assailing every village, every factory, every classroom in the land, as well as the soul of every man and woman. This tidal wave of reform first started from the countryside, therefore some people have, imprecisely, compared this to "a second encirclement of the cities by the

① Xiao Jiefu, "Guanyu gaige de lishi fansi", *Social Sciences Edition of the Bulletin of Wuhan University* 2 (1985): 7-15. This article was compiled and edited from the record of the lecture delivered by the author at a conference held by the Wuhan University Student Association on October 19, 1984.

countryside." In fact, a more appropriate description would be to say that this assailing tide originated from the deepest and broadest ranks, the bedrock of our nation. Two pieces of recent writing — a reportage by Wang Zhaojun, entitled *Yuanye zai huhuan* (The Wild Plains Are Beckoning), and a novel by Jiang Zilong, entitled *Yan Zhao beige* (The Lament Songs of Yan and Zhao) — convey a very profound meaning. In just a few short years, a tremendous transformation in the countryside has brought about many miracles. The general consolidation of the system of responsibility for production throughout the countryside, the large-scale escalation of the rate of commercialization of agricultural products, and the extremely great expansion of surplus labor in the villages have all prompted commodity production to break through its bonds and develop at a swift and dramatic pace. The Number I Document of the Central Committee of the Party of 1984 affirmed, in a timely fashion, that "the transformation and transition from a self-supplying or semi-self-supplying economy to a larger-scale commodity-producing (economy) is an inevitable process in the development of our nation's socialist economy-a process that cannot be transcended." There is indeed great weight in every word in this sentence. Under the leadership of the Party, our 800 million peasants have arisen to take hold of the task of changing the mode of their operations and reforming the system of their economy, and, with outstanding success, have explored and created a new and special path for the development of China's socialist modernized agriculture. This is a great pathbreaking and unprecedented feat in China's history. This wave of reform came from the deepest and broadest bedrock of our nation, and therefore it is irresistible and possesses a significance whose magnitude cannot be easily fathomed.

On the other hand, a wave has also assailed us from outside, from abroad. I am referring here to the great wave of the neoindustrial revolution that rose in the world in the 1980s, heralded by the new technological revolutions. This is reflected in many of the writings of Western scholars, such as A. Toffler's *Future Shock and The Third Wave and* J. Naisbitt's *Megatrends*, as well as *Micro — electronics and Society*, jointly written by Gunther Friedriche of West Germany and Adam Schaff of Poland. These writings generally contain analyses and explanations of the nature, contents, and characteristics of this new industrial revolution. A common affirmation among them is that they all believe that the flourishing of the new groups of technology formed by such things as micro-electronic technology, aeronautical engineering, oceanographic engineering, and genetic engineering is bound to lead to a new industrial revolution, which in its turn is certain to have a tremendous impact on the future of human society. This is precisely the kind of monumental development in science and technology that Marxists emphasize to the extreme — the qualitative transformation and quantum leap in the level of society's productivity. In 1856, Marx acclaimed: "The steam engine, electricity, and the automated weaving loom are themselves far greater and more dangerous revolutionaries than even citizens Barbes, Robespierre, and Blanqui." The new technological revolution of the present offers us new opportunities but also presents us with new and severe challenges. The party center broadcast this information in a timely way and thereby helped greatly to promote the reform demands of the large-scale industrial enterprises in the cities. The reforming of large-scale urban industrial enterprises, which had such a decisive role to play in the national economy, is closely related to the reform of the economic system and the system of management of the entire country, and also, on the other, linked up with the world trend of the new technological revolution. It will therefore be an even greater force of attack than previously imagined. Undoubtedly the coordinated promotion of the comprehensive launching of reform in the urban industries and the continued penetration of the economic reform in the countryside are bound to bring about tremendous transformations in our country's socialist construction, at the level of the material and technological base in the various areas of the relations of production, and in all the various realms and spheres of the superstructure. Through this reform our society's productivity will be greatly enhanced, and it would accelerate the speed with which we can bring to fruition and realization the four modernizations-this would truly revive and rejuvenate our nation and allow it to make new contributions to human progress.

With regard to the present reform, I have come to realize that there are two guiding principles that can affect the entire situation: One is that with regard to domestic forces, we must resurrect them with flexibility, the other is that we must have an openness toward the outside. These are mutually connected and mutually promoting. Their nature both aim at fundamentally altering our nation's economic outlook and destroying the base of natural economy that was formed in our country over the last few millenia. Comparing the two, the idea of domestic resurrection through flexibility (opposing rigidity) is easier to accept because its direct economic effects are clearer, more obvious, and salient. Naturally, many questions are still unresolved as to how this flexibility can be instilled, but on the whole, in a basic sense, this means that we will follow and obey objective economic laws, vigilantly pay attention to and never forget the fact that the only true test of whether a particular set of relations of production or a system of management or a set of regulations and systems is advanced and progressive is simply in seeing whether it serves to set free the forces of production and whether it truly promotes the socialist activism of the broad masses of the people. A great deal of work remains to be done in this area, but overall it is easier to accept. As for being open to the outside, in my understanding this involves not only economic policies but many other areas as well. In particular, in terms of the guiding ideology, we must leap from the self-enclosing mode of thought that had developed over a rather lengthy period to a new, open mode of thought. This, being a fundamental or radical turn in direction, will not be easy. Furthermore, it will lead to some blind worries. Here, because we are under the influence of all sorts of psychological factors formed through the course of history and of traditional concepts, we will encounter quite a few ideological obstacles whose magnitude must not be derestimated. Furthermore, in the process of opening up to the outside, there is no guarantee that we will see results immediately, and certain direct effects will clearly have a duality, i. e., they will possess a side that is good, but at the same time also a number of negative phenomena. When we put together a defensive, self-isolationist idea that is generated by a narrow-minded historical experience with the kinds of backward, myopic, and foolish ideas that are bound to seep out of a small-peasant economy, we are certain to feel even more deeply that it is difficult to accept wholeheartedly this policy promulgated by the center. Sometimes in our minds we are not quite clear about what true national dignity is, or what real patriotism is. At this moment, the reform as a whole is intricately related to the openness toward the outside. To deepen our comprehension of this major decision made by the center and to help us truly understand the historic mission that confronts our nation, I believe it is necessary for us to undertake a serious and soul-searching historical recollection while standing at a newer and higher ideological plane or vantage point.

An ancient and long-lived nation, a long history that stretches back to time immemorable, a culture that is studded with sparkling and resplendent creations, a never interrupted and independent path of development; these are the things that cause us often to take pride in ourselves and are the deep wellspring of our nation's sense of dignity and confidence. And yet, independent development by no means can be equated with development in isolation. In fact, quite the opposite. The reason that our nation is able to develop independently for all these many years on the face of the earth is precisely that we are willing to accept the influence of other cultures and to import them for emulation and assimilation, while we remain bold in making our own innovative creations. When we look back upon our nation's history, it was precisely when we opened up our front doors to welcome imported cultural influences, when we were willing, indeed happy, to import and introduce these influences, when we were adept at digesting and assimilating them and bold in our innovations that our nation's life force surged upward. On the other hand, it was at times when we as a nation for any number of reasons engaged in self-isolation and closed-doors, when we froze in our steps and closed ourselves off the prospects of moving ahead and in doing so severed the bonds of cultural interchange between China and other countries, that our nation and our national culture were in a state of withering and decadence. All this will become very obvious as soon as we recall the past.

Our forefathers undertook to create a culture on this plain in the eastern section of Asia over ten thousand years ago. In the ancient past, the development of our nation's culture was pluralistic, stemming from many roots and systems. The new archaeological discoveries and excavations in our country since Liberation have turned up the fact that paleolithic relics can be found in twenty-four provinces and cities or towns and over six thousand sites of neolithic remains spread all over the country. Through a very long period of struggle, blending, and mixing, the three historic civilization regions of Haidai, He-Luo, and Jiang-Han were formed, and ultimately they were settled to form a unified civilization known as the Hua-Xia (Chinese). After the Hua-Xia civilization was formed and ripened, through the times of Yao, Shun, and

Yu, it accomplished the two major cultural tasks of taking care of the floods and conquering the southern Three Miao peoples. Finally, through a number of scattered kingdoms that operated on the pattern of tribes practicing the slave system, a great, unified slave-owning empire was formed — namely, the three dynasties of Xia, Shang, and Zhou. Toward the end of the Zhou dynasty, as a consequence of the developments in the forces of production, the transition from the slave system to the system of feudalism was made. In this process under the direction of the united Hua-Xia civilization, regional cultures were developed such as the Zou-Lu, the Three Jins, the Yan-Qi, the Jing-Chu, the Ba-Shu, and the Guan-Long. At that time, as a result of the fact that the feudalization reforms were carried out more thoroughly and with greater success in the state of Qin in the Guanzhong region, Qin was able to catch up with and surpass its rival states, unify China, and establish a great feudal empire under the Qin, and later under the Han. The Qin also unified the system of transportation by highway throughout all China, the written language, and measurements. This unification was a tremendous feat: it brought the many parts of our nation together and settled them in a culturally common body. In this way, our country, in the form of a large unified empire, established an advanced and developed feudal system and a highly advanced feudalistic culture, in the course of which we made the contribution that we ought to make to human civilization.

Looking longitudinally down the course of history, there have been two times when, in the course of developing independently, our culture has also accepted foreign and imported cultural influences and introduced these influences on a fairly large scale to assimilate, absorb, and digest this imported civilization.

The first time was from the first to the $18^{th}$ century A. D. It was the period of the ascendency of feudal society in our country. It was the peak of the cultural period represented by the Han and Tang dynasties. During that time we welcomed and digested cultural influences from India. It took us some seven or eight hundred years to assimilate and digest the Indian cultural system that was focused on Buddhism, through introduction, translation, emulation, and finally absorption. But finally we did succeed in blending it into many aspects of our national spiritual life, and after absorbing it, we went one step further and created our own innovations, which in turn came around and enriched human culture.

There are many anecdotes with regard to the great achievement of our nation from the first to the eighth century. Let us look at one or two examples. In 401, Kumaradjiva was brought to China. Kumaradjiva was an Indian who in his youth found himself roaming around Central Asia with his mother. He had studied Buddhism since he was very little and was a very good student indeed. He studied and read many books and became a renowned scholar in the Western Lands. At this time, in the northern part of our country we were in the period of the "Five Barbarians and Sixteen States". The leader of the Di tribe, Fu Jian, established the government of the Earlier Qin. He sent an army of three hundred thousand men to attack the Western Lands, and one of the chief targets of this campaign was to get Kumaradjiva to China. It was his way of "inviting specialists." The general he sent set up an independent state of his own after he got to the West, and although he captured Kumaradjiva he did not send him to China proper. Later the Jiang tribe established the Later Qin government, and its leader, Yao Xing, once more sent an army to the Western Lands to get hold of Kumaradjiva. This time the target was achieved. In 401, Kumaradjiva was escorted to (the Chinese capital of) Chang'an and was made King's Teacher. Subsequently he opened up a large translation school in the suburbs of Chang'an, gathering around him over three thousand students, and cultivated and nurtured among them a number of excellent scholars such as the Monk Shao and the (Indian) Monk Zhu Daosheng. Under his guidance, they were able to translate into Chinese, quite accurately, the most essential portions of Mahayana Indian Buddhism; the very special contribution here being the introduction to China of the scholarship and teachings of Nagarjuna and Aryadeva. In a short twelve years, Kumaradjiva supervised the translation of over four hundred volumes of Buddhist writings in ninety-eight segments; it was a tremendous feat indeed, a production enterprise marked by high quality, speed, quick results, and the nurturing of talented people along the way.

During the Tang dynasty our country achieved an even higher level of national strength, and China sent out many students to study in India. The greatest achievement was attained by the monk Xuanzang. He studied in India for sixteen years, became thoroughly and sophisticatedly conversant with all branches of Indian scholarship, and returned to Chang'an laden with an international scholarly reputation. The Taizong Emperor of Tang went out to the suburbs of the capital city to greet him and welcome him back, attended by the entire court of civilian scholar-bureaucrats and military officials alike. Xuanzang returned with a large collection of Indian books and artifacts. In addition to Buddhist sutras and other writings, he also brought back such things as drugs and musical instruments. He held an exposition at Chang'an, and the line to see the exhibition was several miles long. This tells us that at the time our country's attitude toward foreign culture was one of opening, our front doors wide in welcome. After Xuanzang's return, the emperor gave him an audience and asked him to discard his monk's robes to become an official of the realm. Xuanzang declined and instead took up the task of translating the Buddhist sutras. Eventually he translated more than thirteen hundred volumes.

We should note that the Indian culture imported to China at that time was not confined to Buddhism alone. Buddhism is a very special, indeed unique, philosophy of thought. The introduction of its system of philosophy to China had a great, enlightening effect on China's philosophical circles as a whole. The fact that in the feudal period our country's philosophy achieved one of the highest standards in the world is not unrelated to the influx of Buddhism. In addition, India's logic, grammar, phonology, medical science, astronomy, mathematics, calendar, music, dance, painting, and sculpture were all brought into China. When our comrades read the poetry collection of Liu Yuxi, they read about how Liu suffered from cataracts and could not get effective treatment anywhere, but later was healed by a special treatments applied to him by an Indian Buddhist monk. Dances such as "Pipa played behind one's head" and costumes such as bell-bottomed trousers were all introduced from India; you will know that to be true if you go to Dunhuang and see the cave wall pictures there. From the $8^{th}$ to the $10^{th}$ century and beyond, Indian Buddhism began to decline, and when in the thirteenth century Islamic forces invaded India, Indian Buddhist culture was totally annihilated. In our country, however, it was precisely in the $7^{th}$ and $8^{th}$ centuries that Buddhism experienced a great development. At this time many Chinese-mode Buddhist sects, schools, and denominations were established. The monk Zhi Yi founded the Tiantai (Heavenly Terrace) School, the monk Fazang founded the Huayan (Garland) Sect; after he returned to China, Xuanzang founded the very Chinese-styled Weishi (Dharmalaksana, or Wisdom Only) Sect, the monk Shandao founded the Jingtu (Pure Land) Sect, and Hongren and his disciples Shenxiu and Huineng founded the Chan (Dhyana, or Meditation) School. The Chan Sect is Purely Sinicized Buddhist philosophy, and it had an especially deep and broad impact in Chinese intellectual circles. We can take heed here, for instance, of two statistics. At the end of the Tang dynasty, the number of Buddhist sutras and other scriptures being circulated among the common people in China reached 8,441 volumes. This outstripped the number Confucianist classics and commentaries by many times. In 1921, the tenth year of the Taisho reign in Japan, the Taisho Tripitaka was beginning to be published in Japan. This was a massive collection of all the Chinese and foreign writings on Buddhism, which came to more than 23,900 volumes! Of these, the majority were translations and monographs done by Chinese scholars, with a smaller number done by Japanese and Korean scholars. These writings demonstrate that through translation and introduction, assimilation and finally recreation, Chinese scholars have ultimately come, in their turn, to export Buddhism to Northeast Asia and Southeast Asia, and now to the rest of the world. In this way they have contributed to the effort of making Buddhism one of the world's three greatest religions, and, by acclaim, a very special religious philosophy that possesses an extremely high level of thought. This also demonstrates that Buddhism, after having been digested, has turned around and become an element to enrich and fill up the world's culture.

The country that has been most deeply influenced by us in this regard is Japan. Today there are more than ten Buddhist colleges and universities in Japan, more than fifty Buddhist study societies, and over two dozen magazines and periodicals specializing in Buddhism. Many Japanese scholars have edited and written a number of books on Chinese Buddhism.

Turning to Germany, there was a scholar by the name of (Karl Friedrich) Koppen who was a lifelong friend of Karl Marx and Friedrich Engels and a radical democratic thinker. He wrote a book titled Fo — *tuo ji qi zongjiao* (Buddha and His Religion), which became a major early work in the study of Buddhism in the Western world. Marx mentioned Koppen in his doctoral dissertation, and he is also mentioned frequently in Marx and Engels' correspondence. Marx, for example, once said in a letter to Engels that he had just read a "very important piece of writing," which was in fact a work by Koppen, and he recommended it for Engels' reading. In the book *Natural Dialectics* (by Engels) we find this passage: "Only highly developed human beings are capable of the dialectical way of thinking," and this was followed by an annotation in parentheses that identified "highly developed human beings" as "for example, the Buddhists and the Greeks." This demonstrates that to Engels, Buddhists possess a relatively high level of theoretical thinking. On what basis did Engels make such a judgment? According to the research of an Indian scholar, it was precisely from reading the writings of Koppen that Engels comprehended the level of thoughts of Buddhist philosophy.

From Germany we can turn to the Soviet Union. There was a T. Shcherbatskii, who was a fellow of the Russian Academy of Science in the tsarist days. The academy decided to engage him as a fellow after the October Revolution. He was a world-renowned Buddhist scholar who compiled and edited a massive *Fojiao congkan* (Bibliographia Buddhica?). More than twenty volumes of this work have been published, to the great respect and attention of world circles. Shcherbatskii wrote many books and had the ability to use modern methods to analyze the philosophical problems in Buddhism. His writings are very good.

As for the United States, it was originally backward in its study of the Orient, but there has been a great development since the end of the Second World War. Buddhism, and especially Sinicized Buddhism, has come to command great attention there. The Japanese scholar Suzuki Daisetz went to the United States to preach and promote Chinese Chan (Zen) Buddhism, making Zen a fad in the United States for a time. I hear that there are several dozen Zen studies centers in the United States, and several dozen monographs on Chinese Chan Buddhism. They have put Chan and existentialism together.

India, as we know, is Buddhism's birthplace and cradle. However, at present India is engaging in what can be called reverse translation: it is taking Chinese versions of Buddhist sutras which had been translated into Chinese from the Sanskrit, the Sanskrit original of which has long been lost, and reverse translating these back into Sanskrit.

As for the musical "Si lu huayu" (Flowers and Rain on the Silk Route), it was a big hit in Italy where it was performed. It is simply a musical based on what we copied from Indian culture and, as a fragment of the resulting re-creation, engraved on the cave walls of Dunhuang. But even this has succeeded in enriching the musical operatic culture of the world.

The above is simply to say that our nation in the past successfully accomplished the task of assimilating and digesting the first wave of foreign culture, and after ruminating and recreating has used it in turn to enrich human civilization. This was basically something that happened before the tenth century, and between then and now a thousand years have elapsed. What is left for us to see are the scholarly remains that have such an abundant legacy in the Taisho Tripitaka, and the cultural relics that are preserved, in scattered forms and shapes, in the caves, the famous and old monasteries in renowned hills everywhere in the country. I hear that Comrade Zhao Puchu often takes the occasion of foreign affairs gatherings to write impromptu poetry in which he recollects and sings the praises of those ancient days when there was flourishing cultural and scholarly exchange between China and India, between China and Japan, and between China and Korea.

The second wave of our nation's reception of foreign cultural influences began in the 17th century and has not yet come to an end. In the 17th century we began to accept cultural influences from the West, and there began to be a confluence of Chinese and Western cultures in our country. The history of these last three hundred or so years has traversed a very difficult and circuitous road. Then, in the May Fourth era, through the awakening of the cannon fire of the October Revolution, we also accepted Marxism-Leninism, which is the highest accomplishment of Western culture. For over three hundred years, the progressive people in our country have absorbed, digested, and ruminated over Western culture and its most significant accomplishments, including Marxism-Leninism. And today this task continues. Indeed, we have yet to make a great effort to accomplish this epochal task that our nation has historically placed upon its own shoulders.

The exchange and interflow of cultural influences between China and the West is recorded in history. For example, in the time of the Three Kingdoms, a merchant of the Roman empire, known to the Chinese as Qin Lun, sailed the seas and ended up in China. At the time Sun Chuan greeted him with hospitality at Wuchang and had a very friendly conversation with him. Sun Chuan asked him where his country was and what its products were, and Qin Lun made detailed descriptions and introductions for each and every thing. Sun Chuan was very happy about it and entertained Qin Lun for a stay in China of eight months before sending him back to Rome with gifts. This was back in the 3rd century! Then, in the 13th century, the Mongols, who had established the Yuan dynasty in China, became a vast empire that included parts of Europe and Asia in its territory. Thus traffic between East and West became even more frequent and busy. The most outstanding incident here was the coming to China of the Italian Marco Polo over the Silk Road. Kublai Khan gave him an audience in a friendly manner and engaged him in his court as an official. Marco Polo made many and frequent tours of the various provinces in China on Kublai's orders, and even he became governor-viceroy of Yangzhou for three years. Marco Polo served as a bureaucrat in China for seventeen years before going back to his country; later he *wrote The Travels of Marco Polo*, in which he gave a great deal of praise to China's civilization. Also in the Yuan dynasty, a Mongol scholar translated Euclid's Geometry into Mongolian, but unfortunately this translation was not preserved and passed on. In general, although there were these transactions and exchanges, owing to the fact that China's feudal economy and cultural standards were higher than those of the West, there was no need at the time for China to import Western cultural items and influences. Therefore we really can-not consider that as much of a China-West cultural interflow. But in the $17^{th}$ century things had changed. The west had undergone the Renaissance, and the development of the commodity economy in the Yuan and Ming periods in our country also prompted many major socioeconomic changes in China from the mid-Ming dynasty on, and a new situation began to emerge. The feudal society, which had gone through many ages in China, was approaching its last steps. Within the mother body of feudal society were being nurtured the sprouts of capitalism. According to the *True Records of the Reign of Emperor Shenzong (Ming)*, in the years of the reign of Wanli, large numbers of bankrupt peasants flooded the cities and became "strange citizens who had a floating, unstable way of making a living." Such people gathered in hordes of tens and hundreds on the bridges of Suzhou, for instance, craning their necks in hope of employment. It was said of them that "if employed they live on for some days, if not they die." There were upwards of tens of thousands of such people in such places as Suzhou throughout the Wanli years, and the sprouting of capitalist relations of production began to appear in the delta region of the Yangzi River. The records in certain historic texts of this period mention, for example, a situation in which "the households that own machinery provide the capital, and the machinery workers provide the labor, each is dependent on the other for survival." This is precisely a typical reflection of the early stages of the capitalist relations of production in our country. Such reflections can be found, for instance, in novels of the time such as the "Three Collections" (*san yan*, three collections of short stories with the character yan in their titles) and the "Two Strokes" (*liang pai*, two novels with the character *pai* in their titles). This sort of phenomenon appeared at about the same time in the iron factories of Guangdong and Guangxi provinces, in the mines of Yunnan, and in the coal mines of Mentoukou in Beijing. Accompanying the emergence of the sprouts of capitalism, there was also the rise of the early movement of the urban citizenry. In 1600 there was a riot among the citizens of Wuchang, in which they took the tax-collecting envoy from the emperor, Cheng Feng, tied him up, and threw him into the Yangzi. In 1601 a big riot erupted among the textile workers of Suzhou, which was led by a man called Ge Xing. The Ming government sent troops to suppress this riot, and Ge Xing, who came to the front, died heroically in the fighting. Then, in 1606, a large riot involving more than ten thousand people broke out among the mine workers in Yunnan. However, all these early struggles on the part of urban dwellers ended up in failure and defeat. Later, some of the participants in these riots gathered around the banners of such peasant rebels as Li Zicheng and Zhang Xianzhong and joined the ranks of the peasant uprisings. This is why the organizational character and the level of consciousness of the late Ming peasant rebellion armies were so much more advanced than peasant uprisings of the past. Furthermore, accompanying the rise of the sprouts of capitalism there was also an upsurge of enthusiasm for the study of natural science. The products that are recognized and renowned as the masterpieces of (early) natural science (in China) and a number of (early) giants in the natural sciences all appeared in the

16th and 17th centuries. Li Shizhen of Hubei, for instance, wrote the *Ben cao gang mu* (Compendium of Materia Medica), the world's first systematized classic on pharmacology, which has been translated into many different languages. Xu Hongzu, the traveller, wrote *Xiake youji* (The Travels of Xu Xiake) and was the first to study and write about the science of geomorphology. He investigated and surveyed the source of the Yellow River. Xu Guangqi was a very important person in the history of Chinese science. He was called by Zhu Kejing "China's Bacon." He supervised the compilation of the *Chongzhen lishu* (Historical and Calendrical Studies of the Reign of the Chongzhen Emperor), which came out to one hundred volumes and can be considered an astronomical and calendrical encyclopedia of world significance. Furthermore, there was also at this time a group of thinkers who combined philosophical cultivation and a scientific frame of mind, such as Song Yingxing, Fang Yizhi, Mei Wending, and Wang Xijian. All of them arrived on the scene in a wave at the same time. Around this time, people like Zheng He travelled to Southeast Asia and began to open up markets for overseas trade. In the seventy years from the reign of Wanli to the reign of Chongzhen, about 100 million yuan worth of silver was imported in currency form into China. In the early Qing dynasty there was a resurrection of the sprouting of capitalism, and a development of commodity production that began to take possession of part of the international market. In the one hundred years between the reigns of the Kangxi emperor and the Qianlong emperor, some 350 million yuan worth of foreign silver currency was imported to China. Such a standard of overseas commerce cannot be considered low for the conditions of the time. As Chairman Mao once observed, were it not for the intervention of foreign capitalism, the sprouting of capitalism in our own country could very likely also have developed into a capitalist society. Here we are speaking only from the angle of analyzing the cultural background. At the time China experienced an opportunity as well as a necessity to accept Western cultural influences. At this time, in consonance with the law of historical development, the first batch of Western scholars arrived in China.

The first to set foot on China's shores was Matteo Ricci. He came to China in 1582, arriving first in Macao and subsequently in Nanjing. In 1601 he went to Beijing and there made the acquaintance of the upper crust of the academic circles of China. The year before last was the quartcentenary of Ricci's arrival in China, and his book *Zhongguo zaji* (Notes on China) was republished in commemoration in Beijing. In 1602, on the heels of Matteo Ricco, such people as Adam Schall and Francisco Furtado came to China, bringing with them some seven thousand books, including books on Western science such as Euclid's *Geometry*, as well as on religion. On arrival in China they befriended Chinese scholars of renown at the time, people such as Li Zhi, Xu Guangqi, Li Zhizao, Wang Zhen, and Fang Yizhi. They also translated, and introduced to the Chinese, quite a few Western scholarly writings and scientific books, such as *principles of Geometry*, *General Compendium of Western Learning*, and *An Exploration of the principle of Logic*. Thus began the process of the gradual eastward migration of Western thought.

At the time scholars in our country warmly and enthusiastically welcomed the introduction of Western cultural influences and embraced an attitude of equal exchange and learning from one another, Xu Guangqi said something that has since become famous for its wisdom: "If we are to seek to surpass something, we must first understand it; and before we can understand something we must first translate it." For this reason Xu Guangqi personally undertook to translate Euclid's *principles of Geometry* and led a group of people, including Adam Schall, in compiling the *Chongzhen li shu*, in which they assimilated the chief accomplishments of Western studies in astronomy and the calendar. Xu Guangqi was extremely sensitive (to the developments in the world); not long after the appearance of the telescope in the West, he managed to get it into China. While Matteo Ricci and company, as Christian missionaries, used the scientific knowledge that they brought with them as a key, a calling card to open the door to the spread of Catholicism in China, our own scholars took these things simply as the products and fruits of human cultural creativity. For example, Mei Wending was a great mathematician of China in the seventeenth century. He said that one should "penetrate deeply into the intimate chambers of Western learning and only then discern its shortcomings and failings." His most famous work on mathematics was called *Zhongxi suanxue tong* (Compendium of Chinese and Western Mathematics). Another famous scholar of the time, Fang Yizhi, once clearly stated that "Western (learning) is quite superior in its precision of measurement and quality, but its general studies are not yet well-developed." He meant by this that Western science and technology were quite superior in their precision, but that the West was not yet strong in philosophy and world view. All this demonstrated that our scholars of the time were not only agile and keen in their thinking but also ambitious of soul. Fang Yizhi contemplated the possibility of gathering specialists throughout the nation to compile an encyclopaedic work that would encompass all disciplines and subjects. He said, "Let us compile and formulate their main points and be detailed in illustrations of achievements. I think about one hundred volumes will do." He thought of such a work as reaching one hundred volumes! As a result of the political turbulence in the transition from the Ming dynasty to the Qing, Fang Yizhi became a Buddhist monk, and when the Manchu government arrested him he committed suicide. His historic proposition, however, was brought to fruition in a slightly different form in the early years of the Qing dynasty. During the reign of the Qianlong Emperor, the largest "encyclopaedia" in the world at the time, the ten — thousand-volume *Gujin tushu jicheng* (Compendium of the Books of All Ages), was put together. The above represents the attitude (toward the introduction of Western cultural influences) on the part of China's scholars.

As for the attitude of the government, politics were pretty much a mess in the last years of the Ming dynasty, but the coming of Western missionaries to China was, nonetheless, generally free of governmental interference. Matteo Ricci introduced Adam Schall to Xu Guang and on that recommendation Schall was made an officer of the Qin tian jian (Imperial Bureau of Astronomy and Calendar Studies). In the early Qing dynasty, the reformist forces represented and led by the Kangxi Emperor were quite open-minded. I really do believe that we need to overhaul certain aspects of our historical evaluation of the Kangxi Emperor. Let me suggest a few examples. Kangxi had correspondence with Leibniz. Leibniz was a great German philosopher and the inventor of the binary system in mathematics. Leibniz wrote a letter to Kangxi indicating his willingness to come to China to help the Chinese establish an academy of science. Our country's historical archives mention this letter. According to legend, Kangxi responded with a letter of his own, but this was not found in the German archives. A legend in Germany also holds that Leibniz presented Kangxi with a calculating machine. We went to the old imperial palace to investigate this. In fact we found ten calculating machines of the period. Of course, these were not the microcomputers of our time but manually operated calculating machines. We cannot discern which was the one that Leibniz presented. In any case, Kangxi was very respectful of and attentive to the scientific and technological achievements abroad. Subsequently, in 1693 he indeed established a School of Mathematical Studies in the Mongyang Studio in

Changchun Garden of the palace. The French missionaries Jean Bouvet and Jean-François Gerbillon were employed by this "Royal Academy of Science" and went there every day to give lectures. Later, when Bouvet returned to France, he wrote a report to the French king Louis XIV , in which he introduced the Kangxi Emperor to Louis XIV and proposed that Louis learn from Kangxi's example. Also after his return to Europe, Bouvet corresponded with Leibniz and brought China's *Yijing* (Book of Changes) to his attention. This illustrates that there was a fairly normal and frequent flow of cultural exchange between China and the West in the seventeenth century. Let me give another example. In an imperial inspection tour to the South, Kangxi read, through the recommendation of Li Guangdi, the book *Lixue yiwen* (Queries on the Study of the Calendar) by Mei Wending. Kangxi wrote all sorts of marginal notes in the book and gave it a very positive review. Later, in the same trip, in his ship, he granted an audience to Mei Wending and gave him an inscription of four large Chinese characters reading "Ji xue can wei"(Plumbing the Mysteries of the Science of Mathematics) in his own calligraphy. Kangxi also sent someone to give a copy of the book *Lü lü zhengyi* (The True Principle of the Law of Harmony), of which Kangxi himself was chief editor, to Mei Wending, and he asked Mei to enlighten him on whatever "may be wrong" in the book. Subsequently, Mei Wending's grandson Mei Juecheng went to study at Kangxi's Mongyang Studio, and Kangxi personally taught him algebra. As a result, Mei Juecheng was a very successful scholar with outstanding achievements in mathematics and physics, and he supervised the experiment to study and survey the relative quantum weight of thirty-two elements. He also took part in the compilation of such books as *Li xiang kao cheng* (Report of the Results of Examinations of Phenomena in the Calendar) and *Su li jingyun* (Essentials of the Principles of Mathematics), which put into clear and systematic order the

Western knowledge of natural science that was imported into China at the time. There was also a famous Mongol youth by the name of Ming Antu, who attained very high achievements in algebra and analytical geometry. He was also nurtured in Kangxi's School of Mathematical Studies. Kangxi himself wrote close to ninety essays on subjects in the area of natural science and learned several languages. This is unique among China's emperors. These examples illustrate that in the $17^{th}$ century even an emperor in the feudal system could not stand apart from the law of development, which is independent of man's subjective will but reflected the objective demands of the economic developments of his times.

In such a way, under the unusual historical conditions of the period of transition between the Ming and Qing dynasties, a new wave of thought and a new style of learning were formed. From North to South in China, a large number of philosophers, writers, and scientists appeared who all possessed a spirit of enlightenment, and it was indeed a resplendent galaxy of luminaries. Such people as Gu Yanwu, Fu Shan, Huang Zongxi, Wang Fuzhi, and Fang Yizhi were all worthy of the label "giants of thought" — a label with which Engels described the thinkers of the Renaissance. This is reflected with particular sensitivity in the area of literature. Such things as the "Gong'an san Yuan" (Three Yuans of Gong'an), "Yangzhou ba guai" (Eight Eccentrics of Yangzhou), the "Three collections" and the "Two Strokes" and *Lingquan si meng* (Four Dreams of Linquan) all reflected the awakening of humanism in the general wave of enlightenment of the time. This suggests that when China began in the $17^{th}$ century to come into contact with Western culture and began the processes of its own national awakening and philosophical enlightenment, China experienced a good beginning.

Nonetheless, when the wheel of history turned to the $18^{th}$ century, i.e., the period of the reign of the Yongzheng Emperor, the interflow of cultural influence between China and the West was arbitrarily and artificially severed. Owing to the involvement of foreign missionaries in power plays and struggles for control at court, and to prevent the rise of political rivals, Yongzheng in one fell stroke expelled all foreign missionaries, and from then on turned to a policy of isolation behind closed gates. Although on the surface this turn of events appears to have been caused by incidental factors, there were in fact deeper and stronger historical roots for the transition. According to the summation by Comrade Hou Wailu, the coordination of the two policies at the time of Yongzheng's reign — the one, of closing and locking up the doors and windows of exchange and contact with the outside world, and the other, of domestic blockade (of learning and information) by imperial decree — formed the scholarly trend of the so — called Qianlong — Jiaqing period. In reality, it was to raise in a big way the spectre of censorship — of putting in jail or even more severely penalizing those whose writings offended the empire politically — and to strengthen the cultural tyranny of the system. Its result was to restore the authority of Song-Ming Neo-Confucianism and to prevent the common people from having any freedom of thought. What is called the "high period of the reigns of the Qianlong and Jiaqing emperors" was nothing but a self-enclosed mummy, something that would immediately decay as soon as it was opened up. The spark of enlightenment thought that was found in the $17^{th}$ century was almost entirely extinguished at this time, and China's history underwent a major whirlpool, a back current. This state prevailed for the entire $18^{th}$ century, and China stagnated for almost a hundred years. It was precisely at this time that the modernizing West developed most rapidly for a century. The $17^{th}$ century bourgeois revolution was transposed from Britain to France. The modern enlightenment movement that began before the French Revolution and continued after it flourished in all areas of mental preparation, theoretical preparation, scientific preparation as well as actual political struggle. In this one hundred years, we Chinese toppled in the context of isolation and locked doors. We rapidly fell behind the rest of the world, and our drop was precipitous. The lessons of history are severe, painful, and bitter. Did we not have any talented people? We did! Even in the midst of that cruel and ruthless regime of feudal cultural tyranny of the $18^{th}$ century, in the midst of the ethos when people "left their seats in fear of hearing about the penalties of censorship," even then there were not a few scientists and thinkers. For example, Dai Zhen, who was bold enough to criticize Neo-Confucianism for "killing people with principle" and scathingly chided feudalistic morality for slaying people with soft knives, was also a scientist, who proposed the modern scientific method of emphasizing "analysis of principles." Under his influence, such mathematicians as Zhao Xun, Wang Lai, and Li Rui all attained outstanding results. In the early $19^{th}$ century, Dai Xu (also known as Dai Eshi) wrote an essay on spherical geometry entitled "*Qiu biao jie shu*" (Quick Method to Solution of the Surface of Spheres). This article was transmitted to Britain and, according to the records, "the people there acclaimed it as a work of unique achievement." It was published in the mathematical journal of the Royal Society of Britain; indeed, it is possibly the first article by a Chinese to be published in a foreign scientific publication. For another example, in 1820 a woman scientist of Guangdong province by the name of Huang Lü made a telescope, a thermometer, and a camera by herself. In 1830, a physician by the name of Wang Qingren went to a place of execution (of criminals) and secretly performed autopsies on forty-two corpses in order to arrive at a new picture of the placement and workings of the human organs. He pointed out that it was the brain that was the organ of thought, and on that basis (and others) wrote the book *Yi lin gai cuo* (Corrections on Errors in the Forest of Medicine). In 1835 the physicist Zheng Wanxiang wrote what was China's first treatise on optics, *Jing jing ling chi*. Nonetheless, all these things were swept under by the backlash of the historical current. The policy of domestic suppression, combined with the external blockade of the Qing government, brought about consequences that were extremely pitiable. In 1760 (the twenty-fifth year of the Qianlong reign), the French missionary J. Benoist came to China and wrote the book *Di tu xin shuo* (A New Discourse on the Earth), in which he formally introduced to the Chinese Copernicus's theory of heliocentrism and Kepler's three rules of the movement of planets. His work, however, was derided and banned by Chinese officials as "heresy and evil theory."

Around the time of the Opium War in 1840, the Western capitalist powers broke through our locked doors and invaded China, whereby they also interrupted the path of progress and development of China's history. Our nation plunged into the pitiful state of being a colony or a semicolony. Since the Opium War, our country has made the transition to modernity through deep and bitter national suffering; indeed, one may say that this path of development was splattered with the nation's blood and tears. Nonetheless, from the angle of the history of intellectual and cultural development, those Chinese who were progressive-minded began at this time to study and learn from the West in earnest. If we were to say that in the 17th century foreigners sent their stuff up to our doorstep and we were engaged in an equal exchange, and if the situation in the 18th century was one in which we locked our own doors and placed a moratorium on our own progress, then we must see the period since the mid-nineteenth century as a time in which the foreigners knocked our doors down, invaded our territory, and we, passively accepting the so-called European Wind and American Rain, responded with a sense of urgency for bare survival, for salvaging a sinking nation, and hurriedly sent people abroad to learn from the West. This was, as Chairman Mao once said, the process and experience by which we began the arduous and yet indefatigable search for the truth by which to save the country and the nation — a process in which we sent out one surge of pioneers after another, counting not the cost. What kind of psychological condition was the Chinese in at that time? From the writings of people such as Wei Yuan, Zheng Guiying, Wang Tao, Yan Fu, Kang Youwei, and Tan Sitong, we are able to feel the sudden quickening of their intellectual and mental pulse, as if they had just been stirred up from slumber, from a dream. They perceived then that Western capitalism had already become highly developed and, looking back, they realized how many years we had abruptly lost in sliding backward. What were they to do? All they could do was to strive to pick up speed, to sprint ahead to catch up and do so for the purpose of saving something that they saw as otherwise doomed and for the purpose of survival. In the eighty years between the Opium War and the May Fourth Movement, We attempted to run the course that took other people three to four hundred years. In this eighty years of the history of the old democratic revolution, two things stood out. On the one hand, we experienced a period in which our nation's suffering was severe and many people who had become awakened and stirred up, people of a progressive tendency, surged ahead wave after wave regardless of cost, to struggle and to sacrifice themselves in the endeavor. On the other hand, however, we can also see that in the process of their learning from the West, our forefathers were ravenous in their appetite. They were so hungry that they showed little discrimination or discernment in what they were cramming down. They often could not successfully digest everything they took in, and their emulation of the West became filled with impurities and was in many cases superficial. In one of his speeches, Premier Zhao Ziyang contrasted the success of the Meiji Restoration in Japan against the failure of the 1898 reform movement (around the same time) in our own country. Of course, this involved economic and political factors. However, this contrast also reflects how the leaders of the 1898 movement, people such as Kang Youwei and Tan Sitong, suffered from indigestion, one might say, in their emulation of the West: they hurriedly joined battle with the forces of opposition before they had acquired the necessary ideological and theoretical weapons, and in the end they were unable to defeat feudalism and its cultural alliance with imperialism. China's modernization and its attendant philosophical enlightenment were, for a very long time, in a state of difficult labor. "Difficult labor" became a salient phenomenon in our country's modern history. By "difficult labor" we refer to the state of contradictions in the transition between the old and the new in the social movement as well as in the intellectual movement in which the old and the new were intertwined, locked in a tangled web in which the forces of the new were constantly breaking through the forces of the old, but the forces of the old were at the same time dragging down the forces of the new. Was the old democratic revolution not a case of the forces of the new breaking through the status quo of the old? Of course it was. However, the revolution went through repeated failures, rising and falling down several times. This illustrates that it was also a matter of the forces of the old dragging down and holding onto the forces of the new. Thus the entire social and cultural life of the period was in a state of mixture of both the old and the new, of the interlocking of contradiction upon contradiction, of being just born and being not quite fully dead at the same time. The historical path (of our revolution here) was even more tortuous and difficult than that of the Russian enlightenment movement. Looking back, in 1905, Lenin said that Russia's modern revolution went through three generations. When we look back today we can say ours went through five generations. From the years of the Wanli reign of the Ming dynasty to the May Fourth period, through over three hundred years of a path filled with difficulties, pitfalls, and suffering; throughout this process, China's bourgeoisie was late-born, weak, and at the same time precociously ripened. Precocity here refers to the fact that it prematurely ascended the political stage before it was mature; it got involved in political reform and administrative renewal for the purpose of salvation for a sinking condition and its survival. Up to the 1911 Revolution, the Chinese bourgeoisie was constantly pushed up to the stage hurriedly when it was not adequately prepared, ideologically or in theory or in political equipment. In this way, the task that ought to have been accomplished by the bourgeoisie in China's antifeudal social and philosophical revolutions could not be accomplished. This left a difficult problem for China's proletariat. In his "On New Democracy," Chairman Mao analyzed the problem. What was to be done? He said that all we could do was to put the burden squarely on both shoulders. On the one hand, the proletariat had to complete the task of the democratic revolution that was not accomplished by the bourgeoisie, and on the other hand, we also had to accomplish the task of socialist revolution and socialist construction. Right in the midst of the difficult birth of China's modern history, the cannon fire of the October Revolution brought Marxism-Leninism to us. First of all, it started a real revolution in the area of culture and ideas and opened up a new age. The generation of older proletarian revolutionaries, such as Chairman Mao and Premier Zhou, did a great deal of work and began to integrate the (theoretical) truth of Marxism-Leninism with China's revolutionary practice, they began to digest and assimilate the highest accomplishment of Western culture, namely Marxism-Leninism, and ultimately instructed and led us in overthrowing the Three Great Mountains and achieving the victory of the democratic revolution.

In the thirty-five years since Liberation, through socialist reform our society has moved forward without interruption. Owing to the fact that we were carrying out our construction in a very unusual international environment, which included first the economic blockading of our country by the United States and then the Soviet Union's reneging on its agreements with us and forcing us precipitously to settle our debts, we were forced to construct behind closed doors. Even so, we did achieve brilliant successes. Nonetheless, in the area of opening up to the outside and domestically enlivening things, to get things to become more vigorous and flexible, we went through many mistakes and learned many bitter lessons. As for the reform and construction of our ideological and cultural battlefront, and in the area of the guiding ideology, we also missed the mark several times. How shall we face up to the national situation as it was formed through history, and how do we muster enough courage to shake loose from the bonds of tradition? How do we cast our eyes abroad and face the future, paying close attention to the new development in modern social life and science and technology? How shall we uphold and develop Marxism-Leninism under these new conditions? In all these areas there are many concrete ideological lessons that should be learned and are worth summing up.

What kind of revelations do we receive as a consequence of the above-described historical recollection? I think there are at least the following three points.

First, we have the question of shaking loose the influence of historical inertia. Historical inertia had once, like a demon of our nightmares, entangled people's minds. Many of the progressive people in our nation's modern history, who had set their minds to the purpose of reform, became actors in intellectual and ideological tragedies. This is a historical lesson that we ought to take firmly to heart. Owing to the ruggedness and difficulty of the road to philosophical enlightenment that our nation has had to tread since the seventeenth century and to the chronic difficulty of birth of the modern revolution in philosophy, an unusually heavy historical burden and a powerful historical inertia was imposed on the shoulders of the reformist thinkers in our country, who, even though having at one time summoned enough courage to break through the nets and traps of feudalism, ultimately timidly fell back into traps and snares of their own making, playing out, scene after scene, ideological tragedies on the stage of history. Gong Zizhen and Wei Yuan were among the first generation in our country to cast their vision overseas to look at the world. Wei Yuan wrote *Hai guo tu zhi* (Cartographic Gazette of Countries Beyond the Seas), which conveys a sense of great vibrancy even when read today. Gong Zizhen was a man who summoned up thunderous forces of change for his generation. Chairman Mao once cited his poem:

*The Breath of Life rising from all quarters of the land, rides upon the wind and the thunder;*

*O, to be lamented the sudden silencing of myriad creatures.*

*I exhort the Lord of Heaven to bestir himself anew,*

*And dispatch to Earth talents of all types and forms.*

And yet, in their old age both Gong Zizhen and Wei Yuan turned to Buddism (Another poem, of this later period, reads):

*Instantly I put up my writing brush;*

*no words of argument shall ever pass my lips again;*

*I turn, instead, to pay homage to the seven sutras of Tian — Tai Buddhism.*

From calling upon the wind and the thunder (to sweep away the old and the decadent) to turn back to pay homage to Buddhist scriptures, is that not an ideological tragedy? Gong and Wei represented one generation. Tan Sitong, with heroic emotions, stepped up to the front of political reform. He wrote, "We have heard of no one today who is shedding his blood for the cause of reform. This is why the nation is not flourishing. If there be one such man, let it begin with Sitong!" Indeed, he became a martyr of the cause. On his execution, he wrote his last words: "I made up my mind to kill those who are betraying the nation. But it is not within my power to change what the Heavens have ordained. I go happily to my death, since that death is for the just cause!" He indeed had "made up his mind to slay that which is betraying the nation" — he made up his mind to break through the snare of feudalism, but he did not have the method of doing so. and in the end all he could do was to sacrifice himself. Kang Youwei, too, was a personage who commanded thunderous forces at one time. He "presented a memorandum to the Emperor by blocking the path of the Emperor's carriage" and became the leader of the reform movement. He indeed, for a brief moment, reached the pinnacle of charisma. And yet, in a few short years, he became a royalist and later transformed even further into a proponent of the restoration of the imperial system. Zhang Taiyan raised an ideological standard in the 1911 Revolution, his sharp pen was invincible. But eventually he "abruptly became a master of Confucianism." He, who once violently attacked the feudal traditional ideology, returned once more to the old path in his old age and advocated revering Confucius and studying the classics. Such tragedies occurred, too, in the May Fourth New Culture Movement. Those who once were radical revolutionaries and reformers later packed up their banners and their drums in a hasty retreat. To put things figuratively, in China's modern history, many actors came onto the stage from the left side only to descend hastily the stage on the right. This was the situation before May Fourth. After May Fourth, however, those revolutionaries who truly equipped themselves with the armament of Marxism-Leninism stood up to all sorts of challenges and tests, through a thousand dangers and hardships, they endured setbacks without turning back. Even so, there were still some who, in many different ways and forms, shifted from reforming toward the new to restoring the way of the old. We fear that such situations may yet arise in the challenge and attack of the current tide of reform. We find in this an abundance of historical lessons that stimulate deep reflection. On this issue, we may recall that Lu xun had a very sharp vision and very keen observation. He perceived that our nation was, and is, laden down with a great burden of tradition and "doing things in the same old way." He saw that we had a horrible malaise that appears to be our heritage. And therefore he proposed that the national character itself must be reformed. By the problem of national character he meant the problem of a backward mentality of stupidity, conservativeness, and myopia that was formed over a long time by feudal society and its natural economic base. He recognized that it is no easy task to reform it. The Marxist-Leninist analysis of this problem is such that we should not and could not find reasons for it in the area of national psychology, the national personality, or the national ethos or code of conduct. Firstly we must dissect the deep-rooted economic base that allows it to be generated. We should recognize that the problem here is the self-sufficient or semi-self-sufficient small-peasant economy. It inevitably exudes narrow-minded and conservative concepts and serves as the base on which the feudal traditional ideology parasitically lives and thrives. For this reason, Central Document 1 trenchantly pointed out that we must make the transition from the self-sufficient or semi-self-sufficient natural economy to a socialist modern economy, and to do so, a great development of commodity production is "a necessary progress that cannot be transcended." Therefore, the urgent task of the present is to eradicate the foundation of the natural economy and thus to sweep away the shadows of the remnants of feudalism and the ideology of small production that rely and reside upon it.

Secondly, we have the problem of establishing an accurate mainstream ideology. Through the historical recollection that we have made we ought to have an enhanced historical awareness in which we recognize that the reforms of the present are necessary and unavoidable consequences of the development of revolution and construction over the last thirty-odd years. The content of the reforms is the historical summation of the tortuous path that our nation has traversed in the last several centuries! Particularly in the area of opening up to the outside, we must not only shake ourselves loose of the old frame, or box, of "taking Chinese learning as the essence and Western learning only for its function"; we must also oppose the idea of self — debasement in which we have lost our own sense of mainstream. We must be bold in introducing from abroad the fruits of all advanced science and culture; we must be good at absorbing and digesting them and yet also be bold in innovation and our own creation. This is a historical task that our nation, at its present point of development, ought to take upon its shoulders. In recollecting the past and forecasting the future, our awareness in this area ought to be enhanced. From the 17$^{th}$ century onward, we came into contact with Western culture and began to digest its influences. Through a journey of three or four centuries, filled as it was with dangers and pitfalls, we now possess in full the conditions to establish for ourselves an accurate mainstream ideology; we possess in full the criteria for the realization of an openness to the outside world. We now possess the economic condition, and we have in our mainstream an independent socialist industrial system. In this way we possess the foundation for development and the mechanism for the digestion of imported science, technology, and advanced managerial methods. We also possess the ideological condition, and we have the guidance of Marxism-Leninism. Marxism-Leninism has taken root in our nation, and the older generation of revolutionaries such as Chairman Mao has taken the first steps toward the sinification of Marxism-Leninism. Mao Zedong Thought, as sinified Marxism, is developing this vigorously in the practice of the party and the people. With these two conditions in hand, we can boldly face the world and face our tomorrow.

As we look around the world today, we find that our nation stands alone as one that on the one hand has its own sustained and ancient historical cultural tradition and, on the other hand, had in history successfully digested the cultural influence of India. At this moment we are continuing the historic journey we began in the 17$^{th}$ century, absorbing and digesting Western cultural influences. If we can blend them and integrate all these on the foundations of Marxism-Leninism so that China can become the crucible, the melting pot for all the treasures of the entire cultural information repository created by humanity, and then feed it back outward, we will surely be able to make a stupendous contribution to the new development of human civilization. In the history of the modern and contemporary world, the United States and Japan also serve as examples of nations that have used the method of acting as just such "melting pots of treasures" — absorbing cultural influences imported from outside — to revive and vitalize their own nations. There is no doubt that we ought to learn from their experience and strengths. However, we should even more keenly be aware of the specific responsibility that history has assigned to our nation and recognize that it requires us, generation after generation, to meet the responsibility with hard work and strenuous effort. We should have such a historical consciousness of ourselves and should comprehend the current decision and policy of opening our doors to the outside from this lofty vantage point, to understand the far-reaching and profound significances that this policy possesses.

Thirdly, once we have acquired this sense of historic responsibility, we must also soberly reflect on and be cognizant of our own weaknesses. Owing to the fact that the path of China's philosophical enlightenment was one of many difficulties and pitfalls, and to the difficult birth of the modern bourgeois philosophical revolution in our country, the projection of the historical characteristics of this cultural development on current reality is a dualistic one. On the one hand, our backwardness in terms of bourgeois culture and the haste with which the (bourgeois) philosophical world view was formed and its precipitous decline have made for the rapid triumph of Marxism in China. Yet, on the other hand, the fact that the Chinese bourgeoisie was relatively poor in its theoretical achievements and has not accomplished its historical tasks in the areas of criticizing the feudal traditional ideology and translating and introducing to the Chinese the fruits of modern Western culture has also brought to the development of Marxism in China the difficulty and limitation of a poor ideological soil for its growth. Many realities illustrate that we are now confronted with quite a few assignments for "making up classes" that history has left for us. After the October Revolution, Lenin proposed to the broad masses of the Soviet youth and the Soviet Union's intellectual and academic circles the tasks of "making up classes" in culture and ideology. He emphasized: "We can construct a proletarian culture only when we have keenly comprehended the culture that was created through the entire developmental process of humankind and only when we have started to transform and remold this culture." He appealed to the Soviet people to launch a large-scale movement to translate and broadly propagate the combatively atheistic documents of the $18^{th}$ century French materialists, he proposed that they should systematically study Hegel's dialictics, and he established the Association of the Friends of Materialism in Hegel's Philosophy. This is because, according to the logic of the history of human cognition, Marxism can be nurtured and grow healthily only in a certain kind of ideological soil.

The cultural development of each modern nation has its own historical characteristics and entails its own "make-up" assignments left to it by history. Central Document 1, and a whole series of major policy decisions on reform that have ensued, in fact proposed the notion that the planned large-scale development of commodity production and the expansion of the role of the law of value are bound to lead to corresponding transformations in the cultural and ideological superstructure. At the moment we must respond to the center's call, plow ahead to ride the wave of the new technological revolution in the world, strive to absorb and digest the advanced fruits of Western scientific culture, and do battle against stupidity and narrow-mindedness.

In sum, through this historical recollection, we ought to enhance our historical consciousness. On the one hand, we must consciously sweep away the shadows of feudalism, shake ourselves loose from the bondage of tradition, root out the ideology of small production, and resist the corrosion of the decadent ideology of Western capitalism. On the other hand, we must uphold a guiding ideology that is cast in the mold of openness, be courageous in absorbing the fruits and accomplishments of the advanced cultural progress of all nations of the world, greatly enhance the standards of our own scientific culture and theoretical thinking, boldly scale the heights of contemporary materialism and contemporary science and technology, and strive to cultivate a richer and deeper soil of ideological culture so that the still evolving system of truth, namely, Marxism, may take deeper root in our country and bring forth even more colorful blossoms and newer and more abundant fruits!

This, I believe, ought to be the historical responsibility that we commonly share.

(*Chinese Studies in Philosophy*, A Journal of Translations, Fall 1986)

# The Enlightenment Of Anti-Neo-Confucian Thought During The Ming-Qing Dynasties

China is presently engaged in the process of modernization and cultural revival, both inexorable steps in the long development of Chinese history. China's modernization can not be a complete Westernization, but must involve a critical choosing and restricturing of traditional and foreign elements in response to the demands of the times. It is thus necessary for us to analyse the fundamental possibilities inherent in the very process of modernization so as to properly grasp the historical juncture of traditional and modern cultures. During the three hundred years from the late Ming Dynasty to 1919's "May Fourth" Movement, China travelled a long, rough and tortuous course for more than three hundred years; many have wondered why, but a satisfactory answer has never been found. Chinese thinkers have, generation after generation, been impelled by the pathos of national sufferings to argue over the relative value of Chinese and Western culture, of the new and the old. With a kind of vague historical self-consciousness, they took as models the early Ming-Qing scholars and hoped to continue their yet unrealized program. However, driven by the need to save the nation from foreign subjugation and to ensure its survival be introducing Western science and technology they fouled both to reevaluate China's cultural legacy and to conscientiously explore the distinctive modes of Chinese traditional enlightenment. Challenged by Western cultures, their thinking polarized; seeing only opposition between Chinese and Western Cultures, they clung to Chinese traditional learning for theory while turning to Western learning for practice. They could not see the historical juncture of modern Western learning and Chinese traditional culture. It follows that our present research must again turn to this topic to seek understanding through the hindsight of history.

## I

The period from the late Ming Dynasty to the middle of the Qing Dynasty, from the middle of the 16th century to the $18^{th}$ century, was a special transitional stage in the development of Chinese social and ideological history.

During this period, the long-existing feudal society passed maturity and entered its final stage. A highly active commodity and monetary economy expedited the birth of capitalism, even though the rotten feudal productive relationship with its social superstructure frustrated the growth of new productive forces. Social contradictions became unprecedentedly acute.

Although the Qing Dynasty replaced the Ming Dynasty, following the bloody crushing of peasant wars, the old feudal system continued to obstruct the budding of new economic forces and thought, creating in the early Qing a whirlpool in which "the dead impeded the living." Yet it was in the political changes of the Ming and Qing Dynasties that social contradictions promoted the development of culture and thought, allowing "the new to break through the old," permitting the emergence of a large cultural elite and a generation of critical thought. The target of that critical thought was the orthodox Song-Ming Neo-confucianism[a] of the period. It broke through " the ideological imprisonment" of different spheres of learning to "open up new paths" that eventually bred a new enlightenment with which China was beginning to emerge from the Middle Ages.

It was not fortuitous that a generation of critical thinking rose abruptly during the late Ming and Early Qing dynasties. To attribute its appearance either to the advanced scholars of the time who had learned the lessons of the fall of the Ming dynasty, or to their counteraction against the empty styles of late Ming dynasty study is far from adequate. To understand the historical sources of the rise of this critical thinking and to ascertain its character, it is necessary to examine the changes taking place in the world and in China, which, standing erect in the east of the world had its own historical vision.

Since the beginning of the $16^{th}$ century, all the world had gone through the transition from feudalism to capitalism. In such Western European countries as Italy, France and Holland, lying to the west of the River Elbe, the seeds of capitalism were growing favorably and the bourgeoise of the West stepped victoriously onto the historical stage in the renaissance and the reformation. With the rapid development of the commodity economy and world trade, as well as the subsequent discovery of the New World and the round-the-world navigation route, economic and cultural exchanges between the East and the West became increasingly frequent and China came to form a coherent part of the changing world.

China's foreign trade in the Ming dynasty controlled by the royal autocracy in its early period, developed to an unprecedent scale. Zheng He[b] and his men sailed to the Malay Archipelago, the Malay Penisula, and Indonesia seven times. He sailed as far as the mouth of the Red Sea and the east coast of Africa half a century earlier than the voyages of Columbus who discovered America and Vasco da Gama who arrived at the Indian Penisula after scouting around Africa's Cape of Good Hope. Later during the early reign of the Long Qing[c] a ban on maritime activities was lifted and private overseas trade made considerable headway with Korea, Japan, the Ryukyu Islands, Southeast Asia and the Coastal areas of the Indian Penisula. Chinese commodities such as silk, cotton cloth, pottery, tea, ironware, and perfume entered world market on an unprecedented scale and, through the intermediary of Arab merchants, spread as far as Western Europe so that conquistador silver from Latin America flowered into Chinese coffers. An estimated one hundred million yuan of silver poured into China during the last 70 years (1573—1644) of the Ming dynasty, the reigns of the Wan Li[d] and Chong Zhen[e] emperors. Another three hundred million and fifty hundred thousand yuan followed in the 100 years from the late years of the Kang Xi[f] emperor to the Qian Long[g] emperor of the Qing Dynasty.

The domestic commodity and monetary economy prospered and the expansion of foreign trade and the import of the large amounts of silver played a significant role in promoting the reform of domestic taxation and the corvee system, in enhancing the accumulation of commecical capital and in nourishing the growth of workshop handicraft industry.

At the same time grain output increased by a significant margin and population growth shot up. In the early Ming dynasty, the census was about sixty million but during the reign of the Qian Long emperor of the Qing dynasty, the population growth exceeded two hundred million and then three hundred million,during the reign of the Dao Guang[h] emperor it even exceeded four hundred ten million. Now the stability and regenerative power of the feudal patriarchal agricultural society with its natural economy had become a great obstacle in the development of new economical structures. It is against this historical background that old China began its arduous and difficult transformation out of the Middle Ages.

Beginning in the middle of the Ming dynasty, economic prosperity mingled with political corruption during the late stages of feudal society and the development of agricultural and handicraft industry fell out of balance. Agriculture experienced repeated crises from the cruel feudal exploitation while industry and commerce in cities and towns flourished from the inflow of large numbers of cheap laborers. According to an investigation of Gu Yan-wu[i] (1613—1682), the Ming dynasty rulers madly annexed farm lands and levied heavy feudal land taxes, thus causing vast numbers of peasants to lose their lands and wander impoverished and destitute far from home. At the same time, the power of currency grew as more people engaged in trade and little attention was paid to farm work in Hui Zhou[j] and other regions. From the reign of the Jia Jing[k] emperor, most people were poor, few were rich, the rich got richer while the poor got poorer. By the thirtieth year of the Wan Li emperor, industrialists and businessmen were polarized in competition. "Only one in a hundred became wealthy, and nine persons out of ten were poor; the poor couldn't match the rich, whereas the minority could control the majority. The order of Gold could take charge of heavenly affairs and the God of Money could stand upright on the earth. People were insatiably greedy and even kindred cruelly injured each other."

In these ways the accumulation of capital began. The development of the commodity and monetary economy and the briskness of commercial capital provided a hotbed for new modes of production. During the late Ming dynasty, the craftsman system was reformed and the feudal relationship of bondage in the various handicraft industries weakened to hasten the transition from domestic to workshop handicraft industries. According to the *Substantial*

*Record of the Ming dynasty*[l] and other records during the reign of the Wan Li emperor, a large number of impoverished peasants flooded into cities to become "vagrants looking for something eatable." They "were in a precarious state, employed, they could survive; unemployed, they would die." They "lived together clamoring with pain" and "craned their necks to wait for employment." With such a supply of cheap labor, there existed capitalist production relations with "the owner of looms providing money and the weavers their strength; they depended on each other for survival." Such weavers numbered about ten thousand in Suzhou[m] and other districts during the reign of the Wan Li emperor. New kinds of economic relations emerged in the Copper Mines of Yunan[n], the Porcelain Workshops of Jing De Zhen[o], Jiangxi[p] the Smelteries of Guangdong[q], the Salt Wells of Sichuan[r] and the Coalpits of Beijing[s]. Some Chinese and foreign scholars have denied the beginning appearance of capitalist relations in China, but this is difficult to maintain in the face of historical evidence.

These new economic relations inevitably caused alterations in the social contradictions of the time. From the middle of the Ming dynasty, in addition to upsurges of antifeudalist peasant wars, the feudal monarch's intensified exploitation of industry and commerce in cities and towns aroused the townspeople to rebel with industrialists and merchants, handicraftsmen, and the urban poor as the main force. In the last year of the reign of the Wan Li emperor, hundreds of "merchant insurrections" broke out in the cities. They refused to pay taxes, went on strikes, took the mines by force, angrily killed salt supervisers, mine superintendents and tax officers, and proclaimed elementary demands for democracy. In the late Ming dynasty, the townspeople's struggle against the feudal tyranny won the support and cooperation of the Dong Lin Party, a political clique of enlightened landlords.

The brutal suppression of Dong Lin Party members provoked mass demonstrations of some political character by the townspeople. However, the force of the new emerging townspepole was rather weak and did not form an independent political power, so they were soon involved in the peasant wars of in the late Ming. They thus helped the peasant revolutions sweeping the country strengthen their organizations, raise their political consciousness and increase their combat effectiveness. The resulting struggles smashed the Ming monarchy at one blow, caused the landlord class to split politically, and gave a powerful impetus to critical social thought during the Ming and Qing dynasties.

Political upheaval is often an immediate cause of trends in social thought. The great uprising of peasants in the late Ming brought the monarchy's rapid collapse. Then the Manchu troops passed through the Shan Hai Guan[u] and the nation of only three million people completely conquered the advanced Han nation of nearly one hundred million people. What happened to the people when "the heaven burst apart and the earth cracked"? A whole generation of advanced intellectuals was involved in the political struggles against the corruption of the late Ming emperors and against the Manchu oppression of the early Qing. Shocked and confronted with social reality by their practice of struggle, the political convolutions and the precarious position of the Han race, during the dynastic transition they experienced painful humiliations and defeats which they advanced Han people had brought on themselves. There were deeply painful lessons to be learned. "We mourn the defeats and look into the reasons behind the intensity with which they occurred." From within the cultural tradition, they criticised the feudal obscurantism and autocracy which they believed was responsible for the debilitation of the race, the corruption of society, and the degeneration of the scholarly world. All took aim at Song-Ming Confucian idealism and all of its teachings for defending ethnic alienation as the feudal orthodoxy which had dominated the intellectual life for some 500 years.

It was the full development of the long-lasting and feudal Chinese society that caused the orthodoxy in its early stages to take the form of ideological formulations which displayed humanity's self-alienation in the religious sphere. These doctrines included the claim that "the source of the three bonds (between sovereign and minister, husband and wife and father and son) can be sought in Heaven." Later, after being refashioned by the Song-Ming Neo-Confucians, the orthodoxy further displayed human alienation in the form of philosophically moral principles. That is, the clan-oriented moral principles which had been "rooted in the human heart" were has objectified into a cosmic consciousness which hilled "Heaven and Earth". The stratified feudal order was got into a thing-in-itself, the "self-evident principle of Heaven". Song-Ming Neo-Confucians interpreted the subject's cognitive activies morally, as "preserving the original mind, nurturing human nature, and retiring and examing one's conduct." Thus they often discussed such concepts as "the unity of Heaven and Humanity," the "people are my brothers and sisters, creatures are my own mind," "distinguishing and defining principle in its various moments," and "people's degree positions in life are fixed and do not change." These philosophers summerized the conflicts between the "principle of Heaven" and "human desires" and between "the mind of the Way" and "the mind of humanity." They expounded the doctrine that the "three bonds and the five constant virtues (humanity, righteousness, propriety, wisdom and sincerity)" were "the ultimate of human ethical morals and the principle of Heaven, and nowhere in the world can they be evaded." This so-called "ethical idealism" led people to try to eradicate human desires and then replace them with the "principle of Heaven," to suppress the "mind of humanity" for the scheme of the "mind of the Way," to consciously submit to "fate," to be engulfed, insulted and killed in decadent and ruthless feudal system, and to consciously choose not to struggle, not to be angry. This obscurantism had tremendous anesthetic power which the autocratic rulers of late feudal society used to bind the intelligence of the nation and its spirit of historical progress. Therefore, criticising Song-Ming Neo-Confucianism and denying ethical alienation characterized enlightening thought in the special historical circumstances of China in the 17$^{th}$ century.

## Ⅱ

The Anti-Neo-Confucian Enlightenment during the Ming and Qing Dynasties can be more comprehensively illustrated in the following respects.

Firstly, it took a very clear-cut political stand. The Song-Ming Confucians all assumed the feudal bond was "the mind of Heaven," and this presumption provided the philosophical cause of the alienation of political ethics during the feudal autocratic monarchy. The royal authority was considered as an absolute "imperial power" and the relationships of order between superiors and inferiors between seniors and juniors were "an unchangeable principle". "The absolute sovereign can do nothing wrong," it was believed, and "it is a hard and fast rule in the world that the bonds between sovereign and minister must be kept in perfect order." A generation of thinkers during the Ming and Qing dynasties were suspicious of, or even completely denied this theoretical principle. They were living in late feudal society, a time of general economic and political crisis and great social turbulence. These thinkers. consciously or unconsciously influenced by the anti-feudal movement of the townspeople and the great revolutionary storm of the peasant revolutions, began to shake off the bonds of traditional ideas and to demonstrate the beginnings of early democratic consciousness.

Wang Fuzhi[v] (1619—1692), for example, a scholar inclined to conservatism, lashed out at the absolute monarchy, and quoted from the ancients in planning for the future. He denounced “the ignorant Qing and the ill-informed Song” for implementing the feudal autocratic monarchy, “the great disaster on earth.”“The scholar advocated the necessity of acting in accordance with the general welfare’ and did not consider the state as the private property of one person.” He demanded that “institutions of the world” replace the feudal and autocratic “institutions of one family.” The monarchical power of the emperor was not sacred and inviolable but could be succeeded, abdicated and abolished. Moreover, if “the emperor were proven unjust,” and the people were compelled “to cry with aching hearts” and to demand “the removal of those officials, then so would our emperor do, to appease the popular enmity.” This is not unreasonable. To impose restrictions on monarchical power, the scholar presented a political design that would “share the emperor’s power and make him a symbol only.” In fact, “there is an emperor, but actually it seems not so.” He even suggested that “We should not care about whether there is an emperor or not, just rule the world with a virtual image.” He considered his design as “the principle of ruling a great world,” which was scheduled for the future. This is a kind of democratic consciousness, though it is weak, in an embryonic stage and facing to the future.

Gu Yanwu had an academic background similar to that of Wang Fuzhi and he independently proposed a similar plan to counter the autocratic monarchy. Gu Yanwu maintained that “the power to rule the world should be entrusted to the people” and stressed that “the ordinary people have the right to discuss state affairs.” Furthermore, he advocated “every man has a share of responsibility for the fate of his country” and upheld “government by the people” and opposed "government by one person." He consequently highly appreciated the "Ming Yi Dai Fang Lu"[w] as by Huang Zongxi[x] (1610—1695).

Huang's "Ming Yi Dai Fang Lu" typically expressed the early democratic thinking which boldly smashed the feudal bonds. Stressing the conflict of interests between the sovereign and the people, he denounced the monarchy as "the greatest harm to the world," and "the feudal laws as the laws of one family." Moreover, he even proposed that "the people are master, the emperor is only a guest," a principle in diametric opposition to that of "the emperor is the guide of the ministers and the master of people." He demanded equality be established between the emperor and his subjects in place of the existing master-slave relationship, and that "the law of people" be substituted for "the law of one family" which defended hereditary privileges. He cherished the ideal of abolishing the autocratic monarchy in order to bring about a society of equality, in which "the royal court is not praised for its nobility nor the uncultivated masses blamed for their lowliness", "Every one is entitled to do something for his own purposes and benefits", he believed. Tong Zhen[y] (1630—1704), a contemporary of Huang's, also denounced in his book "Qian Shu"[z] "the emperors since the Qin who had really all been feudal rulers and thieves." All of the feudal rulers were "butchers who slaughtered the people and robbed them of all their possessions." Like the others, he yearned for a society of equality, maintained that a curb should be "put on the noble" and hierarchical privileges abolished. An ideal emperor would be "one who conducted himself in society as a peasant and clothed himself like a man of humble origin." The scholar pointed out with deep insight that the people would be confronted with the dangers of death and would be mentally exhausted if they had blind faith in such feudal ethical norms as loyalty and piety. He called this phenomenon of ethical alienation the "evil spirit". The poet Qu Yuan[aa] died out of "loyalty", "haunted and plagued by his loyalty", and Wu Yuan[ab], the scholar, died for piety which "acted on him like an evil spirit." Loyalty and piety were the "most important ethical norms" for people to follow, but if the norms became like evil spirits, they would "exhaust" the people and "drive them to distraction." Thus he stressed that "evil spirits must be driven out of people's minds," and the demagogy of cannibalistic feudal ethics must be rejected.

These political ideals, even though they had been inherited from the past, had undergone qualitative changes as compared with the original concepts of "the people as the root", and the ideal society which has no emperor, and "going beyond the bounds of the Confucian ethical code to let things accord with Nature." In their value orientation and their critical aim they have cast off the trammels of feudalism.

In addition, these Ming-Qing scholars, influenced by the peasant revolt's slogan "Equal land to the rich and the poor," suggested ways to equalize land rights. Huang Zongxi advocated public ownership of the land and the equal allotment of public lands to those who were to farm it. Wang Fuzhi advocated that "these who cultivate should manage the land," thus using rewards to encourage landholding peasants. Yan Yuan[ac] (1635—1704) and Li Kong[ad] (1659—1733) proposed that "those who own land must till it themselves" and suggested that "the nine squares" system be used to equalize land holdings. These reform proposals, differing in essence from the ideals of the peasant rebellions of the era, were in response to the developing demands of commodity economy and the seeds of capitalism. These scholars "encouraged and stressed the importance of agriculture while restricting and playing down the value of commerce," arguing that "handicrafts and commerce were both fundamental." They also assailed the imperial examination system, advocated the establishment of colleges and schools, demanded the development of a commodity and monetary economy and the beginning of a vigorous campaign for scientific technology. These proposals embodied the distinctive essence of enlightenment.

Secondly, scientific and technological achievements were also outstanding. From early Confucianism to Song-Ming Neo-Confucianism, the social ideologies of Confucianism, mainly depended on patriarchal-feudal social relationships supported by natural economy and blood ties. The Confucian scholar strengthened the ethical relations and moral standards of the patriarchal-feudal hierarchy , but ignored and despised all studies tending toward natural science and technology. However, with the mid-Ming change of social economic modality and the development of new productive forces, an upsurge of enthusiasm for natural science attracted a whole intellectual circle, and world-renowned giants in the natural sciences produced masterpieces based on sound scholarship. The giants included Li Shizhen[ae] (1518—1593) and his Ben Cao Gang Mu[af] or Compendium of Materia Medica, completed in 1578, Zhu Zaiyu[ag] (1536—1612) and his Yue Lu Quan Shu[ah] or Complete works on Musical Scales, printed and published in 1606, Xu Guangqi[ai] (1562—1633) and his Nong Zheng Quan Shu[aj] or Complete Treatise on Agricultural Administration, completed in 1628 and Chong Zhen Li Shu[ak] or Historial & Calendrical Studies of the Reign of the Chongzhen, completed in 1634, Song Yingxing[al], (1587—?) and his Tian Gong Kai Wu[am] or Explitation of the Works of Nature, printed and published in 1637, Xu Hongzu[an] (1586—1641) and his Xu Xia Ke You Ji[ao] or Travels of Xu Xiake, completed in about 1637, Wang Xichan[ap] (1628—1682) and his Xiao An Xin Fa[aq] or A New Methodology of Calendar, in the middle of the $17^{th}$ century, Mei Wending[ar] (1633—1721) and his Zhong Xi Suan Xue Tong[as] or Compendium of Chinese & Western Mathematics, Fang Yizhi[at] (1611—1671) and his Wu Li Xiao Shi[au] or Small Encyclopaedia of the Principles of Things, written in about 1640, and so on. It was unprecedented in Chinese history to see scholarly, elite writing masterpieces of natural science in a wide range of fields in less than one hundred years. This marked a gigantic leap forward for the natural sciences of China in the seventeenth century and a transformation of the whole cultural ideology at that time.

It was just at this time that Western scholarship made it entry into China through Matteo Ricci and the others Jesuit missionaries. Matteo Ricci came to China in 1582. He brought with him, as his missionary tools of trade, a knowledge of Western astronomical calculations, Euclidian geometry, deductive reasoning, terrestrial globes which for the first time enabled the Chinese to see the earth in the round, and such other "unusual instruments from the distant West", as telescopes and instruments with applications in hydraulics and warfare. For China, deep in intellectual ferment and seeing tremendous change in the style of study, the things he brought with him served as timely stimulations pregnant with far-reaching implications. On the heels of Matteo Ricci, missionaries such as Nicolas Trigault, Francois Furtado and Johann Adam Schall von Bell came to China in 1620 from Europe, bringing with them more than seven thousand Western books.

Li Zhizao[av], (1565—1630) wrote in praise: "Strange books from strange lands over ninety thousand li away have been brought here by ship. In the entire span of history to the present day, this is a wonderful event!" This reception by one of China's most advanced scholars of Western studies being brought East was not based on an attitude of blind curiosity in the exotic, but showed a kind of historical consciousness. Xu Guangqi (1562—1633), for example, tried to be the first to translate Euclid's Elements of Geometry because he perspicaciously noted that Euclid's Elements were "the source for calculation and measurement, and on the basis of its exhaustive treatment of geometric shapes, all practical measurements may be carried out." He regarded the work's methodology as "seemingly non-practical but in fact forming the basis for all practical applications and the cornerstone of the theories and practical technologies of all sciences. Truly it can be described as the garden of shapes for all phenomena, and the ocean of knowledge for all philosophies."

Xu's contemporary, Li Zhizao, made a similarly incisive appraisal of Aristotelian logic which he termed "the ancestor of all studies." The conscientious efforts of these two contemporaries to translate and introduce Enclidean geometry and Aristotelean logic showed an understanding that these works represented the quintessence of Western studies then being brought to China and the essential path for the development of scientific theories and methodologies. Referring to Western culture, Xu Guangqi stressed, "If we are to seek to surpass something, we must first understand it." Fang Yizhi emphasized, "We can use Western learning as an instrument with which to elucidate Chinese traditional sciences." In other words, China's indigenous scientific traditions could developed with the aid of the "Western studies" coming to China. Incisively assessing Western studies then being introduced into China, he said that Western studies had a "precise knowledge of the sciences, but lacked any understanding of philosophy," he added that "knowledgeable scholars hold that western sciences still are not perfect." Fang Yizhi contemplated the possibility of gathering specialists from throughout the nation to compile an encyclopaedic work that would encompass all disciplines and subjects. He said, "Let us compile and formulate their main points and be detailed in illustrating achievements. I think about one hundred volumes will do."

This historic project, however, only came to fruition in a slightly different form in the early years of the Qing dynasty, 35 years after his death. The Qing Kangxi Emperor ordered Chen Menglei[aw] and other people to compile the largest "encylcopaedia" in the world at the time, the ten-thousand-volume Gu Jin Tu Shu Ji Cheng.[ax]

The Kangxi Emperor also encouraged certain enlightened intelletual enterprises. With a commendable scientific attitude, he dealt with the controversy surrounding the institution of a new calendar for the recently established Qing dynasty.

In 1693, based on a model provided by the Academie Francaise (itself only set up in 1666), China's first mathematics institute, an embryonic form of the Imperial Academy of Sciences, was founded inside the Mengyang — zhai[az] or Hall of Education[ay] within the Changchun-yuan[ba] or Garden of Refulgent Spring[az]. A number of French missionaries, including Joachim Bouvet and Jean François Gerbillon, were invited to lecture there on such subjects as astronomy, mathematics, surveying and dissection. They also organized an unprecedentedly large land survey, and in 1718 completed the Huang Yu Quan Tu[ba] or Complete Map of the Empire, which embodied the most internationally advanced cartographic principles of its time. A number of outstanding young scientists, such as Mei Juecheng[bb] (1681—1763), Chen Houyao[bc] (1648—1722), and Ming Antu[bd] (1692—1763), and a series of excellent scientific works, such as the Li Xiang Kao Cheng[be] or Results of Research into Astrometry, the Shu Li Jing Yun[bf] or The Essence of Mathematical Principles and the Shui Shi Tong Kao[bg] or Comprehensive Research into the Determination of Time, emerged from this mathematics academy supported by the Kangxi Emperor. In China of the 17$^{th}$ century even feudal monarchs could not simply indulge their subjective will, and were beginning to reflect the objective demands of contemporary social developments.

This upsurge of enthusiasm for the study of natural science and early cultural exchanges between the West and China during the transition from the late Ming dynasty to the early Qing gave the philosophies of this period contents and methods. For example, both Fang Yizhi's abstract demonstration of the inseparability of matter and movement and Wang Fuzhi's concrete demonstration of the fundamental principle of the conservation of energy and the indestructibility of matter drew on the achievements of the experimental sciences and influenced the higher levels of philosophy.

Thirdly, literature and art were the most sensitive in reflections of the social conditions of the times. They were barometers of the times and could mirror the changing trends. Since the middle of the Ming dynasty, accompanying the prosperity of urban industry and commerce and the first sprouts of capitalism, a tremendous change was simmering in the literary world. Departing from the hackneyed and stereotyped expressions of aristocratic literature and the writing styles modelled after the ancients which prevailed in the early years of the Ming dynasty, literature and art began to express individual temperaments, to describe social customs and human feelings, and to reflect the townspeople's new demands and desires.

Li Zhi[bh] (1527—1602)'s "theory of childlike mind" and the Gongan[bi] school's "theory of individual temperament" were the banners of this new kind of literature and art. Li Zhi held that the ethical code of the Song-Ming Neo-Confucianists was strangling the people's "childlike minds," making them "lose their genuine minds" so they became like "sham men." The "childlike mind" he advocated was the "genuine mind" unpolluted by Confucian "ethical norms"; this was the direct opposite of the view that "What Confucius said should be taken as the standard of right and wrong." He stressed the liberation of individuality and maintained not only that "Everybody should have his or her own taste," but "Everybody should get what he or she desires." Under the influence of Li Zhi's thought, the Gongan school of literature lead by Yuan Hongdao[bj] (1558—1600) held that literature and art must "freely express individual temperament and not stick to one pattern, one must not put pen to paper unless one's inspirations flow from one's own heart." They opposed being bound by such traditional ideas as "sticking to the death to the ancients words." They censured the Confucians because "The Six Classics are not the best maxims." They promoted popular literature because the writers "wilfully express what they want", and "would rather be concerned with the present day and the secular world."

In this period, a large number of literary works appeared, that embodied a new humanist trend of thought in literature that opposed feudalism; such works included Feng Menglong[bk] "San Yan"[bm] (Feng's three collections of short stories, i. e., Stories to Enlighten Men, Stories to Warn Men and Stories to Awaken Men), Ling Mengchu[bn] "Er Pai"[bo] (Ling's two collections of short stories, Stories to Amaze Men and Further Stories to Amaze Men) and Tang Xianzu[bp] (1550—1616) "Four Dreams of Linchuan"[bq] (Tang's four dramas, Purple Hairpin, Peony Pavilion, The Utopia of Southern Branch and The Dream of Handan, where ideals were placed in a dreamland). In "San Yan" and "Er Pai", townspeople such as millers, handicraftsmen, merchants, butchers, brokers, peddlers, prostitutes and gamblers story collections for the first time emerged as heroes or heroines in literary works. These not only positively described how a character might forsake farming, official position, or even the imperial examinations for the management of industrial and commercial enterprises, but they praised devotion to getting rich through a good management, overseas adventures, struggles for romantic love and marriage and mutual help and friendship among the lower classes. They also exposed the feudal ethical code, the debaucheries of monarchs and the comuptions of feudal officials. These descriptions clearly show that the public values, life goals, aesthetic interests and patterns of love and marriage were undergoing significant changes in quality that reflected the desires and demands of the hither-to-unknown rising townspeople. Tang Xianzu's Peony Pavilion[br] and other works not only strongly resisted the feudal ethical code and unyielding pursuit of the freedom of individuality, but also clearly advanced a principle of literary creation where "human feelings are pitted against heavenly principles," a view diametrically opposed to the traditional feudal views that "Literary works should embody Confucianist principles" and "restrain human feelings to recover principles."

These striking changes in the literature and art of this period also found expression in intellectual culture. Wang Fuzhi went so far as to write a play, the Dragon-boat Regatta,[bs] in which he praised a merchant's daughter for her bravely revenging her father. Fu Shan[bt] (1607—1684) also wrote three plays, one of which, the Red Handkerchief and Mirror[bu], enthusiastically extolled a prostitute's unswerving loyalty to love. At the same time, a large number of painters such as Shi Tao[bv] and the Eight Eccentrics of Yangzhou[bw] flourished in the south along the lower reaches of the Changjiang River. They reached very high artistic levels and gave birth to a new style of painting which opposed the traditional standards and models of painting. From their brushes came clearly rebellions landscapes and portraits. Zheng Xie[bx] (1693—1765) himself yearned and sought "the article shaking heaven and earth, the calligraphy lightening and thundering, talk berating gods and ghosts, and a picture that had not existed before today."

## Ⅲ

These new break-throughs in political thought, these new achievements in science and technology and these new developments in literature and art in the transition from the Ming dynasty to the Qing, echoed and influenced one another, and naturally stimulated a new style of study in the philosophical circles, and a new turn in philosophical thought.

The outstanding scholars of this period, nearly without exception, attacked the bombast of the scholarly world of the Song-Ming Neo-Confucianists with their "empty talk about mind and human nature," Gu Yanwu reproved the Neo-Confucianists for "never stepping out of their own doors" and "carrying on fantastic talk without foundation." Huang Zongxi pointed out that in normal times they indulged in loud and empty talk and spent most of their time discussing how "to establish standards for the people, to testify to the mind of Heaven-Earth and to inaugurate a peaceful world for all generations." But once the nation faced a crisis, they sat "stupefied with gaping jaws, as if in a heavy fog." This "pursuit of the empty" and "meaningless talk" was considered the basis of the calamities that subsequently befell the nation and the people.

At that time, the anti-Neo-Confucianist scholars without exception turned their attention to "social realities and practical statecraft". They taught that one must "trace back to their sources the problems that bear on the people's livelihood and the fate of the country and discuss the reasons why things are as they are." They maintained that the scholars of the day should "thoroughly discard the subtle and abstract theories of all ages and return to reality." They promoted the matter of fact study of the needs of society with a focus on concrete demonstrations and on the extensive investigation of society, history and natural science. For example, in order to write his Tianxia Junguo Libing Shu,[by] or The Merits and Drawbacks of Different Regions in China. Gu Yanwu "left his tracks across half of China." When he "arrived at a pass, he talked with old or demobilized soldiers, asking about details. If what he heard did not conform to what he had heard before, he would immediately go to the books in a local bookshop and check the information."

In compiling his books Tong Ya,[bz] the Encyclopaedia of Literary Expositor, and Wu Li Xiao Shi,[ca] the Small Encyclopaedia of the Principles of Things, Fang Yizhi "kept notes under different headings on whatever he happened to learn and gathered what people commonly said. Sometimes such knowledge had no evidence to support it, sometimes it could not be checked by tests. Such investigation is valued for observation and experimentation and for seeking out the reliable. ... What is more, we must collect and accumulate various phenomena to find out their exact causes." Wang Fuzhi also had enjoyed personally asking people about all kinds of matters since he was young, and he was intent on studying strategically located mountains and rivers, local troops, economy and finance, laws and institutions and their changes and development. ... He felt that "what people had previously neglected must be carefully and cautiously gone over, and proved or disproved on the basis of what he had learned." These new methods of study went beyond those of the Han and the Song schools and opened up other new approaches rich in possibilities for new modes of thought.

When the social trends thought and the spirit of the times ascend to philosophical thought, their philosophical reflections often appear blurred by the many intermediate links encountered in the course of the ascent but the reflections are profound because of theoretical processing and condensation. The philosophical mind of the Ming and Qing transition period manifested itself in transforming the empty and pedantic style of study of Song-Ming Neo-Confucianism into the matter-of-fact style which stressed "social reality and practical statecraft" and "investigating things and probing their principles"; it also manifested itself in new ways of scholarly research which criticized and sublimated Song-Ming Neo-Confucian research from different angles. For example, Gu Yanwu replaced the Li Xue,[cb] school of Platonic Ideas, one of the schools of the Song-Ming Neo-Confucianism, with the study of basic Confucian classics. He opposed "the empty talk of discovering human nature through clearing the mind" and stressed the role of textual research in learning of the past and the present. Following in Gu's footsteps, Yan Ruoqu,[cc] (1636—1704) did textual research on the Gu Wen Shang Shu,[cd] the Ancient Book of History writing in classical language, collected comprehensible evidence and proved it not to be Confucius' work, but an ancient book of dubious authenticity. Chen Que[ce] (1604—1677) also examined and corrected Da Xue,[cf] the Great Learning, and also proved it not to be Confucius' work.

Their textual research, "taking the firewood away from under the cauldron," was a radical negation of the so-called "sixteen-character" approach that is, "The human mind is precarious, the mind of way subtle; be meticutions and single-minded and sincerely hold fast do the mean" — of the Confucian orthodoxy and the three key links and eight other guiding principles of Neo-Confucianism which the Confucians of the Song and Ming dynasties had done their utmost to propagate.

Huang Zongxi also replaced the school of Platonic Ideas with the studying of history and emphasized, "If one does not want to be a pedantic scholar, he must study history at the same time." He felt that one should adopt an historical perspective when studying the origin and development of academic thought, when sorting out the various schools of thought in order to grasp their main points to distinguish between the deep and the shallow, the gains and the losses of different schools. And what is more, one should "go deep into the reason why they were as they were, and examine them through the rational analysis of mind." One also should "handle the articles and books of past ages to bring forth new ideas, establish an independent system and create a style of one's own." Huang Zongxi thus abandoned "the dross of recorded sayings of the Neo-Confucians" and sharply denounced "the hypocrites of Neo-Confucianism." All this was done while he was giving birth to a generation of a historical science relevant to the concerns of practical statecraft.

Fu Shan, a scholar from the north of China, reproved Neo-Confucianism for "its patriarchal-feudal discipline, stubbornly sticking to its own views" and advocated the rejuvenation of the doctrines of the various pre-Qin schools of thought which had long been criticized as "heresies" by the Song-Ming Neo-Confucians. He believed that most Song-Ming Confucians were "scholars without minds," shortsighted men who followed so blindly "that they can not see the original meaning of Buddha (Tathagata) even though it is shining as if the sun were in the sky, and they can not hear the teachings of the various pre-Qin schools of thought even though they are as deafening thunder and lighting breaking through clouds, just because they have lost their reason for a long time!" Consequently he turned his attention to Zhuang Zi,[cg] Xun Zi[ch] Gongsun Long Zi,[ci] the Scripture of Leng Yan,[cj] the Vijnanama-trasiddhisastra,[ck] and the like.

Wang Zhong[cl] (1744—1794) continued this line of academic research and pioneered the modern study of the various pre-Qin schools of thought and their exponents.

Among the thinkers of the period who reflected the social trends of thought and the spirit of their times from a philosophical perspective, Wang Fuzhi was the most profound theorist. He was a philosophical representative of the trends of thought against anti-Neo-Confucianism of the transition Ming-Qing, even though he did not entirely discard the old conceptions of the Song-Ming Neo-Confucian while formulating his own system of thought, a system which "broke new ground" in the intellectual circles of the time. But just because of this, he was able to "break into the Neo-Confucianist ramparts and take over its impediments." "With the old and the new supplementing each other, the old is renovated;" in this way, Wang was able to follow the logical course of the development of philosophy and to recast and sublimate all of Song-Ming Neo-Confucianism, including essences of the school of Platonic Ideas and the school of Universal Mind.

Wang Fuzhi was "well aware of the offence given to the late Confucians," but still he thoroughly analysed and criticized the various schools of Song-Ming Neo-Confucianism from both ontological and epistemological stand points. He substituted "the ontology of chi",[cm] matter or material force, for the Cheng Brothers and Zhu Xi school[cn] system of "the ontology of principle" and the Lu Jiuyuan-Wang Shouren school[co] system of "the ontology of mind." Armed with a theory of the unity of knowledge and action that claimed "Knowledge and action supplement each other for the purpose of practice" and "Both knowledge and action develop simultaneously so as to yield success." he systematically refuted Zhu Xi's theory of "Knowing before doing" and Wang Yangming's theory of "unity of intuitive knowledge with action." Dealing with a series of fundamental problems of philosophy, Wang Fuzhi completely sublimated the theories of Cheng Hao and Cheng Yi,[cp] Zhu Xi,[cq] Lu Jiuyuan[cr] and Wang Yangming,[cs] into a summary statement that brought Song-Ming Neo-Confucianism to an end.

He also studied the principles of the Book of Changes with great skills, the thought of the recast Lao-Zhuang,[ct] tradition and took an sective interest in Buddhism and Taoism. He assimilated the achievements of the rising natural sciences and, focusing on the principle of "establishing the ultimate on the basis of humanity," heavily stressed the study of the process of human history. His theory of historical evolution, including the view that "Historical rationality corresponds with historical developments," was thus able to reach a very high level of philosophical sophistication.

When dealing with problems of the relation between "Heaven and humanity," between "principle and desire," Wang Fuzhi was able to raise and argue a contrary thesis, directed against the key Song-Ming Neo-Confucian thesis of "Getting rid of human desires to preserve the principle of Heaven", which he proposed in order to justify ethical alienation. He believed that man must neither surrender to "Heaven" nor "have no activity and let Heaven govern us"; on the contrary, man should give full play to "man's abilities" and "compete with Heaven. "Instead, man should "use the principles of humanity to govern the principles of Heaven" and thus become the master of the natural world. As far as the principles of humanity were concerned, he maintained that the "desire to live and the desire for sexual intercourse are exactly and divinely what everyone has."

For Wang, principles and desires were not contrary, but principles resided in desires. He held that "The society in which human desires are satisfied is an ideal society based on the principles of Heaven." Therefore, a leader of state, could neither "prohibit human desires" nor "weaken human desires"; on the contrary, he should fully satisfy most human desires and needs, and let people "enter the world of colors and music to find the principles" and "contact all things on earth to meet their needs to the utmost." In other words, he should let people realize their values and their nature through the perceptual activity that "displays the essence of humanity." This clearcut humanist insight was directed against feudal asceticism and obscurantism.

Wang Fuzhi also thoroughly criticized the hypocrisy of the theory of "there-being-no-self" that governed the feudal ideology and vigorously advocated the theory of "there-being-self." He believed that only if man had a firm and independent self could he turn himself into a subject of morality and give play to his initiative in knowledge and practice. He said, "What is self? It is the congealing of perfectly disinterested and impartial principle!" "I have lived until today, and during this period so many people have become ghosts in Heaven or on earth. Those whose vitality (flesh and blood) has already dispersed are ghosts; those who are in the process of being formed are certainly spirits who will live in the future. Although I have not yet become 'my self of tomorrow', that state is remote!" China's Middle Ages "preserved old objects and could not renew itself," and its body, "although not yet decomposed, is withered and dead." A "self of tomorrow", a new "self", "the congealing of impartial and disinterested principle" was yet to be born!

Wang Fuzhi called for the dim awakening of a "self" that reflected the consciousness of the early enlightenment. It is not an accident that after China's prefound eighteenth century dislocations lasted about one hundred years, Gong Zizhen[cu] (1792—1841) called out again in his lyric voice that in Lyric, "The master of everybody calls himself 'self'". Gong regarded the "self" as the first principle of the world and stressed the inexhaustive creative power of the "self", "the master of everybody." He said The "Self creates the sun and the moon with light. The Self creates mountains and rivers with energy... The self creates characters and language with reason. ... The Self creates ethical principles and the order of seniority in human relationships with its own distinguishable moral ideas." This is already the awakening of "self" in modern sense.

The philosophical enlightenment, from Wang Fuzhi to Gong Zi zhen, brought the Chinese out of the Middle Ages. It was a rough and tortuous process that, to our surprise, lasted more than two hundred years! It was a perplexing tragedy of history.

Such an historical tragedy brings perspective. On the one hand, the early enlightenment of the 17th century and the awakening of "self" by the intellectual pioneers from Wang Fuzhi to Gong Zizhen are a precious tradition for us. On the other hand, in the 19th century, Western capitalism became belligerently aggressive and China's entry into the modern age was accompanied by deep national suffering. The modern history of China, beginning with the Opium War, has been spattered with blood and tears. Advanced Chinese aroused themselves to catch up in order to save the nation and to start a cultural revolutionary movement striving at modernization, yet because of their preoccupation with introducing new Western studies, they were unable at the time to asses their legacy, to weed through the old in order to bring forth the new culture. Their attempts at a "comprehensive knowledge of Chinese and Western thought" and their creative "mastery" of new and old theories often resulted in superficiality or going astray. This cultural transformation and philosophical revolution supplementing China's modernization were for a long time stymied, the new trying to break through the old but the dead past invariably dragging back the living present. Even after the May 4th Movement, the traditional inertia deep in the structure of Chinese culture continued to call for a return to the past and a rejection of foreign culture. Because of this negligence, the special insights of the Chinese enlightenment were not developed, and the real wealth of China's intellectual traditions were not assimilated. History thus continued to undergo twists and turns.

The Chinese people have learned a bitter lesson from their sufferings as they reflect on the past. There has been an upsurge of enthusiasm for the study and discussion of culture, with topics including Sino-Western comparative culture, the synthesis and clash of differing cultures, the relationship between traditional and modern cultures, and the subjective ideology, or ideological charisma, required for the building of a new national culture. China now finds itself standing at a turning-point in history. It is continuing the historical process which began in the $17^{th}$ century, except that now it is becoming more aware, comprehensive and selective in the new cultural achievements from the West that it wishes to assimilate. At the same time, China must become more aware of the possibilities inherent in the development of modernization so as to fully realize the potential of historical junction of traditional and modernized culture. Chinese culture depending on its own emerges will be able to modernize and revitalize itself, but this will require a serious and soul-searching historical reflection from a newer and higher ideological vantage-point.

**CHINESE GLOSSARY**

a 宋明理学

b 郑和

c 隆庆

d 万历

e 崇祯

f 康熙

g 乾隆

h 道光

i 顾炎武

j 徽州

k 嘉靖

l 明实录

m 苏州

n 云南

o 景德镇

p 江西

q 广东

r 四川

s 北京

t 东林党

u 山海关

v 王夫之

w 明夷待访录

x 黄宗羲

y 唐甄

z 潜书

aa 屈原

ab 伍员

ac 颜元
ad 李塨
ae 李时珍
af 本草纲目
ag 朱载堉
ah 乐律全书
ai 徐光启
aj 农政全书
ak 崇祯历书
al 宋应星
am 天工天物
an 徐宏祖
ao 徐霞客游记
ap 王锡阐
aq 晓庵新法
ar 梅文鼎
as 中西算学通
at 方以智
au 物理小识
av 李之藻
aw 陈梦雷
ax 古今图书集成
ay 蒙养斋
az 畅春园
ba 皇舆全图
bb 梅瑴成
bc 陈厚耀
bd 明安图
be 历象考成
bf 数理精蕴
bg 几时通考
bh 李贽
bi 公安派
bj 袁宏道
bk 冯梦龙
bm 三言
bn 凌蒙初
bo 二拍
bp 汤显祖
bq 临川四梦
br 牡丹亭
bs 龙舟会
bt 傅山
bu 红罗镜
bv 石涛
bw 扬州八怪
bx 郑燮
by 天下郡国利病书
bz 通雅
ca 物理小识
cb 理学
cc 阎若璩
cd 古文尚书
ce 陈确
cf 大学
cg 庄子

ch 荀子
ci 公孙龙子
cj 楞严经
ck 成唯识论
cl 汪中
cm 气
cn 程朱学派
co 陆王学派
cp 程颢、程颐
cq 朱熹
cr 陆九渊
cs 王阳明
ct 老庄
cu 龚自珍

（*Journal of Chinese Philosophy*，Vol.16，*NO*.2，*June* 1989）

# 滴水吟稿

# 风雨忆存

王船山《姜斋诗集》中有《忆得》一卷，大抵为少作或佚稿，病中偶然忆得者。今此所存，亦类此。《吹沙集》有《劫余忆存》，括指从童年至"文革"前。今再从风雨声中忆存若干首，雪泥鸿爪，括至 20 世纪 80 年代前。

## 峨眉纪游诗

## A Poetry Chronicle of Emei Rambles

1946 年春，与文筠初相识，偕游峨眉，诗以纪怀。今并存英译，录自 *Pilgrimage in Poetry to Mount Omei* 一书，事详《后记》。

一

尘外神游地　飘然野鹤心

风怀期懋赏　林壑渺幽寻

但觉嚣氛远　不知云路深

烟空萧寺柏　佳句费沉吟

I

*Away from the dusty world is a place where my spirit wanders.*

*My wild crane's heart buoyantly sweeping and soaring.*

*Hope in my bosom wind — swift toward coming delight.*

*I search the forests and valleys, dusky, secluded.*

*I only know I am far from the noisy clamour.*

*This cloud path — how deep in would it lead me, I wonder?*

*Mists rise and fade away through the ruined temple cedars.*

*Graceful verses come only by this meditative chanting.*

二

六载惊重到　　青山似旧时

心期漫回首　　风雨费凝思

幽涧流泉激　　疏林密霭垂

溪迴山寺近　　日暮碧苔滋

Ⅱ

*Six years gone — and here I am again!*

*And here the green mountain, as in former days.*

*A backward turn of the head — and there lie my early hopes all scattered;*

*Now the wind and the rain engage my deep meditation.*

*Mountain cascades dashing against the rocks.*

*Sparse forests thickly enveloped in rain clouds.*

*A turn in the vally — and there is the mountain monastery.*

*The sun sinks, and the jade mosses are wet.*

三

阁外萧萧雨　　风泉澹素心

松篁疑虎啸　　湍石作龙吟

坐久寒浸袂　　灯残夜渐深

怀虚繁响静　　飞梦蹑苍岑

Ⅲ

*Outside my balcony — xiao xiao, soft music of the rain;*

*With wind and the bubbling spring my heart is wafted away.*

*There in the pines and bamboos — is it a tiger roaring?*

*The rushing stream against the rocks — is it a dragon moaning?*

*I have been sitting long — the cold has crept up my sleeves;*

*My taper is growing dim as the night slowly deepens.*

*My heart is empty of troubles the day's clamour stilled;*

*My flying dreams are roaming among the green hilltops.*

四

路逐奇峰转　松涛万壑清
晴峦云自吐　幽谷鸟争鸣
不入无言境　安知忘我情
久怀出尘想　猿鹤漫相惊

Ⅳ

*As I ramble along the path, strange peaks revolve about me;*

*Billowing wind in the pines freshens ten-thousand valleys.*

*The mists spew forth a line of clear-cut summits;*

*In mountain valleys birds compete in song.*

*Unless one enter the wordless realm.*

*How forget the feeling of "I"?*

*For long I have cherished a wish to escape this dusty world;*

*With the monkeys and cranes I feel completely at home.*

五

听雨围炉夜　山中四月凄
雾笼千嶂晓　梦醒一鹃啼
岑壑阴晴异　烟云变化奇
飞泉在何处　笑指翠崖西

Ⅴ

*Around the fire last night we heard the rain;*

*The mountain fourth moon still is shivering cold.*
*Imprisoned in mists — a thousand peaks in the dawning;*
*Waking me from a dream — one cuckoo's lamenting note.*
*Peaks and valleys stand out, light and shadow;*
*Clouds and vapours miraculously change their forms.*
*Where shall we look for the flying waterfall?*
*Smiling, I point to the western face of the blue-green cliff.*

六

天风何浩荡　踏雪叩禅扉
俯首烟霞径　苍茫隔翠微
忘情花雨落　无住岫云飞
六合神游遍　长歌咏采薇

Ⅵ

*Winds from the heavens — how splendid, how vast;*
*Tramping the snow, I knock at the Zen monk's gate.*
*I bend my head — mists and russet clouds cover the path;*
*All beyond the small green woods is gray and dim.*
*In sweet oblivion, a rain of flower petals is falling;*
*Without a resting place, the valley clouds are flying.*
*My spirit roams the six dimensions of the universe;*
*Chanting the ballad, "Come, Let Us Gather Thorn-ferns."*

七

巉岩横鸟道　云海郁苍茫
翏翏闻天籁　悠悠接帝乡
直心宁独觉　无待自相忘
浩渺凌风意　危阑对夕阳

Ⅶ

*Over the steep cliffs the crossing pathways of birds,*

*The cloud sea stretching vast, azure, boundless.*

*"Yu, yu", sound the pipes of heaven;*

*Far, far, they welcome us to that celestial land.*

*With simple heart, lonely, I find enlightenment;*

*And all at once I forget my separate self;*

*Vastness and immensity like a wind in the soul,*

*I stand at the perilous railing facing the setting sun.*

八

凭虚凌绝顶　　倾耳听松涛

仙境琼楼近　　诗情碧海遥

琪葩缀崖列　　清磬散层霄

鸥梦灵签证　　云心漫寂寥

Ⅷ

*Leaning upon thin air I stand aloft on the summit;*

*Bending my ear I listen to the pine billow's rushing.*

*The regions of the Immortals are near to this bright balcony.*

*The feeling of a poet is wide as the jade-green sea.*

*Jewelled flowers are embroidered along the cliffs;*

*The clear temple gong scatters its sound through layers of mountain mists.*

*My sea-gull dream is confirmation of the spirit;*

*My cloudy heart is flooded with quiet solitude.*

九

卧云幽梦醒　　长啸倚危阑

渐觉晨光动　　浑忘晓雾寒

霞波泛红日　　岚影散重峦

四望雪峰静　　浩然天宇宽

Ⅸ

*Sleeping among the clouds, I awake from a dusky dream;*
*With a long sigh I lean on the perilous railing.*
*Little by little I feel the morning light lifting;*
*Utterly forgotten now the cold fog of the dawning.*
*Over rose-flushed cloud billows floats the red sun;*
*Shadows of mountain mists scatter the terraced ranges.*
*Four ways I look — and only the snow peaks' stillness.*
*Spacious this canopy of heaven — boundless.*

十

眷怀冰雪境　　惆怅下灵峰
泉石琤琮韵　　崖花寂寞红
鸥情沧海上　　鹤梦碧霄中
莫问人间事　　君听万壑松

X

*Wistfulness in my heart for the frosty, snowy regions;*
*Sad am I to descend the sacred mountain.*
*Spring water over the stones — the tinkling tune of jade;*
*Valley flowers solitary, lonely, red.*
*The gull exults over the boundless sea;*
*The crane dreams, high in the azure spaces.*
*O do not fret yourself over the affairs of men:*
*Only listen to the pines in all the ten thousand valleys.*

十一

空山忘日月　　老树自春秋
晓雨寒吹鬓　　流云湿堕楼

空思齐物论　　何处任天游
翠霭松林道　　苍茫独立愁

XI

*The empty mountain forgets the day and the month;*
*The ancient trees have their own springs and autumns;*
*The dawm rain is chill, blowing the hair on my temples;*
*Floating clouds dampen the mouldering balconies.*
*In vain I ponder the theory that all things are equal.*
*Where shall I wander — up here in the sky?*
*Among the green mists in the pine woods — there lies a path.*
*Before this blue-green vastness I stand melancholy, alone.*

十二

危岩夹幽涧　　箬蹬卧峥嵘
出岫白云静　　在山泉水清
冷冷弦上趣　　悠悠物外情
寂寞沧浪咏　　孤吟百感生

XII

*Perilous cliffs hold in their tongs the hidden mountain rivulet;*
*Mossy stone stools lie jutting up in disorder.*
*Emerging from cliff caverns, the white calm clouds;*
*Up in the mountain, the clear spring waters.*
*Leng, leng, — the pleasant sound of the lute string;*
*Far, far, I feel from the world of things.*
*Lonely, I chant the Cang Lang song;*
*I hum to myself — a hundred feelings arise.*

十三

谷风动篁韵　　山鸟自啁啾

壁立千峰合　溪迴一径幽
凿崖横绝栈　揭跣涉清流
不见仙源路　予怀渺渺愁

XIII

*Valley wind stirs the bamboos into music,*
*Mountain birds reiterate their natural plaintive cries.*
*Standing like walls, the thousand peaks together;*
*At the turn of the valley stream — a footpath, solitary.*
*Boring between precipices we cross on a perilous plank;*
*Rolling up trouser legs we wade in the clear flowing water.*
*We have not yet glimpsed the path to the Immortals Fountain;*
*My bosom is uneasy with a vague melancholy.*

十四

观瀑浑忘倦　凭轩瀹茗时
跳珠何的烁　飞练正参差
去去情无尽　行行意尚迟
临风漫回首　心远白云知

XIV

*Beholding the waterfall, I utterly forget all weariness;*
*Steeped in tea, I lean over the terrace balcony.*
*How the diamonds glisten as they dance!*
*The flying lengths of silk are all in disarray.*
*I must go, must go, though my feelings know no ending.*
*Walking away, away, though my desire still lingers.*
*I face into the wind, then slowly turn back my head;*
*My heart is far away — the white clouds know.*

Translated by

Dryden Linsley Phelps and

Mary Katharine Willmott

(From *Pilgrimage in Poetry to Mount Emei*, 1982, by Cosmos Books Ltd, Hong Kong)

## 《峨眉纪游诗》后记

这十四首峨眉纪游组诗及其英译，以这样的形式保存下来，其中蕴含着一段难忘的文字因缘和青春往事。

1995年冬，北京大学中文系乐黛云教授来信告知：她近访新西兰，在一幽静小城图书馆偶见一本《峨山香客杂咏》英译中文诗集，其中发现有我的五律诗十四首，诗有韵味，译文甚佳，随即寄来复印件。我和文筠捧读后惊喜异常。这组诗，果为五十年前在武大读三年级时我与文筠初相识，偕游峨眉，以诗纪怀的定情之作。此类诗作，经过五十年的风雨征程，稿本散佚，记忆亦被冲洗，早已荡然无存。万未想到，这一组诗，竟经两位外国友人缱绻多情，译传于海外；现又经一位中国比较文学家独具慧眼，从异国他乡代为觅回。我将这些信札及复印诗稿等纳入一箧，珍重题签"缪斯的复归"。当我复信乐黛云教授致谢时，真情流露："您为我们觅回的，非仅是一组中英文符号，而是我们的童心，我们的初恋，我们在诗情画境中自我塑造的精神美。"

后经访求，终由香港友人罗孚老先生代为觅得原版《峨山香客杂咏》(*Pilgrimage in Poetry to Mount Omei*)一册见寄。通读后始知，诗集的选译者，乃是原华西协合大学外文系美籍教授费尔朴(Dryden L. Phelps)、加籍教授云瑞祥(Mary K. Willmott)两位；诗集系中、英文对照，共选录九十二首，按年代顺序排列，自唐太宗、李白、杜甫、岑参以下迄于现代，共计三十三家，而在最后，竟选入我的少年未刊诗稿，且十四首全录。在那风尘倥偬的岁月，这是出乎常情、难以想象的事。这在中美两国的民间文学交往中，也堪称奇缘。

回溯到五十年前,那是我刚从武汉大学哲学系毕业回到成都时的1947年之秋,因友人华西外文系学生谢桐之介,与其师华西协合大学外文系教授费尔朴相识。费氏当时正醉心于英译《陶渊明诗集》,他诚挚地邀请谢和我相助,约定每周聚其家一两次,先由我们糅杂中英文就所译陶诗逐句训解,他晓然后即以打字机打出诗体的英译初稿,然后三人共同琢磨,字斟句酌,直到三人粲然认可为止。记得译《闲情赋》时,最为动情和费力,故我在贺华西八十校庆诗中,曾有"传来医术人争誉,译去诗篇韵最温"之句。费氏为华西资深老教授(1894年生),在外文系授英诗及莎士比亚等课,年长于我们30余岁,而童心未改,虚怀若谷,他真诚热爱中国文化,敬重中国学人。以陶渊明诗的真情慧境为中介,我们之间逐步建起忘年交谊。1948年秋,我与文筠结婚之喜,费尔朴夫妇亲来祝贺,并以他所英译、精印的《峨眉山图志》一巨册相赠,我将颇为自得的峨眉纪游组诗书写为一横幅回赠之,他也十分珍视。这样的文字交往,虽不到两年,且淡泊如水,却久而弥新。成都解放后,华西外籍教授陆续回国。此后,音问不通。我从中国社科院所编译的《美国的中国学》等内部资料中,得知他返美后继续在大学任教,所译《陶渊明诗》已在美国出版。而对他和云瑞祥教授如何编选英译 *Pilgrimage in Poetry to Mount Omei* 一书,以及何以选及我的《峨眉纪游诗》未刊稿等,我则毫无所闻。《峨山香客杂咏》一书,虽由费尔朴教授写了"前言",而书在香港1982年出版时,已是他逝世(1978年)四年之后的事。他也未能见到这一座他亲手建造的以自然美与诗心美相融合为特征的中美文化虹桥,这不能不说是一桩憾事。

回忆这段文字因缘,引起我许多浮想。像费尔朴教授这样数十年如一日从事中美民间学术交流的友人,是可敬的。他们所开掘的涓涓细流,必将汇聚成中西文化的互补与合流的洪波巨浪。这中间,一点一滴,一花一叶,都值得珍视。费尔朴、云瑞祥两君所译拙作峨眉纪游组诗,确花了不少心血(云瑞祥教授为该书所写"译者说明"中谈到中诗英译之难,就曾两次例举拙诗,足以说明),今将两君曲尽其情的优美英译并缀于此,以广流传,以资纪念,并致谢忱。我相信,两君在天国的白玉楼中,正与李贺、雪莱等青年诗人欢谈诗艺,对此,定会欣然同意。

# 重读莲父《峨眉纪游诗》

陈吉权

1995年乙亥岁暮，莲父友人乐黛云君访新西兰，偶见美国费尔朴、云瑞祥两君英译《峨山香客杂咏》诗集中的莲父《峨眉纪游诗》十四首。奇之，携归，复印此诗寄莲父。莲父极喜，又复印寄我。惊喜之余，思绪万千，不能自已。

莲父此诗乃1946年少时所作。时莲父与文筠初相识，偕游峨眉，云山纵怀，情意弥笃，发而为诗，是为定情之篇。读此诗，可窥见当时神游尘外，纵目远引，观岑蓥阴晴之异，烟云变幻之奇，步琼楼之仙境，接天宇之浩茫；鸥梦童心，钟此灵秀于人与峨眉山色之间，其境超绝。两人之情思，虽以"灵签"可证，微露端倪，而化境悠然，如出岫云心，又无迹可求；斯为"不著一字，尽得风流"也欤？

莲父总角交游，如深之、元谊、烇坤诸君子，皆神思俊逸，博学多识，襟怀间畅，超然物外者。元谊以词心幽窈见称于师友，而深之、烇坤则以治史哲余力，雅好诗词。莲父与诸君子之诗怀感通，吟篇累牍，遥隔千里，辄相唱和。其作每每可见"飘然不群"之思。余与诸君子交厚，每得赐笺，常欣然有会。惜当时吟篇，以沧桑世易，益以"十年浩劫"，皆被毁弃，荡然无存。而元谊、深之、烇坤诸君则已先后作古，念之怆然！

不意莲父此久佚之作，于今已逾五十春秋，竟得以完璧复归，且忽得之于海外，此非遇之至奇者乎？费尔朴、云瑞祥两君译此《峨山香客杂咏》一集，自唐李白、杜甫、岑参诸贤迄当代莲父是作，所选凡三十三家，足见两君别具慧眼，使吟赞峨眉佳篇得以译传于海外，此又遇之至奇者也。莲父与费尔朴君曾相识于华西坝，并曾助其英译陶渊明诗赋。后虽海山阻隔，数十年不通音问，费君亦于二十年前在美辞世；而诗情慧境，乃以心弦共振，感通无碍，因得永存人间。是知具此慧心妙悟，则人不分今古，地不别中西，会心人此心息息相通；虽曰时运之巧，遇合之奇，亦理之必然也耶？

抚今思昔，聊缀数语，以志所感于万一。

**词二首** 老友贺显铨君藏书中有《秋天里的春天》(Julio Bagry 著,巴金译)原版,扉页上题有我庚辰(1940)年的词作二阕(其一为深之手书),复印件寄来,触绪无端。童心稚梦,老友代为珍存五十八年,亦可感也。

蝶 恋 花

一笑相逢蓬海路。怎地匆匆,便共秋云去?梦冷魂孤愁几许,凭谁问取春何处! 已被断云金发误。小太阳儿,解得相思否?泪眼问天天不语,空林落叶荒原暮。

长 相 思 慢

霜警疏林,秋云如水,微吟难诉衷情。天教乍见,浅笑凝眸,才喜欲问还惊。共感飘零,是真怀相映,莽野星萤。细语轻轻,幕沉沉,夜曲潜听。 纵黄叶西风,也作春阳艳裹,梦影难凭。堪悲别绪,何事青天,忍散鸥盟!金丝误了,杳天涯此恨终萦。看香消瘦菊,魂绕孤灯。

一九四六年夏,赠文筠古墨一锭,上有梅一枝、诗一句"天涯何处觅知音",足成一绝

天涯何处觅知音,弹到梅花月满琴。
月自婵娟梅自吟,南禽宁负海盟深。

1957 年 9 月,离蓉赴汉过渝,宿体委楼上,渔火江声,景宛似十年前与筠同返川过渝时所见,而情则迥异矣

飞轮千里一宵间,白也休歌行路难。
喜有鸥情漫秋水,任教鹤梦阻重山。
微茫岸火繁星动,浩荡江流絮语喧。
风露高寒曾共倚,湘灵记否十年前。

## 海上吟 佚稿

（1959年7至8月，青岛）

海风涛韵入新诗，百转千回只自知。
潮来潮去人不寐，冰绡难写水仙辞。

枕上涛声梦里家，醒来惊卧隔天涯。
银河不必劳飞渡，喜看机头出彩霞。

海波化作绿罗裙，刻骨相思幻作真。
寄语流云过巫峡，低声为我唤筠筠。

婀娜犹记东湖柳，微月青城梦最浓。
十二万年人未老，绿波柔绝倚春风。

浮云拂尽月中天，飞渡银河只等闲。
曾为痴情怨神鹊，岂因梦语损青鸾。
相依慧魄应无间，久蓄丹霞待共餐。
屈指计程吟海上，无穷诗句涌胸前。

来吧，海之滨。海风正醉人。海水碧如黛，掬来染鬓青。
来吧，海之涯。白鸥舞浪花。呼来共儿戏，浑忘你我他。
来吧，海之上。碧波自柔荡。袅袅绿罗裙，风前费凝望。
来吧，海之湄。灵魄永相依。悟得虚涵理，云影自东西。

## 1961年秋，知文筠将留上海生化所继续进行科研，完成论文

结发曾吟鹤梦宽，相期云路破荒寒。
攀崖扑火红星夜，踏月遥呼七里炎。
自有痴灵通窅窕，任教圆缺共婵娟。
牛郎一片风前意，伫盼丹霞落素纨。

1973年3月8日,玲儿自丹江至樊城,先来电话,步出隆中远迎之,悲喜交集

忽听玲儿电话声,丹江晨雨到樊城。
崎岖泥路瞻迎远,飒爽工装笑语亲。
且喜天车随巧手,难忘醋柳鞠丹忱。
卅年鸥梦休回首,但向山花觅好春。

1976年元月,渊、萌归自京,携来史、康信,意蕴情真,暖我诗魂

嘤鸣乔木望京华,笑指燕荆两处家。
秋水碧云渟素月,春苗红雨煦朝霞。
崎岖宁畏峰前路,漫汗羞随世外槎。
一片鸥情何所寄,茂林新叶绿天涯。

1978年2月,渊、春儿结褵,诗以志庆

葵煦朝阳廿九年,渊明诗句记心间。
采珠试学纬萧子,琢玉初成咏史篇。
春晓沉湖千里翠,远晴燕市百花繁。
於菟应解凝眸意,昂首征途共着鞭。

1983年5月,参加蒙古族哲学史年会中,赴呼和浩特市郊拜谒昭君墓,口占

不觉荒寒塞外行,呼郊垂柳郁毵毵。
漠河青冢长相伴,麦秀芳畴四望平。

昭君坟上矗红亭,芳树环栽草自青。
蒙族姑娘偏爱舞,录音机伴踏歌声。

干戈玉帛几千秋,血染雕弓尽列侯。
独有王嫱留美誉,琵琶弦语最温柔。

1984年9月,初访十堰,听介绍二汽创业史,默吟得一律

武当北麓起山城,翠谷朱楼四望新。
破雪迎春双燕舞,劈山开路一龙腾。
三关闯过犹余勇,百战荣归不自矜。
鼎立中心迎巨浪,白头孟总最多情。

哭奠黄庆璋同志(1985年3月)

襄阳云黑沙洋冷,独有君心贮暖流。
娓娓道来情似火,依依别后意弥稠。
尊前慷慨非弹铗,笔底轮囷忍覆瓯。
此日招魂江水上,茫茫天地几沙鸥。

1986年“双百”方针公布三十周年

北国冰封诩一家,堂堂“二百”出中华。
可堪卅载风兼雨,忙煞园丁扫落花。

乙丑夏,岭南行,途中书所见

奔车一夜过韶关,绿树芳畴入岭南。
红袖村姑偏起早,摩托泼洗碧塘边。

1986年10月,宁波黄宗羲学术会中

一

京门慷慨斥权奸,笔剑纵横一少年。
海岛人归诗未老,举头天外望鹏骞。

二

寒芒熠熠出雷峰,化作经天贯日虹。
颠倒纲常民作主,振聋发聩启愚蒙。

丁卯(1987年)冬,彭尘舜老师八十华诞,有诗见示,谨此致贺

彭老高情未有涯,从容八十笔生花。
难忘广寺冰封日,一笑春温赐雪茄。

乙丑(1985年)夏,赴纽约石溪参加国际中国哲学双年会,首次访美,杂诗纪行

一

昔闻列子御风行,今喜潮音海外听。
一苇可航三万里,达摩心印自由神。

二

自笑读书或万卷,今朝始作万里行。
排云鹤引诗情远,寄语飞天护好春。

三

鹏翼扶摇跨巨洋,海天云水浑茫茫。
逆时夸父登旸谷,跃过黄昏逐杲阳。

四

降云首访旧金山,灯海车流夜未阑。
独喜当关黑女健,从容谈笑已签完。

五

隔海神交岂偶然,只因心曲应朱弦。
密翁禅铎薑斋梦,同谱东方觉醒篇。

六

海岸巍然矗女神,风涛吟伴自由声。
潘恩火炬罗斯策,赢得今朝乐太平。

1986年初,自昭师贺麟教授从事哲学教研工作五十五周年,京中师友集会称贺,谨献拙句,用表微忱

蜀学玄莹美,君平续子云。[①]

丹崖方谔谔，麟趾益振振。[②]

史慧千秋感，神思“百劫”新。[③]

贞元天地曙，蚕赋颂斯文。[④]

**自　注：**

① 20世纪50年代中，蒙文通师偶赴京，贺师为之设宴于颐和园，招一介和我侍坐。贺师论及蜀学有哲思传统，蒙师举严遵之后续以扬雄为例应之，又论巴蜀学风与荆楚学风之异同等，是日饮谈甚欢。

② 20世纪40年代初，我考入武大哲学系，受业于张真如（自号丹崖叟）先生之门，得闻黑氏哲学要旨，时又喜读贺师所译 J. Royce，E. Caird 等人论著，深受教益。“麟趾”句，用《周南·麟之趾》颂诗意，振，音真，信厚兴盛貌，借以颂扬贺师译介弘传德国古典哲学之功超迈前辈，流誉国中。

③ 真如师与自昭师讲论著述，均强调黑格尔哲学中宏伟的历史感，至今沾溉学林。刘彦和在《文心》中对“神思”的规定，颇似黑格尔的绝对理念之外化而自我展开；德国古典哲学经“文革”之后得以彻底平反，可谓历劫而弥新。

④ 十年来拨乱反正，实贞下起元之会。自昭师年逾八十而精进不已，著述不倦，乃吾辈楷模。荀卿作《赋》篇，颂“蚕”云：“儠儠兮其状，屡化如神；功被天下，为万世文。”

# 湖海微吟

琼岛行(庚辛之际杂诗)

雪鬓冰怀赋远游,飘然一苇渡琼州。
寒凝大地浑忘却,吟步荒崖唤野鸥。

(屈原、达摩、鲁迅,境遇不同,触感各异,而异中又似有同者;予今南游避寒,别是一番风味,然而魂萦上下,独忆及此数子者,盖亦有灵犀一点相通乎?)

杨仆楼船纵火时,宁知奇议有捐之。
侈言鳞介污冠冕,竟使珠崖入化迟。

(汉武帝平南越时,杨仆为楼船将军率水军登陆海南岛,后下令焚船(今文昌县北有焚楼山,即杨仆焚船处),示决心留住开发,遂设朱崖、儋耳两郡。元帝时因黎乱朝议,贾捐之力主舍弃两郡,遂废郡,合入合浦县。苏东坡《伏波将军庙碑》曾感慨言之:“自汉以来,朱崖、儋耳或置或否,扬雄有言,朱崖之弃,捐之之力也,否则介鳞易我冠裳。此言,施之于当时可也,自汉末至五代,中原避乱之人多家于此,今衣冠礼乐,盖斑斑然矣。其可复言弃乎!”)

开拓前驱两伏波,二徵英魄究如何?
甘泉白马千秋誉,泽及民心总不磨。

（武帝时路博德、光武时马援均为伏波将军，开拓南疆有功，而徵则、徵贰姊妹乃越族女英雄。20世纪50年代越南史学家代表团访华时问及此事，周恩来总理曾赞扬二徵的反抗精神，足见历史人物评价的复杂性。传马援平定“二徵之叛”时曾至海南，所乘白马渴驰沙中，踏出美泉，至今儋县有白马井，井上立有伏波庙。）

海甸云霞育女英，甘棠歆拜冼夫人。
黎家吉贝奇纹美，传到松江富万民。

（六朝时中原战乱，南越冼夫人循抚岭南，兼及琼岛诸黎，被隋文帝册封为谯国夫人。今粤西海南尚多祀冼夫人庙。吉贝为黎家棉织品，五彩奇纹。宋末元初黄道婆自崖州至松江，传入黎家纺织法，江南人民因以致富。）

入海高僧何所求，几番摧折不回头。
南漂琼岛缘殊胜，誉满扶桑传最优。

（唐鉴真应日僧之邀，东渡传法，多次遇风失败，第五次于天宝七年出发于扬州，竟南漂至海南宁远河口，被迎至郡城，经一年至万安，又至崖州，多所建造，授戒、讲经，留琼两年，播下佛法种子。后经雷州、广州，回到扬州。关于鉴真此行及海南风物，日本淡海真人元开于宝龟十年所撰《唐大和上东征传》记载最翔实。）

武后淫威逐直臣，至今韩韦尚留声。
元和宰相崖州庙，壁上葫芦恸党争。

（韩瑗、韦方质皆以反对武后被流贬海南。韦执谊以永贞革新失败，被贬为崖州司马。海南人民皆敬祀之。元和宰相李德裕流寓崖州，到城南小院，见壁上悬葫芦甚多，老和尚告以乃党争流贬死者骨灰。德裕闻之惕然走归，心悸而死。）
（事见《舆地纪胜》《北梦琐言》）

庚午冬,海南行。大地凝寒,琼岛之风日如春;华盖多忧,师友之高情可感。吟赠海南大学文学院周伟民、唐玲玲两教授

泥涂曳尾说逍遥,化蝶诗魂不可招。
凿窍岂能醒浑沌,探珠何事怒纬萧。
京山育木楩柟秀,南海培风意气豪。
辙鲋难忘秋水阔,绿洲情暖熨心涛。

庚午客海南,参加儒学研讨会,锦全赠诗,步韵和之

浪迹天涯喜又逢,拈花不必说禅宗。
岂因华盖揶揄甚,便与於菟感慨同。
卞玉细磨璞自显,阮车勇迈路无穷。
南荒披发聊容与,依旧滋兰养素衷。

**[附]锦全原诗**

天涯海角喜相逢,共建文明夙所宗。
宝岛台琼文竞秀,学林江海气相通。
谁言指鹿能阿世,何必伤麟怨道穷。
自古儒门甘淡泊,人生且莫负初衷。

庚午冬题贺年卡,赠吴志纯、欧阳怡同志

风雨征程四十年,难忘坝上百花天。
双飞火凤宁知老,红烛冰心月正圆。

庚午冬题卡寄少峰,谢其为《吹沙集》题梦得诗

蓑也索书浪淘沙,温公落笔走龙蛇。
书成大笑呼摩诘,莫遣飞天浪雨花。

1990 年 12 月，冯友兰先生九五华诞，师友集会庆贺，颂诗一首谨呈

御风反顾论天人，南渡北归道益尊。
贞下起元昭学脉，经虚涉旷见精神。
旧邦新命传真火，蚕赋云歌盼好春。
岳峙渊渟仁者寿，松堂奇想正氤氲。

庚午之春，日本东京大学蜂屋邦夫教授寄赠新著《中国道教之现状》两巨册，访胜寻幽，图文并茂，尤以教授所撰《日本国海外学术研究团登访大邑鹤鸣山之碑》一文，言近意远，令人感佩，捧读欣然，诗以谢之

生长君平卖卜城，迩来论道许全真。
学优不仕甘肥遁，心远忘机慕上清。
千载劫波文物美，一衣带水友情新。
感君登访殷勤意，留得华碑伴鹤鸣。

辛未春，方克立教授过汉，见示日本千宗室先生《茶经与我国茶道之历史意义》一文，拜读之余，不胜钦佩，吟成一律，书寄作者

海外歆传陆羽经，香清味苦见精神。
茶禅结合珠光境，歌茗融通武野情。①
露地绝尘风淡淡，茅庵迎客草青青。
雪中春意心灵美，居士高怀实可钦。②

壬申（1992 年）立春，海南儒学会中，书赠台湾友人

劳燕分飞四十年，琼崖鸥聚倍欣然。
屈吟贾哭俱陈迹，冲破沉霾别有天。

---

① 论文中有“村田珠光与茶道的产生”“武野绍鸥与茶道的成立”两节，考论颇详。
② 论文末节论及千利休茶道中的“雪地小草”精神，意尤深蕴。

华夏人文不可分，冰心红烛故园情。
今宵同谱金兰曲，唤起狷狂共好春。

辛未(1991年)之春，中岛隆藏教授跨海来访，见赠宏篇《六朝思想研究》一书，驻杖汉皋，从容论学，弹指岁末，即将返国，诗以送别

海上霞蒸宿雾开，御风论道出蓬莱。
感君细理六朝学，濠上相迎再举杯。

壬申立春，客琼州，锦全诗笺来，有相慰抚之意，步韵和之

双鹤琼崖暂寄身，五公祠畔净根尘。
耻随渔父扬泥滓，漫向长沮问去津。
一曲迷阳伤国步，百年忧患铸诗人。
羡君犁破禅关后，化境悠然指白云。

**[附]锦全赠诗**

随缘淑世且安身，空谷幽栖隔路尘。
老去方知皆化境，归来谁与点迷津。
花曾解语原多事，石不能言最可人。
知命乐天何处是，依然流水送行云。

## 康桥行吟稿

(1992年8月)

含笑姜花送我行，诗成险韵不须惊。
茫茫海水今飞渡，不信风姨信洛神。

(1992年8月1日赴美机中，忆行前后园姜花忽开。)

苇航万里落康桥，重访兰台暑正消。

一片乡心诗意美，戴公何日理归桡。

（赠哈佛燕京图书馆善本室主任戴廉先生，他正拟退休返蜀定居。）

费氏民间史论多，白皮书出启人和。

萧萧红树闲闲雾，夜话康桥忆凤歌。

（费正清氏乃中国史专家，六教授联名白皮书乃启中美和谈。参加华人教授家中文化沙龙，发言多论及新儒学及“文化中国”。）

感君彤管善吹鳞，剖判儒宗意转新。

海外招魂空叱咤，何人诗续庾兰成。

（读余英时先生所赠新著《犹记风吹水上鳞》，志感。）

康桥今夜月婵娟，隔海相思梦作帆。

我欲乘风归去也，红梅绽否绮窗前。

（中秋之夜，朗月不眠。）

## 访德杂诗

1991年7月赴慕尼黑参加国际中国哲学学会双年会，顺访海德堡、汉堡等地；1993年2至5月应邀赴特里尔大学讲学，又顺访波恩、柏林等地，触感成咏，不计工拙。

### 一

秦伦泛海客东吴，马可欢游语不诬。

今日西行寻活水，灵泉何处润心芜。

（公元3世纪，罗马商人秦伦跨海来访，得到东吴孙权亲切接见，留住八月始归；公元13世纪，马可·波罗经中亚来华，欢游十余载，归著《游记》。）

### 二

雄鸡唱晓破霾天，史路崎岖三百年。

唤起莱翁共商酌，东西慧梦几时圆？

（17世纪，莱布尼茨因白晋介绍，首次论到中国哲学，曾致书康熙，拟来华助建中国科学院,未果愿。)

三

施坦堡湖风物闲,烟波云树远连天。

鸥群早已忘机惯,扑向游人问早安。

(慕尼黑之会会址,在斯塔尔堡湖畔,风景甚美。晨起湖边散步,群鸥狎人,飞鸣不去。)

四

星穹德律墓铭香,批导锋芒理性扬。

马赛歌中呼日出,火流学脉自成章。

(Kant's Epitaph:"The Starry heavens above me and moral law within me."黑格尔把法国革命喻为"壮丽的日出"。"火流"乃费尔巴哈名意。)

五

尼卡河上古城新,废堡巍峨隐翠屏。

假日黄昏人如织,松风明月晚钟声。

(海德堡位尼卡河两岸,有著名废堡,时值假日,游人如织。)

六

蛇径逶迤上圣山,哲人路窅逸盘桓。

哲人已去空留路,路断心空别有天。

(海德堡右侧,有蛇径上圣山,环山有哲学家路,据云:黑格尔、马克斯·韦伯等著名哲人,均在此路上散过步。路口一楼房,为黑格尔故居。)

七

汉堡欣闻古乐声,《思乡吟》继《琵琶行》。

西风渭水长安冷,激越筝弦诉不平。

八

被发行吟易北河,缤纷花雨忽闻歌。

乡音不改乡情郁,云路苍茫可奈何?

九

同客天涯忍说愁，那堪弦语太绸缪。

春江花月空回首，欲向灵均续远游。

十

三弄梅花画梦痴，草原骏马忆当时。

如今愁听思乡曲，海上凝眸有所思。

（在汉堡，得闻上海青年弦乐队姚岚、董亚等演奏，异国偶逢，纷来索诗，匆题四绝，言不尽意。）

十一

蒙娜慧婉月中来，酷似娇萌触我哀。

炼就痴情珠化泪，天涯诗隐慰深怀。

（汉堡，赠青年诗人杨刘伉俪。小刘酷似萌，小杨有诗赠渊。）

十二

偶逢汉堡欧华会，一笑相迎尽友声。

文化中华认同感，血浓于水救灾情。

（汉堡偶逢欧洲华人学会成立十周年纪念学术会，受到热情接待；时各地华侨为国内水灾义捐，尤为感人。）

十三

宁忍啄肝盗火情，幽灵游荡语犹新。

百年龙种经忧患，何处拈花觅解人。

（特里尔有马克思故居，已辟为纪念馆，两去参观，敬题留言簿。）

十四

时晴时霰小山城，草树笼葱雪酿春。

斜垅铁篱园艺美，葡萄岁岁好收成。

（特里尔盛产葡萄，时已隆冬，虽霰雪纷飞，而草树犹青。）

十五

鱼鸟飞潜梦太奇，几番风雨误佳期。

雪郎痴拜诗神美，不抵姜翁伴燕妮。

（癸酉之春，与文�同访德国，客居特里尔三个月，共命相依，抚念浮生忧喜，宛似 Montage。）

十六

恺撒、威廉纪念堂，横空睥睨柏林墙。

茫茫帝国兴亡史，付与游人说短长。

（游柏林，参观市中心大教堂。旧墟新拱，巍然相护，构想甚奇。）

1992 年冬，衡州纪念船山先生逝世三百周年，敬题湘西草堂

雪儿红豆少年诗，梦断章江月落时。

天地有情容祓禊，雷风相薄孕新思。

1993 年 12 月，避寒羊城，半隐石牌，后应邀仍讲课五次，多谈传统文化与现代化的接合问题

流寓羊城隐石牌，拈花无语漫相猜。

随缘且说丹柯事，心炬相传瞩未来。

甲戌冬，岭南行，书赠李明华君

薄暮鸱鸺展翅飞，灵台玄鉴辨危微。

岭南春早花争发，佩纫秋兰识所归。

癸酉夏，齐齐哈尔之行，访自然保护区养鹤园

奔车一夕度龙沙，芦荡茫茫访鹤家。

浪漫诗情何处引，惊心罗网遍天涯。

久蓄樊中渐失真，珠冠玉珥媚游人。

可怜舞步空留影，不抵冲天唳一声。

（有一珠冠鹤，喜近游人，参观者争与之合影留念。）

蓝袂朱唇绝世姿，娉婷顾影立多时。

澳洲风物今何似，昂首云天有所思。

笼养鹤中，以澳大利亚兰鹤为最美，不知何时捕得，孤囚于此。

癸酉（1993年）夏，汤用彤先生百年诞辰，北京大学师友集会纪念，谨缀颂诗一首，以表孺慕之忱

犹记燕园问学时，襟怀霁月实人师。

东传佛理彰心史，正始玄风辨体知。

漫汗通观儒、释、道，从容涵化印中西。

神州慧命应无尽，世纪桥头有所思。

甲戌秋，蒙文通师诞辰百周年纪念，蜀中师友，集会庆祝，谨献颂诗一首，并致电蒙默世兄八句

一

存古尊经学脉醇，观澜明变见精神。

弘通汉、宋堂庑广，涵化中西视角新。

秘阐齐、韩昭大义，疏还成、李入玄莹。

桐花细雨京郊路，钵水投针笑语亲。

二

儒申五际，道阐重玄。古族三分，越史千年。

掀髯大笑，川上观澜。缅怀仪型，孺慕拳拳。

甲戌春，赴金陵参加东南大学中西文化研究交流中心成立盛会，诗以致贺

红萼冲寒破雪开，梅花山下缪斯回。

神州春色东南美，吸取诗情向未来。

1994年3月,赴金陵之会,两过沪上,得与诸师友握聚,实暖我心

三年华盖终无悔,此日清歌有解人。
海上欢呼蜃雾散,东南淑气正氤氲。

甲戌秋,贵州人民出版社推出中国历代名著全译丛书,诗以致贺

慧命薪传古译今,熔裁信达费沉吟。
琳琅百卷诗、思、史,普润神州赤子心。

甲戌冬,北大哲学系八十系庆,诗以致贺

心炬弘传八十秋,蔡公四字粲红楼。
包容今古开新宇,涵化东西辨主流。
孔乐佛悲各尽性,庄狂屈狷任天游。
未名湖畔飞花雨,说到无言说未休。

甲戌冬,拜瞻马一浮先生西湖故居,敬题

侧身天地,独立苍茫。
学继往圣,心游八荒。
笔走龙蛇,诗纪沧桑。
光风霁月,德润无疆。

甲戌冬,成都行,黄小石同志迎送情殷,多方照拂,慨诺代觅印“稷下”等,高谊可感,诗以谢之

少年稷下笔纵横,垂老狷狂未失真。
莫道风歌稀和者,桃花潭水见深情。

癸酉岁杪，与筠相携自花城飞北海，适七十生日，欣然得句

梦堕娑婆一片痴，庄狂屈狷总违时。

碧霄鹤引诗情远，世纪桥头有所思。

## 七十自省之一

暂纪征程七癸周，童心独慕草玄楼。

寥天鹤唳情宜远，空谷跫音意转幽。

史慧欲承章氏学，诗魂难扫瑷人愁。

迅翁牛喻平生志，喘月冲泥未肯休。

（余癸亥冬生于成都。十三岁入中学，校址乃扬雄故居。“寥天鹤唳”乃初中时诗词存稿自题名，“空谷跫音”是高中时与同学合办壁报名。“论史慧”乃高中时首篇习作论文，少年诗风颇受龚自珍影响，鲁迅先生“俯首甘为”“食草出奶”之精神，平生服膺。）

## 七十自省之二

乌飞兔走七十秋，兀兀泞耕一老牛。

西蜀琴书孕奇梦，东湖梅雪蕴芳猷。

迎潮敢唱洪波曲，咏史难消万古愁。

今日行吟南海上，苍茫何处唤云鸥。

（“农夫泞耕，红女寒织……”乃船山《黄书·大正》中语。“雪压梅魂明剥复”乃 1946 年前后在武大学运中悟得者，故十年后，重返珞珈，有“武昌城外柳依依，回首沧波路未迷”之句。郭沫若写《洪波曲》，归庄写《万古愁曲》，皆反映时代呼声，或颂或讽，未可轩轾。）

## 墨池母校建校九十周年大庆

（1995 年）

墨光重射纪华年，三世童蒙沐慧泉。

数理文心齐愤悱，跫音虹影共婵娟。

桂桥夜读风灯暗，锦里朝歌笑语喧。

今日曦园桃李盛，相呼同奋祖生鞭。

**附记**：忆及母校(原青龙街)旧址，有扬雄洗墨池等古迹；高中时，学校为避日寇空袭迁外西银桂桥，生活艰苦，而师生俱发奋自强，如所在高十一班分文、理科，竞长争高，又互相团结，自办大型壁报名“空谷跫音”，又自办英文壁报名“Rainbow”，均抄写整洁，插图优美，且定期出刊，深得老师好评。新中国成立后，母校已大发展，热望与母校同学们为振兴中华而共同奋斗。

乙亥初秋，再游波士顿，访戴廉乡兄不遇，知已返蜀定居，感赋

三访康桥有夙缘，羁愁乡梦杂诗篇。

剡溪归客兰台史，静对峨眉月正圆。

乙亥初秋，康桥之行，维杭、小增挚情接待，诗以谢之

三访康桥画梦频，园蔬红烛最温馨。

休惊巧手翻云雨，笃信天涯若比邻。

泉石茂林书肆美，蕙兰幽谷学风清。

相期细琢荆山璞，不畏艰难向去程。

## 浣溪沙·哭奠周大璞老师灵右

(1993 年 2 月)

沫水苍茫画梦痴，月塘课业谱新词，先生眉笑许心知。　　彤管殷殷传朴学，幽兰默默塑人师，楚天风雨动哀思。

## 踏莎行·哭奠陈修斋同志灵右

（1993年8月26日）

卅载交情，几番劫浪，岂因华盖添惆怅。岁寒松柏知后凋，贞怀不改葵心向。　月冷隆中，风惊濠上，灵根译笔俱无恙。拈花笑语话巴黎，那堪顿哭斯文丧。

## 乙亥冬，湘潭市周易研究会成立，诗以致贺

画前有易谁能读，沧海遗珠象罔求。

德业日新诚不息，嶷云湘水两悠悠。

## 丙子春，读杨宪益先生《银翘集》书感

杨公名世译《红楼》，骂鬼呵神岂打油。

棍痞官绅齐切齿，《银翘》一卷抵春秋。

## 1996年10月，庞朴兄寄赠新著《蓟门散思》，喜题书扉

蓟门风雨勃溪声，隐几庞公宿不闻。

自辟史庭辨冤假，圆融忧乐说三分。

## 罗孟桢师九十华诞，汉皋飞觥，吟此拜祝

蜀学渊渊积健雄，功高化雨育童蒙。

墨池波涌山河泪，树德声传耿介风。

指画舆图腾巨浪，壁文史慧轫初衷。

丹柯代代燃心炬，万朵红梅祝寿翁。

（六十年前入墨池，由初中至高中，皆受教于孟桢师。他充满爱国激情的讲课，常使我们为之热泪盈眶。师每上地理课，指夹粉笔在黑板上绘祖国地图，一挥而就，宛如印制。然后指点江山，讲到如何收复河山，振兴中华，激昂慷慨，听者无不动容。“巨浪，巨浪，不断地增长……”这歌声，最能表达当时同学们的心

声。高中时,银桂桥边,听吾师讲刘知几、章学诚论史家必须具备“史学”“史才”“史识”“史德”等,我深受启发,在班壁报上发表了《论史慧》长文,课后罗师立壁报栏前,细阅此习作,并予以肯定,此为吾师引导下走向人文学的开端。高尔基所述俄罗斯童话中丹柯燃心为炬故事,实获我心。1996 年 3 月记。)

丙子秋,礼送鹤鸣师李老骨灰移葬北京八宝山,距李老去世已卅年矣

化碧何如化鹤归,卅年城廓未全非。
宝山终有安魂处,谁向泉台唤李逵。

## 北　海　吟

一

梦入罗浮不计年,禅心诗趣两悠然。
刘郎陋室何人识,一角阳台尽水仙。

二

飞来一寺落江滨,山自笼葱水自清。
坡老海公魂不死,景观奇美在人文。

三

石湾磁艺早知名,泥性深研艺更精。
独赏孤山林处士,倚梅抱鹤最传神。

四

如火诗情漫青岛,依然梅鹤聚银滩。
静观潮涌阿芙美,莫管箜篌说路难。

五

北海街头两老人,轻骑快踏见精神。
随潮且去探花价,德国春棠买五盆。

## 《道韵》创刊，诗以致贺

神人姑射藐难求，石壁图踪岂谬悠。

千古道风遗韵在，朗吟飞过岳阳楼。

（“石壁图踪”，指钟离汉、吕洞宾、陈抟所传之《先天太极图》曾刻于华山石壁，后由钟放、穆修传之周敦颐。此中联系，毛奇龄有考，断言“两图踪迹，合若一辙”。“朗吟”句，语出吕洞宾诗：“朝游北海暮苍梧，袖里青蛇胆气粗。三醉岳阳人不识，朗吟飞过洞庭湖。”）

## 踏 莎 行

衷心祝贺李德永、熊培粹同志结褵之喜。

纫佩兰畦，采珠玄圃。殷勤不计风和雨。任它崎路勇攀登，云歌蚕赋续今古。　海上琴心，篱边诗趣。此中真意谁能悟？桂山朗月照东湖，绮窗同写梅花谱。

## 踏 莎 行

丙子冬，沪上行，怀念冯契同志。

霁月襟怀，幽兰意蕴，翩跹火凤从容甚。鲛珠重缀忒殷勤，任他磨涅思弥永。　海上琴音，山阳笛韵，拈花何处觅心印。浩茫广宇漫招魂，玉楼或坐船山近。

## 哭奠邵融

（1997 年 3 月）

闻讣震悼，挥泪招魂，海畔凝眸，哀吟当哭。

虹影跫音孕远图，交情如水复如珠。

珞珈共唤风雷动，礁石初闻黑白诬。

爱有独钟世界语，论还博证大同书。

一生无愧亦无悔,纯白心花永不枯。

## 哭奠军夫

(1997年5月)

劫后迎春一笑痴,花城偶聚许相知。
两编寂寞灵台史,一曲悲怆烈女辞。
湖海风波劳慰问,园林萧索寄相思。
依依电语犹萦耳,南望招魂泪湿衣。

## 满 江 红

丁丑夏,正值香港回归日,又逢佛教法住学会创建十五周年,心花一朵,遥致贺忱!

法住香江,十五载,因缘殊胜。继学脉,石头路滑,唐门风正。花果飘零休怅望,灵根遍植凭精进。计年年,嘉会蔚人文,群英奋。

娑婆界,须堪忍,路曲折,愿无尽。喜慧业传灯,菩提心证。红雨纷飞摩诘笑,白莲净远濂溪韵。盼明朝粤海宝珠还,欢歌庆!

(“石头路滑”乃马祖道一赞美石头希迁禅风语,盖谓其“触目会道”,善于“回互”的思想灵活性。

君毅先生“花果、灵根”两语,可作多层理解。花果自飘零,不必空怅望;而灵根再植,推己及人,乃后继者当精进着力者。以此来理解十五年来苦心及法住每年一会之用意,当否?

“娑婆世界”之一切苦难,佛本明示是“堪忍”,只有坚忍一切,才能救苦救难。

“菩提心”,《华严经·入法界品》畅言之。

维摩诘之超越境界与周茂叔之洒落襟怀,似有可相通处。而欢庆回归,亦“四时佳兴与人同”之意尔。)

## 丙子除夕，七三初度

七十三秋弹指过，几番勤奋几蹉跎。

峨峰缥缈诗心远，稷下峥嵘剑气多。

祓禊湘西春意动，行吟易北绿洲波。

阴晴圆缺俱无悔，同倚高楼发浩歌。

## 满江红·丁丑元日发笔

鼠去牛来，乾坤转，又迎新岁。蓦回首，百年前事，斑斑血泪。蓟地宝刀徒抱恨，虎门烈焰翻成罪。莽神州，星火怒燎原，焚魑魅。　　路曲折，人无悔；遮不住，东流水。喜改革腾飞，扶摇万里。南海珠还蜃雾散，北辰星灿宏图美。盼和风甘雨润郊原，山花媚。

小曦曦画梅花尼悟道诗意见赠。诗以谢之。丁丑秋。

巴山蜀水育灵根，心印拈花有夙因。

笔底冷香缘一嗅，蓦然春意满乾坤。

# 联　　语

## 挽　张舜徽先生

学贵博通，冶经史子集于一炉，初月上书台，海内皋比堪屈指；心游费隐，越古今汉宋而独造，幽兰托毫素，黉门薪火有传人。

## 挽　余志宏同志(代笔)

光明磊落一生，投笔洞庭，驰驱岭表，叱咤虎穴立奇功，笑墨写谎言，几张废纸；

浩劫沉冤十载，身先炼狱，冷对囚笼，挺立刀丛留正气，有诗凝党性，万众争传。

## 挽　冯芝生先生

稷下最老师，蚕赋云歌，体贴出“旧邦新命”四字，呕尽心肝传圣火；

松堂多奇想，春兰秋菊，留世有“贞元之际”六书，独标境界唤真人。

## 挽　广德寺农工宋清河师父

当年同卧牛棚，雪压风欺，杯酒相濡，劫后生涯逢知己；

今日重来广寺，鹃啼月朗，招魂无语，落花时节哭斯人。

## 挽 陈修斋教授

慧命续千秋，投身现代文化潮流，披沙捡金，融合中西，精译莱翁传绝学；

师心昭一代，深体民族哲思神髓，自强不息，双修德业，胸悬北斗育新人。

## 挽 罗孟桢老师

墨池掀巨浪，哺育童蒙，呼唤国魂，纵横天下事，绛帐宗师留浩气；

空谷起跫音，慨慷时局，激扬史慧，风雨百年心，丹柯炬火有传人！

# 索　　引

**人名索引**

**名词索引**